SHEILA ISENBERG



# VARIAN FRY

biographie

*traduit de l'anglais (États-Unis)*
*par Pierre Brévignon*

*préface de Jean-Michel Guiraud*

l'Archipel

Titre original :
*A Hero of Our Own. The Story of Varian Fry*
Random House Inc., 2001.

Notre catalogue est consultable à l'adresse suivante :
www.editionsarchipel.com

Éditions de l'Archipel
92, avenue de France
75013 Paris

ISBN 978-2-8098-4610-2

VARIAN FRY

*À la mémoire de ceux qui n'ont pas réussi à s'enfuir*

*« Celui qui sauve une seule vie sauve l'humanité tout entière. »*

Traité *Sanhédrin*, Mishna, 4:5

## *Préface*

Ouvrir le livre de Sheila Isenberg, c'est entrer dans l'univers de Varian Fry par l'intérieur. Ce serait comme disposer d'une caméra subjective capable de lire les pensées les plus intimes du personnage avec la plus grande lucidité. Varian Fry se livre tout entier dans cet ouvrage. On pourrait croire qu'il s'agit d'un roman. Non, car Sheila Isenberg a fait le pari d'écrire un récit, une biographie, avec le choix de se tenir au plus près de la réalité historique. C'est un ouvrage de première main qui s'appuie sur les archives authentiques de Varian Fry, déposées aujourd'hui à la Columbia University, à New York.

Or, comment serrer au plus près une vérité qui pourrait paraître si lointaine ? Ce livre a paru en 2001 aux États-Unis, sous le titre original « Un héros parmi nous, l'histoire de Varian Fry ». Je me souviens de cette époque. J'avais rencontré Sheila Isenberg à Washington, alors que le Musée de l'Holocauste préparait la première exposition sur Varian Fry, ouverte au public américain en 1993, exposition saisissante où apparaissaient, en trois dimensions, les lieux les plus authentiques de cette histoire, autour de la cité marseillaise : un espace de la villa Air-Bel, à la Pomme, un coin du camp des Milles, près d'Aix-en-Provence, y compris un des wagons de chemin de fer qui conduisit plus tard les juifs ou les opposants politiques des Milles vers les camps de concentration nazis.

Et puis nous voilà précipités dans la vie quotidienne de Varian Fry à l'hôtel Splendide, à Marseille, dans le regard ou la mémoire des membres de son comité : Albert Hirschman, Miriam Davenport, Charlie Fawcett et les autres. Sheila Isenberg réussit ce pari de coller à l'histoire quotidienne, dans le moindre détail de la réalité. L'avocat qui demande à la préfecture, dès 1940, l'autorisation de créer le « Centre américain de Secours » de Varian Fry est Gaston Defferre, qui deviendra maire de Marseille après la guerre. Nous voyons vivre Varian Fry au quotidien dans le regard des autres, c'est une reconstitution habile, possible en croisant les interviews, la correspondance, les mémoires. Le véritable souci de Fry apparaît alors, c'est l'exfiltration des réfugiés les plus en danger et le passage progressif de son comité dans l'illégalité, avec de faux papiers, de fausses cartes d'identité, de faux passeports reproduits avec talent par Bill Freier, un caricaturiste viennois réfugié en France. On voit apparaître aussi des hommes du « Milieu » marseillais, celui des trafiquants et des hommes louches, avec lesquels Fry s'était résigné à traiter pour faciliter son travail, avec les risques et périls que cela représentait.

Quand Varian Fry arrive à Marseille, c'est un homme discret, avec la prestance d'un acteur de cinéma, que nous voyons descendre la Canebière, avec ses lunettes d'écaille et son costume trois pièces, dans l'œil d'un photographe de rue, à l'automne 1940. Sheila Isenberg nous apprend que, derrière son image de façade, Varian Fry pouvait être différent. Le voilà en slip-boxer et en tricot de peau, au travail avec ses assistants dans sa chambre de l'hôtel Splendide où il réside. Il a loué la villa Air-Bel, à la Pomme, découverte par Myriam Davenport et la milliardaire américaine Mary Jayne Gold, pour héberger des réfugiés ou recevoir des artistes qui avaient fui le totalitarisme nazi, parce qu'ils étaient parfois juifs, souvent antihitlériens, antifascistes.

Pour Varian Fry, Marseille en 1940 apparaît comme une ville « sale », populaire, avec des gens agressifs dans les administrations, dédaigneux envers les réfugiés bousculés vers le Sud après la défaite de 1940 et l'occupation de la zone nord. Marseille semble être alors, pour ces derniers, le seul grand port ouvert sur la liberté. Une illusion, malgré la sirène des navires ! Le port, premier de France, est surveillé par une commission italo-allemande, les hôtels tiennent des fiches-clients à la disposition de la police. Les premières rafles sont organisées par la police française dans les cafés du Vieux-Port. Les réfugiés sont souvent déguenillés, arrivés avec leurs valises dans un état de fatigue extrême, dormant parfois sur les bancs publics ou dans les squares. Certains ont connu l'exode et le pilonnage des foules par les avions allemands. La cité marseillaise est bondée. Partout, l'image du malheur et de la souffrance.

Varian Fry était chargé, par l'Emergency Rescue Committee (ERC) de New York, d'une mission de sauvetage des intellectuels et des artistes qui devait se limiter à une simple reconnaissance, pour une courte durée (du 4 au 19 août 1940). Il était soutenu par plusieurs organisations culturelles américaines, inquiétées par l'article 19 de la Convention d'armistice qui obligeait l'État français à livrer « sur demande » les ressortissants allemands. Arrivé en hydravion de New York à Lisbonne, puis à Marseille par le train de Madrid le 13 (ou 14) août 1940, Varian Fry s'était porté volontaire pour cette mission qui lui tenait à cœur. Journaliste déjà connu aux États-Unis pour ses articles et l'édition de livres politiques, il avait laissé à New York sa femme Eilen, avec laquelle il a entretenu une correspondance assidue. Il avait pris contact avec Franck Bohn, délégué de l'AFL (*American Federation of Labor*), la plus grande fédération syndicale américaine. Plus tard, Fry sera appelé à rentrer d'urgence aux États-Unis, avec son ami Franck Bohn. Tandis que Bohn s'exécute et lui donne ses listes de politiciens et de syndicalistes à exfiltrer, Varian

Fry reste à Marseille en disant qu'il a « encore à faire », premier acte flagrant de désobéissance, qui le marginalise.

Puis voici Fry dans le collimateur de la police de Vichy. Il est arrêté avec ses principaux collaborateurs à la villa Air-Bel, la veille de la visite du maréchal Pétain à Marseille, le 2 décembre 1940, et transféré sur une prison flottante, un navire, le *Sinaia*, ancré dans le port de la Joliette. Le rapport de police est intraitable : Varian Fry est accusé d'héberger des « anarchistes notoires ». Le fourgon a embarqué aussi quelques amis du Comité, parmi lesquels André Breton, arrivé avec sa femme Jacqueline Lamba et sa fille Aube, Victor Serge, compagnon trotskiste, et une dizaine de personnes qui travaillaient au Comité, dont Mary Jayne Gold, Jean Gemähling et Daniel Bénédite, l'administrateur, recruté à l'automne, venu avec son fils Pierre (Peterkin) et sa femme Théodora. Le lendemain, le maréchal Pétain est acclamé à Marseille comme le « sauveur de la France ».

Sheila Isenberg a raison d'insister sur le climat général de l'époque. Elle montre combien Varian Fry était choqué par l'antisémitisme de nombre de Français, lorsqu'il est arrivé à Marseille. Par la suite, le gouvernement de Vichy a adopté dès le 3 octobre 1940 un « statut des Juifs » de sinistre mémoire, calqué en partie sur les mesures nazies en Allemagne. Ce statut sera aggravé le 2 juin 1941 par un texte plus rigide que le premier, qui décide d'interdire aux juifs l'exercice de certaines professions, comme l'enseignement, l'administration, les professions artistiques (article 5). À la villa Air-Bel, les artistes surréalistes, juifs ou non, avaient poursuivi la création de leurs œuvres avec les « cadavres exquis » ou le « Jeu de Marseille », un jeu de cartes surréaliste réalisé par Max Ernst, André Breton, Jacqueline Lamba, André Masson et Jacques Hérold, entre autres.

Les juifs étrangers étaient enfermés dans des camps français, comme le camp des Milles en Provence, dit camp de « transit », mais aussi camp de la honte, qui comptait cinquante mille internés en 1941, dont quarante mille juifs. Ils étaient condamnés à vivre dans des conditions lamentables, le mistral glacé soulevant en hiver la poussière de brique jusqu'à l'intérieur de la tuilerie, à travers les vitres cassées. L'écrivain allemand Lion Feuchtwanger a dénoncé cette situation dans le récit de son internement aux Milles, *Le Diable en France*[1], écrit dès 1942.

En 1940, Albert Hirschman avait organisé la première grande voie d'émigration clandestine vers les États-Unis. La filière des Pyrénées consistait à contourner la frontière entre Cerbère et Port-Bou, à gagner en train par Madrid le port de Lisbonne, d'où partaient des navires vers les États-Unis. Sheila Isenberg nous apprend, ce que Fry n'écrit pas dans ses mémoires, que c'est Heinrich Ehrmann, politologue, et sa femme Claire qui furent chargés de tester cette voie et d'évaluer son efficacité.

La deuxième grande voie d'émigration était la filière martiniquaise, par laquelle des navires partaient de Marseille vers la Martinique, territoire français, d'où l'on pouvait espérer obtenir un visa américain. Ce fut la voie empruntée par des artistes surréalistes abrités à la villa Air-Bel, partis sur le *Capitaine Lemerle*, un « vieux rafiot » selon Claude Lévi-Strauss.

Aujourd'hui, que reste-t-il de l'héritage de Varian Fry ? L'U.S. Holocaust Memorial Museum de Washington a rendu hommage à Varian Fry dès 1993, avec la première exposition Fry intitulée « Mission Sauvetage ». À Marseille, le conseil départemental des Bouches-du-Rhône a organisé la première exposition sur Varian Fry en 1999. À Marseille encore, comme à Berlin, une place

1. Jean-Cyrille Godefroy, 1985 ; Belfond, 2010 ; Le Livre de poche, 2022.

a été dénommée Varian-Fry et des plaques mémorielles ont été dévoilées.

Varian Fry a été expulsé de France le 29 août 1941, avec l'accord du secrétariat d'État américain et du gouvernement de Vichy. Le Centre américain de secours a toutefois poursuivi son action jusqu'en 1942, sous la direction de Daniel Bénédite, devenu l'éminence grise de Fry. La « liste de Varian Fry » compte plus de deux mille cinq cents personnes ayant reçu une aide effective du Centre américain de secours.

Par la suite, Varian Fry semble avoir été oublié. Pourtant, en 1964, l'International Rescue Committee lui confie une dernière mission, le « *Flight Portfolio* », qui consistait à rassembler des lithographies d'artistes aidés par son Comité pendant la guerre. Plus tard, la France a décerné à Varian Fry la Légion d'honneur peu de temps avant sa mort, survenue le 13 septembre 1967.

Sans l'équipe du Centre américain de secours, la culture européenne ne serait pas ce qu'elle est aujourd'hui. Varian Fry a su se dresser face aux régimes totalitaires, quand d'autres envoyaient leurs victimes vers les camps de concentration nazis, dans des wagons à bestiaux, à travers le brouillard, jusqu'à la mise en place d'une politique d'extermination.

Aujourd'hui, il est bon de recueillir cette leçon de l'Histoire. Leçon de tolérance, d'égalité, de justice, alors que l'équilibre mondial est contesté et remis en cause par la mondialisation possible des conflits. On ne peut donc que saluer le récit de Sheila Isenberg, qui a sorti de l'ombre ce « héros parmi nous ».

Jean-Michel Guiraud

*Président de l'Association Varian Fry-France*

## *Avant-propos*

Éditeur, journaliste et professeur, Varian Fry a grandi dans le New Jersey, étudié à Harvard et vécu à New York, puis dans le Connecticut. Sans aucune formation ni aucune expérience, et sans être lui-même tout à fait certain d'avoir le courage nécessaire, ce héros américain a mené treize mois durant, de 1940 à 1941, la mission de sauvetage privée la plus efficace de la Seconde Guerre mondiale.

Fry a sauvé la vie de plus de deux mille réfugiés, la plupart juifs, parmi lesquels des femmes et des hommes comptant parmi les personnalités créatives les plus marquantes que le monde ait connues : Marc Chagall, Max Ernst, Jacques Lipchitz, Marcel Duchamp, Hannah Arendt, André Breton, André Masson, Hertha Pauli, Franz Werfel et Lion Feuchtwanger. Varian Fry était protestant et c'est le seul citoyen américain à être honoré à Yad Vashem, le mémorial de la Shoah en Israël[1].

Pour quelle raison Fry s'est-il proposé d'aller en France ? Pourquoi a-t-il décidé de se mettre en danger pour sauver des inconnus ?

Dans les épopées anciennes, il arrive qu'un personnage soit habité par un dieu et qu'alors il commette des actes qui le dépassent. Cette inspiration divine, Fry en a fait

1. Depuis la publication de cet ouvrage, quatre autres Américains figurent sur la liste des Justes parmi les nations.

l'expérience tout au long d'une année extraordinaire. Sa motivation est née de la jonction entre ses croyances morales, son idéologie politique et son désir d'aider les juifs et d'autres réfugiés en Europe. Son mépris de l'autorité, son intelligence alerte et sa personnalité atypique lui ont permis d'improviser – avec un petit groupe de collègues loyaux – des méthodes complexes et illégales pour faire traverser clandestinement les frontières à des réfugiés.

Fry n'a pas seulement sauvé des intellectuels et artistes célèbres : il s'est aussi occupé d'hommes, de femmes et d'enfants ordinaires. La plupart ont émigré aux États-Unis, un pays qu'ils ont contribué à changer profondément en influençant sa culture dans des proportions incommensurables. La romancière Hertha Pauli a écrit : « Varian a empêché que toute une culture soit *livrée sur demande*[1] et, pour cela, il restera toujours le héros auquel nous devons d'avoir survécu. »

1. Référence à l'article 19 de la Convention d'armistice du 22 juin 1940. *Livrer sur demande* est le titre du livre de souvenirs écrit par Varian Fry.

*Première partie*

# De New York à Marseille

# 1

## Le clipper *Dixie*

> « *Chère Eileen,*
>
> *Les Açores sont loin derrière nous et nous approchons de Lisbonne.* [...] *Derrière la ville, la crête des collines est hérissée de moulins à la Don Quichotte. Leurs ailes devaient déjà tourner de cette façon quand il leur donnait des coups de lance. Il serait sans doute délicieux – au soir de sa vie – d'avoir une villa aux Açores...* »
>
> *Varian Fry*

Le 4 août 1940, en début d'après-midi, Varian Fry s'engagea sur la passerelle de La Guardia Airport pour embarquer à bord du Boeing B314 de Pan American Airways à destination de l'Europe – et de ce qui serait la plus grande aventure de sa vie. Sa femme et un petit groupe d'amis l'avaient accompagné pour lui dire au revoir. Tandis que Fry avançait vers l'hydravion posé sur l'eau, la lumière du soleil faisait briller ses lunettes, comme si elle reflétait la joie dans son regard. C'était un homme svelte, plus grand que la moyenne, aux cheveux brun foncé et aux yeux verts. D'une élégance immaculée, il pressait le pas, impatient de partir. Une fois la passerelle franchie, il monta dans le clipper, attacha sa ceinture et s'enfonça dans son siège. Enfin, par le minuscule hublot, Fry put saluer d'un geste de la main son épouse et ses amis.

Sa destination était Marseille, grande et sale ville portuaire à la pointe sud de la France, devenue la dernière étape pour plusieurs milliers de réfugiés cherchant à fuir Hitler. Leur espoir était de monter à bord d'un navire pour les États-Unis, l'Angleterre, le Canada, le Mexique, Cuba – des pays dépourvus de toute présence nazie. À l'époque du voyage de Fry, Marseille accueillait une foule d'exilés sans le sou, débraillés, venus de toute l'Europe, prêts à tout pour émigrer. Bien avant de quitter New York, Fry savait que la plupart échouaient dans leurs tentatives, que certains étaient déjà envoyés dans des camps d'internement français, dans des conditions primitives et inhumaines. Sa mission, à son arrivée, serait de proposer toute forme d'aide à une poignée de gens, l'élite intellectuelle de l'Europe, dont il avait reçu les noms de la part de différentes personnalités des arts et des sciences d'Amérique.

Fry laissait derrière lui sa femme Eileen Hugues Fry, épousée neuf ans auparavant, qui espérait le voir revenir avec un enfant français afin qu'ils puissent l'adopter. Il avait posé quatre semaines de congé auprès de son employeur – la Foreign Policy Association, où il travaillait comme éditeur de la collection « Headline Books ». Pensant naïvement que sa mission de sauvetage des réfugiés pourrait être accomplie en un laps de temps aussi court, il avait acheté son billet de retour en clipper pour le 29 août. Juste avant son départ, craignant de ne pas avoir les tenues adéquates, Fry avait fait en urgence la tournée des boutiques pour acheter les vêtements qu'il jugeait nécessaires à un séjour d'un mois sur le Vieux Continent.

À l'aide d'un adhésif, il avait fixé à sa jambe une liste de deux cents noms, les réfugiés les plus menacés, et 3 000 dollars en liquide. En tant que représentant en Europe de l'ERC (Emergency Rescue Committee), un comité monté de toutes pièces quelques jours après la défaite de la France, Fry avait pour mission d'aider les réfugiés allemands et d'Europe de l'Est à obtenir les visas et d'autres documents nécessaires pour quitter la France.

Des conversations de Fry avec son épouse, peu avant qu'il parte, révèlent qu'il comprenait mal l'opinion publique américaine au sujet de la guerre en Europe et des réfugiés. Il ne mesurait pas qu'il serait presque impossible de mobiliser ses concitoyens pour soutenir à la fois le sauvetage de réfugiés et l'assouplissement des politiques d'immigration américaines. Eileen eut beau essayer de lui faire comprendre cet état d'esprit, Fry n'y parvenait pas. Lui qui était si soucieux du bien-être de ses frères humains ne parvenait pas à saisir le point de vue étroit, égoïste et isolationniste de la majorité des Américains, qui ne souhaitaient ni prendre part à la guerre, ni venir en aide à ses victimes. Cette incapacité à comprendre les attitudes américaines lui compliquerait la tâche durant son année à Marseille, car il s'y heurterait chaque fois qu'il aurait à traiter avec des officiels américains.

Par certains aspects, Varian Fry semblait avoir le bon profil pour cette mission. Il parlait couramment français et pratiquait un peu l'allemand, il était passé par Harvard et avait une sensibilité protestante libérale[1], ayant grandi au sein d'une famille unie désireuse d'aider les autres. Son grand-père paternel, Charles Reuben Fry, avait été un travailleur social émérite et un « sauveur d'enfants ».

En tant que fervent antifasciste, Varian Fry aurait aussi la possibilité de mettre ses actes en accord avec ses idées. Pourtant, même si son orientation idéologique le prédisposait à cette mission, sa personnalité s'accordait mal au rôle d'émissaire d'une puissance étrangère. Il n'hésitait pas à exposer franchement son opinion, ne s'embarrassait pas

1. Aux États-Unis, *liberal* renvoie à une sensibilité politique de gauche.

de diplomatie, se montrait volontiers impatient et sujet à des sautes d'humeur. Surtout, la direction de l'ERC et Fry lui-même avaient quelques doutes sur sa capacité à remplir sa mission en Europe, en raison de son manque d'expérience dans ce type d'action politique. Mais finalement, étant l'unique volontaire pour cette mission, c'est lui qui était parti.

Son antifascisme s'était renforcé lors d'un séjour en Europe cinq ans plus tôt. Durant l'été 1935, il avait vu des SA frapper des juifs dans les rues de Berlin. Le souvenir d'avoir vu un nazi « poignarder la main [d'une victime] sur la table, à côté de son bock de bière » devait nourrir sa décision de se porter volontaire pour la mission de Marseille.

Hanté par les scènes dont il avait été témoin à Berlin, Fry se mit à écrire sur son expérience. À partir de 1935, il signa une série d'éditos engagés, s'efforçant désespérément, mais en vain, d'attirer l'attention du public sur la menace d'un holocauste imminent. Même ses articles parus en une du *New York Times*, dénonçant la violence des SA et ses conséquences, ne réussirent pas à déclencher la condamnation du nazisme. La majorité des Américains ne s'y intéressaient pas. Dans une société dominée par le sentiment isolationniste, Fry et ceux qui partageaient son point de vue étaient en général ignorés.

Depuis septembre 1939, l'Allemagne avait terrassé les nations européennes, notamment, durant la *Blitzkrieg* d'avril à juin 1940, la Belgique, la Hollande, le Danemark, la Norvège et le Luxembourg. « La France est visée au cœur, Paris menacé », écrit l'émigré russe Victor Serge. À New York, où ils attendaient l'invasion inévitable de la France, Fry et ses autres amis engagés cherchaient à tout prix un moyen de venir en aide à leurs amis européens.

Fry prit part à la formation de différents groupes. Souvent, il retrouvait à déjeuner au Child's, un restaurant sur la 40e Rue, à Manhattan, le brillant et mystérieux Karl

Frank (*alias* Paul Hagen) et sa seconde épouse, l'héritière et activiste Anna Caples. (C'est lors de ces rencontres que furent jetées les bases de l'Emergency Rescue Committee.) Fry rejoignit l'American Friends of German Freedom (Amicale américaine pour la liberté allemande), créée par Frank et le théologien progressiste Reinhold Niebuhr. En 1935, quand Frank était arrivé pour la première fois à New York, il avait lu dans le *New York Times* l'article de Fry sur les exactions nazies contre les juifs de Berlin et avait cherché à rencontrer le jeune journaliste. Psychanalyste et « révolutionnaire professionnel », Frank avait été militant communiste en Autriche dans les années 1920, puis chef du Parti socialiste allemand à Prague. Autrefois pacifiste, Niebuhr exhortait « tous les chrétiens à soutenir la guerre contre Hitler ». Fry rencontra également un couple aussi glamour qu'audacieux, les Buttinger. De 1934 à 1938, Joseph Buttinger avait dirigé, en toute clandestinité, le Mouvement socialiste autrichien, avant d'émigrer pour les États-Unis avec son épouse Muriel Gardiner, l'enfant terrible d'une riche famille américaine[1]. Tandis que d'autres jeunes gens brillants et engagés se réunissaient autour des Frank et des Buttinger – parmi lesquels Ingrid Warburg, de la puissante dynastie de banquiers, et Eileen Hugues Fry –, Fry prit part à un troisième groupe, l'International Relief Association (IRA, Association de secours international). Fondé en 1934 par Albert Einstein pour venir en aide aux réfugiés fuyant Hitler, ce groupe opéra d'abord de façon indépendante en Europe.

Le 14 juin 1940, les troupes allemandes, après avoir bombardé les abords de la ville, entrèrent dans Paris avant de défiler triomphalement sur les Champs-Élysées, devant l'Arc de triomphe. Pendant que les citoyens

1. Gardiner a prétendu être le modèle de Julia, l'héroïne clandestine de *Pentimento*, les mémoires de Lillian Hellman.

français pleuraient de rage, de l'autre côté de l'Atlantique, Fry et son cercle d'amis étaient, eux aussi, accablés. La France devait capituler quelques jours plus tard, le 22 juin. L'article 19 de l'acte de l'armistice stipulait: « Le Gouvernement français est tenu de livrer sur demande [aux troupes allemandes] tous les ressortissants allemands » cherchant asile « en France, de même que dans les possessions françaises, les colonies, les territoires sous protectorat et sous mandat ».

L'historien spécialiste de la Shoah David S. Wyman note : « Ces *ressortissants allemands* incluaient les Autrichiens, les Tchèques et, *de facto*, tous ceux que les nazis avaient décidé de persécuter. Il ne faisait aucun doute que, tôt ou tard, la Gestapo se mettrait à traquer ses vieux ennemis. » À l'époque, nul ne savait comment les Français réagiraient à cet article 19. Par conséquent, tous les réfugiés en France se sont sentis menacés car les nazis pouvaient *effectivement* exiger qu'ils leur soient remis.

Une fois la France tombée aux mains allemandes, le pays a été divisé en zones « occupée » et « libre », cette dernière accueillant le siège du gouvernement français symbolique à Vichy. Emmené par le maréchal Philippe Pétain, ce gouvernement interdit immédiatement toute manifestation de patriotisme français – chanter *La Marseillaise*, par exemple – et remplaça la devise « Liberté, Égalité, Fraternité » par « Travail, Famille, Patrie ».

À New York, la perspective de voir en France des réfugiés livrés aux Allemands et Vichy se débarrasser des étrangers – en particulier juifs – sur son territoire horrifiait Fry et ses amis. Des Allemands et d'autres exilés européens ayant fui Hitler étaient désormais des parias dans le pays même où ils avaient trouvé refuge. Ils avaient préféré la France à la Belgique ou à la Suisse; en Belgique, les réfugiés étaient souvent ballottés de part et d'autre de la frontière avec la France ; la situation n'était pas meilleure en Suisse, où le gouvernement se montrait avare de permis de séjour accordés aux réfugiés. En France, en revanche, s'il pouvait être difficile d'entrer, il était bien plus facile de rester.

Malheureusement, après la défaite, le gouvernement de Vichy promulgua des lois interdisant aux réfugiés de quitter le pays. S'il l'estimait justifié, Vichy pouvait donc décider de remettre ces réfugiés aux Allemands. Autrement dit, les antifascistes, les écrivains, les artistes « dégénérés », les scientifiques, les chefs syndicalistes – en grande partie juifs – se retrouvaient pris au piège en France, attendant que les Allemands frappent.

Comme, à partir du printemps 1940, de moins en moins de navires partaient d'Europe, jusqu'à ce que la liste des ports de départ se réduise à Lisbonne et aux ports anglais, le dilemme des réfugiés était de trouver un moyen de rallier Lisbonne pour embarquer ensuite vers un pays libre. C'était le principal problème examiné par Fry et ses amis à chacune de leurs réunions à New York. Mais aucune n'aboutit à une résolution précise ni à un plan d'action. Le 24 juin, l'American Friends of German Freedom écrivit à Eleanor Roosevelt pour lui demander son soutien, qu'elle lui accorda bien volontiers. Le lendemain, le groupe organisa un déjeuner de levées de fonds à l'Hotel Commodore de Manhattan. Le commentateur radio Raymond Gram Swing évoqua l'épreuve traversée par les réfugiés d'Europe. Son éloquence toucha Fry, un des organisateurs du déjeuner. Reinhold Niebuhr demanda une contribution financière aux deux cents invités, puis anima un débat sur les façons de résoudre les problèmes des réfugiés. Parmi les participants se trouvait Erika Mann, la fille de Thomas Mann. Tous se mirent d'accord sur la création d'une nouvelle structure fusionnant l'IRA d'Einstein et l'American Friends of

German Freedom, dont l'unique but serait d'aider les réfugiés européens. Enfin une action concrète, songea Fry. Ce jour-là vit la naissance de l'Emergency Rescue Committee. Si la plupart de ses membres étaient des journalistes, des chefs religieux et les activistes de la gauche américaine traditionnelle, le parcours de Fry était plus d'ordre intellectuel et humanitaire. Ses instincts étaient identiques à ceux des autres fondateurs de l'ERC, mais ses idées politiques passeraient toujours après son puissant désir d'aider les autres.

Les chefs de l'ERC, y compris Fry, se retrouvèrent quelques jours après le déjeuner dans l'appartement d'Ingrid Warburg, sur West 54th Street, pour évoquer l'urgence d'envoyer quelqu'un en France afin de prendre la mesure de la situation. Fry annonça qu'il se portait volontaire si aucun autre candidat n'était trouvé.

L'ERC établit ses quartiers dans un bureau au 122 East 42nd Street et accueillit plusieurs nouveaux membres : le Dr Frank Kingdon, ministre méthodiste et président de l'université de Newark ; le Dr Alvin Johnson, président de la New School for Social Research ; Norman Thomas, sempiternel candidat socialiste à l'élection présidentielle ; et d'autres figures importantes du monde des arts, de l'éducation, de la religion, du syndicalisme et des médias. Kingdon fut désigné président du comité, David F. Seiferheld trésorier et Mildred Adams secrétaire. Harold Oram, un militant socialiste qui avait levé des fonds pour les réfugiés de la guerre d'Espagne dans les années 1930, superviserait des opérations similaires, et Ingrid Warburg proposa d'être son assistante. Le comité national censé donner de l'ampleur à cette organisation balbutiante réunissait les écrivains John Dos Passos et Upton Sinclair, les présidents des universités de Yale et Chicago et du Smith College, ainsi que la journaliste Dorothy Thompson.

Fin juin, Fry écrivit au président américain et reçut une réponse d'Eleanor Roosevelt : « Le président a bien reçu votre lettre du 27 juin. Il va tenter de convaincre les pays d'Amérique du Sud d'accorder l'asile aux réfugiés politiques. » Début juillet, des listes de réfugiés menacés furent dressées. S'y trouvaient non seulement des juifs mais aussi des communistes, des activistes de gauche, des objecteurs de conscience pour motif religieux et d'autres parias.

L'ERC cherchait toujours un émissaire à envoyer en France. « En fin de compte, écrit Fry dans les notes prises pour ses mémoires, je me suis porté volontaire. » Il n'avait « aucune expérience dans la clandestinité » et s'est proposé seulement « par impatience devant le temps perdu à essayer de trouver un autre agent » et par désir sincère de faire une bonne action. « Je croyais en la liberté. Je me rappelais les scènes dont j'avais été témoin en Allemagne. Je savais ce que risquaient les réfugiés s'ils tombaient aux mains de la Gestapo. [...] Il en allait de mon devoir de les aider. » Malgré la propension conservatrice de Kingdon à placer la sécurité avant l'action, l'ERC lança l'opération en faisant de Fry, un parfait inconnu, son émissaire en Europe. Il se rendrait en France pour rencontrer le plus possible de réfugiés en danger, les aider à obtenir les visas et tous les documents requis pour fuir l'Europe avant d'être arrêtés et livrés aux nazis.

Pendant que Fry préparait son départ, l'ERC organisait en urgence un nouveau déjeuner de lever de fonds, le 30 juillet 1940. Il s'agissait d'obtenir de l'aide pour « mille Allemands antinazis [...] en grand péril ». Pour ce faire, l'ERC insistait sur la situation désespérée des réfugiés et sur la guerre, dans l'espoir de sensibiliser les Américains à la situation et de les inciter à fournir leur aide. Fry et d'autres membres du comité restaient en contact avec Eleanor Roosevelt, avec qui ils entretenaient une correspondance soutenue. Fry espérait qu'elle pourrait influencer le président et ses amis du département d'État[1] afin de réviser la politique de visas américaine.

Depuis des années, cette politique d'attribution des visas était particulièrement restrictive et reflétait certains aspects fondamentaux de la société américaine comme l'antisémitisme, le « nationalisme natif [ou] l'Amérique aux Américains », l'isolationnisme et « la peur de l'étranger perçu comme une menace à la culture américaine » identifiée par David Wyman. L'Immigration Act de 1917 avait été réinterprété pour exclure les « personnes susceptibles d'être une charge pour la société – méthode [...] qui risquait de mettre un terme définitif à l'arrivée de ressortissants étrangers ». L'Immigration Act de 1924 indiquait combien de citoyens de chaque pays pouvaient immigrer aux États-Unis, avec des quotas d'entrée de « 2 % pour chaque nationalité caucasienne figurant dans le recensement américain de 1890 ». En 1930, les difficultés économiques et le chômage provoqués par la Grande Dépression amenèrent le président Hoover et le département d'État à restreindre davantage l'immigration.

Même si le nombre d'Européens autorisés aux États-Unis restait inférieur à ceux demandant à y entrer, « la solidité du système de quotas par origines nationales » était fondée sur le sentiment de la plupart des Américains. Ils ne voulaient pas que les États-Unis accueillent des réfugiés, même des enfants, même risquant d'être tués par les nazis. En 1938, un sondage dans le magazine *Forbes* révélait que deux tiers des Américains interrogés éprouvaient des sentiments négatifs envers les réfugiés européens et souhaitaient qu'ils soient maintenus hors d'Amérique. L'opinion publique américaine se nourrissait aussi d'antisémitisme et de la peur des espions.

1. Équivalent américain du ministère des Affaires étrangères français.

« Sur les quelque 500 000 émigrants germanophones ayant fui l'Allemagne et l'Autriche pendant le règne de terreur de Hitler [...], seuls 132 000 ont réussi à rallier les États-Unis[1]. »

Les quotas avaient été fixés à plus du double de ce chiffre, mais les États-Unis étaient réticents à l'idée de laisser entrer trop de juifs. Si la Grande-Bretagne a accueilli 10 000 enfants juifs et un grand nombre de sociaux-démocrates, le Congrès américain a décidé de ne pas accueillir 20 000 enfants juifs d'Allemagne.

Le président Roosevelt avait déjà pris des mesures pour aider les réfugiés se trouvant dans une situation désespérée. Il avait fondé en 1938 le Comité consultatif présidentiel sur les réfugiés politiques, qui servait d'intermédiaire entre les agences d'aide aux réfugiés et le gouvernement. Pourtant, quand la situation mondiale avait empiré et que la pression s'était accrue au sein de sa propre administration, il n'avait pas soutenu la cause des réfugiés. Pas plus qu'il ne réagit quand, en juin 1940, le département d'État réduisit de moitié le flot de réfugiés arrivant d'Allemagne, d'Europe centrale et d'Europe de l'Est. (Par la suite, malgré le génocide qui se déroulait en Europe, ce système rigide de quotas ne fit l'objet d'aucune modification.) « Les quotas remplis à moitié entre le milieu de l'année 1940 et 1941, période où le sauvetage de réfugiés restait parfaitement envisageable, représentent entre 20 000 et 25 000 vies perdues. » Ce chiffre peut sembler minime en comparaison des millions de victimes des nazis « mais la valeur d'une seule vie ne peut pas être négligée sous prétexte qu'elle n'est qu'une[2] ».

---

1. Mark A. Anderson (éd.), *Hitler's Exiles: Personal Stories of the Flight from Nazi Germany to America*, The New Press, 2000.
2. Après 1941, les quotas pour les réfugiés d'Allemagne et d'autres pays d'Europe de l'Est furent encore moins remplis qu'avant.

Puisque ni l'administration Roosevelt ni le Congrès ne prirent la moindre mesure pour modifier ces politiques migratoires restrictives, elles restèrent en vigueur pendant les années conduisant à la Seconde Guerre mondiale et pendant toute la durée du conflit. Tel est le visage que cette grande démocratie, l'Amérique, avait choisi de montrer au reste du monde tandis que des milliers et des milliers d'Européens venaient frapper à ses portes closes, dans les années 1930 et en 1940, lorsque Varian Fry s'envola pour Marseille. « À la veille de la guerre, la France comptait sans doute 40 000 réfugiés d'Allemagne sur son sol, voire 60 000 selon certaines estimations. »

À l'évidence, le seul espoir, pour les personnes auxquelles Fry devait apporter son aide, résidait dans des autorisations spéciales d'entrer sur le territoire américain : les visas d'urgence pour visiteurs[1]. Les premiers furent délivrés le 2 juillet 1940 quand William Green, président de l'American Federation of Labor (AFL) présenta au département d'État une liste de « dirigeants syndicaux et intellectuels européens en danger » nécessitant des permis spéciaux.

Fry savait que les réfugiés européens avaient un soutien à Washington : Eleanor Roosevelt. Elle avait envoyé de nombreux mémos au département d'État, notamment à son ami le sous-secrétaire d'État Sumner Welles, pour tirer la sonnette d'alarme concernant la situation des réfugiés. Bien plus tard, quand les problèmes liés à l'acheminement des réfugiés s'étaient précisés, elle avait demandé : « Ne serait-il pas possible d'envoyer notre consul à Marseille pour en aider quelques-uns ? » Son insistance eut raison

1. D'après l'estimation de l'historien David Wyman, quelque deux mille réfugiés politiques et intellectuels ont réussi à fuir en Amérique entre 1940 et 1941 grâce à ce programme de visas d'urgence, la plupart sauvés par Fry.

du département d'État qui finit par émettre des visas d'urgence et Karl Frank, à l'origine de l'implication de Fry dans l'American Friends of German Freedom, remercia Mme Roosevelt : « C'est grâce à votre intérêt que des centaines de personnes ont pu être sauvées. »

Toutefois, Fry s'aperçut que, malgré ses bonnes intentions, Mme Roosevelt ne pouvait pas peser de façon significative sur la question des visas. Des organismes privés, notamment l'ERC de Fry, envoyaient leurs représentants en Europe pour aider les réfugiés et aucun n'avait de connexion avec le gouvernement américain. L'absence d'intérêt du gouvernement pour les réfugiés européens ne faisait que refléter l'état d'esprit de la plupart des Américains. En outre, par malchance, la défaite de la France coïncidait avec le transfert des services d'immigration de Frances Perkins, du département du Travail, au secrétaire d'État adjoint Breckinridge Long.

Long, qui dirigeait la Division spéciale des problèmes de guerre dont dépendait le Service des visas, institua des mesures pour « retarder et interrompre de fait » l'action d'aide à l'immigration, de peur qu'elle empiète sur l'effort de guerre américain. Il œuvrait pour « laisser l'Amérique aux Américains » et rejetait toute possibilité de venir en aide aux réfugiés. Le département d'État s'était montré « suffisamment généreux en offrant l'hospitalité » à certains leaders syndicaux et intellectuels, ainsi qu'à d'autres réfugiés venus « d'Allemagne, de Pologne et de territoires voisins ». Mais les lois du code de l'immigration américain devaient être respectées et le « President's Committee [...] restreint dans ses activités afin que les lois puissent de nouveau être exécutées de façon normale ». Long écrivit qu'il s'attacherait « scrupuleusement à limiter les autorisations de visas afin que la loi soit respectée ».

Cela faisait des années que Long se trompait dans ses analyses. Au début de sa carrière, il s'était fait connaître en prétendant qu'il était impossible de voir l'Inde se soulever contre l'autorité britannique. Ambassadeur des États-Unis en Italie en 1933, il avait exprimé son approbation du fascisme. Jusqu'en 1939, il persistait à répéter que Hitler n'irait jamais jusqu'à envahir l'Europe de l'Ouest. Sa perception des réfugiés, partagée par tant d'autres au sein du département d'État, allait dans le sens d'une limitation stricte et inhumaine de l'immigration pendant les années cruciales menant à la guerre – et pendant la guerre.

Par conséquent, l'aide aux réfugiés reposait sur des arrangements privés : outre Fry, d'autres hommes se préparaient à partir pour l'Europe. Une coalition formée par le Jewish Labor Committee (JLC), l'AFL dirigée par William Green et l'International Ladies' Garment Workers' Union de David Dubinsky prévoyait d'envoyer un représentant en France. Elle demanda à Long et au secrétaire d'État Cordell Hull d'émettre quatre cents visas d'urgence, que son émissaire pourrait emporter en Europe. Une fois obtenu l'accord de Long et de Hull, une liste de noms fut dressée, recensant les Allemands, Autrichiens et autres réfugiés risquant d'être arrêtés par les nazis – de même que les membres du Bund[1], les mencheviks[2] et les sionistes travaillistes[3] traqués par les staliniens. La liste fut ensuite soumise au département d'État. Le Dr Frank Bohn, représentant européen du JLC et ancien militant devenu journaliste, avait pour mission de remettre ces quatre cents visas aux réfugiés concernés et d'en aider une poignée d'autres à émigrer. Arrivé à Marseille quelques

1. Ou Union générale des travailleurs juifs de Lituanie, de Pologne et de Russie : parti politique juif socialiste et laïc fondé en 1897, destiné à représenter la minorité juive de l'Empire russe.
2. Courant socialiste russe se réclamant du marxisme formé en 1903 et préconisant un parti de masse, ouvert au plus grand nombre.
3. Principale mouvance de la gauche sioniste, mélangeant socialisme et sionisme et prônant la création d'un État socialiste juif.

jours avant Fry, lui aussi avec 3 000 dollars, Bohn rencontra des consuls américains et localisa certains des réfugiés de sa liste. Il leur remit une aide financière et permit à quelques-uns de s'échapper. À aucun moment Bohn n'évoqua son affiliation au JLC, sans doute à cause du danger d'être associé à une organisation juive. Il se présentait comme l'émissaire de Green, de l'AFL.

Pendant ce temps, à New York, Fry bouclait ses valises et faisait ses adieux. La veille de son départ, il signa un contrat avec l'ERC stipulant que « compte tenu des circonstances, [son] jugement personnel d[evrait] jouer une part importante dans la réussite ou l'échec » de sa mission. Le contrat donnait à Fry une « latitude raisonnable » pour accomplir son mandat. Il lui revenait de trouver un moyen de transférer les réfugiés hors de France et de financer leur voyage. Il devait également observer, pour en rendre compte, les attitudes des officiels américains et étrangers en France envers les réfugiés. Mais son objectif n° 1 était bien d'acheminer les gens figurant sur sa liste vers Lisbonne ou Casablanca, premières étapes vers la liberté.

Fry atterrit à Lisbonne le 5 août 1940, épuisé par un long voyage. Avec sa silhouette de baleine et sa vitesse de 300 km/h, le clipper *Dixie* avait mis trente-six heures à traverser l'Atlantique, avec deux arrêts pour ravitaillement. Sa liste et son argent toujours fixés à la jambe, il avait passé le guichet de la douane sans problème, se présentant comme un envoyé américain de la YMCA[1]. Puis, il avait récupéré de la fatigue du vol en passant la semaine dans la capitale portugaise. Il y avait rencontré les consuls de différents pays, pour évaluer leur position vis-à-vis des réfugiés et de la guerre. Il avait, en outre, fait la connaissance de représentants de différentes religions et de groupes d'aide investis dans des missions semblables à

1. Young Men's Christian Association.

la sienne en Europe. Ils lui avaient expliqué ce qui était fait pour les réfugiés, et décrit la sombre situation en France.

Juste avant de quitter Lisbonne, Fry rapporta à Eileen ce qu'il avait appris : « La France est dans une situation vraiment terrible. [...] Partout, des gens assis dans la rue, la tête entre les mains, juste assis... Il y a déjà des cas d'enfants morts de dénutrition, et beaucoup d'autres vont mourir quand arrivera l'hiver. » Sans se départir de son sens de l'humour, il ajoutait qu'il partait le jour même, lundi 12 août, et qu'il se souhaitait « *bonne chance* : c'est un avion espagnol ! ».

En Espagne, une succession de trains l'emmena de Barcelone à sa destination finale : il débarqua gare Saint-Charles, à Marseille, le jeudi 15 août. Après avoir trouvé un bagagiste, il descendit rapidement le grand escalier et s'engouffra boulevard d'Athènes, suivi par l'homme portant sa valise, un matelas gonflable et un sac de couchage.

Fry avait prévu de descendre à l'hôtel Splendide, qu'on lui avait recommandé à New York, mais l'établissement affichait complet. Son bagagiste le conduisit à l'hôtel Suisse, juste en face. Sa chambre était petite, donnait sur rue et « empestait les égouts et l'ail » mais, au moins, il avait un endroit où dormir. Il prit une douche, changea de chemise puis sortit et se rendit au consulat américain. Il voulait vérifier si des réfugiés figurant sur sa liste avaient déjà reçu un visa depuis son départ des États-Unis.

Au consulat[1], la réceptionniste, une femme « aux cheveux décolorés [...] avec une étincelle peu naturelle dans le regard », nommée Mme Delapré, lui expliqua que le service des Visas se trouvait à un quart d'heure de la ville et qu'il pouvait s'y rendre en tramway. Il fit le trajet en

1. Soixante ans plus tard, en octobre 2000, la place Saint-Ferréol où se situe le consulat fut rebaptisée « place Varian-Fry ».

compagnie de passagers sales et fatigués, et descendit en même temps qu'eux. Pendant qu'une file d'attente indisciplinée se formait devant le bâtiment, Fry – dont la patience n'était pas la première qualité – franchit la porte principale. Un gardien l'interpella, mais Fry répondit aussitôt : « Je suis américain. » On l'autorisa à attendre dans le hall ; cependant, au bout de dix minutes, un autre gardien l'obligea à ressortir. Dans la rue, Fry attendit un moment parmi les réfugiés impatients. Et puis, peu habitué à la chaleur et au soleil, il finit par retourner en ville en début de soirée, sans même avoir vu un conseiller américain. Dès le premier coup d'œil, il avait été accablé par l'attitude de la population envers ces étrangers dépenaillés. Les gardiens s'étaient montrés arrogants ; ils lui avaient crié dessus puis l'avaient chassé. S'ils agissaient ainsi avec un Américain, comment devaient-ils traiter les réfugiés ?

Ce soir-là, Fry passa voir l'écrivain tchécoslovaque Franz Werfel et son épouse, Alma – deux noms figurant sur sa liste – à l'hôtel du Louvre et de la Paix. Tous trois dînèrent ensemble. C'est la sœur de Werfel, à Lisbonne, qui lui avait donné leur adresse. Werfel était l'auteur de romans très populaires lus dans le monde entier, des histoires expressionnistes dans lesquelles il proclamait sa foi en « un monde pourvu de sens [...] un monde spirituel ». Très tôt, il avait ouvertement critiqué le régime criminel de Hitler, ce qui l'avait amené à s'enfuir d'Allemagne, où ses livres étaient désormais bannis et où sa vie était menacée par les nazis. « Quand le dernier lambeau de sens du monde disparaît de l'âme humaine, avait-il écrit, la folie se met à régner. »

Si Fry perçut en Werfel un homme apeuré et désespéré, Alma lui fit l'impression d'une femme pleine d'esprit, férocement protectrice envers son époux. En cette « époque de grande terreur », l'écrivain était hanté par l'annonce erronée de son meurtre par les nazis sur les ondes de la radio anglaise. Werfel était convaincu que ce sort l'attendait s'il ne parvenait pas rapidement à s'enfuir. Alma se montrait plus optimiste. L'ancienne beauté collectionnait les maris et les amants célèbres. Elle avait épousé le compositeur Gustav Mahler puis l'architecte Walter Gropius. L'un de ses nombreux amants, le peintre Oskar Kokoschka, avait vécu pendant deux ans avec une poupée grandeur nature à l'effigie de sa bien-aimée Alma.

Au moment de l'Anschluss, l'annexion de l'Autriche par l'Allemagne, les Werfel vivaient à Paris dans un relatif confort. À présent, la muse séductrice et le romancier vieillissant et obèse étaient sans ressources dans ces circonstances difficiles ; ils avaient besoin de la protection et de l'aide de Fry pour émigrer. Werfel avait beau posséder une lettre du ministre des Affaires étrangères – un catholique – assurant qu'il était « l'un des plus grands écrivains catholiques de notre temps », il était bel et bien juif. Outre cette lettre, le couple détenait des passeports tchécoslovaques ainsi qu'un *affidavit* de Thomas Mann, pour appuyer sa demande de visas d'urgence américains.

Pendant le dîner, Franz Werfel entreprit de raconter à Fry une étape spectaculaire de leur périple depuis Paris. Le couple avait passé quelques semaines à Lourdes après avoir entendu un récit merveilleux sur Bernadette Soubirous, cette jeune fille qui, un siècle plus tôt, avait vu la Vierge Marie dans une petite grotte de cette ville. Une fois devant la grotte, l'écrivain s'était fendu d'une prière en forme de marché : si lui et Alma parvenaient à échapper aux mains meurtrières des nazis, il s'engageait à raconter au monde entier l'histoire de Bernadette. Werfel supplia Fry : « Vous devez nous sauver ! » Fry, qui débutait tout juste dans sa mission et ne pouvait s'empêcher d'être nerveux, n'avait aucune idée de la façon dont il pouvait sauver qui que ce soit, à commencer par le couple assis à sa table, mais il promit de faire tout son possible.

Le lendemain matin, pour sa deuxième journée à Marseille, Fry découvrit que Frank Bohn logeait à l'hôtel Splendide et alla le voir. La liste de Bohn était remplie d'activistes politiques et de leaders syndicaux, celle de Fry d'écrivains, de peintres et d'intellectuels. Bohn apprit à Fry l'étendue des documents nécessaires aux réfugiés pour pouvoir circuler de ville en ville, de pays en pays. Tout d'abord, des laissez-passer, indispensables pour se déplacer en France ; par exemple, un réfugié de Montredon se rendant à Marseille pour voir le consul américain devait en posséder un. Ensuite, tout réfugié cherchant à quitter la France avait besoin d'un visa de sortie français. Vichy n'ayant émis aucun visa de sortie, aucune sortie légale du territoire n'était possible – même si Bohn avait apporté des visas d'urgence américains pour les réfugiés de sa liste. D'autre part, tout réfugié souhaitant se rendre au Portugal ou en Espagne devait produire un visa de transit de ces pays. Enfin, un visa de voyage transatlantique était également nécessaire, le plus recherché étant émis par les États-Unis. Tous ces documents devaient être dûment remplis et toujours en cours de validité. Sans visa de sortie français, un réfugié pouvait toujours franchir la frontière pour se rendre en Espagne, mais en toute illégalité.

À l'époque, l'Espagne et le Portugal, deux nations neutres, distribuaient sans difficulté des visas de transit, même aux juifs et aux antinazis. Fry comprit que, si un réfugié ne parvenait pas à obtenir l'ensemble des documents requis pour émigrer légalement, alors il devait opter pour l'illégalité. Comme la plupart des visas avaient une durée de vie très brève, il était presque impossible d'avoir tous les documents en cours de validité.

Fry apprit aussi que certains réfugiés n'avaient aucune espèce de papiers. Ces *apatrides*, citoyens sans passeport, n'avaient aucun moyen d'obtenir des documents légaux, y compris des visas. La plupart d'entre eux étaient des juifs ou des antifascistes ayant fui l'Allemagne ou l'Autriche. Un petit nombre d'apatrides s'étaient débrouillés pour obtenir un *affidavit* ayant la valeur d'un passeport, et une validité équivalente. Enfin, pour ceux dont le nom et le visage étaient connus des nazis, tout déplacement, même avec des papiers en règle, représentait une prise de risque pouvant aboutir à leur arrestation.

Bohn expliqua à Fry que des centaines de personnes arrêtées par le régime de Vichy avaient été envoyées dans des camps d'internement dans le sud de la France, où elles étaient affamées, dans des conditions d'hygiène déplorables.

Fry avait beau ne pas connaître grand-chose aux visas et aux passeports, en quittant New York, il savait que, depuis l'accession de Hitler au pouvoir en 1933, les juifs fuyaient l'Allemagne. Il était également conscient de la double émigration d'Allemagne, l'une de nature politique et une autre de nature « raciale ». Le mouvement politique comprenait des activistes, des écrivains et des politiciens farouchement opposés à Hitler. L'immigration « raciale », elle, avait débuté quand le gouvernement allemand avait défini les « étrangers » ou les « indésirables » selon des critères de race, et commencé à leur interdire de prendre part à la vie quotidienne allemande. En septembre 1935, les lois de Nuremberg dépouillaient les « demi-juifs » et les juifs de leur citoyenneté allemande. Les juifs allemands n'avaient plus le droit d'exercer les métiers de médecin, d'avocat, de professeur ou d'instituteur ; leurs livres, devenus hors la loi, faisaient l'objet d'autodafés. Ils ne pouvaient plus occuper non plus de fonction officielle, ni travailler dans la fonction publique. L'art d'avant-garde, représenté majoritairement par des peintres, sculpteurs et compositeurs juifs, fut qualifié de « dégénéré », et leurs œuvres furent confisquées et détruites.

Assis en bras de chemise dans la minuscule chambre de Bohn, penchés l'un vers l'autre, les deux jeunes Américains discutaient des lois paradoxales sur l'émigration des réfugiés votées par l'Allemagne et la France, et des mesures administratives en matière d'immigration mises en place par les États-Unis. À cette époque, malgré l'obligation de « livrer sur demande » spécifiée dans la convention d'armistice, les forces d'occupation allemandes n'étaient pas encore assez organisées pour interpeller les « criminels » figurant sur leurs listes. Le nouveau gouvernement de Vichy était tout aussi désorganisé. Fry et Bohn décidèrent qu'il fallait tirer profit de cette situation chaotique pour aider les réfugiés à fuir en se servant des failles bureaucratiques. Ils s'accordèrent pour se répartir les réfugiés : à Bohn, les syndicalistes, les leaders syndicaux et leurs aînés socialistes ; à Fry, les écrivains, les artistes, les intellectuels et les jeunes sympathisants politiques de gauche.

Après leur conversation, Fry retourna dans sa chambre d'hôtel et réfléchit à la manière de mener à bien la mission pour laquelle il était mandaté. Ce que Bohn lui avait raconté sur les Français l'avait déçu. Ils étaient renfermés sur eux-mêmes, xénophobes et antisémites. Des attitudes qui, d'après Bohn, s'expliquaient par le chômage et le nombre croissant de réfugiés : dans les deux années qui avaient précédé l'invasion allemande, quelque vingt mille réfugiés demandant l'asile politique avaient été internés par le gouvernement français. En tant que francophile, Fry avait du mal à concilier ses propres opinions humanistes et libérales avec l'antisémitisme profondément ancré dans le tempérament national français. L'historien Tony Judt note, en 1996, que cet antisémitisme n'était ni « cruel », ni « prémédité ». Il s'agissait d'un antisémitisme ordinaire, quotidien en France, semblable à celui qui avait sévi dans les années 1930 et auparavant.

La seule nouvelle positive, ce jour-là, fut sans doute la chambre que Fry avait finalement réussi à obtenir au Splendide. Il quitta donc l'hôtel Suisse et, tranquillement installé dans sa nouvelle chambre, sentit sa détermination s'accroître : il comptait bien retrouver « ses » réfugiés et les sauver.

Un jour après l'arrivée de Fry, la nouvelle s'était répandue comme une traînée de poudre parmi les réfugiés dans toute la France : un Américain était arrivé « comme un ange venu du Ciel, les poches pleines de passeports, en liaison directe avec le département d'État pour permettre à tous d'obtenir instantanément le visa désiré[1] ». À Toulouse et Montauban, villes abritant une large population de réfugiés, on parlait d'un Américain arrivé à Marseille avec beaucoup d'argent. Le jeune Karel Sternberg, un réfugié travaillant à Montauban pour l'International Relief Association d'Einstein, entendit parler de Fry, comme à Toulouse l'Américaine Miriam Davenport, une étudiante en art.

D'un naturel sociable, Davenport comptait beaucoup d'amis parmi la communauté de réfugiés, notamment l'écrivain allemand Konrad Heiden et le musicologue et journaliste alsacien Charles Wolff. Tous deux étaient recherchés par les nazis, surtout Heiden, auteur d'une biographie sans concession de Hitler. Davenport décida d'aller trouver Fry. Avant qu'elle parte, Heiden sortit de sa cachette dans un cinéma désaffecté et organisa, avec Wolff, une petite fête en son honneur. « Quand tu arriveras à Marseille, lui dirent-ils, cherche un Américain prêt à placer des réfugiés politiques sous la bannière de son pays. Il n'y a que comme ça qu'on pourra échapper à la Gestapo… » Davenport quitta Toulouse pour Marseille.

Le troisième jour de son séjour en France, dans sa chambre d'hôtel, Fry entreprit d'écrire aux personnes

1. Correspondance de l'ERC.

figurant sur sa liste dont il avait obtenu les adresses quand il était à New York. Mais, avant qu'il ait le temps d'écrire son premier mot, on frappa à la porte de sa chambre. C'était le début d'un défilé incessant d'émigrés européens cherchant de l'aide, ainsi que d'Américains – comme Davenport – venant lui offrir leurs services. Le poète et romancier allemand Hans Sahl[1] est l'un des premiers à se présenter à Fry. Né à Dresde, Sahl avait émigré en Tchécoslovaquie en 1933 avant de se rendre en France, où il travailla un certain temps avec Fry avant de s'enfuir. Sahl n'oublierait jamais sa première rencontre avec l'Américain :

> « Et voilà qu'un sympathique jeune homme en manches de chemise m'accueille, passe un bras autour de mes épaules… Imaginez la situation : les frontières sont fermées, vous êtes pris au piège, vous risquez d'être arrêté d'un instant à l'autre, et soudain un jeune Américain vous remplit les poches de billets et vous glisse à l'oreille, avec l'expression conspiratrice d'un mauvais comédien : "Croyez-moi, il y a des moyens de vous faire sortir d'ici." Bon sang, les larmes se sont mises à ruisseler sur mon visage… Alors, ce charmant inconnu a sorti de sa veste un mouchoir en soie et, me le tendant : "Tenez. Désolé, il n'est pas très propre." »

Du haut de son mètre quatre-vingt-dix, Fry était relativement grand comparé à la plupart des réfugiés. Il avait fière allure, s'habillait avec élégance et affichait, en toute circonstance, décontraction et aisance. Une fois dissipés les soupçons concernant ses motivations véritables, Fry s'imposa en quelques jours auprès des réfugiés comme un

1. Sahl occupait la position n° 1155 sur la Liste complète des clients du Centre américain de secours, un inventaire sommaire des réfugiés venus demander de l'aide, dressé par Fry et d'autres une fois terminée l'opération de Marseille.

homme bienveillant. Il les rassurait, les réconfortait, les écoutait. Il parvenait toujours à calmer ses interlocuteurs les plus craintifs.

Maintenant qu'il rencontrait pour de bon les personnes figurant sur sa liste, il se sentait investi d'une véritable responsabilité envers elles – mais, à part leur distribuer de l'argent pour qu'elles puissent se nourrir et se loger, il n'avait toujours pas la moindre idée sur la façon de les aider à fuir la France. Comment négocier la paperasserie pour obtenir des visas et d'autres documents ? Quelles étaient les méthodes d'émigration illégale ? Tout cela demeurait un mystère pour lui.

Pour autant, il ne cessait de soutenir et d'encourager les réfugiés, dont la plupart avaient fui à plusieurs reprises : d'abord en quittant leur pays d'origine pour se rendre à Paris, puis en quittant Paris pour se réfugier dans le sud de la France. La plupart n'avaient emporté aucun bien, les Allemands étant les plus pauvres de tous puisque leur pays leur avait tout pris. Durant sa première semaine d'activité, Fry dissimula son propre trouble et l'impression qu'il avait d'être submergé, préférant ouvrir son cœur aux personnes qui affluaient vers lui. Prenant exemple sur l'engagement humaniste de son grand-père, guidé par sa propre haine du fascisme, il s'efforçait de donner aux réfugiés ce qu'ils attendaient vraiment : de l'espoir et, au bout du compte, la possibilité de quitter la France.

Dans un premier temps, il avait établi des catégories de réfugiés et remarqué que les plus menacés étaient les politiciens sociaux-démocrates ainsi que les antifascistes bien connus en Allemagne et en Autriche, tels que Rudolf Breitscheid et Rudolf Hilferding, anciens hommes d'État de premier plan. Venaient ensuite les juifs apolitiques, traqués de pays en pays pendant des années et dont le moral était au plus bas. Certains réfugiés avaient nié la réalité pendant si longtemps qu'ils s'effondraient sous la violence du choc. Des intellectuels comme Werfel, Heiden et Heinrich Mann étaient recherchés par la Gestapo pour leurs opinions politiques (et, dans certains cas, parce qu'ils étaient juifs) plutôt que pour leurs livres.

Une poignée de réfugiés n'avaient aucun intérêt à émigrer et préféraient mourir là où ils avaient vécu. Pour certaines personnes âgées, il était simplement inenvisageable de traverser l'Océan pour s'établir sur un nouveau continent. Dans son autobiographie, l'écrivain autrichien Carl Zuckmayer[1], qui avait émigré plus tôt et s'était installé dans le Vermont, décrit comment il s'est senti en quittant ses racines pour un endroit nouveau et inconnu : « Le plus difficile à supporter, c'est d'abandonner ces tombes. »

> « Nous avons dû dire adieu à beaucoup de choses de l'Ancien Monde. Des gens, des choses, des tombes… Beaucoup de gens sont morts, dont nous ne pensions pas pouvoir nous passer. Aujourd'hui, nous pouvons dire qu'ils ont eu la chance de mourir au bon moment. De nombreux autres, aussi, ont dû partir, mais leur personnalité nous accompagne, comme autant d'anges gardiens. »

« Il faut avancer pas à pas, comme dans un territoire inexploré, écrit Zuckmayer. Alors, on peut commencer à percevoir l'exil […], non comme une fuite ou une malédiction, mais comme un destin. » Fry s'est rapidement rendu compte qu'il était plus facile de travailler avec des personnes considérant l'émigration comme un « destin » qu'avec celles qui se sentaient arrachées à leurs racines.

Le matin de son quatrième jour à Marseille, Fry ouvrit la porte de sa chambre pour découvrir un groupe d'Autrichiens debout dans le couloir de l'hôtel. C'étaient

1. Il avait épousé la première femme de Karl Frank, Alice von Herdan, et était devenu le beau-père de la fille des Frank, Michaela.

les membres de Neu Beginnen, un mouvement social-démocrate qui avait été dirigé par Karl Frank avant que celui-ci n'émigre aux États-Unis. Des hommes déterminés et autonomes ; l'un d'eux avait même une carte de la frontière et un plan pour la traverser. Quand Fry discuta avec ces jeunes gens courageux, dont les noms ne figuraient pas sur sa liste, il commença à s'interroger sur la pertinence de ce document. Plus le temps passait, plus il s'apercevait que Marseille abritait des milliers de personnes en grave danger, totalement inconnues aux États-Unis.

La liste de Fry recensait des artistes, des écrivains et d'autres intellectuels dont les noms lui avaient été transmis par des personnes et des institutions bien établies à New York. Mais il découvrait qu'une autre catégorie, bien plus importante, était composée d'antifascistes et d'activistes politiques opposés à Hitler. « J'ai bien peur d'avoir commis l'erreur d'oublier à quel point tout le monde, aux États-Unis, semble peu informé de la situation ici », écrivit Fry à sa femme, Eileen. Après quelques jours en France, Fry dut admettre que sa liste était incomplète. Certaines des personnes y figurant étaient en sécurité à ce moment-là, soit parce qu'elles avaient déjà émigré, soit parce qu'elles étaient dans l'armée française en tant que *prestataires* – des paramilitaires travaillant aux côtés des soldats. D'autres avaient été raflées et se retrouvaient dans des camps d'internement. Quelques-unes étaient mortes. Certaines parmi les plus illustres, comme Henri Matisse, n'avaient aucunement l'intention de quitter la France.

La majorité des réfugiés qu'il avait rencontrés ne figurant pas sur la liste, était-il censé ne pas les aider ? Pourtant, il avait vu leur faim, leur épuisement, leur terreur de se faire arrêter. À Marseille depuis peu, confronté à une mission qu'il doutait de pouvoir mener à bien, Fry pesa le pour et le contre et prit sa décision : comme personne à New York n'avait pris la mesure de la situation, il allait devoir inventer des méthodes et des stratégies pour accomplir son travail au fur et à mesure.

Fry allait donc tracer sa propre voie. Il élargit son mandat aux réfugiés politiques, aux sociaux-démocrates et à d'autres activistes « encore plus à gauche » – d'anciens communistes. Sa liste devait inclure les réfugiés qu'il considérait comme les plus à risque, y compris les dirigeants des mouvements sociaux-démocrates et ouvriers ainsi que les intellectuels. « Les personnes en danger, ce sont elles que nous avons aidées. »

Fry décida de créer un centre pour les réfugiés, chargé de leur fournir de la nourriture, des vêtements et de l'argent – en réalité, une couverture pour les opérations d'aide à l'émigration « qui n'étaient pas strictement casher… Nous expliquions que nous donnions des conseils et de l'argent pour survivre ». Ce centre mit un certain temps à être opérationnel, mais quelques jours suffirent à Fry pour avoir sa propre couverture de travailleur humanitaire.

Son véritable objectif étant d'aider les réfugiés à s'enfuir, il allait avoir besoin de la coopération du consul américain pour la délivrance des visas. Cependant, ses premiers démêlés avec le service des Visas lui avaient fait perdre toute confiance envers les fonctionnaires américains. De fait, pendant toute la durée de son séjour à Marseille, les représentants du consulat et de l'ambassade allaient se montrer aussi hostiles et dédaigneux envers Fry que les gardiens lors de sa première visite. À deux exceptions près, les officiels américains ne montreraient aucune empathie pour les réfugiés et « [manquèrent], dans leur politique d'immigration, à l'humanité et au bon sens[1] ». L'écrivain Victor Serge écrit dans ses mémoires : « Les visas ont été accordés au compte-gouttes, avec une si criminelle

1. Victor Serge, *Mémoires d'un révolutionnaire*, Seuil, 1951.

parcimonie que des milliers et des milliers de grandes victimes, c'est-à-dire d'hommes de valeur, sont demeurés à la merci des nazis. »

Alors que débute sa deuxième semaine à Marseille, Fry met en place son organisation qu'il baptise Centre américain de secours. Comme il l'avait prévu, cette organisation va devenir, au fil du temps, une véritable bouée de sauvetage pour les réfugiés, synonyme de salut.

*Le cas Ullmann*

Pendant un certain temps, le centre monté par Fry permit à un grand nombre de réfugiés de survivre. Parmi eux, certains avaient demandé leur soutien aux Américains bien avant l'arrivée de Fry à Marseille. Ce dernier procura son aide à beaucoup d'entre eux, dont certains ne parvinrent jamais à s'échapper et d'autres connurent des mois, voire des années de souffrance avant de réussir à partir. Un couple, Ludwig et Irene Ullmann[1], se cachait à Montauban. Ils venaient d'écrire au Comité de secours d'urgence le jour où Fry avait décollé de New York. Les Ullmann avaient entendu dire, par des amis, que des visas d'urgence pour visiteurs émis par les États-Unis étaient disponibles pour certaines personnes.

Dans sa lettre, Ludwig, originaire de Vienne, expliquait que lui et son épouse avaient besoin d'émigrer sans tarder aux États-Unis, car il était recherché par la Gestapo en tant qu'opposant au nazisme. Ancien éditeur, critique et auteur, il avait été rédacteur en chef du *Wiener Allgemeine Zeitung,* un journal prodémocratie comptant « parmi les premiers ennemis du nazisme en Autriche » et « l'unique organe de presse à mener ouvertement campagne contre l'hitlérisme et le fascisme ».

1. N$^{os}$ 1382 et 1383 sur la liste de Fry.

Quand, le 13 mars 1938, Hitler avait annexé l'Autriche, Ludwig avait quitté le pays en traversant la frontière hongroise « à pied, à minuit », pour arriver quelque temps plus tard à Paris. C'est là qu'à partir de 1938 il devint correspondant d'un journal tchèque ainsi que secrétaire de la Fédération des immigrés autrichiens. À la capitulation de la France, Ludwig, désormais marié, et sa femme, Irene, se rendent en zone libre, dans le Sud, avec des milliers d'autres réfugiés.

Dans sa lettre d'août 1940, Ludwig précisait que les écrivains Franz Werfel et Stefan Zweig, le producteur hollywoodien Max Reinhardt et la journaliste Dorothy Thompson se portaient garants pour lui et qu'il trouverait sûrement du travail une fois arrivé aux États-Unis. Le Comité de secours d'urgence tenta de l'aider en obtenant, de la part des amis du couple en Amérique, des déclarations de soutien sous serment (attestant qu'ils ne représenteraient pas un fardeau financier pour le gouvernement américain) et des attestations de moralité irréprochable. Et, comme les visas d'urgence étaient réservés aux réfugiés courant un grave danger en cas d'arrestation par les nazis, l'ERC prépara également une biographie de Ludwig Ullmann décrivant son travail et le péril qu'il lui faisait courir s'il se faisait arrêter.

Deux mois plus tard, Ludwig et Irene étaient toujours coincés en France. « Aujourd'hui, la situation générale a changé », écrivait-il dans une lettre moins policée, plus désespérée. Sans visa américain, ils ne pouvaient même pas obtenir de visa de transit portugais.

Dix mois après l'appel à l'aide des Ullmann, l'ERC apprit que le service des Visas et le consul américain à Marseille ne parvenaient pas à les localiser. L'ERC fit parvenir l'adresse des Ullmann au consul mais ne reçut aucune nouvelle pendant six mois. Un ami américain de Ludwig, désireux de payer le voyage du couple aux

États-Unis et à qui il manquait 45 dollars, demanda au comité de payer la différence et de « continuer à aider ces deux personnes oubliées ». C'est ce que fit Fry pendant cette période d'attente des visas : il fournit aux Ullmann de quoi s'acheter de la nourriture, d'autres biens et payer un loyer.

En règle générale, les dossiers de réfugiés attendaient des mois, voire des années avant d'être traités. Il n'en allait pas différemment pour celui des Ullmann. En mai 1942, le Comité consultatif présidentiel sur les réfugiés politiques annonça que les noms de Ludwig et Irene Ullmann avaient été transmis par télégramme « au fonctionnaire américain approprié pour l'examen des demandes de visa ». Six jours plus tard, Frank Kingdon, président de l'ERC, adressa un message au bureau de Marseille indiquant : « Les visas américains [pour] Ludwig Ullmann [ont été] envoyés par télégramme. » D'après un rapport du département d'État américain, les Ullmann finirent par fuir la France. Ils arrivèrent à Lisbonne, d'où ils embarquèrent à bord du *Serpa Pinto* durant l'été 1942, à destination de l'Amérique. Deux ans s'étaient écoulés depuis la première lettre de Ludwig, dans laquelle il écrivait : « Notre situation actuelle requiert une intervention urgente. »

# 2

## L'arrivée (août 1940)

*« La seule raison de se réjouir, c'était l'arrivée à Marseille de Varian Fry. »*

*Albert Hirschman*

« Désormais, la France n'est pas seulement contrainte d'obéir à la loi du vainqueur : elle traverse aussi une période de réaction politique, écrit Daniel Bénédite, qui deviendrait un proche de Fry. Par conséquent, elle a durci ses règles envers les réfugiés prodémocratie qui, jusque alors, bénéficiaient d'une protection en tant qu'exilés. »

Quelque temps avant l'arrivée de Fry, Hitler avait connu son moment de triomphe dans la clairière d'une forêt du nord-est de la France. Là, dans le wagon où, vingt-deux ans auparavant, l'Allemagne avait signé l'acte de capitulation mettant fin à la Première Guerre mondiale, les représentants du gouvernement français avaient dû signer un accord d'armistice avec le Haut Commandement allemand des forces armées.

Deux mois plus tard, le lundi 19 août, la première semaine de Fry à Marseille débutait. Ses habitants étaient alors « de la pire humeur imaginable au sein d'une collectivité ». À 9 heures du matin, Fry se retroussa les manches et ouvrit la porte de sa chambre de l'hôtel Splendide, prêt à accueillir les réfugiés qui s'alignaient déjà dans le couloir et l'escalier. Il se mit à interroger chaque personne, lui demandant son nom, si elle possédait un passeport, des papiers d'identité ou des visas. Chacune lui racontait des récits de peur et de terreur qu'il écoutait d'une oreille compréhensive et empathique. Il s'identifiait à ces réfugiés, et son attitude réconfortante contribuait à leur redonner confiance. Si certains éprouvaient une sorte de scepticisme à l'européenne envers le jeune Américain, la plupart lui faisaient confiance. Malgré sa candeur, voire son innocence, il se montrait à la hauteur de sa tâche, prenant les choses au sérieux, avec une bonne volonté manifeste.

Au départ, il se sentit écrasé par son désir d'aider tout le monde, puis par la nécessité de hiérarchiser son aide. Toute la nuit, il pensait aux entretiens de la journée écoulée et aux réfugiés « spéciaux », qui couraient les plus grands risques. Chaque jour, il découvrait de nouvelles personnes susceptibles d'être arrêtées, et leurs noms venaient grossir sa liste. Le soir, il les adressait par télégramme au Comité à New York. Ces personnes, d'une valeur particulière en raison de leurs réalisations intellectuelles, artistiques ou politiques, étaient les réfugiés antinazis qui s'étaient exprimés librement durant les sept années précédentes, et qui se trouvaient dorénavant sans aucune ressource. Fry leur accordait la priorité et ne perdait pas de vue qu'il devait aussi aider les juifs, qui étaient tous en danger.

Bien que Fry « ait essayé de les sauver tous, comme l'expliquera son assistant, Albert Hirschman, nous savions précisément qui les Allemands recherchaient, même s'ils n'étaient pas répertoriés sur les listes habituelles ». Aux personnes qu'il ne pouvait sauver, Fry proposait de l'argent et des recommandations pour s'orienter vers d'autres organismes.

L'ironie voulait que l'occupant allemand et les Français vaincus partagent le même but envers les juifs étrangers : les chasser d'Europe. Les Allemands avaient exprimé leur désintérêt pour les non-Aryens au sud de la ligne de démarcation ; quant aux Français, ils pouvaient bien faire ce qu'ils voulaient de ces « indésirables », et se réjouissaient de les voir quitter l'Europe. Si les Allemands ont continué, au moins jusqu'en avril 1941, à repousser davantage de juifs réfugiés en zone non occupée, cette manœuvre entrait en contradiction directe avec la politique de Vichy, désireuse de se débarrasser des juifs, des étrangers et d'autres « indésirables ».

Trois organismes d'aide aux réfugiés étaient alors en activité : la HIAS (Hebrew Sheltering and Immigrant Aid Society), établie à New York ; l'Hicem, basée à Lisbonne, et l'American Jewish Joint Distribution Committee, surnommé « The Joint », qui redistribuait aux réfugiés l'argent collecté par les groupes juifs américains. À cela s'ajoutaient les représentants envoyés en Europe par les quakers et les unitariens, avec lesquels Fry travaillerait en étroite collaboration. Si utiles soient-ils, ces groupes ne fournissaient que de l'aide. Celui de Fry était le seul à avoir pour but l'exfiltration des réfugiés.

Fry classait les réfugiés d'après le type de visas qu'ils détenaient. Tout d'abord, il vérifiait si le réfugié possédait un visa de visiteur émis par les États-Unis. Les visas d'urgence avaient beau stipuler que « l'immigrant accepte de quitter les États-Unis dès que possible et commence dès son arrivée à faire des efforts en ce sens », ces réfugiés ne pouvaient pas retourner chez eux sans risquer la mort – dès lors, les États-Unis ne tenaient pas compte de la limite de validité de six mois. Cependant, les organisations qui, comme l'ERC de Fry, se chargeaient d'aider les réfugiés à fuir, devaient « garantir au département d'État qu'elles [feraient] tout leur possible pour les aider à s'installer dans d'autres pays ».

En 1940, le Comité consultatif présidentiel sur les réfugiés politiques coordonnait les efforts pour obtenir des visas d'urgence pour visiteurs, à l'intention des réfugiés politiques et intellectuels en danger. Mais, rapidement, il allait créer un nouvel obstacle aux personnes souhaitant obtenir des visas en temps voulu. Après avoir examiné le dossier d'un réfugié et l'avoir validé, ce comité transmettait la candidature au département de Justice, puis au département d'État. À ce stade, si le dossier était validé, le réfugié recevait un visa d'urgence émis par le consulat le plus proche de sa résidence en Europe, à condition que le consul accepte de lui remettre le précieux document.

Or, nombre de consuls s'y refusaient. Sur le plan individuel, ils s'opposaient la plupart du temps à l'entrée de réfugiés sur le sol américain, et le département d'État les dissuadait généralement de distribuer ces visas. Par exemple, entre le 1er août et le 10 septembre 1940, 567 requêtes de visas d'urgence furent soumises aux autorités, et seuls 40 furent émis fin septembre. Le 19 septembre, les consuls en poste en Europe reçurent du département d'État la consigne suivante : « Il convient de vérifier soigneusement les dossiers des réfugiés demandant des visas d'urgence et de leur demander des preuves irréfutables de leur situation. »

Quoi qu'il en soit, quand un réfugié avait la chance de détenir un visa étranger provenant des États-Unis ou d'un autre pays, Fry faisait tout pour l'aider à obtenir un visa de transit espagnol ou portugais, indispensable pour traverser ces pays. À l'époque, l'Espagne distribuait sans problème ce genre de visa aux réfugiés en route vers le Portugal. Et la politique portugaise d'accueil de réfugiés en transit était elle aussi très souple puisque, presque chaque jour, tout réfugié attestant qu'il voulait se rendre dans un autre pays recevait son visa de transit.

Presque aucun, cependant, n'avait de visa français. Il n'était quasiment pas attribué, et certainement pas aux juifs. Le 12 août 1940, le gouvernement français interrompit entièrement l'attribution de visas de sortie, et n'en émettrait plus d'autre avant le printemps 1941. Autrement dit, aucun réfugié ne pouvait plus quitter le pays légalement. La France avait deux raisons d'agir ainsi : d'abord, les officiels du gouvernement voulaient empêcher les citoyens français de s'enfuir pour l'Angleterre, où ils risquaient de rejoindre le général de Gaulle et de grossir les rangs de ce qui allait devenir les Forces françaises libres ; ensuite, selon l'historien David Wymlan, Vichy pensait que cette décision politique « faciliterait les arrestations par la Gestapo des personnes recherchées par le gouvernement allemand ». De nombreux Français, simples citoyens ou membres de l'administration, obéissaient ainsi à l'occupant, entièrement concernés par l'avenir de leur pays et pas du tout par les réfugiés étrangers.

Cette situation poussa Fry, ce bon Américain protestant diplômé d'Harvard, à accepter l'idée qu'il devrait trouver des méthodes illégales et clandestines pour mener à bien sa mission. En outre, quand des réfugiés ayant combattu auprès des républicains espagnols lui avouèrent ne pas oser utiliser leur vrai nom pour traverser l'Espagne, il comprit qu'il allait devoir se lancer dans la fabrication de faux papiers, en créant des documents portant un faux nom. À mesure qu'il improvisait et que s'allongeait sa liste initiale de deux cents noms, Fry se familiarisait avec les traversées maritimes clandestines, les passages de frontières sans papiers, les identités factices, les passeports modifiés ou altérés, l'achat de visas. Dans sa jeunesse, il lui était déjà arrivé d'enfreindre les règles et de défier l'autorité mais, cette fois, la situation était bien différente : il allait devoir enfreindre les lois d'un pays étranger sous contrôle fasciste avec des conséquences graves, possiblement fatales, s'il venait à être démasqué.

À la recherche d'itinéraires d'évasion illégaux, Fry s'interrogeait sur la fiabilité d'un trajet méconnu traversant les Pyrénées pour arriver en Espagne, dont les jeunes membres de Neu Beginnen lui avaient remis le plan à son arrivée en France. Ils lui avaient expliqué que franchir à pied les contreforts n'était pas si dangereux que cela, en raison du chaos à la frontière franco-espagnole et de la désorganisation administrative du gouvernement de Vichy. Se faufiler de l'autre côté de la frontière était possible car « du côté français, les douaniers [étaie]nt plutôt bien disposés envers les réfugiés ».

Fry rencontra ensuite Heinrich et Claire Ehrmann, des activistes antihitlériens figurant sur sa liste originale. Avec leur profil et leur jeunesse, ils lui paraissaient tout désignés pour aller essayer cet itinéraire et lui rendre compte de sa faisabilité.

Claire, dont le père juif et social-démocrate avait été tué par les nazis, avait été membre d'une organisation de jeunes sociaux-démocrates allemands avant d'émigrer, d'abord en Hollande puis en France. Heinrich, un avocat juif qui avait perdu son travail, avait été emprisonné et torturé par les nazis en raison de son opposition à Hitler et de son appartenance à Neu Beginnen. Après s'être échappé, il avait rejoint la Tchécoslovaquie à ski puis s'était réfugié en France. Claire et Heinrich s'étaient mariés à Paris puis, au moment de la défaite, étaient descendus dans le Sud. Tous deux figuraient sur les listes de la Gestapo (dont Fry n'eut connaissance que bien plus tard) indiquant les individus auxquels les Français avaient interdiction de fournir des visas. « Beaucoup de ces gens furent arrêtés et extradés », écrit Fry.

Des amis américains avaient préparé des visas d'urgence pour visiteurs destinés aux Ehrmann et, quand Fry les rencontra, le courant passa tout de suite très bien. Fry se rappelle : « Si quelqu'un devait essayer ces visas pour s'enfuir, en l'occurrence pour quitter la France et entrer en Espagne, ce devait être ce jeune couple. » D'autant que les Ehrmann étaient des randonneurs chevronnés et parlaient bien le français. « Dès que vous êtes prêts, d'ici deux ou trois jours, allez-y », leur proposa Fry. Il leur remit les cartes de Neu Beginnen et ils acceptèrent.

Ils quittèrent donc Marseille avec l'intention de tester cet itinéraire vers l'Espagne, puis d'en revenir par le même chemin pour livrer leurs impressions à Fry. Leurs premières tentatives échouèrent. D'abord découverts par les fonctionnaires des douanes de Vichy, ils furent descendus de force du train à la ville frontière de Cerbère. La deuxième fois, des policiers les arrêtèrent tandis qu'ils marchaient sur une route près de la frontière. Comprenant qu'ils avaient besoin de trouver un endroit plus sûr pour passer en Espagne, ils demandèrent l'aide de Vincent Azéma, maire d'une autre ville frontalière, Banyuls-sur-Mer. Azéma était bienveillant et serviable envers les réfugiés. Heinrich se souvient : « Il nous a montré du doigt un sentier visible à l'œil nu, une vieille piste de randonnée utilisée par les combattants républicains pour traverser les Pyrénées pendant la guerre d'Espagne. »

Pour leur troisième tentative, les Ehrmann suivirent cette piste sur les contreforts des Pyrénées, pendant tout l'après-midi et une partie de la soirée, en prenant soin de bien éviter les gardes-frontières français. Dans la nuit, ils grimpèrent dans la montagne, assez haut, puis attendirent, tapis dans le noir, jusqu'à 2 heures du matin. « Nous avons vu les lumières et, très lentement, d'un pas hésitant, nous sommes descendus jusqu'à arriver au poste frontière espagnol. » Les deux ou trois gardes qu'ils y croisèrent parurent « complètement stupéfaits » de voir sortir des bois, au milieu de la nuit, cet homme et cette femme. Quand ils leur demandèrent ce qu'ils venaient faire ici à une heure pareille, Claire leur répondit qu'elle et son mari aimaient randonner de nuit. Des cigarettes américaines suffirent pour acheter leur sécurité, et les Ehrmann reprirent leur route vers l'Espagne puis entrèrent au Portugal. Ils envoyèrent à Fry, par la poste, la carte du trajet qu'ils avaient suivi. Enfin, à Lisbonne, ils embarquèrent à bord du *Nea Hellas* à destination de New York[1].

Dans les premiers mois d'activité de Fry, le trajet emprunté par les Ehrmann fut suivi par des dizaines de réfugiés, jusqu'à ce que de nouveaux trajets, plus efficaces, soient découverts. Fry accompagna lui-même au moins une exfiltration et engagea des guides pour superviser les autres. Il lui revenait de déterminer si, d'après leur âge, leur condition physique et la présence ou non de jeunes enfants ou de parents âgés avec eux, les réfugiés étaient capables de se déplacer dans les montagnes.

Juste avant le départ des Ehrmann, Fry leur avait demandé de lui trouver un assistant qui parle l'allemand et comprenne les enjeux politiques de la situation. Heinrich lui présenta son vieil ami, Albert Otto Hirschman. Hirschman « portait l'uniforme français [...] et correspondait tout à fait au profil dont Varian Fry avait besoin », se rappelle Heinrich. Dès leur rencontre, Fry s'aperçut qu'Hirschman était *débrouillard*, comme disent les Français, « capable de passer entre les mailles du filet, d'échapper aux contrôles d'identité et, d'une façon générale, de tenir à distance les problèmes ». Hirschman avait quitté son Allemagne natale à l'âge de dix-sept ans, était parti combattre en Espagne aux côtés des républicains puis avait rejoint l'armée française. Une fois démobilisé, il avait été autorisé par son chef de corps à s'inventer une nouvelle identité et une nouvelle nationalité : il avait choisi de devenir Albert Hermant, originaire de Philadelphie.

1. Une fois installé avec sa femme aux États-Unis, Heinrich changea de prénom pour devenir Henry. Un an plus tard, l'annonce de la naissance de leur fils s'accompagnait d'un message exubérant : « Nous espérons sincèrement que le département d'État reconnaîtra enfin l'action positive de Varian Fry sur le taux de natalité américain ! »

Grand, avec des yeux gris pleins d'innocence, Hirschman était un jeune homme de vingt-cinq ans intelligent et politiquement affûté. Fry le surnomma aussitôt *Beamish* à cause de son sourire de garçon affable[1]. Hirschman considérait pour sa part Fry comme quelqu'un de « très agréable, très très plaisant, amusant, intelligent et très légèrement désinvolte [...]. Venir en Europe à cette période, c'était très aventureux de sa part ». Il goûtait l'optimisme, la confiance et l'activisme de Fry qui, en retour, appréciait les connaissances politiques inestimables du jeune homme. La capacité d'Hirschman à entrer en contact avec les gens et à négocier allait se révéler cruciale durant les cinq premiers mois de la mission de Fry. Son expérience lui conférait la sophistication d'une personne bien plus âgée, lui permettait de saisir les non-dits parmi les réfugiés et de comprendre l'atmosphère politique. L'un de ses nombreux talents était un optimisme contagieux et son assurance que, quelle que soit l'atrocité de la situation, le mal ne pourrait pas triompher. Fry aimait son assistant et comptait énormément sur lui. Il écrirait plus tard : « C'était le meilleur d'entre nous et je me suis pris d'affection pour lui. C'était une pièce maîtresse de mon organisation[2]. »

Aidé de cet assistant, Fry répartit son travail de façon pragmatique : d'abord, embaucher une équipe internationale pratiquant les langues des différents réfugiés ; ensuite, mettre en place une procédure standard pour interroger les réfugiés – ce genre de routine avait un effet rassurant ; et puis, comme ses 3 000 dollars ne dureraient pas éternellement, trouver des financements supplémentaires. Enfin, il devait aider les réfugiés à obtenir les documents nécessaires à leur fuite.

1. En anglais, *to beam* signifie « rayonner ».
2. Lettre de Varian Fry à Eileen Fry, 21 avril 1941.

Fry voulait engager des Européens qui comprenaient la dynamique des groupes et des mouvements antinazis, le fonctionnement des frontières et le mode de vie en Europe, mais aussi des Américains, pour que son organisme bénéficie de l'image autoritaire et sûre des États-Unis. Il recruta comme secrétaire Lena Fischman, « une Polonaise exubérante capable de prendre des notes dans une dizaine de langues », qui avait déjà travaillé pour « The Joint ». Son comptable était Heinz Ernst Oppenheimer, alias « Oppie », un réfugié allemand qui savait tenir des registres de comptes résistant à toute vérification de la police. Oppie dissimulait les dépenses illégales grâce à un système complexe de faux noms et autres subterfuges. Il gérait le bon fonctionnement du bureau jusque dans les plus infimes détails. En outre, il n'hésitait jamais à faire part de suggestions extrêmement pertinentes concernant les décisions à prendre.

Bedrich « Fritz » Heine, ancien cadre du parti social-démocrate allemand, était l'expert de Fry sur les sociaux-démocrates. Franz von Hildebrand, « un aristocrate autrichien et catholique qui avait rapporté du Williams College une touche de vulgarité et un anglais irréprochable », avait été recruté pour son expertise et sa maîtrise du polonais. « Franzi » était incollable sur les non-socialistes et avait le privilège de figurer à la fois dans l'*Almanach du Gotha* (l'annuaire des familles souveraines d'Europe) et sur la liste des individus recherchés par la Gestapo. Deux réfugiés, les écrivains Hans Sahl et Walter Mehring, aidaient par ailleurs Fry et Hirschman à identifier et à éliminer les communistes, car l'organisme de Fry n'aidait pas les communistes.

En un laps de temps assez court, Fry avait réussi à former un groupe efficace d'associés au fait des dynamiques de la guerre et de la situation des réfugiés. « Plusieurs d'entre eux avaient déjà participé à des opérations clandestines, se rappellera Albert Otto Hirschman, par exemple en acheminant en Allemagne des documents contre le nazisme ou en Italie de la littérature antifasciste. » Durant sa campagne de recrutement, Fry avait aménagé sa chambre d'hôtel en bureau, avec deux tables et une machine à écrire coincées le long de son lit. Fischman et les autres s'y activaient avec lui pendant que Hirschman écumait les rues de Marseille pour étendre son réseau. Malgré l'exiguïté du lieu, Fry et ses collègues parvenaient à interroger chaque jour un nombre important de réfugiés, au point d'attirer les soupçons de la police de Vichy. Des agents se rendirent à l'hôtel Splendide et terrorisèrent les réfugiés qui attendaient de voir Fry, en les interrogeant sur les raisons de leur présence.

Un matin, Fry était en train de mener un entretien dans sa chambre quand des policiers surgirent à l'hôtel. Ils arrêtèrent un certain nombre de réfugiés qu'ils embarquèrent dans leur *panier à salade,* direction la préfecture. Fry se précipita dans le hall et partit à la recherche d'un avocat. Il lui fallait rapidement trouver des documents officialisant une sorte d'opération légale destinée à masquer son activité, afin que « ses » réfugiés ne soient plus menacés. L'avocat qu'il finit par trouver accepta de rédiger des actes établissant la création du Centre américain de secours, mais recommanda aussi à Fry de demander à la préfecture la permission de diriger cette organisation.

Fry remonta dans sa chambre et se préparait à une visite à la préfecture quand il entendit des coups sonores frappés à sa porte – bien différents des petits coups timides dont les réfugiés étaient coutumiers. La police venait jusqu'à lui. Un commissaire entra et se mit à interroger Fry. Pour quelle raison était-il venu à Marseille ? Et que faisait-il dans cette chambre ? Pourquoi cette file de réfugiés dans le couloir ? Fry répondit qu'il était à Marseille en tant que représentant d'un comité américain désireux d'apporter de l'aide aux réfugiés. Dans ce but, il devait interroger ces gens pour déterminer précisément la nature de leurs besoins. Cette réponse sembla satisfaire le commissaire, qui repartit. Mais Fry savait que cela ne le dispensait pas d'aller demander une autorisation officielle à la préfecture.

La police de Vichy était encore sous le choc de la capitulation de la France face à l'Allemagne, cette « terrible catastrophe [...] pour une nation aussi orgueilleuse », pour reprendre les dires de Hirschman. Les avis différaient parmi les policiers : certains étaient fascistes et soutenaient les Allemands, quand d'autres étaient antifascistes. La plupart avaient à cœur de défendre l'honneur de la France. Et il y avait au moins un officier de police qui éprouvait de la sympathie pour la cause défendue par Fry, et qui allait l'aider de temps à autre : le capitaine Dubois. Pour autant, lors de sa première visite à la préfecture, Fry fut perçu comme un Américain parasite venu se mêler de ce qui ne le regardait pas. Il expliqua à l'officier qu'il était à Marseille seulement pour aider des réfugiés en situation de détresse et demanda la permission de créer un petit comité dans ce but. On lui accorda l'autorisation de diriger le Centre, tout en le mettant en garde contre toute activité illégale. En dehors du siège de la police, Fry se rendit compte qu'à Marseille, nombre de citoyens ordinaires voyaient d'un bon œil tout effort de résistance contre les Allemands. Ils étaient contre la capitulation de leur pays et refusaient de coopérer en remettant des réfugiés aux nazis.

À la fin du mois d'août, la chambre d'hôtel de Fry était trop petite pour son comité en pleine expansion, et il dut louer un bureau rue Grignan. Dans le hall d'entrée mal éclairé de l'immeuble, un escalier menait à la pièce où la lumière se déversait par de grandes fenêtres donnant sur la rue. Fry racheta au précédent locataire des tables fatiguées et y ajouta deux chaises en bois inconfortables. Sur un mur, il accrocha un grand drapeau américain

(« À l'époque, le drapeau américain était considéré avec respect ») qui devait conférer une certaine crédibilité au Centre.

Un Américain et une Américaine allaient alors faire leur entrée dans l'existence de Fry et jouer un rôle capital dans son action. Charlie Fawcett, un grand et séduisant jeune homme, arriva un jour rue Grignan et demanda à voir le responsable de l'opération. Il avait entendu parler de cet Américain qui aidait les réfugiés avec des visas et de l'argent. Dans son uniforme d'ambulancier, reconnaissable quoiqu'en piteux état, Fawcett impressionna Fry. Son allure semi-militaire et sa corpulence athlétique suffirent à le faire engager sur-le-champ. Fry lui expliqua qu'il lui serait très utile pour « maintenir l'ordre au cas où [ils auraient] des problèmes ».

Dans les jours qui suivirent, Fry apprit l'histoire de son nouveau collaborateur. En 1938, âgé de vingt et un ans, cet ancien lutteur d'université avait débarqué de Virginie pour étudier la sculpture à Paris. Quand la capitale était tombée aux mains des Allemands, Fawcett avait été aussi horrifié par le comportement de l'occupant envers les juifs que Fry lors de son séjour à Berlin en 1935. Il raconta à son compatriote plein d'empathie comment il avait découvert, un jour, le vrai visage de l'antisémitisme allemand. Son récit était moins violent mais tout aussi dramatique que l'épiphanie de Fry à Berlin. « Chaque fois que des soldats allemands entraient dans un café, il était très habituel que les clients juifs se lèvent et sortent. Mais, cette fois, après qu'un groupe de juifs fut parti, j'ai vu le mépris sur le visage de deux officiers qui, indiquant les tasses laissées par les clients, dirent au serveur : “Prenez ces tasses et stérilisez-les.” »

Fawcett et un ami germanophone, William Holland, avaient quitté leur travail au sein de l'American Volunteer Ambulance Corps basé à Paris avec la ferme intention de rejoindre la France libre, lorsqu'une idée audacieuse les avait saisis : ils allaient arracher des prisonniers aux griffes des nazis. Se faisant passer pour des officiers de la Gestapo, les deux garçons, dont la tenue d'ambulancier évoquait un uniforme militaire, firent irruption dans un hôpital, et Holland réclama d'une voix tonitruante – en allemand – que le personnel médical leur remette ses patients. Fawcett et Holland libérèrent ainsi vingt-trois blessés valides, notamment des soldats britanniques et quelques réfugiés, qu'ils entassèrent dans une ambulance volée.

Fawcett se rappelle : « Un petit soldat écossais était assis sur les genoux de rudes gaillards. Il s'est mis à tapoter les cheveux d'un militaire en lui demandant : "Je ne te fais pas trop mal aux jambes, mon chou ?" Tout le monde était mort de trouille mais, soudain, sa remarque nous a fait éclater de rire. À partir de ce moment-là, on s'est plutôt bien amusés. » Quand ils furent à court d'essence, ils payèrent un employé des chemins de fer pour qu'il les laisse grimper à bord d'un train de fret à destination de Marseille. À la gare Saint-Charles, des policiers contrôlaient les papiers de tous les voyageurs sortant de l'édifice ; Fawcett se retrouvait provisoirement bloqué. Il aborda alors un serveur de la brasserie de la gare qui lui montra la porte privée utilisée par les employés de l'hôtel mitoyen qui venaient, chaque matin, prendre leur petit café. (Fawcett apprit à Fry l'existence de cette porte dérobée, qui se révéla extrêmement utile pour permettre aux réfugiés d'entrer et de sortir de la gare.)

Après avoir transféré son chargement à l'extérieur, Fawcett le conduisit dans une camionnette de maraîcher volée au domaine de Montredon, chez la comtesse Lily Pastré, une riche héritière qui abritait des réfugiés – parmi lesquels, pendant un moment, le violoncelliste Pablo Casals et la meneuse de revue Joséphine Baker (Pastré organisait des spectacles dans son domaine sous la direction d'un metteur en scène de théâtre « radical », Sylvain Itkine, dont Fry ferait la connaissance quelques mois plus tard). Dès que la comtesse eut accepté d'accueillir la cargaison humaine de Fawcett, il alla rendre la camionnette au maraîcher puis partit à la recherche de Fry.

Pendant plusieurs mois, Fawcett servit à Fry « de portier et de vigile ». Un jour, quelqu'un déposa au bureau un document compromettant. Après cela, Fawcett eut la responsabilité d'être le dernier à quitter les lieux après avoir brûlé les papiers qui traînaient. Il s'acquitta avec aisance de cette mission, ce qui n'était pas le cas dans sa fonction de portier. Il était efficace à ce poste tant qu'on ne faisait pas vibrer sa fibre sentimentale ; s'il remarquait un réfugié particulièrement mal en point, il le faisait sortir de la file et l'accompagnait jusque dans le bureau. « Je me sentais très mal si je ne pouvais pas aider les gens, expliquera-t-il. Quand je travaillais comme portier, je ne pouvais rien leur donner et je devais les laisser entrer au compte-gouttes… »

Peu de temps après le recrutement de Fawcett, arriva l'Américaine qui jouerait un rôle majeur dans l'opération. Miriam Davenport était une femme menue à la chevelure blond cendré qui ne se séparait jamais de sa broche Phi Beta Kappa[1] – « un peu comme le médaillon d'un chien », plaisantait-elle. Cette diplômée du Smith College, âgée de vingt-cinq ans, faisait des études artistiques à Paris quand elle était tombée amoureuse d'un exilé yougoslave. Après l'invasion de la France, ils avaient dû fuir vers le sud mais s'étaient retrouvés séparés. Davenport avait passé quelque temps à Toulouse avant de se rendre à Marseille.

1. Une des associations étudiantes les plus prestigieuses des États-Unis.

Dès son arrivée, elle avait rencontré au café Pélikan une lointaine connaissance, Mary Jayne Gold. Les deux jeunes Américaines s'étaient avoué qu'elles voulaient aider les réfugiés mais ne savaient pas comment s'y prendre. Un jour, Walter Mehring, que Davenport avait connu à Toulouse, lui annonça qu'il avait eu un entretien avec « Varian Fry, mon sauveur ». Toutefois, comme il s'était fait arrêter juste après, il hésitait à retourner le voir. Pouvait-elle y aller pour lui ? Davenport avait tout de suite accepté, voyant là l'occasion de s'investir comme elle le souhaitait dans l'aide aux réfugiés.

Elle rejoignit donc la file d'attente devant le bureau de Fry. Elle nota ses premières impressions : « Un jeune homme aux cheveux foncés et bouclés, un front large et arrondi, des lunettes à monture d'écaille [...]. Il semble possédé par sa mission, d'une morale rigoureuse, et d'une apparence imperturbable. [...] Sa tenue est très soignée, un costume à rayures de bonne coupe, des chemises Finchley à col amovible, de jolis boutons de manchette et de jolies chaussures, une montre Patek Philippe et un chapeau Homburg. » Elle lui reconnaît la prestance d'un diplômé de Harvard avec « un regard franc et inébranlable, un sourire cordial et impersonnel [qui] mais éloquent ». Fry est moins précis sur Davenport : il la perçoit comme une jeune femme brillante et très volubile.

Davenport expliqua à Fry le problème rencontré par Mehring, puis ils évoquèrent le cas d'autres réfugiés, notamment l'écrivain Konrad Heiden, que Davenport avait connu à Toulouse et dont le nom figurait sur la liste de Fry. Elle raconta aussi son expérience décourageante au consulat américain. À l'accueil, la même « blonde peroxydée à l'air intraitable » l'avait envoyée au service des Visas, à l'autre bout de la ville. Davenport avait pu observer elle aussi la brutalité du gardien du consulat envers les réfugiés, et l'atmosphère fortement antisémite et xénophobe qui y régnait. Elle conclut de cet épisode : « Pour mon gouvernement, les affaires sont les affaires. [...] Les Américains avec des emplois ou des investissements à l'étranger n'ont aucun problème de passeport ; ceux qui ont des obligations morales ou familiales sont des gêneurs. »

En entendant son récit et son opinion sur les attitudes exprimées au service des Visas, Fry en déduisit que Davenport partageait sa vision des choses. Peu après leur entretien, il lui envoya un message : « Est-ce que vous savez taper à la machine ? Si oui, merci de passer à mon hôtel demain. J'ai vraiment besoin de votre aide ! » Ravie de pouvoir enfin se rendre utile – et d'avoir un travail, car elle avait épuisé ses ressources –, Davenport se présenta rapidement et Fry l'engagea pour mener des entretiens, pour un salaire mensuel de 27 dollars. C'était le début d'une amitié qui durerait toute leur vie. « Varian et moi, nous nous sommes reconnus. Nous venions du même genre d'école. »

Plus que les autres collaborateurs, Fry et Davenport désignaient l'opération sous le nom d'Emerescue – pour *Emergency Rescue Committee*, Comité de secours d'urgence –, le sigle utilisé dans les télégrammes envoyés à New York. Tous les matins, Fry arrivait au bureau à 8 heures. L'équipe au complet menait des entretiens jusqu'à midi, qui reprenaient de 14 à 17 heures après une pause déjeuner « sacrée » de deux heures. Chaque jour, c'était quelque cent à cent vingt réfugiés qui répondaient à leurs questions.

Le soir, après dîner, l'équipe se retrouvait dans la chambre d'hôtel de Fry pour passer à la véritable activité du Centre. Fry présidait ces réunions cruciales en tricot de corps et « boxer à carreaux Black Watch ou Royal Stuart », plus chics selon Davenport que de banals caleçons. Pendant ces sessions nocturnes, dans une atmosphère

« parfois enjouée, parfois triviale, parfois orageuse », Fry et ses collaborateurs choisissaient quels réfugiés allaient bénéficier de leur aide pour sortir de France. Malgré la gravité des décisions prises à cette occasion, le groupe profitait de ces discussions pour relâcher la tension. « L'ambiance était loin d'être lugubre ou conspiratrice. Il arrivait même que les occupants des chambres voisines se plaignent de nos *fêtes* trop bruyantes ! », se rappelle Davenport. Quoi qu'il en soit, chaque réunion se terminait – parfois au milieu de la nuit – soit par l'établissement d'une nouvelle piste d'évasion, soit par une liste de réfugiés ayant besoin de faux papiers.

Après avoir dévalé bruyamment les escaliers, les membres de l'équipe regagnaient leur propre hôtel dans l'espoir d'y glaner quelques heures de sommeil. En chemin, ils parlaient de leur sujet préféré : Varian Fry. Ils pouvaient passer des heures à tenter de percer l'énigme qu'était leur chef, à analyser tout ce qu'il faisait, à essayer de comprendre pourquoi il le faisait. Mais ils ne le comprenaient jamais, notamment parce qu'il adoptait une attitude différente pour chaque situation. Fry pouvait être méticuleux, précis et exigeant, mais aussi tendre, doux et prévenant. Son insistance sur l'exactitude factuelle les fascinait. « Il voulait les faits le plus précis possible, pour bien comprendre la situation », se souvient Hirschman, qui voyait là une des bizarreries de la personnalité de Fry. D'autres l'attribuaient à son expérience de journaliste. Mais le principal mystère, aux yeux de ses collaborateurs, restait l'origine de son dévouement aux réfugiés. « Nous nous sommes toujours demandé ce qui l'avait poussé à agir », quels étaient ses motifs, selon la formule de Davenport, pour devenir « un héros improbable ». Elle considérait comme miraculeux le fait qu'un homme « blanc, anglo-saxon et protestant issu d'une famille presbytérienne » soit prêt à risquer sa vie pour des individus majoritairement juifs.

Fry, ce diplômé d'études classiques de Harvard qui avait exercé les métiers d'éditeur et de journaliste, n'avait jusque-là jamais vraiment manifesté d'appétence pour le danger. Mais, dans son équipe, personne ne savait que, dans sa jeunesse, il avait volontiers défié l'autorité et multiplié les aventures les plus curieuses. Pour Davenport, Fry « n'était pas le genre d'homme à faire des choses audacieuses ». Sa double personnalité, bohème d'un côté, protestante de l'autre, achevait de le rendre insaisissable. Le rebelle présidait les réunions de travail en sous-vêtements, l'étudiant de Harvard pouvait arborer un chapeau melon chaque fois que c'était nécessaire.

Malgré les périls qui guettaient sa mission, Fry donnait parfois l'impression d'organiser une gigantesque fête. Avec son équipe, ils avaient décidé de ne jamais se lamenter et trouvaient toujours un moyen de plaisanter, même pendant ces réunions nocturnes où les sujets abordés étaient plutôt sombres. « À la fin de la journée, écrit Davenport dans ses mémoires, Varian avait déjà avalé un voire plusieurs verres de grands crus de bordeaux ou de bourgogne, avec un armagnac millésimé pour accompagner son café. » Le fait de se trouver en France ajoutait une certaine chaleur à l'atmosphère, malgré le désespoir de la guerre. Un soir, Fry, Davenport et Hirschman poussèrent la porte du Cintra, un de leurs bars préférés, pour boire un verre. Dès qu'ils furent installés, le capitaine Dubois apparut et prévint Fry qu'il allait « recevoir une visite » – en l'occurrence, de la police de Vichy. Après cela, il devenait encore plus impératif de boire. Davenport commanda un armagnac mais le serveur lui répondit : « Non, mademoiselle, aujourd'hui on ne sert pas d'alcool. » C'était en effet l'un de ces jours, en France, où les bars et les cafés avaient interdiction de vendre de l'alcool. « Bon sang, qu'est-ce que je vais prendre ? », s'inquiéta Davenport. Quand le garçon proposa du champagne, qui n'était pas considéré comme une boisson alcoolisée, Davenport songea : « Dieu bénisse les Français ! »

Dans l'équipe, tout le monde avait des surnoms. Pour une raison peu claire, Fry était « Buster » ; la petite Davenport, à la langue bien pendue, était « Mickey » et Hirschman, « Beamish ». Tout comme Fawcett, Fry portait une arme, car son travail l'amenait à acheminer des messages aux réfugiés qui vivaient cachés. Fry était responsable de tout, il était seul à détenir les informations critiques ; moins ses collaborateurs en savaient, plus ils étaient en sécurité. Et même si, comme le remarque Hirschman, « le danger était permanent », Fry n'exprimait jamais la moindre peur.

Un jour qu'il retrouvait Fawcett dans un café pour lui confier des documents à transmettre, le jeune homme lui demanda s'il n'avait jamais peur. Fry le regarda droit dans les yeux. « Tout le temps », répondit-il. Fawcett était impressionné. « C'était une inspiration pour nous tous. Nous aurions fait n'importe quoi pour lui et nous aurions eu honte de le laisser tomber, même si la plupart d'entre nous étaient morts de frousse. » Quelles que soient ses émotions, Fry gardait en toutes circonstances une attitude composée ; il se comportait de façon calme, diplomatique, sans éclat. Selon lui, agir avec calme était le meilleur moyen d'inspirer confiance aux réfugiés et à son équipe – et de convaincre la police qu'il n'avait rien à cacher.

Sa plus grande peur n'était pas d'être découvert et arrêté, mais d'échouer dans sa mission. Comme il avait renoncé à exfiltrer de France les réfugiés par des méthodes légales mais que, même de façon illégale, il fallait tout de même traverser la frontière, il nourrissait une certaine inquiétude et s'interrogeait sur la façon de procéder. Il préféra confier à Hirschman, qui connaissait mieux que quiconque la vie de fugitif, la responsabilité de l'ensemble des opérations clandestines. Hirschman achetait de faux passeports et autres papiers falsifiés, élaborait des itinéraires pour faire passer les réfugiés par les frontières, et changeait les dollars en francs sur le marché noir. Il était devenu indispensable à Fry.

Ce dernier avait besoin de dizaines de visas étrangers car les réfugiés devaient les présenter afin d'obtenir des visas de transit espagnols et portugais. Hirschman trouva des consulats étrangers du Panama, de Cuba, du Chili et de la Chine prêts à vendre des visas étrangers pour des émigrations imaginaires. Une fois en possession de ces visas, les réfugiés pouvaient compter sur l'aide de Fry pour demander leurs visas de transit. Hirschman avait par ailleurs trouvé des sources pour se procurer de faux passeports.

Quand il se fut familiarisé avec la procédure, Fry devint lui aussi un expert en clandestinité. Avec l'aide de Hirschman, il apprit à exfiltrer illégalement des réfugiés, à recruter des faussaires, à mentir à la police. Malgré le danger, Hirschman précise que « l'ensemble des opérations était très improvisé : Fry s'occupait de certaines personnes, moi d'autres personnes ». Même si tous les deux étaient en contact avec des hommes faisant probablement partie de la pègre, ils considéraient leurs relations comme des rencontres de circonstance plutôt que comme une association de malfaiteurs.

Fry avait contacté d'autres responsables d'aide aux réfugiés. L'un d'eux, Donald Lowrie, représentant des YMCA en France, le présenta ainsi que Hirschman à Vladimir Vochoč, le consul tchécoslovaque. Lowrie avait autrefois travaillé avec Vochoč pour aider les réfugiés à fuir la Tchécoslovaquie. Vochoč était prêt à remettre d'authentiques passeports tchécoslovaques à toute personne susceptible de lutter contre l'ennemi commun. Pendant un certain temps, il fournit ainsi à Fry et à Hirschman de faux papiers.

Au mois d'août, Fry envoya Hirschman auprès du consul de Lituanie afin qu'il lui achète des passeports pour un couple de réfugiés. Alors que les États-Unis plaçaient à des postes consulaires des diplomates de carrière, beaucoup de pays préféraient nommer représentants consulaires de simples hommes d'affaires. À un moment donné, certains d'entre eux – qui, bien sûr, avaient le pouvoir d'attribuer des visas et d'autres documents – se sont rendu compte qu'ils pouvaient s'enrichir en vendant des papiers frappés du sceau officiel de leur pays. Le consul lituanien, particulièrement actif dans ce domaine, vendit les passeports à Hirschman pour 100 dollars. « Pour commencer, il avait besoin des vrais noms [du couple] et j'ai dû lui montrer une sorte de papier officiel, comme une carte d'identité. » Hirschman avait la somme requise en poche, le consul avait son tampon officiel à portée de main – la transaction eut lieu sur place.

Très vite, pourtant, Fry se rendit compte qu'il ne pouvait pas acheter tous les documents nécessaires. Il entreprit donc d'engager un faussaire. Par chance, le candidat idéal était justement dans son bureau, en train d'être interrogé par Davenport. Le jeune Bill Freier (de son vrai nom Wilhelm « Bil » Spira), un cartooniste, venait de déclarer à Davenport : « Je veux être sauvé. » Elle le présenta à Fry. « C'était quelqu'un de très doux, racontera Freier. Mon nom n'était pas sur sa liste. Il voulait faire quelque chose pour moi, mais il ne savait pas quoi. » Le jeune homme était courageux, intrépide. Il avait été intercepté et arrêté en France après avoir fui son pays natal, l'Autriche, mais il était revenu clandestinement en France où il vivait sous un nom d'emprunt, Bill Freier. (*Frei* signifie « libre » en allemand, et il aimait dire en plaisantant qu'il se sentait « plus *frei* que Fry ».) Un jour plus tard, Fry convoqua l'Autrichien à son hôtel en lui annonçant qu'il avait « quelque chose » à lui proposer. Lors de cette entrevue, Fry lui demanda s'il pouvait falsifier des documents. Le jeune homme hésita, prétextant qu'il ne savait dessiner que des *cartoons*.

Fry proposa alors à Freier de rencontrer Frédéric Drach, qui avait travaillé pour le service d'espionnage de l'armée française et était impliqué dans toutes les actions clandestines ayant pour cadre Marseille. Drach, précieux fournisseur de passeports danois et hollandais, était, selon la formule de Fry, « le type louche, au regard torve, roublard, ambigu » – autrement dit, un homme qui lui était utile mais auquel il valait mieux ne pas faire confiance. « Il avait une double personnalité », se rappelle Freier, qui accepta finalement de fabriquer de faux papiers pour Fry. Il se rendit dans la villa où vivait Drach, juste aux abords de la ville. Drach reçut son visiteur en pantoufles, puis lui montra une armoire remplie de passeports neufs et usagés de toutes provenances, ainsi que des timbres spéciaux de France et d'autres pays. Il apprit son métier de faussaire au jeune dessinateur et, rapidement, Freier se révéla d'une aide précieuse pour Fry. Par mesure de prudence, Fry ne contactait Freier que par l'intermédiaire de Drach. « Nous nous efforcions de ne pas nous voir », expliquera Freier.

Même avec des documents falsifiés, Fry était bien conscient que les réfugiés ne pourraient toujours pas quitter la France : il devait donc trouver l'endroit le plus sûr pour leur faire franchir la frontière, sans nécessairement emprunter le même itinéraire que les membres de Neu Beginnen ou les époux Ehrmann. Il lui fallait trouver un endroit où le poste frontière français était suffisamment éloigné du poste espagnol pour qu'un individu traversant illégalement puisse contourner la patrouille française et aboutir en Espagne. Hirschman retravailla le trajet effectué par les Ehrmann entre Banyuls-sur-Mer, du côté français, et Port-Bou, du côté espagnol. Les réfugiés prenaient un train jusqu'à Banyuls-sur-Mer puis, se faisant passer pour des ouvriers agricoles français, ils rejoignaient leur passeur. Le passeur les escortait à flanc de montagne puis vers le sommet. Après deux ou trois heures de marche, ils pouvaient descendre vers l'Espagne. L'expédition durait une journée mais n'était pas accessible à tout le monde. Certains réfugiés étaient incapables de répondre à ses exigences physiques. « D'autres, qui avaient passé leur vie à être d'honnêtes citoyens, refusaient tout simplement de s'engager dans cette opération illégale », selon Hirschman.

C'était Fry et Hirschman qui supervisaient le franchissement de la frontière et qui engageaient des passeurs. Leon « Dick » Ball, un ami que Fawcett s'était fait lorsqu'il travaillait comme ambulancier, devint l'un des meilleurs passeurs. Cet Américain qui avait vécu de nombreuses années en France, où il dirigeait une fabrique de saindoux, « avait un cœur d'or et une villa dans laquelle il avait l'habitude de cacher des gens », se souvient Fawcett. Ball travailla pendant plusieurs mois pour Fry jusqu'à ce qu'il disparaisse un jour, aussi subitement que mystérieusement. Personne n'entendit plus jamais parler de lui.

La fin du mois d'août arriva et les réserves d'argent s'épuisaient : il ne restait presque plus rien des 3 000 dollars apportés par Fry à Marseille. Il prévint New York de la situation et le Comité lui fit parvenir une petite somme, mais le taux de change à l'époque était trop défavorable – et ce fut bien pire quelque temps plus tard. Raison pour laquelle Fry dut demander à Hirschman de changer des dollars en francs sur le marché parallèle. Puisque les réfugiés émigrés en Amérique désiraient changer leurs francs en dollars, Hirschman et Fry pouvaient en tirer profit. Le marché noir offrant de meilleurs taux et permettant d'obtenir plus de francs par dollar que dans un cadre légal, Hirschman n'avait d'autre choix que d'utiliser cette méthode dangereuse, « sans quoi [leur] argent aurait fondu comme neige au soleil ». En cas d'arrestation, Hirschman risquait une longue peine de prison.

Malgré l'accueil peu amical reçu de la part de ses divers employés, Fry continuait à se rendre régulièrement au consulat américain et à la police de Vichy. Il restait aussi en contact permanent avec les quakers et les unitariens et, comme l'explique Miriam Davenport, il rendait visite aux réfugiés « trop menacés pour venir au bureau ». Son travail fébrile, réalisé dans l'urgence, ne lui laissait pas le temps de réfléchir aux dangers auxquels il s'exposait. Et son attitude redonnait espoir aux réfugiés. Beaucoup d'entre eux, désespérés de voir s'effondrer ce qui les entourait, reprenaient courage face à ce jeune Américain entreprenant et impassible.

Chaque jour, cependant, Fry se trouvait confronté à son problème le plus épineux : effectuer un tri pour déterminer qui recevoir parmi les dizaines de personnes implorant son aide. « L'un de mes principaux problèmes est de trouver une définition claire et nette d'un *intellectuel*, écrit-il à sa mère. Et puis, les problèmes de procédure sont innombrables (aider ou ne pas aider les scientifiques ? Quels *amis* secourir et lesquels laisser à leur sort ?). »

Chaque nuit le trouvait en proie à un dilemme déchirant, obligé de prendre ce qu'il savait être des décisions de vie ou de mort. Tous les réfugiés politiques étaient en danger : dès lors qu'une personne montrait une opposition explicite aux nazis, elle ne pouvait rester en France. Fry identifia de nombreuses personnes entrant dans cette catégorie et adressa leurs noms par télégramme à New York, espérant que des amis ou des parents enverraient des *affidavits* pour se porter garants. À sa grande tristesse, il dut refuser ceux que Davenport qualifie de « réfugiés ordinaires qui n'avaient rien fait pour se mettre en danger », à part être juifs. Rempli de culpabilité, Fry renvoyait ces personnes vers l'American Friends Service Committee et l'Hicem.

Chaque personne se présentant au Centre était reçue soit par Fry, soit par un de ses collaborateurs. Comme il existait toujours un risque qu'un agent ennemi s'infiltre dans l'opération en se faisant passer pour un réfugié, chaque nouveau venu était interrogé avec soin et toutes ses déclarations faisaient l'objet de vérifications scrupuleuses. Pour ce faire, Fry pouvait compter sur l'aide de « vieux mencheviks [qui étaient] socialistes, pas communistes », précise Davenport[1]. Dans l'équipe de Fry, Bedrich Heine connaissait bien les socialistes, tout comme les écrivains réfugiés Mehring et Sahl. En général, si un réfugié était inconnu d'autres réfugiés de son pays natal, il ne recevait tout simplement aucune aide.

À la fin du mois d'août, le Centre était pleinement opérationnel. Fry pouvait compter sur une équipe solide et sa compréhension du travail à fournir était bien meilleure. L'action clandestine, sous couverture, lui plaisait. Son esprit renfermait de nombreux secrets, comme l'emplacement des hôtels et des pensions où vivaient les réfugiés. Bien souvent, leur nom même restait secret.

Malheureusement, il arrivait souvent aux réfugiés de divulguer des informations sur l'identité et la localisation d'autres réfugiés, ou de livrer des détails sur leurs tentatives d'évasion. Fry avait beau les exhorter à la discrétion, il n'était pas inhabituel que s'ébruite rapidement la nouvelle d'une opération clandestine complexe montée avec Hirschman – y compris de la part des émigrés politiques, qui auraient pourtant dû redoubler de prudence. « Rares étaient ceux qui n'annonçaient pas à une dizaine de leurs

1. Lors de la scission du Parti ouvrier social-démocrate de Russie, en 1903, les mencheviks constituaient la minorité et les bolcheviks la majorité.

amis la nouvelle de leur départ secret et leur plan d'évasion », note ainsi Marcel Verzeanu, un collaborateur de Fry. Les réfugiés de toutes nationalités « restaient ensemble, s'asseyaient ensemble, parlaient ensemble. Il y avait un immense besoin de communiquer, de partager leurs plans d'évasion, leurs projets de vie future ». Ce qui n'était pas sans risque : des agents de la Gestapo et des agents de la police de Vichy traînaient toujours parmi eux, fréquentaient les mêmes cafés, à la recherche d'informations sur les réfugiés ainsi que sur l'Américain et son Centre.

Par son naturel calme et toujours posé, Fry était parfait pour mener une activité clandestine. Personne n'aurait pu deviner qu'avec Hirschman et les autres membres de l'équipe, il s'employait à exfiltrer les réfugiés en toute illégalité. Des années plus tard, l'écrivain Herman Wouk sollicita l'avis de Fry sur la crédibilité de « Mike Eden ». C'était un personnage de son nouveau roman, *Marjorie Morningstar*, qui effectue une « mission de sauvetage clandestine » en faisant passer illégalement des réfugiés d'un pays à l'autre, juste avant le début de la Seconde Guerre mondiale. Fry aimait ce personnage, probablement parce qu'il y retrouvait son propre comportement. « Eden est admirable, écrivit-il à Wouk, jusque dans ses motivations inconscientes. » L'explication des motivations d'Eden laisse entrevoir la propre psyché de Fry :

> « Pour vous parler franchement : c'est vraiment très amusant – même si le mot est peut-être mal choisi – de réaliser des opérations de sauvetage… C'est stimulant de ne pas respecter la loi. Ça oblige à être constamment sur la brèche, les journées de travail passent à toute vitesse… Surtout, ne pas se faire attraper procure un plaisir fou. Quant à la dépression, l'angoisse… tout ça disparaît. »

Non content d'apprécier cette vie sur le fil du rasoir, Fry était motivé par le désir de sauver des vies et la conviction qu'il en était capable. Dans *Marjorie Morningstar*, Eden dit : « Depuis trois ans, j'ai la conviction inébranlable que mon destin, pour le reste de ma vie, est de sauver un enfant [...] des griffes de Hitler. Hitler s'est lancé dans la fabrication de squelettes en gros – des squelettes juifs. Rien ne peut l'arrêter. Au moins, je fais diminuer le nombre de squelettes. » À l'instar d'Eden, Fry était convaincu des intentions meurtrières de Hitler envers les juifs depuis 1935. Désormais, il pouvait enfin tenter d'y faire échec.

*De Marseille à Hoboken : Bruno et Klara*

En août 1940, un jeune couple allemand, Bruno et Klara Barth (noms d'emprunt) se rendirent à Marseille. Ils s'étaient rencontrés à Berlin en 1931, après une décennie passée au sein du Mouvement de la jeunesse socialiste de la ville. En juin 1933, Bruno avait été arrêté avec d'autres membres du parti et avait été détenu comme prisonnier politique.

À sa sortie de prison, Bruno avait quitté l'Allemagne mais Klara était restée. Elle avait un emploi de secrétaire mais accomplissait aussi du travail clandestin, sous une fausse identité, pour un petit groupe socialiste. « Je suis restée en Allemagne et j'étais encore dans une section clandestine du Mouvement de la jeunesse social-démocrate. Nous fonctionnions par groupes de cinq personnes, personne ne savait où se trouvaient les autres groupes », se souvient Klara. Sa mission était d'observer l'attitude de la population envers le régime nazi et d'envoyer des rapports, sous le nom de « Marelena Krauss », à Bruno, qui se trouvait en Suisse. Ce dernier transmettait alors ces rapports aux dirigeants de leur mouvement hors d'Allemagne. Il était membre de l'organisation ORG, qui deviendrait plus tard le Neu Beginnen de Karl Frank. À cette époque, l'ORG est un groupe clandestin de jeunes intellectuels, anciens communistes. Tous sont juifs, sauf Bruno.

En 1935, Klara fut arrêtée par la Gestapo et passa quinze mois dans une prison nazie. À la fin de sa peine, elle partit en Suisse et retrouva Bruno à Berne, en janvier 1937. Peu de temps après, ils se rendirent à Paris. Klara avait un passeport qui lui permettait de voyager sans difficulté, mais Bruno dut traverser illégalement la frontière. Ils se marièrent en août, à l'Hôtel de Ville de Paris. Peu de temps après septembre 1939 et le début de la guerre en Europe, Klara fut détenue à Gurs, un camp d'internement français alors principalement destiné aux femmes. « Gurs était terrible [...] c'était des baraquements comme on en voit à Auschwitz. [...] Nous étions dix personnes dans un baraquement entouré d'une triple clôture de barbelés[1]. » À la signature de l'armistice, Klara fut libérée : « Ils ont dit que tout le monde pouvait partir », se souvient-elle. À peu près au même moment, elle reçut « par courrier d'Amérique deux billets de bateau envoyés par les membres de Neu Beginnen ».

Pendant ce temps, Bruno, qui avait été interné dans un camp français, était « prestataire » dans l'armée française. « Les Français [avaient l'intention de nous remettre] au Corps expéditionnaire britannique. Puis il y a eu Dunkerque [...] et les Britanniques ont dû quitter précipitamment la France [...]. Nous avons fait une demande par écrit aux dirigeants britanniques pour qu'ils nous emmènent, car en tant que juifs et prisonniers politiques, nous étions tous en danger. Mais comme ils n'avaient reçu aucune consigne officielle de leur pays, ils ne pouvaient pas prendre cette décision. »

Les Britanniques partirent donc sans emmener Bruno et les autres réfugiés. Laissés sur place avec quelques officiers français « complètement désemparés [car] ils n'avaient pas

---

1. Entretien de février 1999 avec « Bruno et Klara Barth », couple d'Allemands ayant émigré aux États-Unis et installé dans le Nord-Est.

d'ordres, nous avons proposé de descendre le plus loin possible vers le sud de la France… Naturellement, les officiers avaient autorité pour se ravitailler en essence et en nourriture. Nous sommes donc partis […] pour arriver à Toulouse ». Là, Bruno reçut un document légal indiquant qu'il avait été libéré de toutes ses obligations militaires. Pour la première fois depuis des années, il avait enfin une identité officielle. Cette attestation lui permit d'obtenir un sauf-conduit afin de pouvoir voyager plus loin, et d'essayer de retrouver Klara.

Après Gurs, Klara avait pris la direction de Montauban, une ville où de nombreux réfugiés avaient trouvé refuge. Mais des difficultés en chemin l'avaient obligée à changer ses plans, et elle s'était retrouvée dans une autre ville du sud de la France. Son objectif était de retrouver Bruno. « La première chose que j'ai faite, c'est d'écrire à mon amie de Montauban. Je lui ai demandé : "Où est Bruno ? Dis-lui que je suis là." Quelques jours plus tard, tandis que j'étais occupée à nettoyer le wagon, une amie qui connaissait Bruno m'a dit : "Klara, sors ! Bruno arrive !" J'ai répondu : "Tu plaisantes ?" Mais, quand je suis sortie, Bruno était devant moi. Il avait reçu la lettre que j'avais écrite à mon amie… »

Le couple enfin réuni, il leur fallait à présent obtenir des visas américains. Pour ce faire, ils devaient se rendre au consulat américain à Marseille. Cette perspective les terrifiait car « Marseille était une ville très dangereuse pour les réfugiés, se souvient Bruno. Les contrôles d'identité incessants, les hôtels pris d'assaut, les réfugiés de plus en plus nombreux, les espions partout… Jour et nuit, des arrestations, des descentes de police… On passait nos journées cachés dans les cinémas… ».

Mais ils ne pouvaient pas quitter Marseille sans avoir obtenu de visas. Bruno, ils le savaient, était recherché par les nazis. Ils s'adressèrent au consulat américain où on leur expliqua qu'il n'y avait aucun visa pour eux. Après un certain temps, ils renoncèrent à attendre à Marseille et partirent se cacher à Avignon, une ville plus calme et qu'ils croyaient plus sûre.

Trois semaines plus tard, ils reçurent un message : « Un homme est arrivé d'Amérique avec des visas et de l'argent. » Ils retournèrent aussitôt à Marseille. « Quand nous sommes descendus de train, nous savions de quel côté de la gare Saint-Charles il fallait sortir pour ne pas risquer d'être arrêtés », dit Bruno. Klara attendit dans un hôtel pendant que Bruno allait voir Fry. Leur entrevue s'est déroulée soit à l'hôtel Suisse, soit à l'hôtel Splendide – Bruno ne s'en souvient plus vraiment. Comme il ne parlait pas anglais, « la communication n'était pas aisée mais [ils savaient] tous les deux de quoi il s'agissait ». Ils étaient tous les deux convaincus d'être en face de « la bonne personne ». Fry offrit à Bruno un whisky – son tout premier. Fry avait « cette personnalité convaincante dont nous avions besoin, exactement le genre d'homme qu'on attendait de l'Amérique. J'étais donc fou de joie de le rencontrer ».

Fry apporta son aide au couple pendant un certain temps, le temps qu'ils reçoivent d'Amérique les visas d'urgence pour visiteurs. Dès réception des documents, Fry envoya les Barth à la frontière : un train les emmena à Banyuls-sur-Mer, où le maire Vincent Azéma leur donna des instructions pour traverser la frontière. « Le maire nous a remis un itinéraire pour passer les Pyrénées. Nous sommes partis aussi vite que nous sommes arrivés, et nous nous sommes retrouvés de nuit dans les montagnes. Il y avait un vent terrible. » Ils progressaient rapidement car ils avaient entendu dire que les véhicules de la Wehrmacht ne tarderaient pas à prendre la route. Il leur fallut tout de même huit heures pour traverser le chemin montagneux – soit quatre heures de plus que la durée habituelle, car Klara n'était pas équipée de bonnes chaussures. « C'était uniquement un chemin en pierre, sans aucun sentier : il s'enfonçait tout droit dans la montagne, montait, redescendait… » Les cailloux glissants les ralentissaient, mais ils finirent par arriver à la frontière. Grâce à quelques cigarettes, ils obtinrent que les soldats espagnols les laissent passer. « Pour soudoyer un homme en uniforme, les cigarettes étaient toujours plus efficaces que l'argent. » Un officier leur donna tout de même du fil à retordre. « Pourquoi vous passez par les montagnes ? », leur demanda-t-il. « Parce qu'il y a des montagnes là où on passe », répondit Bruno. L'officier leur fit signe de passer.

Une fois en Espagne, ils voyagèrent jusqu'à Madrid, puis partirent à Lisbonne. Là, ils attendirent deux ou trois semaines l'arrivée d'un bateau pour l'Amérique : ce fut le *Nea Hellas*, où ils purent embarquer le 3 septembre. Pendant la traversée, des rumeurs inquiétantes se mirent à circuler parmi les passagers. Selon l'une d'elles, des sous-marins allemands étaient en route pour torpiller le navire, bien qu'il batte pavillon grec et que la Grèce soit encore neutre. « Personne ne savait vraiment ce qui allait se passer », raconte un autre passager. En réalité, le *Nea Hellas* poursuivit son voyage sans rencontrer le moindre problème, du moins jusqu'à son entrée dans le port de New York : là, il entra en collision avec un pétrolier norvégien. Les avaries étant limitées, le bateau put tout de même accoster à Hoboken, New Jersey, le 12 septembre 1940. Bruno et Klara Barth pouvaient enfin faire leur entrée dans le Nouveau Monde.

# 3

# À l'origine

> « [...] *pour nous, il y avait quelque chose de miraculeux à voir l'opération continuer, un jour après l'autre. Mais on s'habitue à tout, même aux miracles.* »
>
> *Albert Hirschman*

Fry en était arrivé à sauver des vies après avoir passé la sienne dans la peau d'un original, opposé à l'autorité mais aussi habité par la conviction qu'il avait la responsabilité d'aider les autres, surtout les moins fortunés. Les premières années de son existence furent exceptionnelles – du reste, rien dans le personnage de Fry ou son environnement ne serait jamais quelconque ou ordinaire. Enfant unique, il avait grandi dans une maison remplie d'adultes – mère, père et deux tantes vieilles filles – et focalisait toute leur énergie, tout leur amour, toute leur attention. Quand il avait eu l'âge de s'aventurer au-dehors et de se faire des amis, Fry s'était distingué par son caractère quelque peu irascible et désagréable. Ses amitiés étaient généralement de courte durée, en raison de son refus de faire des compromis ou de participer à des décisions collectives. Ce type de comportement et ce statut d'original seraient des motifs récurrents durant toute sa vie.

Quoi qu'il en soit, sa vive intelligence et sa curiosité faisaient l'admiration de tous, et lui valaient le respect et l'affection de certains – même si d'autres le considéraient comme froid et hautain. Tout au long de sa jeunesse, Fry ne trouva jamais réellement sa place. Le monde le hérissait.

Tout avait commencé avec ses parents, deux tempéraments singuliers. Lilian Mackey, qui travaillait comme enseignante, avait prolongé ses études bien au-delà de ce qui était habituel à son époque. Ses centres d'intérêt étaient, eux aussi, peu communs. Diplômée du Hunter College, elle exerça le métier d'institutrice pendant plusieurs années avant de se marier. Cette femme aux origines écossaises et presbytériennes, passionnée de littérature plus que de vie domestique, transmit à son fils son amour des livres, de la lecture et de l'écriture.

Arthur Fry, le père de Varian, était né le jour de Noël 1871 dans une famille pieuse. Son père, Charles Reuben, était menuisier et assistant social, et sa mère, Anna Duncan, fille d'un franc-maçon écossais. Les règles de vie chrétienne et la charité étaient les deux thèmes majeurs au sein du foyer Fry. Arthur avait grandi avec la conviction qu'un bon chrétien doit faire preuve de bienveillance et accomplir des actes charitables. Une croyance qu'il transmettrait, plus tard, à son propre fils.

Varian adorait son grand-père paternel, Charles, qui jouerait un rôle déterminant dans la construction de sa personnalité. « Quand il parlait de son grand-père adoré, se souvient Annette, la seconde femme de Fry, il devenait sentimental et les larmes lui montaient aux yeux. » Charles était né à Washington, DC, dans une famille si pauvre qu'après l'école élémentaire, il était allé directement travailler comme apprenti charpentier et menuisier. Puis il était devenu enseignant en travaux manuels à la Children's Aid Society, un institut fondé en 1857 par un clergyman protestant pour venir en aide aux enfants orphelins, abandonnés et battus. Charles consacrerait sa vie à cette institution. Il devint un des premiers organisateurs des « convois d'orphelins » qui achemineraient plus de cinquante mille enfants de New York vers des fermes de petites villes du Midwest. Cette migration d'enfants, unique dans l'histoire de l'humanité, se déroula sur plus de soixante-quinze ans.

Plus tard, Fry écrirait : « Mon grand-père a consacré sa vie aux enfants. Ils le connaissaient si bien et l'aimaient tant que, lorsqu'il arrivait dans les quartiers les plus pauvres de la ville, ils accouraient de partout en criant son nom, s'agrippaient à ses manches et à ses basques, réclamaient qu'il les prenne dans ses bras et les serre contre lui, donnant et recevant de l'amour. » Cette vision d'un sauveur parmi les infortunés inspirerait Fry tout au long de son existence.

Lilian, la mère de Fry, était une femme délicate, hypersensible, qui se disputait souvent avec son placide époux. Arthur parlait avec un fort accent de Brooklyn, mâtiné d'écossais guttural – « *baouteille* », « *ouaseau* »... Au terme d'une cour prolongée et parfois orageuse, Lilian et Arthur se marièrent en misant avec optimisme sur le temps pour aplanir leurs divergences. La cérémonie se déroula le 7 octobre 1902 à la Holy Trinity Episcopal Church de Manhattan, dans l'Upper West Side.

Dès le premier jour de leur vie conjugale, Laura et Florence Mackey, les deux sœurs de Lilian, s'installèrent avec le couple. La jeune mariée craignait-elle de se retrouver seule en tête à tête avec son époux, ou bien se sentait-elle gênée vis-à-vis de ses sœurs célibataires ? La raison de cet emménagement reste floue.

Cinq ans plus tard, le 15 octobre 1907, leur fils voyait le jour au 408 West 150$^{th}$ Street. Lilian avait trente ans, ce qui faisait d'elle une primo-parente âgée pour l'époque. En 1909, la famille déménagea pour vivre dans une petite maison à Ridgewood, New Jersey. Elle y resta de longues années.

Bien que sa famille soit bien implantée dans la classe moyenne et jouisse d'un niveau de vie confortable, Fry avait connu des épisodes, dans son enfance, qui lui avaient laissé une impression de vulnérabilité, d'insécurité. Tout d'abord, la maladie émotionnelle de sa mère, dont les premiers symptômes apparurent peu de temps après sa naissance et dont la gravité était souvent handicapante pour Lilian. Bien que ses tantes Laura et Florence pussent remplacer sa mère pour s'occuper du bébé et contribuer à rendre la maison agréable à vivre pour lui comme pour son père, le jeune Varian souffrirait de plus en plus de ne pas pouvoir entrer en contact émotionnel avec sa mère. Après une série de crises, celle-ci finit par être envoyée dans une institution – à l'absence émotionnelle s'ajouterait désormais l'absence physique. « Elle allait de dépression nerveuse en dépression nerveuse, expliquera Fry, et passa de longues années en sanatorium, avec des traitements pénibles entre chaque séjour. » Régulièrement, donc, ce garçon sensible et intelligent voyait sa mère lui être retirée, et éprouvait durement son absence pendant les semaines ou les mois où elle se reposait au sanatorium. Quand elle revenait à la maison – sans doute pour rattraper le temps perdu avec son fils –, elle ne le quittait pas d'une semelle – « c'en était effrayant ».

Fry réfléchissait souvent au contraste entre Lilian, à la santé si fragile, et Arthur, le père de famille responsable. Au fil du temps, cette différence entre ses parents le mettait en colère contre sa mère. Il plaignait son père, fatigué à force de porter seul le fardeau de la famille. D'année en année, Fry polissait l'image d'Arthur jusqu'à en faire le père idéal : fort, fiable, toujours là pour son fils.

Au travail, Arthur se dépensait sans compter et finit par être promu directeur associé d'une société de courtage de Wall Street. Dans sa jeunesse, Fry le voyait rarement car les journées de travail de son père se terminaient tard :

Varian allait se coucher et s'endormait avant qu'Arthur soit rentré à la maison. C'était sa mère et ses tantes qui pourvoyaient à ses besoins quotidiens, le rôle de son père demeurant minime.

Après l'effondrement de Wall Street, en 1929, la bonne fortune d'Arthur connut un coup d'arrêt. S'il parvint à maintenir un niveau de vie confortable, il était loin d'être riche. Pourtant, malgré les problèmes rencontrés au travail et les difficultés de la vie familiale, il ne perdait jamais son esprit positif et enjoué. Son fils l'admirait énormément d'être capable de travailler dur et d'accepter ce que la vie lui réservait, sans jamais se plaindre. Fry gardait toujours sur lui la copie d'une pensée que son père chérissait : « J'ignore les affres de demain / Et ceux d'hier ne sont plus / Alors pourquoi m'inquiéter / De ceux que j'affronte aujourd'hui ? » Fry y avait ajouté son propre commentaire : « Même si cette pensée semble banale, elle résume bien la philosophie appliquée par mon père tout au long de sa vie. C'était un homme pragmatique. Il ne perdait pas de temps à pleurer sur le passé ou à considérer avec inquiétude l'avenir. Son regard était constamment porté sur l'aujourd'hui. »

L'autre influence majeure, pour le jeune Fry, était son grand-père Charles, qui compensait en quelque sorte l'amour et les conseils que sa mère malade ne pouvait lui transmettre. Quand ce dernier eut été désigné directeur général de la résidence d'été de la Children's Aid Society à Brooklyn, Fry lui rendait visite deux fois par an, au printemps et à l'automne. La résidence se trouvait dans la campagne de Bath Beach, près de Coney Island où Charles, pour la plus grande joie de son petit-fils, élevait des vaches. Voir son grand-père s'occuper « de gamins venus des bas-fonds malodorants de la ville pour passer une semaine de vacances au grand air de la campagne » était une leçon que Fry garderait en lui. Son père et son grand-père allaient servir de point de départ au système de croyances élaboré par Fry, fondé sur la conviction que les humains sont liés les uns aux autres et, par conséquent, responsables les uns des autres. Bien des années après les convois d'orphelins, Fry allait contribuer à une autre sorte de migration à Marseille, conformément à une éthique qu'il avait intégrée dans son enfance. Pour lui, il était capital que son grand-père ne se soit jamais vanté de son action ; de sorte qu'en revenant de France, des années plus tard, Fry ne jugea pas non plus nécessaire de parler de ce qu'il y avait fait. Il s'efforça de vivre selon le credo de son grand-père : « Être la force pour le faible, le soutien pour le découragé et le désemparé, la défense et la protection pour tous. »

Arthur Fry était, lui aussi, un modèle de gentillesse. « Il appelait chacun de ses quatre cents employés par son prénom, se rappelle Fry. Plus encore : il défendait leur cause avec passion. Mon père suivait par intuition l'un des principes cardinaux du management moderne : si vous manifestez un intérêt sincère pour vos hommes en tant qu'êtres humains, ils travailleront dur et longtemps pour vous. »

La bonté d'Arthur se manifesta avec éclat quand Charles se retira de la Children's Aid Society. Il ne bénéficiait d'aucune pension de retraite ou de couverture sociale (la loi n'existait pas encore à l'époque), mais son fils s'assura que le compte en banque de ses parents soit toujours assez approvisionné pour subvenir à leurs besoins. « Mon père ne leur en a jamais parlé. Il préférait leur raconter qu'il avait investi leur argent dans des placements très avantageux. » (Cette attitude, Fry tentera de la reproduire quelques années plus tard quand son père connaîtra des difficultés financières et n'aura presque plus d'argent pour s'occuper de lui et de la mère de Fry.)

Autant Fry admirait son père et son grand-père, autant il en voulait à sa mère de sa maladie et des complications qu'elle avait causées à la famille. En 1958, il écrivait: «Je me suis parfois demandé de quelle qualité singulière la nature de mon père se parait pour l'amener à choisir ma mère comme compagne de vie. [...] C'était une femme très intelligente et, dans sa jeunesse, une vraie beauté. Mais c'était aussi une femme très malade. Pourtant, mon père a toujours décrit son couple comme idyllique.»

Dans son enfance, Fry ratait souvent l'école et restait à la maison, imitant peut-être sa mère. Selon sa cousine Elizabeth Richardson, qui vécut un an avec les Fry à l'époque où Varian terminait l'école élémentaire, c'était un garçon hypocondriaque et tire-au-flanc, qui simulait souvent des maladies pour rater les cours. C'est au contact des livres et de la nature qu'il trouvait son réconfort et, dès son plus jeune âge, il se passionnait pour l'observation ornithologique – une passion qui l'accompagnerait adulte. Un jour, ce «garçon au cœur tendre» âgé de douze ans sauva des griffes d'un chat un jaseur des cèdres qu'il confia à Ernest Qu'ailée, un membre du club d'horticulture d'Arthur Fry, pour qu'il le soigne. Plus tard, Keller convia «maître Fry» à venir voir l'oiseau convalescent – mais le jaseur s'envola juste avant l'arrivée de Varian. Keller note qu'il avait eu «l'air assez déçu [...] mais il [l]'a remercié et, avec un sourire satisfait, a commenté: *Je suis content qu'il aille mieux*».

Fry avait treize ans à la mort de son grand-père adoré. Un an plus tard, il partit comme pensionnaire à la Hotchkiss School de Lakeville, Connecticut. Très vite, le garçon doux et discret se métamorphosa en un adolescent tapageur. Pendant deux ans et demi, Fry se distingua par son attitude fantasque, sa propension à désobéir au corps enseignant et son goût pour les farces potaches. Ainsi, durant sa deuxième année, lui et ses camarades aimaient se lancer des oranges, déclencher des bagarres ou bien «se servir de miroirs pour éblouir les salles de classe».

À l'époque, Fry signait ses lettres à sa famille « Tommie », prénom bien plus habituel que Varian, traduisant sans doute son besoin désespéré de se fondre dans le moule. Mais ses efforts pour que ses parents et ses camarades l'appellent ainsi restèrent vains : pour tous, il restait « Varian ».

À Hotchkiss, quelques incidents graves révélèrent que Fry pouvait parfois céder à des accès de colère incontrôlables. Une fois, « on dut le séparer d'un autre garçon qu'il tentait d'étrangler » (plus jeune, il avait « presque tué un petit camarade de jeu en essayant de lui frapper le crâne à coups de soupière »). C'était aussi la période où il cultivait un mépris de l'autorité traduisant une inaptitude réelle à suivre les règles et les consignes édictées par d'autres.

Chaque fois qu'il se trouvait pris en faute, Fry écrivait à son père des lettres chargées de culpabilité, où il se présentait comme « plongé dans des abîmes de mélancolie et de désespoir ». Se plaignant à Arthur d'être injustement désigné par les professeurs comme l'élément perturbateur et agressif, il prétendait que son comportement n'avait rien d'inhabituel ou d'interdit. « Je ne te dis pas cela pour essayer de rendre moins stupide cet acte stupide, mais pour apaiser tes craintes. Tu n'imagines pas comme je souffre quand je pense aux soucis que je te cause. Dieu sait que tu as bien d'autres sujets de préoccupation en tête… » Les enseignants et les administrateurs de l'école avaient du mal à comprendre la double personnalité de l'adolescent, à la fois sensible et provocateur. Annette Fry notera : « C'était une véritable énigme : infiniment sentimental d'un côté, très pugnace et vindicatif de l'autre. »

Fry faisait partie d'un groupe d'étudiants d'Hotchkiss s'activant à faire lever l'interdiction de publication aux États-Unis d'*Ulysse*, de James Joyce. Il réussit à en obtenir un exemplaire en s'adressant à son éditeur français, basé à Paris. Il aimait lire ce livre, soit pour lui seul, soit à voix haute pour un petit groupe d'amis, comme il le racontera plus tard à son épouse. (Avant qu'un tribunal autorise, en 1930, la publication du roman en Amérique, lire *Ulysse* était considéré comme « un acte subversif, dangereux et une menace pour la démocratie occidentale ».) Fry aimait tant le roman de Joyce qu'il en fit le sujet de son essai pour l'examen devant le conseil universitaire.

En décembre 1924, Fry s'opposa au bizutage en vigueur depuis toujours à Hotchkiss, en refusant de grimper à mains nues sur des canalisations d'eau brûlantes – une épreuve à laquelle les étudiants des classes supérieures obligeaient les nouveaux venus. Le bizutage était autorisé par l'établissement, dont le règlement en 1922-1923 précisait : « La vie scolaire à Hotchkiss est régie par un principe fondamental : l'autorité exercée par les élèves de dernières années sur les autres classes. » Le refus de Fry menaçant l'ordre établi et le fonctionnement de l'organisation, l'administration insista pour qu'il obéisse. Fry décida donc de quitter Hotchkiss. Le proviseur écrivit à son père : « Votre fils s'oppose avec obstination aux principes, coutumes et traditions de notre école et a décidé de partir[1]. » Ce départ, motivé par l'indignation légitime de Fry et sa supériorité morale, constitue le premier exemple de son mépris pour toute forme de règlement ; ce ne serait pas le dernier. Son sentiment de défiance envers le pouvoir et l'autorité, né à Hotchkiss, parviendrait à maturité deux décennies plus tard à Marseille.

---

1. Bien qu'il soit de notoriété publique que les bizutages dans les écoles préparatoires et les universités sont à l'origine d'accidents graves voire fatals, soixante-dix ans après le départ de Fry en signe de protestation, l'archiviste de Hotchkiss écrivait : « Si un tel incident avait été rapporté au proviseur, il semble très improbable qu'il ait pu prendre la défense des bizuteurs. » Selon le propre récit de Fry, c'est pourtant bien avec l'aval du proviseur qu'on l'a obligé à grimper aux canalisations d'eau chaude.

Même s'il obéissait à des principes forts, Fry avait toujours besoin de l'approbation de son père. Comme toujours, Arthur lui apporta son soutien : il se rendit immédiatement à Hotchkiss. « Le proviseur lui expliqua qu'une tradition de quarante ou cinquante ans ne pouvait pas être modifiée », se souvient Fry. La réponse d'Arthur fut cinglante : « C'est justement parce qu'elle est aussi ancienne qu'il est temps de la changer. » Sur quoi père et fils s'en allèrent.

Confirmant l'image de saint que Varian avait de son père, Arthur envoya aussitôt, avec la plus grande sérénité, un dossier d'admission dans une autre école préparatoire réputée : Taft School, à Watertown, Connecticut. Fry y suivit ses premiers cours au printemps 1925. Au cours du semestre, il apprit que son examen sur *Ulysse* à Hotchkiss lui avait valu la note presque sans équivalent de 99. Fry aimait raconter cet épisode, ajoutant qu'une journée de congé scolaire avait été décrétée en son honneur – bien qu'aucune mention d'un tel hommage ne figure dans les archives de Taft.

À Taft, Fry excellait en littérature anglo-saxonne avec « une capacité d'apprécier la beauté très supérieure à la moyenne des élèves », comme le remarqua le proviseur. Mais il éprouvait toujours « des difficultés sur le plan relationnel », et s'entendait mal avec ses camarades. Attristé par la solitude dans laquelle vivait son fils, Arthur lui recommanda d'oublier ses « idées préconçues sur les qualités que devrait avoir un ami ». Mais Fry était incapable de compromis sur ses idéaux, et il passa une année et demie à Taft sans nouer la moindre amitié. Arthur demanda aux administrateurs de l'établissement de ne pas évoquer les difficultés sociales de Varian auprès de sa mère. « Mme Fry a souffert récemment de graves complications nerveuses, leur écrivit-il, et je crois qu'il vaudrait mieux que nous évitions de parler en sa présence. »

Comme son fils était toujours malheureux, Arthur le fit une nouvelle fois changer d'établissement et, pour sa dernière année d'études, Varian entra à la Riverdale Country School, juste au nord de New York. Ainsi, Fry pouvait vivre avec ses parents et se rendre à ses cours dans le magnifique cabriolet Packard que son père lui avait acheté. Cette fois – peut-être parce qu'il vivait en famille et se sentait plus en sécurité, ou bien parce qu'il avait mûri, ayant presque dix-huit ans au début de l'année scolaire –, Fry parvint à se faire quelques amis. Son passage à Riverdale fut par conséquent plus heureux qu'à Taft ou Hotchkiss. Parmi ses amis, certains s'intéressaient à la musique, d'autres au sport – ce qui est plus surprenant, Fry ayant toujours « avoué une franche aversion » pour l'activité physique. Cette fois encore, il se fit remarquer grâce à *Ulysse*. Ferdinand Thun, un camarade de Riverdale, se rappelle que « les garçons les plus sophistiqués se réunissaient dans la chambre de Fry pour en lire des extraits à voix haute ».

Pourtant, comme une fatalité, un incident survint qui aboutit à isoler Fry. Les archives de l'école ne fournissent aucun détail sur sa nature, mais Fry fut suspendu en raison de ce que le proviseur, Franck Hackett, décrit comme « une perte de sang-froid et une impertinence impardonnables ». Ses amis le lâchèrent aussitôt. « Son tempérament hautain, poursuit le proviseur, lui a attiré l'hostilité de ses camarades et valu de passer une année déplaisante. »

C'est tout de même pendant cette période que sa vie sexuelle débuta. Comme pour confirmer son état d'esprit provocateur, Fry eut une liaison avec l'épouse d'un membre de la faculté. Plus tard, il en livrerait un récit romancé, décrivant leur histoire comme « la rencontre autour d'un thé d'une épouse esseulée et d'un jeune homme séduisant ».

Au printemps 1926, il postula pour entrer à Harvard et fut reçu, grâce à d'excellents résultats académiques tout au long de ses études préparatoires. Outre ses notes en latin et en anglais, il se passionnait pour la musique, la littérature et le théâtre. En juin, ses examens d'aptitude scolastique furent couronnés de succès. Harvard décida de ne pas tenir compte des commentaires sur sa personnalité, figurant sur son dossier de candidature : « C'est un garçon étrange, note le proviseur, dont la mère est invalide. Cette situation oblige le père à travailler très dur. » Le proviseur évoque l'incident ayant entraîné la suspension de Fry mais ajoute que « ce choc lui a remis les idées en place, et qu'il s'est beaucoup amélioré depuis. Par bien des aspects, c'est un esprit brillant ».

À l'automne 1926, Fry fit son entrée à Harvard. C'était un jeune homme attentionné, studieux, timide et porté à l'introspection, amoureux des livres et du savoir, avec une tendance à se tenir en retrait de la société et à la critiquer durement. Selon une note reçue par le doyen de Harvard, Fry avait « une particularité de nature », mais personne ne semblait en mesure de la nommer plus précisément. Il était difficile, extrêmement exigeant avec ses camarades, idéalisait son père et son grand-père et nourrissait un profond ressentiment envers sa mère. Son sentiment d'insécurité provenait sans doute de l'incapacité de Lilian à remplir son rôle maternel pendant une bonne partie de son enfance, ainsi que du changement incessant d'écoles pendant son adolescence. Durant toutes ces années, il n'avait pas noué la moindre amitié durable et ne trouvait de plaisir qu'aux études et à la littérature, qui lui procuraient une impression de réconfort et de compagnie. En arrivant à Harvard, c'était donc un garçon très seul.

Il ne le resterait pas longtemps. Ses années passées dans la prestigieuse université seraient marquées par de grandes réussites, une vie sociale intense et une série de confrontations avec l'autorité. Dès le début, ce solitaire aux dons précoces, épris de littérature et d'art, rencontra son alter ego en la personne de Lincoln Kirstein[1], qui vivait un dortoir au-dessus du sien dans le Gore Hall, réservé aux étudiants de première année. « Ces deux gamins se sentaient ignorés par l'élite de Harvard, les étudiants typiquement bostoniens. Ils n'étaient pas invités dans les bons clubs. Kirstein était juif et Fry issu d'une famille sans prétention sociale de la classe moyenne du New Jersey[2]. » L'amitié entre Varian et Lincoln reposait non seulement sur leur goût partagé pour les fêtes les plus folles, mais aussi sur le désir d'apporter leur contribution intellectuelle à Harvard.

Pendant l'hiver de cette première année, Kirstein tenta, en vain, d'obtenir une place dans le comité éditorial du *Harvard's Advocate*, afin d'avoir son mot à dire sur le contenu et le style de la revue. Selon Fry, les deux amis l'estimaient « vraiment très mauvaise, et tellement puérile... alors [qu'ils étaient] très conscients de NE PLUS ÊTRE DES PETITS GARÇONS ». Ils finirent par renoncer à en faire partie car, comme l'explique Kirstein, « une telle idée était parfaitement illusoire, compte tenu de l'esprit acide de Varian et mon propre *modernisme* ». En réponse au refus de l'*Advocate*, il ne leur restait plus qu'une chose à faire : lancer leur propre revue et « faire sensation ».

C'est ainsi qu'ils créèrent *Hound & Horn*, « Miscellannées harvardiennes », tirant son titre d'un poème d'Ezra Pound, « Le cerf blanc » : « C'est le cerf blanc de la Gloire que nous chassons / Que les meutes du monde entier accourent à l'appel des trompes ! » Pour faire bonne mesure, Fry y avait

1. Kirstein fonda, avec d'autres camarades, la Harvard's Society for Contemporary Arts, qui annonçait le Museum of Modern Art de New York. Puis il fonda avec George Balanchine la School of Americain Ballet, compagnie pionnière qui deviendrait plus tard le New York City Ballet.
2. Entretien avec Annette Riley Fry, août 1999.

ajouté une citation de Platon exhortant à l'excellence, sous laquelle étaient reproduites quelques notes du thème principal du *Trio avec cor* de Brahms.

Cette revue allait prendre des proportions et une portée inattendues, pour s'imposer comme une référence littéraire pendant les sept années de son existence. Financée en grande partie par le père de Kirstein – Louis Kirstein était le propriétaire du grand magasin Filene's, à Boston –, la revue serait imprégnée dès son premier numéro par l'esprit de *La Terre vaine* de T.S. Eliot. « Ce poème est devenu notre bréviaire, écrit Kirstein. Qu'on soit occupés à se raser, prendre une douche, déjeuner, boire, dormir ou se réveiller, notre esprit était nourri d'extraits et de citations qui nous semblaient chaque fois d'une pertinence cosmique. »

La ligne éditoriale moderniste de *Hound & Horn* entendait initier Harvard aux artistes, écrivains et compositeurs contemporains tels que Joyce, Eliot, Picasso, Gertrude Stein et Stravinsky. « Nous avions la conviction que les étudiants d'Harvard ne les connaissaient pas autant qu'ils auraient dû », ajoute Fry. (Sept ans avant l'opération de Fry à Marseille, la revue publia un compte rendu de *Mein Kampf* par R. Werner : « Cet homme [Hitler] risque de faire basculer l'Allemagne et l'Europe dans le chaos car il n'a aucune imagination créatrice et semble mû par la seule volonté de détruire. »)

À la suggestion de Fry, le premier numéro, publié au printemps 1927, était de taille réduite, à titre d'essai. Dès le début, selon Kirstein, « le ton et le style de *Hound & Horn* étaient définis par Varian ». Après ce premier numéro, Fry passa ses vacances d'été à travailler comme « assistant et conservateur dans cette caverne aux trésors qu'était la Harvard College Library », pendant que Kirstein allait rendre visite à T.S. Eliot en Angleterre. Quand leur deuxième année débuta, à l'automne, les deux étudiants supplièrent le conseil universitaire d'engager Eliot au titre de professeur émérite[1].

Septembre vit la publication de *Hound & Horn* dans son format définitif. L'éditorial, signé Varian Fry, se présentait comme « un salut au resplendissant monde nouveau [...] et un adieu à l'indigeste XIXe siècle, dont la main pèse si lourdement sur le XXe... ». Fry était en outre l'auteur d'une bibliographie de l'œuvre d'Eliot et avait supervisé plusieurs autres articles.

En tant que fondateurs de *Hound & Horn*, Fry et Kirstein se retrouvèrent du jour au lendemain des convives prisés puis des célébrités de la haute société bostonienne. Même si Kirstein était juif « et que ça n'était pas une bonne idée d'être juif à Boston, à cette époque[2] », les deux amis étaient devenus « les intellectuels que s'arrachaient la communauté des brahmanes de Harvard et les cercles intellectuels et académiques de Boston ».

Pourtant, un premier différend allait opposer les deux éditeurs. Kirstein, en bon pragmatique, cherchait à élargir le lectorat de la revue et insista pour inclure dans le numéro 1 un article sur le football, écrit par un ancien élève de Harvard. Fry réagit violemment à cette demande, qu'il interprétait comme un renoncement intellectuel. À l'époque, c'était un « étudiant très classique pratiquant couramment le grec et le latin, un honnête pianiste et un garçon plein de bonnes manières désuètes assaisonnées d'un tempérament sarcastique ». L'attitude qu'il garderait toute sa vie se développa à ce moment-là : il valait mieux que les autres, il était là pour corriger leurs erreurs... Un tel sentiment de supériorité était difficile à supporter. « Il se sentait intellectuellement supérieur à ses camarades, se

1. Dix ans plus tard, Eliot fut recruté par Harvard comme Norton Professor of Poetry.

2. Entretien avec Kate Ransihoff, février 1999.

rappelle Kirstein. J'en étais moins convaincu que lui mais je le trouvais sympathique, même si je me méfiais de son mépris affiché. »

Un autre désaccord surgit quand Kirstein proposa deux nouveaux membres à la rédaction, Richard Blackmur et Bernard Bandler, futur psychanalyste de renom. Ce dernier défendait une philosophie humaniste postulant, entre autres, la dualité entre l'homme et la nature et le libre arbitre de l'homme. Fry rejetait cette conception dont l'ultime principe éthique repose sur la retenue, la doctrine hellénique de la raison, et s'éloigne du romantisme. Il s'opposa fermement à la venue de Blackmur et de Bandler, mais Kirstein finit par obtenir gain de cause.

Peu de temps après, l'équipe éditoriale vécut sa première grande « dispute familiale », amenant à la démission de Fry. Une fois encore, il s'était révélé incapable de participer à des discussions de groupe, d'adoucir ses opinions et d'accepter la volonté des autres pour le bien-être général. Le *Hound & Horn* continuerait donc sans lui, mais sa participation à la fondation de la revue resterait un moment clé dans sa vie : pour la première fois, il s'était senti fort et important, capable de jouer un rôle majeur sur la scène intellectuelle[1]. Redevenu un paria, il se sentait amer, frustré, découragé. Ce qu'il venait de perdre – ou plutôt, à quoi il venait de renoncer – était merveilleux, et il en était conscient.

Même mis à l'écart de la revue, il continuait à mener une vie sociale trépidante avec Kirstein et d'autres amis.

---

1. *Hound & Horn*, revue littéraire et critique, eut une influence majeure dans les années 1930 qui dépassait de loin les ambitions initiales de ses fondateurs. Fry résume : « C'était une tentative de rattacher à une grande institution un média d'expression à la hauteur des œuvres les plus imaginatives et les plus créatives nourries ou influencées par l'université. »

« C'était une bande de jeunes gens extraordinairement brillants, inventifs, imaginatifs, dans une constante effervescence créative », se souvient Katherine Durand, l'épouse d'un jeune enseignant de Harvard. Que ce soit pour des débats enflammés sur des sujets intellectuels ou des bagarres alcoolisées, la « bande » avait toujours Fry pour meneur. À Harvard, sa méfiance et son mépris envers l'autorité s'intensifiaient autant que son esprit chahuteur, et les nombreuses fêtes tapageuses qu'il organisait ou auxquelles il participait donnèrent lieu, plusieurs fois, à des arrestations pour trouble à l'ordre public. Jamais ses deux tendances intimes – l'esprit rebelle et la vive intelligence – ne furent plus évidentes que dans ses années à Harvard.

Katherine Durand se rappelle une nuit où elle entendit des coups frappés à sa porte. Fry surgit en criant : « Debout, allez ! Tout le monde chez Linc', il y a une fête ! » Ses amis s'habillèrent en toute hâte et, alors qu'ils le rejoignaient, Durand, une quaker, s'adressa à son mari toujours en pyjama : « Attention, ta braguette ! » La remarque fit hurler de rire Fry qui, tout au long de la nuit, répéta le même cri : « Attention, ta braguette ! » Tout le groupe sauta dans son cabriolet Packard et Fry les conduisit jusque chez Kirstein. En route, une chaîne barrait le passage : il fit marche arrière et la percuta de plein fouet. Comme elle était toujours en place, il répéta l'opération en grommelant qu'il n'allait pas la laisser résister à ses efforts, « ses efforts raisonnables ! ». Au bout du compte, il dut renoncer et chercher un autre trajet. (Durand suggéra qu'une plaque en hommage à Fry soit inaugurée à Harvard : « À celui qui osa défier l'Autorité et lutter pour faire triompher les pulsions humaines. »)

À l'image de ce qui s'était passé en écoles préparatoires, Fry avait commencé par se faire remarquer et se mettre à dos les dirigeants de Harvard. Puis, contrit, il avait imploré le pardon de ses professeurs et de son père.

C.N. Greenough, doyen de Harvard, écrivit aux anciens professeurs de Fry à Taft et Riverdale pour leur demander des renseignements complémentaires sur cet étudiant troublant et troublé. Il apprit ainsi que le comportement de Fry n'avait rien de nouveau, qu'il était, selon les termes du proviseur de Riverdale, « très doué mais pas vraiment sensé et profondément égoïste ».

Après trop de nuits débridées à faire la fête, Fry s'était donc retrouvé mis à l'épreuve. Naturellement, Arthur avait rapidement pardonné à son fils. Courant avril, Fry adressa à l'administration de l'université une requête pour annuler cette probation, expliquant que ses nombreuses absences – notamment lors de trois examens importants – étaient dues à « une santé exceptionnellement fragile ». Malgré cette exagération, il parvint à convaincre l'université de sa sincérité car, à la fin de sa deuxième année, il se retrouva dûment promu en classe Junior de Harvard.

Pendant l'été, il se rendit en Grèce à bord du *SS Sinaia.* Une fois revenu de ses semaines d'études à l'American School of Classical Studies pour reprendre les cours à Harvard, il fut impliqué dans un accident tragique : au volant de sa Packard, il percuta un jeune garçon, James Carroll, qui avait surgi d'entre deux voitures garées. Le 25 novembre 1928, il comparut devant un tribunal en qualité de témoin dans la mort de Carroll. Le verdict conclut à un accident et Fry fut déclaré « non coupable de la mort du garçon ».

Pendant son année de Junior, Fry se mit à rater beaucoup de cours, invoquant une malaria chronique contractée en Grèce. En février, il déposa une demande auprès de l'administration pour être exempté des règles concernant les absences en cours et aux examens, en y joignant une attestation médicale. Le médecin y expliquait : « Fry a été handicapé par la malaria depuis le début de l'année et devrait se voir attribuer un calendrier d'études allégé afin de pouvoir terminer l'année sans être épuisé. »

Fry se montra tout de même assez robuste pendant cette période pour « mettre une jeune fille en difficulté ». Malgré sa peur de se voir rejeter par son père à l'éducation presbytérienne sévère, Fry se confia à lui. Arthur n'avait jamais évoqué les questions sexuelles avec son fils, sauf une fois, pour lui conseiller de se « tenir à bonne distance des femmes de mauvaise vie ». Fry se rappelle : « Cette fois, il a posé son large bras protecteur sur mon épaule et, sans la moindre parole de condamnation, il m'a soutenu jusqu'à ce que mon supplice et celui de cette jeune fille soient terminés. » Outre ce soutien, c'est Arthur qui paya pour l'avortement de la jeune femme.

Toujours rebelle, Fry fut arrêté à la fin de l'année. En juin, après la session finale d'examens, il vola une pancarte « À VENDRE » plantée sur la pelouse du président de Harvard, Abott Lawrence Lowell. Questionnés par la police, Fry et son complice, Allan R. Rosenberg, préférèrent mentir : « L'un déclara qu'il était occupé à tirer aux pigeons, l'autre qu'il attendait son tramway. » Devant le tribunal, les charges pesant contre Rosenberg furent abandonnées mais Fry fut condamné.

C'en était trop pour Harvard : l'administration informa Fry de son renvoi. S'il avait jusqu'alors échappé aux conséquences des nombreuses exactions dont il s'était rendu coupable par le passé « par égard pour la santé de [sa] mère », selon les officiels, il était désormais trop tard pour s'en tenir à des excuses. Pour autant, ils laissaient encore la porte légèrement entrouverte en annonçant à Fry qu'il « ne serait pas définitivement exclu de Harvard ». Il serait autorisé à postuler pour une nouvelle admission après une année de mise à l'épreuve, à condition de pouvoir prouver qu'il avait « acquis un vrai sens des responsabilités et qu'il ne couvrirait pas de honte » le nom de l'université.

Si les actes de Fry semblent avoir été en partie causés par des facteurs échappant à son contrôle – à Riverdale comme à Harvard, ses difficultés étaient attribuées à la maladie de sa mère –, la décision du conseil d'administration de Harvard était inébranlable. Fry demanda à deux amis, Eileen Avery Hugues (qu'il avait rencontrée dans l'année et qu'il épouserait quelque temps plus tard) et le professeur de Harvard William C. Greene, de plaider sa cause auprès de l'université. Greene présenta Fry comme un étudiant « de valeur » et insista sur ses dons littéraires comme sur sa « volonté bien réelle de devenir médecin » (à l'époque, Fry, qui avait l'habitude de souvent changer de matière principale, était en prémédecine). Le professeur demanda au doyen de bien vouloir trouver « une autre sanction dont les conséquences pourraient être moins désastreuses ».

Quant à Hugues, qui avait six ans de plus que Fry, elle se présentait comme une enseignante et éditrice adulte et responsable, sans laisser percevoir qu'elle était follement amoureuse du jeune homme qu'elle venait défendre. S'adressant au doyen sur le ton de la confidence pour lui communiquer une information d'ordre privé, elle lui apprit que Fry était seul depuis des années en raison de la maladie de sa mère. Tout ce dont il avait besoin, c'était de recevoir les conseils « de gens plus âgés, plus sages, capables de s'intéresser à lui tout en comprenant bien qu'il n'a[vait] pas encore atteint sa pleine maturité ». Du reste, ajoutait-elle, son travail dans *Hound & Horn* ne prouvait-il pas son talent autant que sa volonté de réussir ?

Après avoir entendu les plaidoiries d'Hugues et de Green, Harvard s'adoucit quelque peu et informa Fry qu'il était prêt à le réintégrer s'il acceptait d'exercer une profession « industrielle ». Naturellement, Fry accueillit cette nouvelle avec plaisir mais, de par sa nature antagoniste, il se sentait incapable de remplir la condition fixée par l'université. Il annonça à l'administration qu'il avait prévu de passer l'été à travailler comme assistant du fils d'un certain Dr Friedman, et que ce métier lui semblait plus adapté à ses aspirations qu'un métier « industriel ». Il était de constitution fragile, souffrant de colite, gastrite, bronchite et d'autres maladies, et il se sentait incapable d'accomplir un travail physiquement exigeant. Par ailleurs, il souhaitait être indépendant financièrement tant qu'il n'était pas à l'école, et ce travail d'assistant médical serait plus rémunérateur. Mais Fry dut céder : il finit par accepter un poste chez Moth Aircraft à Lowel, Massachusetts. Ce n'était toutefois pas un travail physique, puisqu'il fut recruté comme comptable.

À l'automne, il fut de nouveau admis à Harvard. Mais pas comme étudiant senior : il devait d'abord repasser son année de Junior, assortie d'une mise à l'épreuve de six mois. S'il faisait ses preuves, l'informa l'université, son statut pourrait être changé dès le mois de mars. Pendant ces six mois, Fry obéit aux règles, ne manqua aucun cours, et suivit les recommandations d'Eileen. Mais il ne parvint pas totalement à contrôler ses penchants rebelles. Le 24 novembre, il organisait une fête pour cinquante personnes dans son appartement du 427 Broadway, à Cambridge. À 1 heure du matin, un traiteur vint livrer des oranges, des noisettes, du parfait au café, un gâteau et du café pour cinquante convives ainsi que de la vaisselle, de l'argenterie, du linge de table, une table, un saladier de punch et des verres, des louches, douze chaises dorées – et un serveur. Le coût de ce banquet était sans doute pris en charge par Arthur, qui semblait incapable de refuser quoi que ce soit à son fils.

Fry resta discret sur cette fête et, dès février, sa mise à l'épreuve était levée. Ses notes étaient excellentes et son nom figura même au tableau d'honneur du doyen. Mais deux mois plus tard, en rendant visite à des amis à l'université de Princeton, il participa à une bagarre dans un restaurant de Trenton, New Jersey, et fut arrêté en état d'ivresse. Quand il contacta Eileen après son arrestation, il lui demanda « d'un ton empreint de nostalgie s'ils pouvaient se marier sans cérémonie de mariage et demander tout de même à Père de bien vouloir payer un nouveau costume ».

Un tribunal du New Jersey condamna Fry à payer une amende de 5 dollars pour dommages et « conduite malveillante ». Eileen prit contact avec Arthur Fry et tous deux, unis dans leur amour pour le jeune homme, discutèrent d'un moyen de lui éviter les ennuis. Sur ordre d'Eileen, Fry eut un entretien avec son père à qui il promit de « retourner directement à Cambridge ». Il envoya à Eileen un télégramme détaillant leur conversation et signa « Chaton obéissant ».

Eileen était amoureuse du jeune homme et impatiente de l'épouser. Elle le trouvait joli garçon, charmant, spirituel et amusant. Il la considérait comme un mélange irrésistible d'intellect brillant et de tendresse. Depuis le jour de leur rencontre – et avant que, bien plus tard, un changement de situation inverse les rôles –, Fry était au service d'Eileen et c'est elle qui donnait les ordres. Elle le protégeait, le dorlotait et, chaque fois que c'était nécessaire, prenait sa défense.

Eileen Avery Hugues était née le 3 août 1901 à San Diego, Californie, mais c'est en Angleterre qu'elle avait reçu son éducation : dans la prestigieuse Rodan School tout d'abord, puis à Somerville, le premier établissement pour femmes de l'université d'Oxford. De retour aux États-Unis, elle enseigna à Smith et occupa le poste de rédactrice en chef de l'*Atlantic Monthly*. (Plus tard, elle travailla comme secrétaire et trésorière de la société philanthropique d'Harold Oram puis eut Albert Einstein comme collègue en travaillant comme directrice financière de l'Emergency Committee of Atomic Scientists de Princeton.) Fry avait vingt-deux ans et elle vingt-huit au moment de leur rencontre, et ce fut le coup de foudre. Leurs esprits s'accordaient parfaitement, à la fois brillants, littéraires et spirituels. Mais les querelles étaient fréquentes car elle avait tendance « à tout diriger et à le traiter comme un petit garçon », selon Annette Fry. C'est grâce à Eileen que Varian a pu mener à bien ses dernières années d'études à Harvard.

À l'automne 1930, enfin, il devint étudiant senior avec l'obligation de décrocher au minimum un C dans ses cinq disciplines. Même sous la houlette d'Eileen, il continua de manquer trop de cours et reçut un nouvel avertissement de l'administration. Le stratagème ayant déjà fonctionné, il se défendit de nouveau en invoquant ses problèmes de santé, confirmés par une attestation médicale évoquant cette fois « des ulcères à l'estomac ». Fry parvint tout de même à passer l'ensemble de ses examens et reçut son diplôme de Bachelor of Arts en mai 1931.

Juste avant d'être diplômé, il avait rempli un questionnaire sur lequel, à la question « Domaines professionnels envisagés ? », il avait répondu : « Commerce international, représentant en Europe ». Il énumérait aussi d'autres activités : « Archéologie, droit, médecine, agriculture, enseignement, etc., presque tout à vrai dire. » Mais le poste de représentant en Europe avait ses faveurs, « de préférence en France, en Espagne, en Italie ou en Grèce ». Un objectif idéaliste pour un jeune homme sans le sou dont le pays natal traversait une crise économique sans précédent.

Quelques mois plus tard, en novembre, Fry et Eileen se fiancèrent et déposèrent une demande de mariage au Cambridge City Hall. Le 2 juin, après la remise des diplômes, ils se marièrent devant un juge de paix au domicile de la sœur d'Eileen, Kate, au 7 Marlboro Street à Boston. Fry emménagea durant l'été chez Eileen, au 35 Fayette Street. Elle travaillait mais il resta sans occupation.

À l'automne, ils déménagèrent au nord de l'État de New York et passèrent leur premier hiver de jeunes mariés dans une maison que leur prêtait l'écrivain et critique littéraire Granville Hicks, à Grafton. Ils vivaient « pauvrement, dans un froid glacial », et n'avaient le plus souvent pas de quoi manger convenablement. Un jour, ils en furent même réduits à se nourrir de pâte frite, tant les placards étaient vides.

Enfin, Fry décrocha son premier vrai travail : rédacteur à mi-temps pour le *Consumer's Research*. Avec Eileen, ils purent s'installer directement à New York, sur East 11th Street. Pour améliorer leur situation financière, Fry compléta son autre mi-temps en donnant des cours de latin et d'anglais, ses deux matières préférées. Pour la première fois depuis l'époque de *Hound & Horn*, il reprit une fonction de premier plan en intégrant l'Association of Unemployed College Alumni, où il travaillait à rendre le marché de l'emploi plus accessible aux anciens étudiants d'université. C'est Fry et son collègue Joseph P. Lash – futur confident et biographe d'Eleanor Roosevelt – qui occupaient la tête du cortège lors du défilé de l'association à Washington, en mai 1933. À cette occasion, les deux hommes rencontrèrent le président – un épisode que Fry décrira plus tard comme l'un des rares moments de sa vie où il s'était senti timide. Ils demandèrent à Roosevelt « de consacrer des fonds pour renforcer les systèmes éducatifs nationaux, bien trop fragiles », et ils lui rappelèrent que leur diplôme, décroché au prix d'énormes sacrifices, n'avait pratiquement plus aucune valeur. Le défilé de Washington et l'entrevue avec Roosevelt offrirent à Fry une plateforme pour formuler ses préoccupations sociales – une thématique qu'il n'avait plus abordée depuis des années, sans doute même depuis l'épisode de son opposition au bizutage à Hotchkiss. À Washington, il prit la parole avec conviction et éloquence pour exprimer son inquiétude sur le financement adapté aux enjeux de l'éducation.

Le nouveau poste de Fry – éditeur adjoint du *Scholastic Magazine* – serait le premier d'une série de fonctions éditoriales qu'il occuperait tout au long des années 1930. En même temps, conformément à son intérêt pour le « commerce international, spécialement en Europe », il s'inscrivit à la School of Graduate Faculties de l'université de Columbia où, pendant six ans, il passa trente matières pour devenir major en sciences politiques. (Cependant, en 1935, toujours incertain de la voie professionnelle dans laquelle il souhaitait réellement s'engager, il postula à Harvard pour suivre un cursus artistique – mais ne prolongea pas son effort.)

Selon l'écrivain et éditeur Quincy Howe, qui le recruta en 1935 comme son successeur au poste de rédacteur en chef de *The Living Age*, Fry faisait preuve, au travail, de concentration et de détermination. Il avait rencontré Fry à l'époque de *Hound & Horn*. Quand Fry entra en fonction chez *The Living Age*, la revue publiait depuis presque cent ans du contenu provenant de la presse étrangère. Howe ne douta jamais des talents et des aptitudes de Fry. « Rien ne m'a mieux convenu dans *The Living Age* que ma décision d'en partir, déclarera-t-il plus tard. Ma dernière inspiration éditoriale a certainement été ma meilleure : j'ai veillé à ce que Fry prenne le relais. [...] Sa politique éditoriale était plus distinctive, plus subtile, fondée sur une esthétique bien pensée. Une qualité rare, à l'époque. »

En tant que rédacteur en chef d'un magazine consacré aux affaires internationales, la première mission de Fry fut un voyage de trois mois en Europe afin d'avoir un aperçu direct des politiques étrangères. En mai 1935, il se rendit en Allemagne, quelques mois avant que le pays n'adopte les lois de Nuremberg dépouillant les juifs allemands des droits civils élémentaires.

Fry voyageait en troisième classe à bord du *Bremen*, un navire allemand rapide, quand il rencontra Alfred Barr, directeur du Museum of Modern Art depuis 1929, et son épouse Margaret Scolari Barr, que Fry avait un peu fréquentée à l'époque de *Hound & Horn.* Il expliqua au couple qu'il se rendait « à Berlin pour voir de quelle façon les juifs [étaie]nt traités ». À Berlin, il s'installa dans une des cinquante chambres de l'Hotel-Pension Stern, situé dans un quartier agréable de la ville. Là, il sympathisa avec Bernard Apfel, un avocat qu'il reverrait des années plus tard à Marseille et à la mort tragique duquel il assisterait.

Le soir du 15 juillet, Fry sortit pour se rendre au café Hessler, non loin de son hôtel. Dans la rue, il s'arrêta brusquement devant une scène qu'il eut du mal à croire : il vit « des SA lancer des chaises et des tables à travers les vitrines de cafés tenus par des juifs, traîner des femmes et des hommes juifs hors d'autobus et les pourchasser dans les rues, les faire tomber et leur donner des coups de pied au visage ou dans le ventre tandis que leurs victimes restaient prostrées sur le trottoir… ». Il entendit leur chant atroce, « *Wenn Judenblut vom Messer spritzt, dann geht es nochmal so gut!* » (« Quand du sang juif jaillit des couteaux, alors tout va deux fois mieux »), et il vit un soldat planter son couteau dans la main d'un client attablé à une terrasse de café. Quelques instants plus tard, le soldat s'éloigna en riant et en chantant. L'homme qui avait été poignardé restait assis à sa place en hurlant, la main toujours clouée à la table par la lame du couteau. En état de choc, Fry retourna à son hôtel, s'enferma dans sa chambre et sortit aussitôt de quoi écrire. Persuadé d'avoir assisté à un des premiers pogroms à Berlin, il rédigea un compte rendu à vif de cet épisode et l'envoya au *New York Times* qui le publia le 17 juillet 1935. Le lendemain, le Dr Kleinfeld, un des juifs qui avaient été agressés, mourut des suites de ses blessures.

Fry se rendit immédiatement chez Ernst « Putzi » Hanfstaengl, un Américain d'origine allemande qui avait été diplômé de Harvard une décennie avant lui[1]. Désormais directeur du Département de la presse étrangère au ministère de la Propagande de Hitler, Hanfstaengl donna à Fry un aperçu de la dépravation des nazis. Selon lui, les modérés voulaient régler « le problème juif » par l'émigration quand les extrémistes, emmenés par Joseph Goebbels et Hitler, préféraient leur anéantissement total. « Hanfstaengl m'a expliqué, avec son accent raffiné de Harvard, que les radicaux parmi les chefs du parti nazi entendaient *résoudre* le *problème juif* en exterminant physiquement les juifs. Je ne l'ai cru qu'à moitié. [...] *Extermination* est, j'en suis presque certain, le mot qu'il a utilisé (nous parlions anglais tous les deux puisqu'il est allé à Harvard). »

« Le fait que des hommes à des postes de pouvoir et d'autorité en Europe occidentale au XX^e^ siècle puissent sérieusement envisager une idée aussi monstrueuse » était pour Fry, comme pour tant d'autres, difficile à croire. Quoi qu'il en soit, il écrivit un article inspiré par son entrevue avec Hanfstaengl et le *New York Times* le publia également, cette fois à la une. Le reportage de Fry permit

1. Après avoir obtenu son diplôme à Harvard, Ernst Franz Sedwick « Putzi » Hanfstaengl se rendit en Allemagne, le pays de son père. Il y rencontra Hitler et, enthousiasmé par le fascisme, se mit au service du dictateur pendant plusieurs années, jusqu'à ce qu'il se brouille avec lui en 1942. Dans un étrange revirement, Hanfstaengl a été sauvé d'une mort certaine par le gouvernement américain qui n'a ménagé ni les dollars ni ses efforts pour le faire venir en Amérique, afin de le recruter comme espion pour l'administration Roosevelt. Hanfstaengl n'a eu aucune difficulté à obtenir un visa américain.

d'établir à une date très précoce – 1935 – « l'émergence de l'idée d'extermination des juifs d'Europe[1] ».

Quand, en août, Fry retourna aux États-Unis, il s'était délesté de ses derniers lambeaux de naïveté et avait la certitude que les nazis étaient déterminés à assassiner les juifs. Il multiplia les articles dénonçant le régime nazi, exhorta l'Amérique à condamner Hitler et à le défier en maintenant le boycott américain des Jeux olympiques de 1936 à Berlin. Le fascisme de Hitler, sa propagande, sa censure et son antisémitisme virulent doivent être endigués avant qu'il soit trop tard, insistait Fry. À la radio, il déclara : « Les Allemands ont peur de parler de leur gouvernement car leurs voisins pourraient très bien les dénoncer. Quand j'ai pu avoir des conversations de nature politique, mes interlocuteurs avaient bien pris garde de verrouiller leur porte et de fermer leurs volets avant de prononcer le nom de Hitler. » La voix de Fry était l'une des nombreuses à se faire entendre au sujet des Allemands car les Américains qui avaient voyagé en Europe revenaient avec des récits effroyables, décrivant les horreurs dont ils avaient été témoins autant que celles à venir. Mais même ceux qui, comme Fry, disposaient d'une plate-forme pour diffuser leurs opinions restaient ignorés du public et des dirigeants politiques américains.

---

1. Bien plus tard, Fry a proclamé qu'il était « historiquement [...] la première personne à avoir révélé que le Parti national-socialiste planifiait l'extermination des juifs dès l'été 1935 ». Dans les années qui suivirent la Seconde Guerre mondiale, le débat fit rage pour établir ce que les États-Unis savaient au juste de la fin des années 1930 au début des années 1940. En juillet 1999, le Centre Simon-Wiesenthal de Los Angeles a conclu, d'après des documents gouvernementaux déclassifiés peu de temps auparavant, que les fonctionnaires du département d'État détenaient bien des informations concernant l'extermination planifiée des juifs en 1940 et 1941, années où Fry se trouvait à Marseille.

Dans les années menant à la fin de la décennie, Fry continua de publier ses magazines et de suivre un cursus d'études supérieures, sans perdre de vue l'imminence du cauchemar européen. Eileen et lui déménagèrent pour s'installer à Irving Place, près de Gramercy Park. Fry était un « jeune homme doux et timide [...] que tout le monde aimait », se rappelle une femme avec qui le jeune couple avait sympathisé. L'autre Fry, toujours sur la brèche, parlait avec passion de politique et poursuivait sans relâche sa campagne contre les nazis.

En 1937, il devint rédacteur en chef de la revue *Headline Books* de la Foreign Policy Association. Il écrivit ou édita plusieurs ouvrages publiés par cette fondation de recherche et d'éducation à but non lucratif, des livres conçus pour expliquer au public le plus large des questions complexes de politique étrangère. Ce poste lui permettait d'écrire et de donner son avis sur la situation politique mondiale. Il signa plusieurs livres chez Headline, notamment *The Peace That Failed*, *War in China*, *Bricks without Mortar*, *The Story of International Cooperation* et *The Good Neighbors*[1]. Tout en traduisant fidèlement l'idéologie de leur auteur, qui fait preuve de prescience dans de nombreux domaines, ces ouvrages ont permis « de mettre en garde les jeunes lecteurs [...] contre les dangers de la guerre et des dictatures[2] ».

En 1937, au plus fort de la guerre civile espagnole, Fry travaillait à temps partiel pour le *Committee to Aid Spanish Democracy*, où il rencontra Norman Thomas. Pendant les trois dernières années de la décennie, la vie de Fry fut plus stable que jamais, tant sur le plan professionnel que sur le plan privé. Mais son amour de la provocation le poussait

1. *La Paix qui échoua*, *La Chine en guerre*, *Briques sans mortier*, *Histoire de la coopération internationale*, *De bons voisins*.
2. Entretien avec Annette Riley Fry, 6 janvier 1999.

toujours à chercher la confrontation, à susciter les débats et à avoir le dernier mot.

Tandis que les années 1930 touchaient à leur fin, une tempête se préparait qui mettrait un terme à la tranquillité relative de cette période, et emporterait Fry avec une intensité qu'il n'aurait jamais pu imaginer.

*Tout va bien : Paul et Elena Krantz*

Les chemins qui menaient les réfugiés à Fry étaient aussi variés que leurs origines. Au début de son séjour à Marseille, Fry s'était vu remettre par Charles Joy, le représentant européen de l'Unitarian Service Committee de Boston, plusieurs « cas spéciaux », des personnes qui vivaient cachées pour échapper à l'extradition. Parmi elles, Paul Krantz, un écrivain catholique allemand connu sous le nom d'Ernst Erich Noth, et sa femme Elena, juive et également en danger[1].

Auteur de best-sellers en Allemagne et en France traitant de l'idéologie antifasciste, Krantz avait été contraint de quitter Francfort en 1934 car ses œuvres déplaisaient au régime nazi. Il continua d'écrire, expliquant pourquoi la défaite de l'Allemagne était indispensable à la survie de l'Europe. Installé à Aix-en-Provence pendant des années, il travaillait pour le ministère de la Propagande où il rédigeait des pamphlets contre le régime de Hitler. Dans cette ville, il rencontra Elena Fels, une cantatrice italienne dont il tomba amoureux. Ils se marièrent et eurent deux enfants, Pierre et Jean. Après la chute de la France, le nom de Krantz se retrouva sur la liste des personnes recherchées par les nazis et il fut obligé de se cacher. Comme le note un observateur : « Si le gouvernement allemand ordonne au gouvernement français de livrer [Krantz], il sera exécuté ou envoyé dans un camp de concentration. »

---

1. Les Krantz étaient les n^os 952 et 953 sur la liste de Fry.

Krantz était connu aux États-Unis : Thomas Mann avait donné son nom au moment d'établir la liste de Fry, et plusieurs personnes avaient alerté l'ERC à son sujet. Mildred Adams ayant expliqué que le couple pouvait obtenir des visas d'urgence pour visiteurs émis par les États-Unis si la preuve était apportée qu'ils couraient un grave danger d'être arrêtés par les nazis, les amis de Krantz avaient envoyé des attestations en sa faveur.

Elena Krantz écrivit à Fry en novembre 1940. Pouvait-il les aider à obtenir des visas ? D'autres lettres suivirent, de novembre à janvier, mais les démarches de Fry n'aboutissaient pas. En janvier, quand il proposa à Elena de passer au Centre afin d'évoquer leur situation, elle lui répondit sèchement : « [Depuis] presque trois mois, je n'ai aucune nouvelle de votre bureau. J'attends toujours de recevoir des nouvelles. »

À ce moment précis, les Krantz étaient séparés. Toujours dans l'impossibilité d'obtenir leurs visas, Fry avait toutefois bien l'intention de les soutenir. « Je crois qu'on devrait les aider, elle et ses enfants », recommande-t-il dans un mémo. La question était de savoir combien de temps une famille pouvait profiter des subsides du Centre, dont les fonds restaient limités. Comme d'autres réfugiés, Elena Krantz pouvait se montrer exigeante et se plaindre si l'allocation hebdomadaire avait du retard. Chose rare, un différend a éclaté entre Fry et un collègue du Centre lorsque ce dernier a suggéré de couper l'aide aux Krantz. D'autres réfugiés ne recevaient rien « parce qu'une vieille habituée occupe leur place », écrivait-il en laissant entendre qu'Elena Krantz était la « chouchoute » de Fry. Fry resta inflexible, et les Krantz continuèrent à recevoir un soutien financier hebdomadaire.

En avril, Fry parvint enfin à obtenir les visas américains pour la famille et paya pour son exfiltration. Fry avait l'intention de « continuer à les soutenir » en attendant qu'ils reçoivent leurs visas de transit portugais, « sauf s'ils n'[avaie]nt plus besoin de [leur] aide ». En fin de compte, les visas portugais furent accordés et les Krantz partirent pour Lisbonne le 20 juin. Le 4 juillet, la famille Krantz quitta Lisbonne pour les États-Unis, où elle débarqua un mois plus tard.

Au terme d'un an ou presque d'angoisse, l'écrivain menacé, son ex-femme juive et leurs enfants étaient enfin en sécurité. Un membre de l'équipe de Fry résumera la situation d'un euphémisme caractéristique : « Tout va bien. »

# 4

## Au-delà des montagnes

*« Rien de ce qui est humain ne m'est étranger. »*

*Térence, cité par Marta Feuchtwanger*

En septembre, plus de trente mille réfugiés germanophones se cachaient dans le Sud et Vichy en emprisonnait de plus en plus. À ce stade, nul ne savait si les extraditions redoutées, stipulées à l'article 19 de la Convention d'armistice, avaient déjà eu lieu, mais chaque jour de nouvelles personnes frappaient aux portes du Centre de Fry. Durant ce premier mois, malgré le blocage brutal des visas de sortie français, la plupart des clients du Centre avaient réussi à s'échapper en passant la frontière franco-espagnole.

« À cette époque, précise Albert Hirschman, nous n'avions aucun pressentiment des choses horribles qui allaient se produire. » Contrairement aux Européens qui étaient « pris dans les dangers de cette période et de ses menaces », Fry avait parfois tendance à « parler un peu trop fort dans les cafés » et à manifester une certaine nonchalance. En même temps, son attitude décontractée se révélait bénéfique pour « maintenir l'énergie et continuer à travailler sous une pression terrible ».

Le 2 septembre, le gouvernement de Vichy annonça son intention de procéder à l'arrestation de tout étranger jugé dangereux. Bien que Marseille soit située en zone libre, Fry entendit des rumeurs selon lesquelles des agents de la Gestapo étaient en ville. La menace de la présence nazie était palpable. Bien plus tard, il devait découvrir que la Gestapo l'avait placé sous étroite surveillance. Puis M. Barellet, le chef du service des Étrangers de la préfecture de Marseille, lui apprit que la Gestapo devenait plus active et resserrait son étau autour des réfugiés. Elle lui avait même ordonné d'interpeller trois des réfugiés allemands les plus recherchés : Rudolf Breitscheid[1], Rudolf Hilferding et Georg Bernhard. Breitscheid avait été ministre de l'Intérieur de l'État libre de Prusse puis chef du Parti social-démocrate allemand au Reichstag ; Hilferding avait été ministre des Finances du Reich, membre du Reichstag jusqu'en 1933 et le meilleur expert financier des sociaux-démocrates ; Bernhard, enfin, était l'ancien ministre de l'Économie de la République de Weimar, éditeur des principaux journaux en Allemagne et directeur de la plus importante maison d'édition allemande. À Marseille, ces hommes ne faisaient aucun effort pour se protéger, arpentant les rues de la ville comme s'ils étaient libres et en sécurité – et non des réfugiés recherchés par la Gestapo. Breitscheid et Hilferding s'asseyaient dans les cafés et parlaient librement. Bernhard aussi fréquentait les cafés, où sa grande taille et ses cheveux blancs bouclés le faisaient immanquablement remarquer. Malgré les mises en garde de sa famille qui le suppliait de rester tranquille à sa place, il prenait son temps, balayait du regard la clientèle, expliquant : « Je veux voir si je connais quelqu'un. »

Fry, pour sa part, continuait à développer son organisation. Miriam Davenport lui avait parlé de deux personnes susceptibles de leur être utiles : son amie Mary Jayne Gold et Justus Rosenberg, un adolescent qu'elle avait rencontré à Toulouse. Rosenberg se trouvait à Marseille et cherchait un endroit où loger en attendant de pouvoir émigrer.

---

1. N° 164 sur la liste de Fry.

Fry le recruta comme coursier. « Gussie », comme il le surnommait, dormait dans le bureau de la rue Grignan, qu'il surveillait après le départ de Fry et des autres. Ayant longtemps vécu seul, il avait un sens aigu des responsabilités. Il était arrivé de Paris à vélo avec un camarade d'école. D'après Davenport, c'était le fils de juifs de Dantzig qui l'avaient envoyé à Paris en imaginant qu'il y serait en sécurité. « Les deux gamins n'avaient que les vêtements sur leur dos et des sous-vêtements de rechange, mais ils étaient merveilleusement joyeux, toujours prêts à faire les andouilles. » Un jour que Gussie était avec Davenport dans un café, l'écrivain Hans Sahl leur avait dit : « Je vous envie tellement... Vous avez la vie devant vous. » Davenport avait aussitôt répliqué : « Gussie est un juif de Dantzig réfugié en France. Il a juste quatorze ans et ne connaît personne ici. Il pourrait se faire arrêter à n'importe quel moment et être expédié dans un camp de concentration... » À partir de cet instant, Sahl comprit qu'ils étaient tous dans le même bateau et cessa d'être jaloux de la jeunesse de Gussie.

Riche héritière et membre de la bonne société, l'Américaine Mary Jayne Gold possédait un permis de pilote et avait survolé l'Europe à bord de son Percival Vega Gull, un monoplan à aile basse dont elle avait fini par faire don au gouvernement français. Quand Davenport la rencontra à Toulouse, cette « grande blonde imposante » portait un tailleur de soie rose, des socquettes et des sandales. Elles devinrent amies et leur amitié perdura. Davenport annonça à Fry que Gold avait une proposition à lui faire. Les fonds considérables dont Gold disposait mettant du temps à lui parvenir, elle était temporairement sans ressources. Si Fry acceptait de lui prêter « une somme suffisante pour subvenir à ses besoins personnels », elle verserait plusieurs milliers de dollars au Centre dès qu'elle aurait accès à sa fortune, et il pourrait les utiliser pour aider les réfugiés ne figurant pas sur sa liste initiale. Cette proposition scandalisa Fry. « Je ne connais pas cette femme ! cria-t-il à Davenport. Comment savoir si je peux lui faire confiance ? Encore une riche écervelée qui ne doit jurer que par les ducs et les duchesses, et ne fréquente que des amis ultra-réactionnaires ! »

Hirschman, qui était toujours en quête de fonds et avait entendu cet échange, suggéra à Davenport qu'il valait mieux le laisser, lui plutôt que Fry, traiter avec Gold. Cette dernière se rappelle : « En très peu de temps, le Centre américain de secours s'enrichit de quelque 330 000 francs [environ 7 000 dollars], spécialement destinés aux réfugiés absents de la liste établie à New York. » Ainsi naquit ce qu'on appellerait la Liste Gold, où figuraient ceux à qui l'aide initiale n'était pas destinée. (Karen Sternberg, futur directeur de l'International Rescue Committee, fut l'un des premiers à retrouver le chemin de la liberté grâce à la générosité de Gold.)

Même après l'accord conclu entre Hirschman et Gold, Fry hésitait toujours à recruter la jeune femme. Il avait du mal à accepter les femmes fougueuses, habituées à un train de vie opulent. Surmontant ses réticences, il finit par lui demander de rejoindre son équipe. Mais il avait vu clair en elle : elle eut très vite une liaison, qu'il considérait comme gênante pour son activité. En même temps, au bout de quelques semaines, il apparut évident que la personnalité et l'apparence de Gold étaient idéalement adaptées à des missions périlleuses et cruciales. Dans l'équipe de Fry, la jeune femme était chargée de transmettre des messages et de mener des entretiens avec des réfugiés. Quand ces derniers couraient un grave danger les empêchant de se rendre dans les locaux du Centre, ils étaient reçus dans la chambre de Gold, à l'hôtel Continental. C'était pour la plupart des militants sans grades, épuisés et démoralisés. Mais leur détermination, se rappelle-t-elle, était frappante :

« Malgré l'échec de leurs tentatives et les perspectives sombres de leur vie actuelle, ils auraient recommencé, encore et encore. »

Pendant son séjour à Marseille, Gold avoua s'être « peut-être un peu trop amusée » en ayant une liaison avec Jacques Danois, un ancien de la Légion étrangère surnommé « le Tueur ». Fry, de son côté, remarquera : « Si on avait impliqué plus tôt et plus activement Mary Jayne dans le Comité, je pense qu'elle ne se serait pas éparpillée dans ce genre de bêtises. Je pense qu'elle nous aurait apporté beaucoup plus. » Impétueuse, lucide et charitable, Gold finança généreusement les activités de Fry, et tous deux ne tardèrent pas à devenir bons amis.

Pourtant, malgré leur intelligence et leur courage, Davenport et Gold restaient en dehors du cercle des associés les plus intimes de Fry. Le Centre était un univers masculin, où les hommes prenaient des risques et vivaient des aventures excitantes, laissant aux femmes le soin de s'occuper des entretiens avec les exilés, de faire les courses, de taper à la machine et de prendre des courriers en sténo. « On ne m'a jamais mise dans le secret des activités clandestines, même si je m'en doutais », admettra Davenport. Fry refusait ses propositions, comme celle de toute autre femme. Malgré l'affection réelle qu'elle lui portait, il leur arrivait de se hurler dessus « juste parce qu'il refusait toute supériorité de la part d'une femme. Il était incapable d'admettre qu'elle puisse avoir raison ». Ce qui n'empêchait pas toute l'équipe de Fry, y compris Davenport et Gold, de lui rester loyale et dévouée. Ses protégés – comme Fry appelait désormais les réfugiés – étaient en sécurité grâce à son esprit consciencieux, au dévouement de tous ses associés ainsi qu'aux liens entretenus par Hirschman avec les truands de factions rivales corses.

Hirschman, que les femmes trouvaient irrésistible (il avait même eu un début d'aventure avec Davenport) et les hommes charmants, continuait d'élargir son réseau de collaborateurs, dont beaucoup provenaient de la pègre marseillaise. Par l'intermédiaire de Mme Delapré, la réceptionniste du consulat américain, avec laquelle il avait eu une brève liaison, il fit la connaissance de Malandri, un « homme d'affaires corse ». Ce dernier lui présenta Jacques, un gangster corse propriétaire d'un restaurant. Par son intermédiaire, Hirschman tenta de changer de l'argent sur le marché noir mais, hostile aux Américains, Jacques préféra lui présenter Dimitru[1]. Même si ce dernier se révéla un espion, Fry l'accueillit à contrecœur comme un sauveur lorsque, en septembre, il changea en francs les dollars envoyés par l'ERC à New York.

Au tout début de septembre 1940, Fry apprit la nouvelle de l'arrivée en Amérique du premier navire transportant des réfugiés. Le *Nea Hellas*, qui avait quitté Lisbonne – véritable tremplin pour les bateaux européens – le mardi 3 septembre, était désormais amarré dans le port de New York. À son bord, un groupe important de socialistes et syndicalistes allemands et autrichiens, parmi lesquels Claire et Heinrich Ehrmann. Cette nouvelle fut un grand moment pour Fry : elle prouvait que sa méthode fonctionnait, que l'aide qu'il voulait apporter aux gens était efficace. Toutes ses tentatives pour obtenir des visas et faire passer des réfugiés hors de France avaient été couronnées de succès. Il avait sauvé des vies, exactement comme il en avait eu l'intention en débarquant en France.

Muriel Gardiner Buttinger, que Fry avait rencontrée à New York, avait supervisé les visas d'urgence américains pour de nombreux passagers du *Nea Hellas* dont les Ehrmann, l'éminent social-démocrate autrichien Otto Leichter et ses jeunes fils Franz et Henry. Claire Ehrmann

1. Malandri, Jacques et Dimitru sont des pseudonymes inventés par Fry dans ses mémoires *Livrer sur demande* (1945).

se rappelle que, pendant la traversée, Otto Leichter lui avait demandé d'aider les garçons à laver leurs chaussettes. Leur mère Käthe, une sociologue autrichienne et leader sociale-démocrate, avait été arrêtée par la Gestapo, emprisonnée puis envoyée à Ravensbrück, où elle devait mourir en 1942. Son arrestation et sa mort avaient eu lieu « relativement tôt, à une époque où ils ne tuaient pas les gens » commentera Peter Berczeller[1], qui connaissait la famille Leichter.

Kurt Sonnenfeld, passager sur le *Nea Hellas* et membre de Neu Beginnen, ne pouvait s'empêcher de songer à l'ironie qui le voyait quitter la France illégalement alors que, peu de temps auparavant, lui et sa famille y étaient *entrés* illégalement aussi. Après l'Anschluss, les Sonnenfeld, qui étaient juifs, avaient quitté l'Autriche pour la Suisse et ne s'y étaient pas trouvés bien accueillis. Juste avant que les Suisses les expulsent, ils avaient traversé les Alpes pour se rendre en France. Là, ils avaient réussi à obtenir des visas américains.

Associant leurs efforts, Fry et le Jewish Labor Committee avaient organisé l'évasion des Sonnenfeld hors de France, puis leur expédition à travers les Pyrénées. Plusieurs tentatives échouèrent, la famille étant toujours refoulée par les gardes-frontières français. Lors de leur troisième jour à Cerbère, un seul garde était en poste au lieu des deux ou trois réglementaires. Il se tourna vers le jeune Kurt, qui pratiquait couramment le français, et lui dit : « Écoute, je vais tourner la tête, maintenant, et je ne vous verrai pas. » Kurt comprit aussitôt qu'on leur donnait une occasion de s'enfuir mais sa mère, qui parlait mal français, avait déjà fait demi-tour, résignée. Kurt la tira

1. Berczeller avait neuf ans quand son père Richard (n° 90 sur la liste) et sa mère Frances reçurent l'aide de Fry et retrouvèrent la liberté, à l'été 1941.

par la manche en criant : « Non ! » La tirant vers le poste frontière, il attendit que le garde détourne le regard et fit franchir à ses parents la courte distance qui les séparait de l'Espagne. Après avoir traversé sans difficulté l'Espagne et le Portugal grâce à leurs visas de transit de ces deux pays, ils atteignirent Lisbonne et embarquèrent sur le *Nea Hellas*.

« Pendant ces six semaines idéales [en août et septembre], se rappelle Daniel Bénédite, près de deux cent cinquante clients du Comité [...] sont parvenus à rejoindre l'Espagne sans incident. » Fry avait conçu plusieurs itinéraires de difficulté croissante à travers les Pyrénées. L'itinéraire le plus rapide était aussi le plus abrupt, et seuls les réfugiés les plus jeunes et les plus endurants pouvaient le suivre. Les plus âgés ou les réfugiés malades se rabattaient sur l'itinéraire le plus facile, mais il présentait plus de risques d'arrestation et d'emprisonnement. Aussi Fry et les autres avaient-ils mis au point des stratagèmes pour protéger les fugitifs, comme mettre du poivre dans les revers de pantalon afin de perturber les chiens policiers.

C'est également en septembre que Fry rencontra l'écrivain autrichien Karl Frucht. Avec sa consœur Hertha Pauli[1], il avait fondé Koires Pounding, une agence littéraire spécialisée dans la promotion d'auteurs germanophones aux agences de presse étrangères. En 1938, Pauli et Frucht avaient quitté l'Autriche pour Paris, où Pauli avait eu une liaison avec le poète Walter Mehring (qui ne se remettrait jamais vraiment de leur rupture). Frucht avait été emprisonné par le gouvernement de Vichy, mais avait pu s'enfuir et rejoindre Marseille. Il travaillait comme guide pour Fry et contribuait à améliorer les itinéraires terrestres. Toutes les trois semaines, il traversait

1. Que Fry avait aidée à fuir pendant ses premières semaines à Marseille.

les Pyrénées et accompagnait des groupes de protégés de Fry, de Banyuls-sur-Mer vers l'Espagne. Il se reposait entre chaque expédition, en profitait pour détailler les cartes d'itinéraires, qu'il aimait assortir de commentaires ironiques : « Traversée des Pyrénées en début d'automne, trajet recommandé pour les touristes clandestins. » Il préconisait de traverser la frontière au moment de la sieste, car « les gardes français seront endormis », et ajoutait des directions précises : « En quittant Banyuls, longer le lit de rivière à sec, s'en écarter au niveau du puits et grimper le versant en prenant comme point de repère la tour de laquelle on voit Cerbère côté espagnol. Ensuite, redescendre et se livrer aux gardes-frontières espagnols. »

Après avoir traversé la frontière espagnole, les protégés de Fry voyageaient en train à travers l'Espagne puis mettaient le cap sur le Portugal. Dans le grand port de Lisbonne, le Comité juif portugais procurait à un certain nombre de réfugiés de quoi payer la traversée en bateau. « Certains sont restés une semaine, d'autres un mois, d'autres pour toujours. D'autres enfin ont pu embarquer et partir tout de suite[1]. » Bien que le facteur chance ait eu son importance, le statut des réfugiés et l'influence de leurs amis américains étaient cruciaux.

Les réfugiés n'étaient pas tous identiques. Certains, comme Breitscheid, Hilferding et Bernhard, faisaient preuve de témérité, au point d'agir comme s'ils n'avaient rien à craindre. D'autres étaient proprement terrifiés. Malgré sa renommée mondiale, le poète, dramaturge et romancier Franz Werfel comptait parmi les réfugiés les plus terrorisés. Pour cette raison, Fry avait décidé de l'inclure dans son propre projet de voyage en Espagne. Il voulait expérimenter lui-même la traversée de la frontière – en outre, une autre raison l'amenait à Madrid : il

1. Entretien avec Lucy Frucht, 29 juin 1998.

souhaitait rencontrer le personnel de l'ambassade britannique pour évoquer la possibilité de faire fuir ses réfugiés par la mer.

La traversée des Pyrénées étant une entreprise ardue pour les réfugiés plus âgés, infirmes ou voyageant avec des enfants, Fry et Frank Bohn avaient nourri pendant des semaines le rêve de les faire partir en bateau du port de Marseille. Cette éventualité posait des problèmes énormes, car les navires de Marseille étaient strictement réglementés par Vichy et ne pouvaient être autorisés à embarquer une cargaison de réfugiés. De plus, la haute mer en temps de guerre était dangereuse. Malgré ces obstacles, l'évasion par la mer restait un mirage obsédant pour Bohn et Fry. Celui-ci pensait que les Britanniques pouvaient l'aider et avait prévu d'apporter, à l'ambassade britannique à Madrid, une carte cryptée conçue par Emilio Lussu, un réfugié italien farouche opposant de Mussolini. Cette carte retraçait un itinéraire maritime à partir du port de Marseille.

Fry prévoyait d'emmener, dans son expédition en Espagne, Werfel et plusieurs autres réfugiés : le célèbre romancier allemand Lion Feuchtwanger et sa femme, Marta ; Heinrich Mann, frère de Thomas Mann, auteur d'une œuvre marquée, selon les critiques, par un style d'une grande beauté et une profonde intensité de sentiments, et Nelly, son épouse ; Golo Mann, fils de Thomas Mann ; enfin, le dessinateur Egon Adler et sa femme, Bertha Maria Adler[1].

Feuchtwanger était un romancier et dramaturge très populaire dont le premier roman antihitlérien, *Success*, avait été publié en 1930. Sa célébrité mondiale en avait fait une cible des nazis, l'obligeant à fuir l'Allemagne en 1933. Installé avec son épouse dans le sud de la France, à

1. Egon et Bertha Maria Adler étaient les n$^{os}$ 13 et 14 sur la liste.

Sanary-sur-Mer, il avait été arrêté par Vichy à l'été 1940 et interné dans le camp des Milles, une expérience décrite dans son livre *Le Diable en France*. Nombre de ses œuvres évoquent le sort des émigrés allemands obligés de fuir à cause de leurs opinions politiques, forcés de quitter leur patrie car eux-mêmes ou leurs parents sont identifiés comme juifs, ou encore les non-juifs quittant l'Allemagne volontairement car l'air du Troisième Reich leur est devenu irrespirable.

En juillet, un mois avant l'arrivée de Fry en France, le président Roosevelt en personne avait fait émettre des visas d'urgence pour visiteurs destinés à Feuchtwanger et à sa femme. Mais l'écrivain était toujours emprisonné. Après le camp des Milles, il avait été transféré au camp d'internement de Saint-Nicolas, « la station thermale des camps de concentration », comme l'a décrit Mary Jayne Gold. La surveillance y était limitée et Feuchtwanger était autorisé, par le commandant du camp, à faire des promenades et à se baigner dans la rivière. Un jour d'août, alors que Feuchtwanger et quelques amis du camp marchaient sur la route menant à la rivière, sans surveillance, une femme qu'il reconnut comme une amie de son épouse s'approcha de lui et lui tendit un mot. Stupéfait, il ouvrit le papier et reconnut l'écriture de Marta. « Fais exactement ce qu'on te dit, avait-elle écrit. Pas la peine de réfléchir. C'est tout simple et tu ne risques absolument rien. » Un homme portant un costume blanc et des gants en tricot émergea d'une voiture garée à proximité et fit signe à Feuchtwanger. L'écrivain dit au revoir à ses amis, enfila les lunettes noires, le manteau et le châle de femme donnés par ce mystérieux inconnu, puis grimpa dans la voiture qui démarra à toute vitesse.

Il apprit bientôt que l'opération avait été organisée par le vice-consul américain Hiram « Harry » Bingham, l'un des deux seuls agents consulaires américains à s'être écarté des consignes pour prendre une initiative personnelle et dangereuse afin d'aider les réfugiés. Originaire d'une puissante dynastie familiale, Bingham éprouvait – sans doute en raison de ses origines privilégiées – un sentiment d'obligation personnelle envers les autres. Son arrière-grand-père était l'un des fondateurs de Tiffany & Co, son père avait siégé au Sénat et son frère était rédacteur en chef du mensuel *Common Sense*. « Bingham était formidable, se rappelle Mary Jayne Gold. C'était pour ainsi dire le seul homme du consulat à prendre notre parti. » L'autre vice-consul américain partageant la cause des réfugiés était Myles Standish, l'homme en costume blanc venu chercher Feuchtwanger ce jour-là.

Une fois sorti du camp grâce à Standish, Feuchtwanger fut caché par Bingham dans sa villa, le temps de se remettre d'une dysenterie contractée pendant sa détention. C'est là que Fry lui rendit visite pour lui expliquer son plan d'évasion, conçu pour Werfel et plusieurs autres. Il proposa à Feuchtwanger d'y prendre part et, pendant des semaines, l'écrivain attendit le début de l'opération.

Mais, juste avant leur départ, Fry apprit que l'Espagne n'acceptait plus de recevoir les réfugiés d'Allemagne, d'Autriche ou de pays vaincus désormais considérés comme apatrides car leur citoyenneté leur avait été retirée en raison de leur judéité, de leur opposition au nazisme ou des deux. En tant que juifs allemands, les Feuchtwanger correspondaient à cette catégorie. Fry leur annonça qu'il devait partir sans eux, mais leur promit de trouver un autre moyen de les faire sortir. Dès qu'il en saurait plus sur la nouvelle politique d'accueil espagnole, il leur écrirait un message codé adressé « aux amis de Harry ».

Outre les Feuchtwanger, Bingham avait recueilli dans sa villa la famille de Thomas Mann : son fils, Golo, et son frère, Heinrich, avec sa femme, Nelly. Golo, décrit par un journaliste comme « le plus pragmatique des six talentueux enfants de Thomas », n'avait que deux ans de plus que Fry, et les deux hommes se rapprochèrent pendant les préparatifs de l'évasion. Dès son plus jeune âge, Golo avait détesté Hitler. Il aimait l'Europe, cependant, et quand son père avait émigré aux États-Unis, il avait préféré rester sur le Vieux Continent, d'abord en Suisse puis en France. Quand Golo s'était porté volontaire pour l'armée française, il avait été immédiatement arrêté car considéré comme « étranger ennemi ». Il passa ce qu'il décrit comme « quelques mois pas très agréables dans des camps d'internement ».

Bien qu'éclipsé par son jeune frère Thomas, Heinrich Mann était un intellectuel libéral de premier plan dans les années 1920. Membre de l'Académie des beaux-arts de Berlin, il était l'auteur du roman *Professeur Unrat*, adapté au cinéma sous le titre *L'Ange bleu*, ainsi que d'autres romans, pièces de théâtre et nouvelles. Peu après que le ministre de l'Éducation nazi lui eut ordonné de démissionner de l'Académie des beaux-arts, Heinrich perdit sa citoyenneté allemande et ses biens. Il se réfugia en France où il continua à écrire sur le péril nazi.

Dans le récit que Fry a laissé de cette expédition, Egon et Bertha Maria Adler, qui en faisaient partie, ne sont pas évoqués. « Des années plus tard, se souvient Karel Sternberg, Fry m'a avoué d'un air penaud qu'il avait supprimé [Adler] de l'histoire car personne ne le connaissait[1]. » Né en Tchécoslovaquie, Egon Adler avait émigré en 1938 à Paris, où il dessinait des affiches et concevait des publicités pour la Fox Films. Lui et Sternberg travaillèrent ensemble jusqu'à ce que les Allemands entrent dans Paris. Adler, qui était juif, avait alors eu la chance d'obtenir des visas américains pour lui et sa femme. Depuis Marseille, il avait écrit à Sternberg : « Qu'est-ce que tu fabriques à Montauban ? Si tu

1. Entretien avec Charles (Karel) Sternberg, 16 septembre 1998.

veux quitter la France, tu dois venir à Marseille. » Sternberg avait suivi ce conseil : il arriva à Marseille au moment où Adler s'apprêtait à partir avec Fry et prit la chambre d'hôtel de son ami. Sternberg avait déjà entendu parler de Fry : « À Marseille, tout tournait autour du Centre américain. »

Au sein du groupe constitué par Fry, l'attitude terre à terre d'Adler – « il n'était pas du genre hystérique » – compensait l'angoisse de Werfel. « Il n'y avait pas grand-chose à craindre, à l'époque, dit Sternberg. Quand vous étiez dans l'action, il n'y avait pas la place pour être constamment anxieux. » Certains réfugiés ne partageaient pas ce point de vue.

Le matin du jeudi 12 septembre, Fry quitta son hôtel avant l'aube pour parcourir la courte distance jusqu'à la gare Saint-Charles, col de manteau relevé pour se protéger du vent. Il devait retrouver Werfel et les autres à 5 heures. Le taxi qui conduisait les Werfel de l'hôtel Normandie à la gare était rempli de douze valises, en plus de leur chien. Heinrich, Nelly et Golo Mann avaient aussi rendez-vous à la gare, ainsi que les Adler et Dick Ball, qui aidait Fry pour cette expédition.

Quand il vit débarquer les Werfel, Fry s'efforça de dissimuler ses émotions et de garder le contrôle de sa propre angoisse afin que le groupe reste calme. Mais la vision de leur dizaine de valises et de leur chien le terrifiait. Et la nouvelle selon laquelle Vichy avait décidé de renforcer le contrôle des visas le désespéra. Fallait-il conseiller au groupe de retourner en ville et de se cacher de nouveau ? Personne n'en avait envie. Pour sa part, Ball restait optimiste ; Fry décida donc de maintenir l'évasion. Tous montèrent à bord du train pour Perpignan, entamant ce que Golo Mann décrirait comme « l'excursion romantique qui angoissait le jeune Américain ».

À partir de Perpignan, Fry avait prévu de prendre un train avec tous les bagages jusqu'à la frontière espagnole pendant que les autres, guidés par Ball, effectueraient le trajet à pied. Il leur donna rendez-vous à Port-Bou, du côté espagnol de la frontière. De là, il les accompagnerait jusqu'à Lisbonne. Tous les membres du groupe, à l'exception de Golo Mann, se montraient hésitants voire craintifs. Werfel, qui avait remarqué la date – vendredi 13 – ne cachait pas sa nervosité. Il avait peur d'être incapable de grimper le versant abrupt de la montagne, surtout sous un soleil brûlant. Mais la peur des nazis était la plus forte. Malgré leurs handicaps – Werfel était en surpoids et peu endurant, Heinrich Mann avait soixante-dix ans, les femmes n'étaient pas habituées à l'effort physique –, tous se lancèrent dans l'expédition.

Avant de laisser ses protégés pour monter dans son train, Fry réexamina leurs papiers. Golo avait un *affidavit* américain en guise de passeport[1], les Werfel utilisaient leurs passeports tchèques et les Adler leurs visas d'urgence américains. Malgré la fermeture de la frontière espagnole aux Allemands, il jugea que Heinrich et Nelly Mann s'en tireraient avec leurs passeports américains (sous les faux noms de M. et Mme Heinrich Ludwig). Ils avaient aussi des passeports tchèques honorifiques à leurs vrais noms, mais Fry leur demanda de les détruire sous ses yeux. Enfin, juste avant de se séparer, il leur donna à tous des cigarettes françaises pour soudoyer les patrouilles à la frontière espagnole.

Chargé de valises, Fry se dirigea vers la gare pendant que les autres, sous la surveillance de Ball, quittaient la

---

1. Un *affidavit* à valeur de passeport était un document signé par un fonctionnaire du consulat américain, utilisable comme un passeport. Il attestait de l'identité d'un réfugié en spécifiant son nom, son adresse, sa description physique et sa date de naissance. Le document portait la mention suivante : « Le porteur de cet *affidavit* est de nationalité allemande mais ne peut obtenir un passeport allemand en raison des conditions prévalant en France à l'heure actuelle. »

ville à pas lents. Aucun d'entre eux n'était habillé pour une ascension en montagne. Alma Werfel portait une robe blanche et des sandales et serrait contre elle une grande sacoche dont elle refusait de se séparer. (Fry découvrirait plus tard qu'elle avait transporté hors d'Europe la première version du *Chant de Bernadette* de son mari Franz, les manuscrits originaux de son défunt premier mari Gustav Mahler et la partition originale de la *Symphonie n° 3* d'Anton Bruckner.) Fry s'inquiétait de l'endurance de Mme Werfel, mais elle surprit tout le monde : « Elle avait toujours une longueur d'avance sur nous », se souvient Golo Mann. Le seul du groupe à avoir eu de réelles difficultés était Heinrich Mann, que son neveu et Ball durent porter une grande partie du chemin. Après plusieurs heures d'ascension pénible, ils purent enfin franchir la frontière franco-espagnole et entrèrent en Espagne.

Ce soir-là, après avoir retrouvé Fry à Port-Bou, les fugitifs fêtèrent leur aventure dans un café. Leur soulagement était intense. Rires, discussions et toasts se prolongèrent jusque tard dans la nuit – quand soudain, Fry sentit qu'on lui tapait sur l'épaule. Levant les yeux, il croisa le regard aiguisé d'un officiel britannique qu'il avait rencontré un mois plus tôt en se rendant en France. Ils sortirent pour parler au calme et l'Anglais annonça à Fry que l'homme en uniforme assis à l'autre bout de la salle, face au groupe, était le chef de la police espagnole de la région et « un type pas spécialement sympathique ». Fry devait redoubler de prudence. Fry mit aussitôt fin aux célébrations. Une fois les membres du groupe dans leur chambre, Fry et Golo s'offrirent une petite détente en allant nager dans le port. Le lundi 16 septembre, ils étaient tous à Madrid, et Fry accompagna les Mann et les Werfel qui prenaient l'avion pour Lisbonne.

Le lendemain, il se rendit à l'ambassade britannique où il rencontra le major Torr, un agent du MI6. Torr se montra peu impressionné par la carte fournie par Fry ou par ses projets d'évasion maritime au départ de Marseille. L'idée lui semblait vouée à l'échec. Les Britanniques, renchérit Torr, n'avaient même pas encore compris comment évacuer par bateau leurs propres militaires bloqués à Marseille – la majeure partie de ce qui restait de la Force expéditionnaire britannique attendait toujours dans le fort Saint-Jean. Torr expliqua à Fry que ces hommes allaient très probablement s'échapper en traversant d'abord les contreforts des Pyrénées, en se faisant arrêter une fois en Espagne puis « libérer » par le gouvernement britannique qui les enverrait vers Gibraltar – et la liberté.

Le lendemain matin, Fry partit pour Lisbonne afin de rencontrer Charles Joy, le représentant des unitariens en Europe. Quand il entra dans son bureau, un télégramme de sa secrétaire, Lena Fischman, l'attendait. La police de Vichy était venue chercher plusieurs de ses réfugiés les plus menacés : Breitscheid, Hilferding, l'avocat Arthur Wolff et Mehring. Trois des hommes avaient été appréhendés, seul Mehring était encore en sécurité.

Même si Fry était bouleversé par ces arrestations, Fischman lui annonçait aussi de bonnes nouvelles : les réglementations frontalières étant plus que jamais soumises à l'arbitraire, l'Espagne avait brusquement décidé d'ouvrir ses frontières aux Allemands et aux ressortissants des pays occupés par l'Allemagne. Fry s'empressa de répondre par télégramme à Fischman que « les amis de Harry » – les Feuchtwanger – pouvaient désormais se rendre en toute sécurité en Espagne.

Il était essentiel qu'il rentre rapidement à Marseille, mais Fry passa d'abord par Madrid pour recontacter Torr. À sa grande surprise, l'Anglais lui demanda son aide. Fry accepterait-il de devenir un agent du MI6 ? Les Britanniques alors en France n'avaient ni argent, ni amis parmi les Français ; leur seul soutien pouvait venir des

Américains neutres. Fry pouvait-il travailler avec eux? Torr l'introduisit dans le bureau de sir Samuel Hoare, l'ambassadeur britannique en Espagne, qui proposa à Fry un marché s'il acceptait de faire passer clandestinement des soldats britanniques de France en Espagne. Hirschman explique: le problème pour les Anglais, à l'époque, c'était qu'ils n'avaient pas d'argent en France, et sans doute pas assez de connexions avec les Français. En contrepartie, Hoare lui fournissait de l'argent pour que des navires transportent des réfugiés et des soldats britanniques hors de France, mais Fry devait trouver ces navires et s'occuper d'organiser ce qui semblait alors impossible. La somme proposée s'élevait à 10 000 dollars, en échange de quoi Fry aidait à évacuer les soldats britanniques en Espagne et supervisait des évasions maritimes.

Fry n'eut pas besoin d'être convaincu. Non seulement cet arrangement pouvait se révéler bénéfique pour ses protégés, mais il se réjouissait aussi de devenir – même brièvement – un agent britannique. Son unique réserve: c'était aux Britanniques de trouver et de louer des bateaux de pêche espagnols pour remonter la côte de Barcelone à Marseille. Hoare accepta la requête de Fry, en y ajoutant une condition: il devait à tout prix éviter de faire se rencontrer les soldats anglais et des Italiens car, selon Hirschman, «cela risquait de mettre en danger les Anglais».

Fry avait confiance dans le gouvernement britannique. Son accord avec Hoare lui permettait de croire à son rêve de sauver des réfugiés par bateau. L'ambassadeur lui avait proposé de lui verser l'argent sur-le-champ, mais Fry avait préféré qu'il l'envoie à l'ERC à New York. Les archives de Fry indiquent qu'il tenait des comptes séparés, ne mélangeant jamais les fonds provenant de sources régulières destinées aux réfugiés avec ce financement par les Services secrets britanniques.

Avant que Fry quitte l'ambassade, des agents du MI6 lui demandèrent de prévenir Hugh Fullerton, le consul américain à Marseille, que sa réceptionniste Mme Delapré fournissait des informations à la police secrète de Vichy qui les transmettait aux nazis. Il était donc urgent de la renvoyer.

Fry retourna à Marseille le jour suivant, en se demandant par quel aspect de sa mission commencer. Tout en travaillant sur son projet d'exfiltration maritime et en prenant contact avec les soldats britanniques, il demanda à Hirschman d'essayer d'en faire sortir certains en passant par les Pyrénées. Avec un capitaine britannique vétéran nommé Mills, Hirschman se mit au travail, imaginant un itinéraire vers la ville frontalière de Bourg-Madame, puis une traversée des Pyrénées selon un trajet qui leur serait indiqué par « des contrebandiers catalans travaillant de part et d'autre de la frontière ». Hirschman s'y rendit pour se faire son opinion par lui-même.

À cette époque, la première extradition en vertu de la clause « livrer sur demande » avait eu lieu. Le 16 septembre, Dussenpack, un ancien ministre des Finances allemand, fut arrêté par Vichy, livré aux nazis et renvoyé en Allemagne[1].

Les Feuchtwanger avaient quitté la France mais, parmi les réfugiés les plus recherchés, trois avaient été arrêtés – Breitscheid, Hilferding, Wolff – et Mehring seul continuait d'échapper à la police. Les autres vivaient en résidence forcée à Arles. Wolff avait été d'une aide précieuse pour Fry et Hirschman en leur fournissant des renseignements sur la pègre marseillaise. Breitscheid et Hilferding étaient

1. À la fin de l'année passée par Fry à Marseille, seules vingt et une extraditions de ce type auront été réalisées. Mais, à l'époque, les réfugiés étaient terrifiés par cette menace. Ils vivaient au jour le jour dans une incertitude atroce, sans savoir si, quand ou comment ils allaient être capturés par Vichy et remis aux nazis.

des symboles de courage et de résistance au sein de la population réfugiée : leurs arrestations, se rappelle Gold, « avaient semé la panique [...], tout le monde s'imaginait que c'était le début de la fin ». Fry ne perdait pas de vue que Breitscheid et Hilferding s'étaient obstinément refusés à accepter leur situation et qu'il n'avait jamais réussi à les convaincre de sa gravité. D'après Hirschman, « personne ne refusait [de cacher son identité] par principe, sauf ces deux individus assez hors du commun ».

Fry se retrouvait confronté à ses premiers véritables échecs. Deux personnalités politiques majeures étaient assignées à résidence, risquant d'être livrées « sur demande » aux nazis. Il s'estimerait toujours coupable de ce qui adviendrait finalement de ces deux hommes mais, à l'époque, il était surtout furieux qu'ils se soient à ce point entêtés. Ils détenaient des visas d'urgence américains et avaient obtenu de Bohn et de Fry des passeports tchèques ainsi que des visas de transit espagnols et portugais sous de faux noms – et, cependant, ils avaient farouchement refusé de quitter la France illégalement (c'est-à-dire sans visa de sortie français).

Selon Hirschman, l'intransigeance de Breitscheid et d'Hilferding « était d'autant plus tragique » que leur parti, les Sociaux-Démocrates, autrefois le plus important d'Allemagne, avait été vaincu de la même manière, « en refusant obstinément de faire quoi que ce soit qui puisse être interprété comme allant à l'encontre de la Constitution ».

Fry ne pouvait plus aider directement qu'une seule personne : Mehring. Ce dernier avait échappé à l'arrestation et se cachait dans la chambre de Fry, à l'hôtel Splendide. Cet homme minuscule, sans charme, toujours habillé des mêmes loques, « maigre comme une virgule, avec un visage fin et un nez aiguisé », était incapable de dissimuler sa peur mais, dès qu'il tenait un stylo, il devenait féroce. Karel Sternberg le décrit ainsi : « Il avait l'air assez timide mais sa timidité s'évanouissait quand il se mettait à écrire. Les Allemands voulaient le tuer parce qu'il était juif et antinazi. S'ils l'avaient eu entre les mains, ils l'auraient battu à mort, sans aucune pitié, parce qu'il les provoquait aussi dans ses poèmes. » Mehring n'était pas la personne la plus facile à vivre et Fry eut des difficultés avec celui que Sternberg qualifiait de « misérable petit bonhomme » et qu'Egon Adler avait surnommé « Mickey le Rat ». Mehring n'avait pas demandé l'aide du Centre : il l'avait exigée. Fry détestait son attitude autoritaire, nourrie de la certitude que tout lui était dû.

Deux semaines plus tôt, Fry avait organisé l'évasion de Mehring car le petit poète « sentant son astre plus brillant [...] avait décidé qu'il méritait mieux que les convois organisés par Dick Ball ». Fry s'était arrangé pour que Mehring prenne un train jusqu'à la frontière, puis franchisse les contreforts menant à l'Espagne. Il avait un *affidavit* américain à valeur de passeport, un passeport tchécoslovaque qu'il avait réclamé à Fry ainsi qu'un visa de visiteur d'urgence américain. Après avoir donné à Mehring de l'argent pour le voyage, Fry l'avait salué puis le poète avait rejoint Sternberg, qui s'était porté volontaire pour l'accompagner jusqu'au train car Mehring était terriblement craintif. En route vers la gare, Mehring avait sorti son passeport tchèque et l'*affidavit* américain, qu'il gardait caché dans un bas de femme. Horrifié de le voir exhiber ces deux documents contradictoires, Sternberg lui cria de les ranger. Par chance, personne ne remarqua l'incident, et il n'y en eut pas d'autres jusqu'à ce que Sternberg mette le poète dans le train en direction de la frontière espagnole.

À Perpignan, Mehring dut changer de train pour rejoindre Cerbère. En attendant sa correspondance, il s'installa dans un bistro et commanda nerveusement un café. Son déguisement – un simple béret – ne trompa personne : la police ne tarda pas à se jeter sur lui. Prétextant un passage aux toilettes, il put se débarrasser du précieux passeport tchèque, mais il fut bel et bien arrêté. La police l'envoie en détention à Saint-Cyprien, un camp qu'il décrit comme un « trou à rats » sale et froid. Privé de toute hygiène comme de nourriture et d'eau, Mehring l'immortalisa dans un poème :

« Notre camp de prisonniers. De quel esprit satanique
Cet antre de souffrance a-t-il surgi ? Un trait de plume
Trempé dans la haine peut condamner des hommes libres
À périr dans un désespoir sans fond.
Nous pleurons… nous crions… délivrez-nous ! Oh, où donc
Sont les saints et les divinités ? Nul cœur… nulle oreille !
Quatre mille juifs pourrissent ici lentement. »

Fry apprit la nouvelle de l'arrestation de Mehring et engagea un avocat. Finalement, le commandant de Saint-Cyprien ordonna la libération de Mehring et le petit poète recouvra la liberté. De retour à Marseille, Mehring était plus paniqué que jamais. Quand la police secrète française tenta de le capturer en même temps que Breitscheid, Hilferding et Wolff, Mehring se réfugia sous les couvertures du lit de Fry. Les policiers soulevèrent les couvertures et lui ordonnèrent de s'habiller pour les rejoindre tout de suite dans le hall. La demande d'arrestation venait « de [ses] compatriotes », annoncèrent-ils, c'est-à-dire directement de Berlin.

Alertée par l'arrestation imminente de Mehring, Miriam Davenport se précipita à l'hôtel. À l'étage, dans la chambre de Fry, elle demanda à Lena Fischman d'appeler le vice-consul américain Bingham. Puis elle retourna dans le hall et retint les policiers jusqu'à l'arrivée de Bingham. « Ils étaient six, tous en civil, et avec leurs costumes violet, vert et bleu et leurs chaussures à bouts pointus, on aurait plutôt dit des proxénètes[1]. » Conformément à l'esprit de résistance qui caractérisait Fry et ses collaborateurs, Davenport s'inventa sur-le-champ un titre – secrétaire générale du Centre – et déclara aux policiers qu'il était « absolument impossible » que Mehring soit arrêté.

> « Soudain, j'ai pris conscience de la puissance et du prestige rattachés à mon pays. Je me suis mise à expliquer que notre poète à la santé fragile – il était vraiment malade – était connu dans le monde entier, et que son sort préoccupait au plus haut point bon nombre de personnalités influentes aux États-Unis, au premier rang desquelles Mme Franklin Delano Roosevelt, épouse du président. »

Enfin, Davenport leur recommanda de renoncer à leur proie. « Si la bonne volonté manifestée par l'Amérique envers votre pays en difficulté vous importe, vous seriez bien avisés de laisser M. Mehring tranquille. »

Les arguments de la jeune femme prirent un poids supplémentaire avec l'arrivée du distingué Hiram Bingham, dont « la taille imposante et les cheveux prématurément blancs rendaient insignifiants tous les autres hommes dans le hall ». Les policiers vêtus de couleurs vives finirent par renoncer et partirent, persuadés que cette jeune effrontée à la langue bien pendue parlait effectivement au nom du gouvernement américain.

À l'étage, un médecin compréhensif rédigeait un certificat attestant de la mauvaise santé de Mehring et de son incapacité à voyager. Mehring, surnommé *Baby* par l'équipe de Fry (« parce qu'il était tout petit, qu'il nous rendait la vie impossible et qu'il pleurnichait tout le temps ») occupa la chambre de Fry pendant des semaines, dérangeant le principal intéressé et tous ses collaborateurs,

1. Entretien avec Miriam Davenport Ebel, 16 mai 1998.

bien que personne n'ait le courage de le flanquer dehors. C'est seulement plus tard que Fry put avouer à un ami ses sentiments à l'égard de certains réfugiés allemands, dont Mehring, « un homme vaniteux, exigeant et parfois même pas tout à fait honnête ». Mais ce fut pour ajouter aussitôt : « Ne répète jamais ça ! Ces pauvres vieux ont traversé assez d'épreuves comme ça, et il y a déjà assez de préjugés à leur égard. » (Finalement, Fry réussit à sauver l'un de ses protégés, maintenu en résidence forcée : il exfiltra Wolff après six mois de cavale.)

En Amérique, l'ERC avait ses propres combats à mener. Quand Fry l'avertit par télégramme des arrestations de Breitscheid, d'Hilferding et de Wolff, l'organisation ne put pas faire grand-chose. Sa mission était de collecter des fonds, de faire pression sur le département d'État pour qu'il émette davantage de visas d'urgence pour visiteurs, et de trouver des parrains pour les réfugiés. Chaque jour, l'ERC recevait des centaines de lettres, chacune défendant la cause d'un réfugié européen. Le Comité répondait à chacune et transmettait les noms à Fry. De son côté, Fry transmettait à l'organisation les noms des personnes qu'il avait découvertes en France et qui ne figuraient pas sur ses listes initiales.

Le Comité passait la majeure partie de son temps à se conformer aux exigences du gouvernement américain en matière de visas d'urgence : il obtenait des *affidavits* financiers – déclarations d'impôts, informations sur les salaires, relevés bancaires – de la part de citoyens américains. Ces derniers devaient jurer solennellement que les réfugiés qu'ils parrainaient ne deviendraient pas des fardeaux pour le gouvernement. Ils signaient également des *affidavits* moraux, selon lesquels ces mêmes réfugiés devraient se conformer aux normes de décence et de moralité établies par le département d'État. Des télégrammes s'échangeaient quotidiennement entre l'ERC et Fry. Cependant, ses relations avec l'organisation allaient connaître une période de refroidissement, causée par son naturel indépendant mais surtout par l'attitude négative du département d'État à l'égard de son travail.

À l'automne 1940, le département d'État commençait à se plaindre du Comité consultatif présidentiel sur les réfugiés politiques, et annonça une réduction drastique du programme des visas d'urgence. Le secrétaire d'État adjoint Breckinridge Long défendait, auprès du président Roosevelt, l'idée de restrictions plus strictes en matière d'immigration, lui rappelant que les antécédents politiques de nombreux réfugiés semblaient indiquer qu'ils n'étaient pas des « éléments souhaitables ». Dans son journal intime, Long cite l'opinion de Laurence Steinhardt, ambassadeur des États-Unis en Russie, à propos des immigrants d'Europe de l'Est : « Ils sont sans foi ni loi, toujours à comploter, toujours à chercher la provocation. À bien des égards, ils sont inassimilables [...]. Ce genre d'immigrés en puissance est exactement comparable aux juifs criminels qui encombrent nos tribunaux à New York. »

La lutte était toujours active grâce à Eleanor Roosevelt, qui continuait de défendre la cause des réfugiés au côté du Comité consultatif présidentiel, mais le président, sous la pression du département d'État et avec l'entrée en guerre imminente du pays, finit par abandonner les réfugiés. Il préférait laisser son Comité consultatif, le département de la Justice et le département d'État en débattre entre eux.

Ne connaissant rien des luttes politiques et idéologiques qui faisaient rage aux États-Unis concernant la question des réfugiés, Fry apprit à la fin du mois de septembre que, lorsqu'il se trouvait en Espagne après l'expédition Werfel, la préfecture de Vichy s'était plainte de lui et de Frank Bohn auprès du consul américain Hugh Fullerton. Vichy déclarait qu'il n'était pas à l'aise avec l'aide apportée aux réfugiés par Fry et Bohn. Bien qu'aucune accusation formelle n'ait été déposée, Fullerton avait prévenu par télégramme le département d'État à Washington des préoccupations soulevées par Vichy.

Quelques jours après son retour à Marseille, Fry fut convoqué par Fullerton. Fry ne se doutait pas du problème et fut consterné d'apprendre la plainte de la préfecture et l'envoi du télégramme de Fullerton à Washington. Fullerton ne lui précisa pas la teneur de son message mais montra à Fry la réponse du département :

> « Ce gouvernement ne peut en aucune façon approuver les activités du Dr Bohn, de M. Fry et d'autres personnes dès lors qu'ils tentent de se soustraire aux lois des pays avec lesquels les États-Unis entretiennent des relations cordiales. »

Lors de cette entrevue, Fry informa le consul que, d'après les informations reçues des services secrets britanniques, Mme Delapré était une espionne. Fullerton n'en tint pas compte et avoua à Fry qu'il croyait la victoire des nazis inévitable.

Se sentant trahi par Fullerton et par son propre gouvernement, Fry accusa le coup. Le département d'État avait accepté les accusations portées contre lui par Vichy et par Fullerton, sans même prendre la peine de lui en parler. Depuis son arrivée à Marseille, son propre consulat ne lui avait apporté ni soutien, ni encouragement, juste de la froideur. Après cet incident, les officiels américains – jusqu'aux employés, aux portiers et aux secrétaires du consulat – qui avaient entendu parler de lui et de son opération, se mirent à le considérer comme un paria. Ils l'insultaient, calomniaient et diffamaient l'organisation et les Américains qui travaillaient pour elle. Pendant des mois, Fullerton tenta d'obliger Fry à quitter Marseille ; par la suite, il sera à l'origine de la réaffectation du fonctionnaire américain le plus actif auprès de Fry, Hiram Bingham.

Il est vrai que Frank Bohn avait agi de façon cavalière et négligente, donnant à Fry du « camarade », parlant à voix haute de leur travail illégal dans des pièces aux portes grandes ouvertes. Par conséquent, Fry se dit que se dissocier complètement de Bohn pouvait être un bon moyen de retrouver les faveurs de son gouvernement. Quand il apprit que Fullerton n'avait pas informé la police de Vichy qu'aucune association officielle ne liait les deux Américains, Fry renonça, furieux, à tout soutien américain pour son opération. Certain que ses téléphones avaient été mis sur écoute par la police de Vichy, il redoublait de prudence – comme les autres membres du bureau – quand il décrochait le combiné. Il adopta d'autres précautions. Il envoya à Eileen une lettre écrite sur mesure pour la censure : « Il semblerait que la préfecture se soit mis en tête l'idée absurde qu'un membre de mon équipe avait fait passer illégalement des personnes par la frontière. En réalité, aucun de mes collègues ne s'est jamais approché de la frontière, ou ne l'a fait depuis. »

Le 23 septembre, Fullerton, en tant que plus haut représentant du gouvernement américain, demanda à Fry de quitter la France sans délai, de fermer le Centre et de rentrer à New York. Installé dans le bureau du consul, Fry sembla accepter la requête et annonça qu'il partirait dès que l'ERC lui aurait trouvé un remplaçant. En attendant, le Centre américain de secours ne fermerait pas, car il avait l'intention de rester jusqu'à ce que ce remplaçant arrive.

Mais Fry n'avait pas vraiment l'intention de partir. La veille de sa rencontre avec Fullerton, il avait téléphoné à Eileen et ils avaient parlé de son retour. À l'origine, il avait prévu de rester seulement quatre semaines en France. Quand elle eut raccroché, Eileen lui prouva combien elle comprenait bien son mari, car elle lui écrit : « Je t'envoie cette lettre car je pense que tu resteras là-bas assez longtemps pour la recevoir. » Elle savait que Fry avait trouvé le travail de sa vie, une activité capitale qui lui permettait d'exploiter au mieux ses compétences et ses talents. De plus, un travail dont il était responsable, ce qui lui procurait un sentiment jouissif d'autorité, tant dans l'activité elle-même qu'à Marseille. Fry se sentait courageux, puissant, compétent, et Eileen savait qu'il ne renoncerait pas aisément à ces sensations nouvelles.

Un autre problème se posait pour Fry à présent : il allait perdre sa principale source pour les passeports tchécoslovaques. La police de Vichy avait porté plainte contre Donald Lowrie des YMCA qui, avec l'appui du consul Vladimir Vochoč, avait aidé des antinazis allemands et tchécoslovaques à s'enfuir et avait fourni à Fry des passeports sous de faux noms pour ses protégés. Désormais, Fry devait davantage compter sur de faux papiers, ce qui présentait un risque supplémentaire.

À la fin du mois de septembre, après avoir reçu de nombreuses lettres de réfugiés envoyées depuis les camps français, Fry commence à se soucier de leurs conditions de vie honteuses. Les Français internaient les étrangers afin de les séparer de la population générale, mais les camps servaient aussi de lieux de détention pour des personnes qu'ils prévoyaient de remettre aux Allemands. Fry informa l'ERC et le département d'État de l'existence de ces lieux dans lesquels les juifs, les prisonniers politiques, les apatrides et d'autres réfugiés étaient forcés de vivre sans eau, hygiène et nourriture suffisantes. « L'imagination la plus perverse ne pourrait concevoir les conditions de vie dans ces camps », écrivait-il. Puces, poux, punaises de lit et maladies diverses, dont la typhoïde, ravageaient les prisonniers. Et Davenport se souvient : « Les gens qui dirigent ces camps de concentration sont indifférents au sort des personnes qui s'y entassent, et aussi un peu sadiques. »

Fry était déterminé à changer la façon dont Vichy organisait ses camps en attirant l'attention de l'Amérique sur ce problème. Mais le gouvernement américain refusa d'interférer dans ce qu'il considérait être une affaire interne à la France, et ignora les lettres bouleversantes écrites par Fry. Son courrier à ce sujet était si abondant qu'au fil du temps, les officiels américains avaient surnommé son flot de plaintes, avec mépris, « les *fryries* ». Hugh Fullerton écrit ainsi : « Ci-joint quelques *fryries* qui m'ont été laissées l'autre jour et que quelqu'un là-haut aura peut-être envie de lire. » Le gouvernement français ignora pareillement ces courriers, qui « doivent prendre la poussière au ministère de l'Intérieur et à la Croix-Rouge à Vichy », écrivit Fry à sa femme le 8 octobre. En somme, Fry ne put en rien influer sur la façon dont les prisonniers étaient logés, nourris ou traités.

Trente ans plus tard, Mary Jayne Gold retourna visiter un camp d'internement français. Elle vit une colline avec des tombes – allemandes, polonaises, espagnoles, américaines – et fut frappée par la disposition des pierres tombales, rappelant les rangées de prisonniers dans leurs baraquements. « C'est un monument très simple [...] en souvenir des gens qui sont morts ici. »

### *« Quand j'étais un bagage » : Michael Kaufman*

Michael Kaufman, devenu auteur et journaliste au *New York Times*, ne se souvient pas d'avoir été transporté à la frontière franco-espagnole à l'âge de deux ans, mais toute sa vie a été imprégnée du récit épique que ses parents, Adam et Paulina, lui ont fait de l'évasion de leur famille. « Ma plus belle histoire, dit-il, c'est quand j'étais un bagage, pas un être sensible. »

En 1934, après avoir été arrêté, son père, un ancien révolutionnaire communiste, s'est enfui de sa ville natale de Lodz, en Pologne, pour se réfugier en Tchécoslovaquie. Paulina l'a rejoint plus tard. Puis, quand les Tchécoslovaques ont poliment informé Adam que le gouvernement polonais demandait son extradition, Paulina a acheté un passeport pour son mari à un chauffeur de taxi compréhensif, et le passeport lui a permis de s'enfuir en France. Paulina l'a suivi.

Adam et Paulina vivaient dans un minuscule appartement à Paris quand Michael est né, le 23 mars 1938. Quand la guerre a éclaté, à l'automne de l'année suivante, Adam s'est engagé dans l'armée française. Paulina et Michael sont restés en France. L'un de leurs voisins était un Russe blanc habitant au dernier étage de leur immeuble. Il était chauffeur de taxi et les Kaufman le soupçonnaient d'être antisémite. Pourtant, quand les Allemands ont commencé à bombarder la banlieue parisienne, ce voisin a dit à Paulina : « Madame, vous ne pouvez pas rester ici. Vous devez partir avec votre enfant. » Le lendemain de la défaite de la France, il frappa à la porte de l'appartement, fit claquer ses talons et proposa à Paulina de l'emmener en taxi à la gare. « Il était peut-être antisémite mais, à ce moment-là, il a eu une conduite digne et honorable. Il nous a déposés à la gare d'Austerlitz, d'où partaient les trains pour Limoges. »

Paulina apprit que, peu de temps après leur départ, les Allemands étaient venus les chercher. Les Kaufman étaient « sur leur liste d'extermination ».

À Limoges, Paulina confia Michael à un orphelinat recueillant les enfants de femmes espagnoles et de volontaires républicains de la guerre d'Espagne. Il y resta jusqu'à ce que sa mère trouve un hangar à pommes de terre dans lequel ils pouvaient s'installer.

Une fois l'armistice signé avec l'Allemagne, Adam, comme tous les soldats, reçut une permission et put rejoindre sa famille – ils étaient restés en contact. Un jour, un télégramme leur apprit que, s'ils pouvaient se rendre à Marseille, des visas les attendaient au consulat américain. Pour Michael, Varian Fry, Eleanor Roosevelt et le Jewish Labor Committee étaient derrière cette nouvelle. Les Kaufman prirent aussitôt un train pour Marseille. Pour s'assurer que le voyage se passe sans incident, Adam décida de porter son uniforme militaire. Le stratagème fonctionna, il eut même droit à des saluts dans la gare de Marseille. Le 14 septembre, les Kaufman se rendirent au consulat américain et présentèrent leur précieux télégramme. Ils reçurent des visas d'urgence pour visiteurs, signés par Hiram Bingham. En sortant du consulat, quelqu'un « nous a pris en charge et nous a amenés dans cet hôtel ». Michael Kaufman pense qu'il s'agissait de Fry.

Les visas américains n'étaient qu'un début : la famille avait besoin d'autres papiers pour pouvoir quitter la France. Michael était né en France ; lui et sa mère reçurent des visas de sortie légaux – une denrée rare, presque impossible à obtenir. En revanche, comme Adam était encore, techniquement, un soldat en permission, il n'y avait pas droit et, une fois encore, la famille dut se séparer. Paulina et Michael prirent un train de Marseille à Port-Bou, où ils arrivèrent le 24 septembre. Suivant les instructions qu'il avait reçues soit de Fry, soit du vice-consul Bingham, Adam prit un autre itinéraire : il monta dans un train pour Banyuls-sur-Mer, puis attendit dans un certain café où devait le retrouver une femme portant une robe rouge. Au café de la Gare, Adam et un autre réfugié, un artiste de Riga nommé Ephraim Schloss, se levèrent dès qu'ils virent entrer une femme en robe rouge. Ils la suivirent hors du café puis sur un sentier montagneux menant à un petit abri. C'était l'atelier du sculpteur et peintre Aristide Maillol, et la femme n'était autre que Dina Vierny, son jeune modèle et sa muse. Vierny racontera que Fry lui avait donné la robe rouge : « Je l'ai portée et Maillol en a fait un tableau[1]. »

Dans l'atelier de Maillol, Kaufman et Schloss se reposèrent jusqu'à ce que les patrouilles s'interrompent, entre 2 et 3 heures du matin. Vierny les conduisit ensuite à travers la montagne, une ascension difficile sur des pentes rocailleuses. Il fallait en général deux à trois heures pour arriver à Port-Bou. « Elle guidait les gens à travers la montagne… Elle a guidé mon père », résume Michael Kaufman.

Vierny travailla comme guide pour Fry et Bohn pendant une brève période, quand elle avait vingt ans. Après le départ de Bohn, elle travailla uniquement pour Fry. « Pour ces deux-là, j'étais prête à faire sortir les gens de France. » Deux mois plus tard, elle fut arrêtée à son tour. Elle ne rencontra Fry qu'une seule fois.

Les Kaufman purent enfin se rejoindre à Barcelone. Adam avait eu pour consigne, en arrivant à la gare de Madrid, de chercher un porteur aux cheveux roux, le légendaire Kaplan. Kaplan faisait partie d'un groupe officieux de juifs formé en Espagne après la montée en puissance de Hitler. Ils aidaient les réfugiés juifs qui tentaient de s'échapper. « Il y avait dans la gare de Madrid un agent juif, un roux qui faisait le guet et dirigeait les gens », se souvient Karel Sternberg. Kaplan avait peut-être travaillé pour l'Hicem. « Il savait quand quelqu'un était perdu ou sans ressources à Madrid. » Depuis l'Espagne, Adam, Paulina et Michael Kaufman se rendirent à Lisbonne fin septembre. Ils naviguèrent vers l'Amérique à bord du *Nea Hellas*, avec Feuchtwanger, Werfel et Heinrich Mann. Le navire entra dans le port de New York le 13 octobre 1940.

---

1. Entretien avec Dina Vierny, avril 1999.

# 5

## Les portes se referment

> *« Les réfugiés n'aiment PAS la vie ici. Et voilà qu'on leur coupe les vivres, les fonds, et la plupart d'entre eux ne peuvent pas obtenir de permission de quitter la France pour recommencer leur vie ailleurs. »*
>
> *Varian Fry*

À la mi-septembre, Fry envoya à Cerbère un couple de réfugiés, David Schneider et son épouse. Il était certain qu'ils n'auraient aucune difficulté à s'échapper car ils possédaient tous les documents possibles et imaginables – un vrai rêve pour tout réfugié. Des passeports polonais valides émis quatre ou cinq ans plus tôt, des visas d'urgence américains pour visiteurs, des visas de transit espagnols et portugais. Ils avaient même des visas de sortie français, que le gouvernement avait commencé à émettre dans le courant du mois en très petites quantités à destination de certains ressortissants russes, roumains et polonais nés dans la partie non-germanique de la Pologne. Les Schneider étaient justement originaires de cette région de la Pologne. Persuadé que leur exfiltration se déroulerait sans anicroche, Fry était loin d'imaginer ce qui allait se passer. Une fois arrivé à Cerbère, le couple se rendit à Port-Bou, où ils avaient prévu de franchir la frontière. Mais les gardes-frontières espagnols les refoulèrent à quatre reprises, et ils furent repoussés une cinquième fois à Bourg-Madame. Dévastés, ils repartirent à Marseille et se rendirent aussitôt chez Fry, qui les trouva « dans un état proche du désespoir ».

Il les rassura mais, pendant leur trajet de retour vers Marseille, l'Espagne avait décrété la fermeture de ses frontières aux ressortissants allemands ou de pays occupés par l'Allemagne. Quelques jours plus tard, l'Espagne leur rouvrit ses frontières – pour les refermer aussi brusquement. Ces décisions arbitraires étaient caractéristiques de la fin de l'année 1940, quand tous les pays européens et leurs gouvernements étaient instables, paniqués par l'avancée de l'armée allemande. Pour les protégés de Fry, la fermeture de la frontière espagnole – si provisoire soit-elle – était un désastre[1]. Fry s'efforçait de résoudre les problèmes d'émigration de chaque réfugié en négociant avec les bureaucraties gouvernementales, mais le changement permanent des politiques migratoires était source de frustration. Et l'échec était souvent au rendez-vous.

Au début du mois d'octobre, les consuls portugais en France cessèrent d'émettre des visas pour les réfugiés sauf s'ils pouvaient apporter la preuve, en montrant des visas pour l'étranger et des réservations pour des transferts, qu'ils avaient bien l'intention de quitter définitivement le Portugal. Dans le même temps, la situation se compliquait en Espagne, puisque ce pays n'acceptait d'accorder un visa de transit qu'aux personnes possédant un visa portugais. En même, temps, dès la fin du mois de septembre, la Gestapo avait commencé à surveiller étroitement la frontière franco-espagnole.

---

1. Les Schneider parvinrent finalement à s'enfuir et, à la mi-1941, David écrivit d'Hollywood à Fry : « Cela fait maintenant huit mois que je suis dans ce magnifique pays. Beaucoup de vos enfants de Marseille se trouvent ici. »

À cela s'ajoutait une complication supplémentaire : beaucoup de réfugiés traversant l'Espagne et le Portugal détenaient des visas pour l'étranger à destination de la Chine, de la Thaïlande ou du Congo belge – qui n'étaient pas leur véritable destination. Ce stratagème leur permettait de prouver à l'Espagne et au Portugal qu'ils n'allaient pas rester sur place et devenir des fardeaux pour le gouvernement. Mais il subit un brusque coup d'arrêt quand le Portugal cessa de donner des visas de transit aux réfugiés ayant des visas chinois, thaïlandais ou du Congo belge. À ce stade, la France, l'Espagne et le Portugal avaient tissé un réseau de lois migratoires irrationnelles et déraisonnables, qui mirent un terme presque complet à l'ensemble des déplacements de réfugiés hors d'Europe.

Au milieu de ces catastrophes de fin septembre, Fry connut tout de même un moment de joie quand il découvrit que le groupe qu'il avait escorté un peu plus tôt avait réussi à partir. « Nous avons réussi notre évasion mais de justesse, rapporte Golo Mann. Trois semaines plus tard et ç'aurait été impossible car la Gestapo avait envoyé ses hommes à Madrid, puis la frontière avait été fermée pour les Allemands. On est partis juste au bon moment. »

Avec l'aide de Hirschman, Fry dut rapidement trouver de nouveaux itinéraires à travers les Pyrénées. Il y avait urgence. Quand une expédition en cours devait être interrompue jusqu'à ce que le trajet soit confirmé par Fry ou quelqu'un de son équipe, la frustration était terrible. Une telle tension n'était pas supportable par tout le monde : pour un certain nombre de réfugiés, le suicide deviendrait la seule issue.

L'une des victimes de la fermeture de la frontière espagnole est le philosophe Walter Benjamin qu'une autre philosophe, Hannah Arendt[1], décrirait comme

---

1. Sous le nom de Mme Bluecher, Arendt porte le n° 128 sur la liste de Fry.

« le critique littéraire le plus exceptionnel du xxe siècle ». Parmi les réfugiés, on savait qu'un jeune couple allemand, Lisa et Hans Fittko, aidait d'autres émigrés à traverser la montagne vers l'Espagne. Le 23 septembre, Walter Benjamin faisait partie du petit groupe de réfugiés qui frappa à la porte de Lisa Fittko, à Port-Vendres, un village du littoral près de Banyuls-sur-Mer. Ce matin-là, se souvient Albert Hirschman, elle fut réveillée par Benjamin, qu'elle avait connu en Allemagne et à Paris et qui venait lui demander de l'aider à passer la frontière, en compagnie d'une certaine Mme Gurland et de son fils.

Benjamin, sans doute l'intellectuel le plus connu des réfugiés allemands basés à Marseille, est né à Berlin en 1892[1]. Étudiant en philosophie et écrivain, il est profondément affecté, dans sa jeunesse, par le suicide de son ami le poète Christoph Friedrich Heinle, le 8 août 1914. Une fois son doctorat obtenu, Benjamin s'implique dans le marxisme et cherche un poste de professeur à l'université de Francfort. Faute de l'obtenir, il devient producteur d'émissions à la radio, puis expérimente la psychopharmacologie, teste le haschisch, l'opium et la mescaline et écrit sur leurs effets. En 1933, il émigre à Paris où il publie des ouvrages de critique et de philosophie qui font date. À l'originalité de sa pensée s'ajoute un style unique en son genre. L'émigré Anthony Heilbut décrit « les rythmes de sa prose comme calqués sur l'oisiveté récalcitrante du flâneur. La grandeur de son style repose sur sa façon de

1. L'université de Harvard a acquis les droits de traduction de l'œuvre de Walter Benjamin. Le 15 mai 1994, un monument dédié à sa mémoire, œuvre du sculpteur israélien Dani Karavan, a été inauguré à Port-Bou. Il porte une citation de Benjamin : « Il est bien plus ardu d'honorer la mémoire des anonymes que celle des hommes célèbres. La construction historique est consacrée à la mémoire de ceux qui n'ont pas de nom. »

briser le rythme d'une phrase, en changeant sa scansion à la manière d'une improvisation de jazz».

Quand l'Allemagne avait envahi la France, Benjamin avait été raflé avec d'autres exilés allemands et envoyé dans un camp de la Nièvre. Une fois les exilés libérés, Benjamin avait mis le cap au sud, jusqu'à Marseille. Là, parrainé par des intellectuels en Amérique, il avait reçu son visa d'urgence américain et, en septembre, il était prêt à s'échapper.

Lisa Fittko venait d'apprendre par Vincent Azéma l'existence d'un nouvel itinéraire à travers les Pyrénées. Le maire lui avait expliqué que la police espagnole surveillait l'ancien trajet, «apparemment sur ordre de la commission allemande Kundt». La commission Kundt était «un détachement de fonctionnaires allemands et d'agents de la police allemande [qui] passait au crible les camps d'internement français de la zone non occupée[1]» afin d'y trouver des Allemands à renvoyer en Allemagne. Quand Benjamin demanda à Fittko de le guider en ce jour d'octobre, elle le prévint que l'ascension serait difficile. Il admit qu'il serait obligé de grimper lentement, à cause du chemin abrupt et du problème cardiaque dont il souffrait, mais il voulait essayer. «Le vrai danger serait de ne pas y aller», conclut-il.

Fittko emmena Benjamin – qui portait une lourde mallette noire contenant un manuscrit – et les deux autres réfugiés dans une ascension exploratoire. Le soir, au moment de retourner à Banyuls-sur-Mer pour dormir, Benjamin préféra rester en hauteur, n'ayant aucune envie de revenir sur ses pas. Fittko se rappelle: «Son objectif était de franchir la frontière afin d'échapper à la Gestapo mais aussi de sauver son manuscrit. Il avait atteint un

1. Michaël R. Marrus, Robert O. Paxton, *Vichy et les Juifs*, Calmann-Lévy, 2015.

tiers de cet objectif. » Le lendemain, elle repartit avec Mme Gurland et son fils et retrouva Benjamin, qui avait dormi à flanc de montagne. Après une journée d'ascension intense, avec des pauses fréquentes pour que le philosophe reprenne son souffle, le petit groupe atteignit le sommet. Fittko redescendit à Banyuls-sur-Mer, laissant les trois autres descendre vers la frontière espagnole. Cette nuit-là, Benjamin la passe dans la chambre d'un minuscule hôtel à Port-Bou. Fry apprit que, sans raison apparente, l'Espagne venait de décréter une nouvelle fermeture de ses frontières. La police espagnole avait prévenu Benjamin ainsi que les Gurland qu'ils devaient retourner en France, puisqu'ils ne disposaient pas de visas de sortie français. Walter Benjamin fit un autre choix.

Cette nuit-là, confronté à la perspective d'un retour en France, Benjamin avala une dose mortelle de morphine. Les gélules lui avaient été fournies par un autre émigré, l'écrivain Arthur Koestler. Selon Karel Sternberg, le fait que Benjamin ait eu de la morphine sur lui prouve qu'il avait envisagé depuis longtemps le suicide. « Je ne pense pas que c'était lié à sa peur d'être renvoyé en France. Les gens qui transportent du poison, ce n'est pas la première fois que l'idée du suicide leur vient. » Au matin, on retrouva le corps sans vie de Benjamin. Sa mallette noire était vide et son contenu n'a jamais été retrouvé. Le lendemain de sa mort, l'Espagne rouvrit ses frontières et les Gurland furent autorisés à quitter l'hôtel et à poursuivre leur route à travers l'Espagne. Ils finirent par arriver sains et saufs aux États-Unis.

Malgré sa mort relativement jeune, à l'âge de quarante-huit ans, Walter Benjamin a apporté des contributions décisives dans de nombreux domaines, notamment l'étude de la distraction de masse et de la culture populaire. Fry était conscient de la valeur intellectuelle de Benjamin et de son importance au sein de la communauté des réfugiés.

L'onde de choc provoquée par son suicide s'amplifiait chaque jour, tant son geste était imprévisible : Benjamin avait toujours semblé serein, maître de ses émotions. « Ce n'était pas un hystérique, il n'était pas d'un tempérament peureux, confirme Sternberg. S'il s'est tué, c'est parce qu'il ne voulait pas être livré aux Allemands. »

Sternberg se rappelle que, durant l'été 1940, il était certain que « Hitler allait conquérir toute l'Europe. Je ne nous laissais pas la moindre chance. Mais j'étais jeune, je savais me débrouiller, je pensais que je m'en tirerais toujours ». Son tempérament optimiste était plutôt rare parmi les réfugiés ; beaucoup avaient plutôt tendance à la dépression. Hannah Arendt analyse ainsi la psyché du réfugié :

> « Notre optimisme indéniablement nous fourvoie. L'on compte parmi nous de ces optimistes singuliers qui, après avoir prononcé tant de discours optimistes, rentrent chez eux, allument le gaz ou font usage d'un gratte-ciel d'une manière tout à fait inattendue. Ils apportent la preuve, semble-t-il, que notre bonne humeur manifeste se fonde sur une dangereuse inclination pour la mort. Élevés dans la conviction que la vie représente le bien suprême et la mort le plus grand désespoir, nous devenons les témoins et les victimes de terreurs pires que cette dernière – tout en demeurant incapables de se forger un idéal plus élevé que la vie[1]. »

La dépression n'était pas nouvelle pour Fry, qui en avait déjà vu les effets sur sa mère. « Cette fois, écrit-il, on dirait que les réfugiés sont vraiment piégés. Ils sont parqués en France comme du bétail dans l'enclos de l'abattoir et la Gestapo n'aura qu'à venir se servir. »

---

1. Hannah Arendt, *Nous autres réfugiés*, Allia, 2019.

Le suicide était devenu épidémique, et les réfugiés comme « envahis par ce mal apocalyptique », se rappelle Hirschman. Ils étaient à la fois désespérés « par ce qui s'était passé et par le pressentiment de ce qui pouvait advenir ». Marseille était devenue « la ville du malheur », où chacun s'attendait « à voir les Allemands prendre le pouvoir à tout moment ». Certains des réfugiés étaient des personnes âgées qui avaient connu l'aisance financière et ne parvenaient pas à s'adapter à une vie de pauvreté. Sternberg se rappelle : « C'est un problème auquel les gens ont dû faire face : l'idée de ne pas pouvoir payer de loyer, l'obligation d'aller quémander de l'argent… » Après une décennie vécue sous un régime fasciste, certains semblaient prêts à baisser les bras plutôt qu'à poursuivre le combat.

Des réfugiés s'étaient déjà suicidés avant l'arrivée de Fry en France puis après, voire des années plus tard[1]. « Un autre de nos clients, Benjamin, s'est suicidé il y a quelques jours, écrit Fry, après avoir subi le même traitement que Schneider », c'est-à-dire la fermeture soudaine de la frontière espagnole. Benjamin était le troisième réfugié de la liste initiale de Fry à mettre fin à ses jours. Les autres étaient le romancier expressionniste autrichien Ernst Weiss, qui avait avalé une substance mortelle quand Paris était tombé aux mains des Allemands, et le poète et dramaturge expressionniste allemand Walter Hasenclever, qui s'était empoisonné à la mi-août pendant sa détention au camp des Milles, une ancienne usine de tuiles devenue camp d'internement.

Fry utilisa ces décès pour convaincre l'ERC de l'urgence de son travail et de son besoin de financement.

1. Stefan Zweig, qui avait réussi à s'enfuir pour s'installer au Brésil, se suicidera avec sa femme en 1942 après avoir appris les victoires de Hitler. Arthur Koestler et Nelly Mann se suicideront plusieurs années après avoir pu s'enfuir grâce à Fry.

« Donnez-moi 10 000 dollars par mois et je peux continuer à travailler pour vous, écrit-il. Ce n'est pas beaucoup pour maintenir en vie certains des hommes et des femmes les plus talentueux de toute l'Europe. Si vous me coupez ces fonds, je vous aurais prévenus : ces mêmes hommes et femmes vont lentement et douloureusement se replier sur eux-mêmes et, s'ils ne meurent pas de faim ou de maladie, beaucoup se suicideront. »

Willi Münzenberg, un agent financé par le Komintern qui supervisait des groupes communistes à Paris, fut retrouvé pendu à un arbre. Karl Einstein, un poète, écrivain et critique d'art, se pendit non loin de la frontière. Le photographe George Reisner, qui avait couvert les Jeux olympiques antifascistes pendant la guerre d'Espagne, se suicidera après avoir attendu pendant des mois un visa américain. Quelques jours après l'enterrement de Reisner, Fry reçut un message du consulat américain annonçant que le visa d'urgence pour visiteur du jeune homme était disponible.

D'autres réfugiés, peut-être plus optimistes par nature, parvenaient à préserver leur santé mentale et se concentraient sur la perspective de l'évasion. En apprenant que l'extraordinaire Lisa Fittko avait eu le courage de servir de guide à Walter Benjamin, Fry tenta de s'attacher ses services de passeuse. Dans un bistrot du Vieux-Port, il rencontra Lisa et son mari Hans, un socialiste allemand rompu à la clandestinité. Fry était accompagné de Bohn, qui prévoyait de quitter Marseille dans les jours suivants, et de Hirschman, chargé de jouer les interprètes. Les Fittko n'étaient pas à l'aise avec Fry et Bohn, dont les manières américaines leur étaient étrangères ; au début de l'entrevue, ils manifestèrent une certaine réticence à leur parler. Quand Fry commit la gaffe de leur proposer de l'argent pour faire passer la frontière aux réfugiés, le couple s'indigna. L'Américain pensait-il vraiment que l'argent pouvait les convaincre de risquer leur vie ? Hirschman les rassura en leur assurant que c'était une simple bourde et en leur expliquant que Fry était bien intentionné. Les Fittko s'apaisèrent. Après une nouvelle discussion, ils acceptèrent de remettre à plus tard leurs propres plans d'évasion et de conduire les réfugiés de Fry à travers les montagnes – pour un certain temps, du moins.

À la fin du mois de septembre, ils avaient établi une base opérationnelle à Banyuls-sur-Mer et, pendant deux mois, ils firent passer plus de cinquante de leurs camarades réfugiés à travers « des précipices abrupts, répétant le dangereux trajet aussi souvent que nécessaire, sans se soucier des orages, du brouillard ou des balles de la police militaire », se rappelle Marcel Verzeanu. Parmi les réfugiés qu'ils accompagnèrent se trouvaient des protégés de Fry : Werner Wille, président du Groupe de réfugiés allemands, Friedrich Wilhelm Wagner ainsi qu'Heinrich Müller et ses enfants[1]. Fry baptisa l'itinéraire des Fittko du nom d'Itinéraire F, à la fois pour rendre hommage au couple et pour préserver leur identité secrète.

Vincent Azéma, le maire de Banyuls-sur-Mer qui avait aidé les Espagnols en fuite pendant les années de guerre civile de 1936 à 1939, expliquait aux réfugiés quelle tenue choisir pour leur périple, leur conseillait des espadrilles pour leur sécurité sur les fragiles sentiers rocailleux et leur demandait de ne surtout pas se charger de bagages. Malgré ces instructions, les émigrés terrifiés rechignaient souvent à se séparer de leurs affaires – elles étaient tout ce qui restait de leur passé. Un couple insista pour prendre une valise. Lotte, l'épouse, refusait d'y renoncer et son mari Max insistait pour la porter à travers la montagne. Hans Fittko refusa de les emmener s'ils gardaient leur valise.

1. Wille était le n° 1454, Wagner le n° 1408 et Müller le n° 918 de la liste de Fry.

« C'est une question de sécurité. Qu'est-ce qui a le plus de valeur pour vous ? Votre vie ou les chiffons qu'il y a là-dedans ? » L'argument porta et la valise fut abandonnée.

Malgré les nombreux obstacles, Fry réussissait à faire sortir les réfugiés. Mais fin septembre, brusquement, il apprit qu'il était rappelé à New York. Les dirigeants de l'ERC avaient décidé qu'il était temps de le faire revenir au pays. En s'efforçant de sauver le maximum de vies possible, il avait outrepassé son mandat et travaillait seul d'une façon que l'ERC jugeait trop peu orthodoxe. Fry hésita. Si le Comité envoyait un remplaçant, il allait devoir l'accepter et rentrer à New York. Il écrivit à l'ERC qu'il n'acceptait de partir qu'à l'arrivée d'un successeur, afin que son départ puisse se dérouler « sans condamner des dizaines de réfugiés à des privations sévères, voire à l'arrestation et la mort ».

Dans un télégramme, il développe : « La situation des réfugiés est suffisamment désespérée, même en les aidant et les protégeant au mieux de mes moyens. La situation serait bien pire si je partais avant l'arrivée de mon remplaçant. » Malgré ce qu'il prétendait, Fry n'avait absolument pas l'intention de quitter Marseille. Il faisait croire à l'ERC, au consul américain et même à sa femme qu'il se conformerait à l'ordre de rentrer aux États-Unis, mais il se mentait à lui-même. Il ne pouvait pas avouer qu'il aimait trop son travail pour y renoncer, qu'il avait l'intention de rester en France et de terminer ce qu'il avait commencé, que cette activité gratifiante et fondamentale était tout ce qui lui importait désormais.

La frustration inhérente à ce travail de l'ombre monta d'un cran quand, fin septembre et début octobre, le gouvernement de Vichy promulgua une série de mesures contre les étrangers et les juifs français. Le Statut des juifs, adopté les 3, 4 et 7 octobre 1940, évoquait frontalement la question de la « race » et incluait dans sa définition les personnes ayant seulement deux grands-parents « de race juive ».

Désormais, Vichy pouvait interner toute personne, française ou étrangère, considérée comme dangereuse pour la sécurité publique. En vertu de cette loi, Léon Blum, ancien Premier ministre, se retrouva emprisonné. Vichy décrétait également que les étrangers juifs et non juifs âgés de dix-huit à cinquante-cinq ans étaient passibles d'arrestation, d'emprisonnement dans des camps ou de condamnation à rester en résidence forcée. À cette époque, « les juifs étrangers étaient de toute façon déjà internés et il ne fallut pas neuf mois pour que les dirigeants français saisissent les biens des juifs en zone non occupée ; moins de deux ans plus tard, la police française arrêtait les juifs dans le cadre des plans de déportation allemands[1] ». Selon l'historienne Sarah Farmer, ces lois étaient conçues « pour faciliter la déportation des juifs. Les Français n'ont pas inventé la solution finale mais ont facilité la déportation des juifs. C'est la police française qui est venue arrêter les juifs pour les remettre aux autorités allemandes ». Avec l'adoption du Statut des juifs, Fry subissait encore plus de pression pour exfiltrer ses réfugiés.

Pourquoi la France refusait-elle son aide aux milliers de réfugiés qui avaient trouvé refuge dans le pays de la liberté, de l'égalité et de la fraternité ? Peut-être certains pensaient-ils qu'en adoptant les mêmes lois antijuives que celles en vigueur en Allemagne, la France rentrerait dans les bonnes grâces de son vainqueur ? Mais la France avait déjà amorcé son virage à droite dans les années 1930, avec la montée du chômage. Dans ce contexte de pénurie d'emplois, les émigrés d'Allemagne et d'Europe de l'Est n'étaient pas les bienvenus, et la France internait déjà les juifs étrangers avant l'invasion du pays par les nazis en juin 1940. Enfin,

1. Michaël R. Marrus, Robert O. Paxton, *op. cit.*

l'Église catholique de France était fondamentalement antisémite. Vichy recevait la bénédiction de l'Église et l'Église se félicitait des efforts déployés par Vichy pour protéger la France du communisme et des juifs.

Léon Bérard, alors ambassadeur du régime de Vichy au Vatican, écrivit ainsi au maréchal Pétain : « Il serait déraisonnable, dans un État chrétien, de laisser [les juifs] exercer le gouvernement et réduire par là à leur autorité les catholiques. D'où il résulte qu'il est légitime de leur interdire l'accès à des fonctions publiques. »

Selon Gys Landsberger, belle-fille de Georg Bernhard qui figurait sur la liste des personnes recherchées par les nazis, les lois antijuives ont pu être adoptées et respectées en France en 1940 parce que la France était un pays antisémite. Landsberger, qui exerce le métier de professeur de français, ajoute qu'elle explique toujours à ses élèves : « Le Français naît antisémite[1]. »

Par la suite, Vichy a restreint la liberté des citoyens français juifs en adoptant une loi leur interdisant d'occuper des postes dans la fonction publique, l'armée, la presse et l'enseignement. Mary Jayne Gold précise : « Les lois n'ont pas été immédiatement appliquées dans leur intégralité mais elles étaient officielles et, progressivement, les juifs ont été écartés de postes dans la fonction publique et la presse. » Les juifs français n'avaient aucun recours, aucune possibilité de faire appel, aucun mot à dire sur leur sort. Les citoyens français avaient interdiction formelle d'écouter les retransmissions radio de la BBC ou de dire du bien du général de Gaulle. Dans les rues de Marseille, Fry vit certains magasins afficher en vitrine l'écriteau « Commerce français » pour se distinguer des commerces tenus par des juifs. Selon les auteurs Gay Block et Malka Drucker :

---

1. Entretien avec Gys Landsberger, 15 novembre 1998.

« Aucun autre pays occupé n'a autant coopéré avec l'Allemagne dans sa lutte contre les juifs que la France. Les Français ont écrit leur propre législation antisémite, la police française a été associée à la déportation, et Vichy a déporté activement les juifs du sud de la France. Lorsque le gouvernement de Vichy a interdit aux juifs les emplois dans la fonction publique et a commencé à discriminer les juifs français et étrangers en 1940-1941, aucune voix protestataire ne s'est fait entendre. »

Pendant cette crise, Fry reçut de New York un télégramme signé Karl Frank. Frank avait fait le nécessaire pour obtenir des visas d'urgence américains pour quatre membres de Neu Beginnen – Franz Boegler, Siegfried Pfeffer, Hans Tittle et Fritz Lamm[1] –, mais ils ne pouvaient pas récupérer leurs visas, car ils étaient emprisonnés au Vernet. Fry pouvait-il les aider à s'évader ? demandait Frank d'un ton empressé. Selon Frida Itor-Kahn – qui avait été internée avec son mari le pianiste Erich Itor-Kahn dans un autre type de camp où les prisonniers étaient maltraités mais pas battus[2] –, Le Vernet était un camp à régime punitif spécial : ses détenus, des sans-papiers et des individus considérés comme politiquement dangereux, faisaient l'objet de mauvais traitements physiques et psychologiques, souvent sans raison. Dans un article sur la France de Vichy, l'universitaire Barbara Lerner décrit les conditions de vie dans les camps :

« La nourriture était rare et généralement périmée ; l'eau potable était sale ; il n'y avait pas de latrines. On interdisait aux détenus de se baigner dans la mer pour se débarrasser des poux, des puces et des excréments. Des

1. Boegler avait le n° 132, Pfeffer le n° 1621 et Lamm le n° 738 sur la liste de Fry.

2. Erich Itor-Kahn et sa famille avaient le n° 638 sur la liste de Fry.

milliers d'entre eux moururent des suites d'une pneumonie, de la dysenterie, du typhus, d'une gangrène ou bien de faim. »

Quel que soit le type de camp, écrit Frida Itor-Kahn, l'internement était une épreuve, surtout pour les réfugiés « dépourvus de ressources psychologiques qui se retrouvaient vite totalement démoralisés » par cette expérience. « Aucune personne extérieure aux camps n'était autorisée à y pénétrer », mais plusieurs survivants les ont décrits, notamment l'écrivain Arthur Koestler[1].

Fry se rendait compte qu'il ne pouvait pas changer la façon dont les Français dirigeaient leurs camps mais il décida, malgré la réputation du Vernet, d'aider les amis de Frank. Mais personne n'eut l'idée d'un plan d'évasion, jusqu'à ce que Hirschman et Davenport pensent à se tourner vers Mary Jayne Gold. Avec sa beauté sophistiquée, elle avait tout pour charmer le commandant du Vernet et obtenir de lui qu'il autorise Boegler, Pfeffer, Tittle et Lamm à visiter Marseille sous escorte. Hirschman et Davenport firent remarquer qu'une fois les hommes évadés du camp, Gold devrait trouver un moyen de rentrer à Marseille sans avoir cédé aux avances du commandant.

Fry proposa à Gold une rencontre dans un café du boulevard d'Athènes, en face de l'hôtel Splendide. Hirschman et Davenport étaient également présents et tous s'assirent à une minuscule table ronde, sirotant un café arrosé d'Armagnac. Fry expliqua à Gold qu'elle devait convaincre le commandant de libérer les quatre hommes puis superviser leur déplacement vers Marseille. Une fois à Marseille, ils organiseraient leur propre évasion. Gold se montra d'abord réticente : elle craignait d'échouer et

1. Koestler (n° 694 sur la liste de Fry) a parlé des camps dans son livre *La Lie de la terre* (1941).

d'attirer des problèmes à ces prisonniers. Hirschman parvint à la convaincre en expliquant : « C'est une question de vie ou de mort. » Fry et Davenport ajoutèrent qu'elle était la seule femme assez séduisante pour piéger le commandant, et elle finit par accepter la mission. Hirschman lui suggéra de se présenter comme une amie des épouses des prisonniers et de dire au commandant que leurs familles aimeraient les voir venir à Marseille. Davenport alla jusqu'à la conseiller sur sa tenue – un tailleur de couturier bleu à passepoil jaune et « tous les diamants de votre grand-mère » – afin qu'elle renvoie l'image de ce qu'elle était vraiment, c'est-à-dire une riche Américaine.

Au Vernet, Gold rendit une brève visite aux quatre détenus. Leur crâne rasé et leur visage émacié étaient difficiles à regarder, se rappelle-t-elle. Les hommes lui sourirent « comme des enfants pauvres regardent un sapin de Noël ». Deux d'entre eux, Pfeffer et Tittle, étaient internés depuis plus d'un an.

« Les nazis ayant déjà rendu visite au Vernet » à l'automne 1940 pour sélectionner des détenus à renvoyer en Allemagne, ces hommes étaient « en danger immédiat d'être déportés ».

Des années plus tard, Gold admettrait dans une interview : « Je ne savais pas comment m'y prendre pour séduire le commandant ni ce que ça me coûterait de coucher avec lui, mais des vies humaines étaient en jeu. » Davenport a toujours fait remarquer que personne ne demandait à Gold de coucher avec le commandant : « Nous nous disions simplement qu'elle avait un air innocent. Elle était belle, avec de grands yeux bleus magnifiques. » Si la mission de Gold fut couronnée de succès, ce fut, comme elle l'expliqua par la suite, grâce à son intelligence et ses élégantes manières américaines. Les prisonniers furent autorisés à l'accompagner sous surveillance jusqu'à

Marseille, où ils soudoyèrent les gardes en leur remettant une petite fortune en francs et en leur suggérant « d'aller s'amuser ailleurs ». Les gardes, décrits par Gold comme « des animaux primitifs et sous-payés », partirent dépenser leur argent dans des bars et des bordels pendant que les quatre prisonniers se rendaient au consulat américain pour récupérer les visas obtenus par Karl Frank. Puis ils prirent contact avec Fry.

Accompagné par Hirschman, ce dernier les retrouva dans un café où ils discutèrent d'un plan pour quitter la France. Gold se rappelle : « Les prostituées [dans le café] étaient déconcertées par le comportement de ces hommes, qui les ignoraient. Elles avaient beau les caresser, leur faire des avances, rien ne semblait pouvoir les déconcentrer. » Enfin, Hirschman, toujours prêt à payer de sa personne pour la cause, se leva et annonça : « Allez, je me sacrifie. » Et il emmena une fille à l'étage.

Quand il redescendit, il s'attela avec Fry à préparer la fuite des membres de Neu Beginnen. Comme, à cette époque, la frontière espagnole était fermée, Fry opta, malgré ce qu'il savait, pour une exfiltration par bateau. Il paya quatre places sur la *Bouline*, un vieux yacht qui venait juste d'être acheté par des Français gaullistes et s'apprêtait à lever l'ancre pour mettre le cap sur Gibraltar, colonie et port franc de la Couronne britannique sur la côte sud de l'Espagne. Bien que toutes les places soient déjà occupées par des officiers français et belges, le capitaine, un vieux loup de mer marseillais, accepta d'ajouter Boegler, Pfeffer, Tittle et Lamm. La veille du départ, Fry apprit qu'il s'agissait peut-être d'une combine, que la *Bouline* avait déjà été achetée et revendue mais n'avait jamais quitté le port. Néanmoins, lui et les quatre hommes gardaient bon espoir. Au jour dit, le bateau largua les amarres sans problème.

S'il était heureux que les amis de Frank aient réussi à s'enfuir, Fry avait récemment été prévenu par le capitaine

Dubois que la police le surveillait car elle connaissait sa véritable mission. Dès lors, il se mit à craindre qu'une fois les gardes du Vernet dégrisés, ils l'accusent de l'évasion de leurs prisonniers. Après tout, Gold travaillait pour lui et c'était elle qui avait demandé cette excursion pour les hommes du Vernet. Il attendit anxieusement des nouvelles, puis apprit qu'au deuxième jour de sa traversée, la *Bouline* avait été prise dans une violente tempête. Les passagers terrifiés avaient insisté pour rentrer au port, à l'exception bien sûr des membres de Neu Beginnen. Le yacht avait quand même fait demi-tour et, alors qu'il revenait à Marseille, il avait croisé un navire des gardes-côtes français qui l'avait remorqué jusque dans le port de Toulon. Là, les quatre fugitifs avaient été découverts et de nouveau arrêtés. Fry savait qu'il ne devait pas s'associer publiquement à eux mais il ne pouvait pas abandonner à leur sort les amis de Karl Frank. Il engagea un avocat pour les défendre. (Au procès qui se tint quelques mois plus tard, un tribunal d'Aix-en-Provence les condamna à trente jours de prison, et ils furent renvoyés au Vernet. Tittle et Pfeffer réussirent à s'évader pour rallier la Martinique, mais Lamm et Boegler restèrent prisonniers. Finalement, tous les quatre parvinrent à gagner l'Amérique.)

Au milieu de toutes ces péripéties, Fry fut de nouveau contacté par Hugh Fullerton. Le consul américain avait reçu un télégramme du département d'État qui lui était destiné : « Retour immédiat exigé – stop – Compte tenu de notre compréhension de la situation mais aussi de nouveaux développements locaux. » Fry continua de laisser croire qu'il était prêt à partir si nécessaire – mais, intérieurement, il était fou de rage. Non seulement sa propre organisation à New York s'opposait à lui, mais voilà que le gouvernement américain lui emboîtait le pas. Son instinct lui soufflait que l'ERC avait cédé à la pression du département d'État qui, de son côté, avait subi des pressions de l'étranger.

Par malchance, cette aggravation de la situation coïncidait avec l'arrivée en Amérique de plusieurs protégés de Fry: les Feuchtwanger, les Werfel et les Mann. Leur évasion de France, alors qu'ils étaient menacés par les nazis, fit sensation dans la presse. Feuchtwanger raconta aux journalistes l'épisode du passage clandestin de la frontière organisé par un groupe de Marseille et fit allusion à « des amis américains non identifiés qui l'ont aidé à s'enfuir de France ». Dans les articles concernant les Werfel et les Mann, il est précisé qu'ils avaient été accueillis sur le quai « par le Dr Frank Kingdon, président de l'Emergency Rescue Committee, qui a aidé de nombreux intellectuels à s'échapper d'Europe ». Ces nouvelles confirmaient les soupçons du département d'État à l'égard de Fry: il avait enfreint les lois du pays qui l'avait accueilli, en aidant des réfugiés à s'enfuir en toute illégalité. Davenport résume: « Ils nous ont trahis en racontant leur évasion. Ils auraient mieux fait de la fermer[1]. » Au lieu de demander à ces émigrés trop bavards de rester discrets, l'ERC a amplifié leur histoire « car cela leur permettait de récolter davantage de fonds ». Alors qu'en France, cette médiatisation compliquait gravement la tâche de Fry et de son équipe.

Après avoir reçu l'ordre de rentrer, Fry demanda à Eileen de solliciter son ancien patron de la Foreign Policy Association, William T. Stone, pour qu'il se renseigne sur la position du département d'État à son égard. Stone fit son enquête et découvrit que Fry avait eu raison: il écrivit à Eileen que « le gouvernement de Vichy a fait pression sur les autorités américaines pour qu'elles contactent Fry et exigent son retour ». Mais il ajoutait que c'était de l'histoire ancienne. À la date où il écrivait à Eileen – le 15 octobre –, aucun officiel américain n'estimait urgent de rappeler son mari. Un certain M. Pell, du département

1. Entretien avec Miriam Davenport Ebel, 16 mai 1998.

d'État, n'avait « plus eu de nouvelles du consul général à Marseille et n'a pas cherché à en savoir plus. Tant que cette situation perdurera, il semble tout à fait disposé à maintenir le *statu quo*, ce qui reflète l'attitude générale au sein du département d'État ». La nouvelle procura un soulagement immédiat à Fry : ses problèmes avec le gouvernement américain semblaient provisoirement réglés.

En octobre, Hannah Arendt, future philosophe sociale majeure, et son mari Heinrich Blücher[1] frappèrent à la porte de Fry. Pour Fry, ces réfugiés allemands étaient des inconnus mais Hirschman se portait garant pour eux.

« Je connaissais plutôt bien Blücher, se souvient Hirschman, j'ai dû plaider sa cause assez vigoureusement[2]. » Avec l'assistance du Centre, Arendt et Blücher obtinrent des visas au bout de plusieurs mois. En janvier 1941, ils prirent un train pour Lisbonne d'où, après trois mois d'attente, ils embarquèrent pour les États-Unis. Leurs billets avaient été fournis par la HIAS (Hebrew Sheltering and Immigrant Aid Society), mais une partie de l'argent provenait de l'ingénieur et mécène Charles Goodman (grand-père d'Andrew Goodman, martyr de la lutte pour les Droits civiques dans les années 1960).

L'anniversaire de Fry tombait un 15 octobre. Pour la première fois depuis plusieurs semaines, il s'autorisa à fêter l'événement dans un restaurant avec des membres du personnel du Centre. Davenport se rappelle : présidant la table décorée de dahlias de la taille d'une assiette offerte par son amie, Fry était d'une humeur « virevoltante et joyeuse ». Il choisit les vins – « rien que des grands millésimes » – et les plats pour tout le monde. Après le dîner, Fry, rassasié, retira sa cravate et son faux col, s'allongea

1. Heinrich Blücher était le n° 129 sur la liste de Fry.
2. Entretien avec Albert Otto Hirschman, 11 décembre 2000.

sur la banquette, posa la tête sur les genoux de Davenport et les pieds sur ceux d'un autre collègue. Le serveur ainsi que ses amis français étaient « choqués et horrifiés », mais Davenport trouvait la situation cocasse, semblable à « une scène de comédie burlesque américaine ». Fry aimait se comporter d'une façon complètement débridée. Maître dans l'art de mettre les pieds dans le plat, il ne se privait jamais, dès qu'il était en public, d'épater le bourgeois avec quelques loufoqueries.

Une semaine plus tard, alors que le Comité venait juste de lui demander de rentrer aux États-Unis, Fry lui réclama de nouveaux fonds car les intellectuels « sont déjà fauchés, et les autres le seront bientôt ». Pour le moment, leur écrivait-il, le Centre « aide à survivre : [le peintre] Eugen Spiro, Walter Mehring, Hans Sahl, André Breton, l'écrivain et traducteur Franz Hessel et sa famille, et des dizaines d'autres ». Il ajoutait qu'il devait encore prendre en charge d'autres réfugiés, car Frank Bohn avait dépensé tout son argent sur la *Bouline*. En outre, suivant les avertissements du Consul américain, il était rentré aux États-Unis après avoir confié sa liste de syndicalistes et d'activistes socialistes à son ami. Fry suppliait le Comité d'envoyer des versements mensuels considérables afin de pouvoir mener son travail au mieux. Sans cet argent, insistait-il, sa mission était condamnée à l'échec.

Même avec des fonds en baisse, Fry reprit les recrutements de personnel. Gold lui présenta Danny Bénédite, un socialiste qui avait travaillé six ans pour la préfecture de police de Paris. Gold connaissait la famille de Bénédite et l'estimait parfait pour le Centre. « Danny est idéal pour le Comité. Il s'est occupé des réfugiés au service des Étrangers à la préfecture de police de Paris. Il est à la fois d'un grand courage moral et têtu comme une mule. » D'emblée, Fry réagit vivement à la suggestion d'engager un ancien policier. « Préfecture de police, vous dites ?

J'ai eu assez d'ennuis avec les flics sans en engager un au Centre ! Non, jamais de la vie ! C'est ridicule ! »

Si Fry s'était d'abord montré réticent pour recruter Gold, il lui faisait désormais confiance. Elle finit par le convaincre d'embaucher Bénédite, dont plusieurs réfugiés lui avaient par ailleurs raconté avec quelle facilité et quelle bienveillance il avait renouvelé leurs papiers quand il était à la préfecture.

Vers la fin du mois d'octobre, Fry rencontre le jeune Français. Les conceptions de Bénédite rejoignant les siennes, il l'engagea, ainsi que sa femme Théo. Cette décision allait se révéler excellente : Bénédite put régler les problèmes de Fry avec la police et, après le départ de Hirschman, il allait devenir le bras droit de Fry. Bénédite travaillait pour lui depuis un certain temps quand il écrivit à Eileen qu'il avait eu « un entretien cordial » avec le préfet à Marseille et qu'il était « en très bons termes avec un certain nombre de ses adjoints, ainsi qu'avec la Sûreté nationale et beaucoup d'autres instances officielles ». Avec le temps, Fry et Bénédite nouèrent une solide amitié.

Par l'intermédiaire de Bénédite, Fry rencontra un autre Français, Jean Gemähling, qui avait essayé de fuir la France de Pétain pour rejoindre les Forces françaises libres à Londres. Il avait vingt-huit ans, était chimiste de profession, et Mary Jayne Gold le décrit comme « très blond avec des yeux bleus et une complexion colorée ». Quand il demanda de l'aide à Fry pour se rendre à Londres, ce dernier répondit : « Je ne peux rien faire pour vous mais, en même temps, c'est mon activité ici ; vous êtes intéressé[1] ? » Gemähling accepta de rester en France avec Bénédite et Fry. Ardent gaulliste et bon catholique, Gemähling effectua d'abord des entretiens de réfugiés puis finit par faire partie du premier cercle de Fry. Bien plus

1. Entretien avec Jean Gemähling, 31 juillet 1998.

tard, tout comme Bénédite, il deviendra un héros de la Résistance française.

Fry avait aussi engagé un médecin, Marcel Verzeanu (nom de code « docteur Maurice Rivière »), pour soigner les corps et les esprits malades des réfugiés souffrant de troubles physiques et émotionnels. (Après le départ de Hirschman, Verzeanu prendrait en charge la recherche de filières d'évasion illégales.) Pour s'introduire dans la haute société française, Fry fit appel à Marcel Chaminade, que Davenport décrit comme un « petit homme aux cheveux gris, un peu chétif, habillé avec soin », aux idées catholiques et conservatrices. Chaminade avait des relations au sein du gouvernement car il avait travaillé aux Affaires étrangères. Hirschman et Bénédite se méfiaient de Chaminade en raison de son caractère ; il n'a jamais été invité à rejoindre le premier cercle du groupe. Sa fonction principale était de guider Fry à travers les méandres confus de la diplomatie française. Quand Fry finit par apprendre que Chaminade écrivait pour un « journal fanatiquement proallemand et antisémite », il le limogea. Enfin, Fry engagea un autre ami de Davenport, le musicologue et journaliste Charles Wolff, originaire de Toulouse, un socialiste qui avait accueilli des réfugiés dans sa petite maison parisienne.

Même avec un personnel renforcé, Fry continuait de se plaindre auprès d'Eileen : dans son travail, il avait l'impression « d'essayer d'endiguer le Déluge : même Dieu n'y arrive pas ! ». Pourtant, en peu de temps, il avait accompli beaucoup. Il avait bel et bien sauvé les 250 personnes qu'il avait sous sa protection, un exploit sans doute impossible à envisager pour n'importe qui d'autre. Il avait sauvé les écrivains Heinrich et Golo Mann, Franz Werfel, Konrad Heiden, Lion Feuchtwanger, Arthur Koestler et Hertha Pauli, le mathématicien Emil Gumbel, le docteur nobellisé Otto Meyerhof et de nombreux autres dont Egon Erwin Kisch, Leo Borochowitz, Hans Natonek, Conrad Reisner,

Boris Nikolaewsky, Fritz Adler, Walther Victor, Leonard Prusak, Babette Gross, Baldur Olden, Franz Pfemfert, David Schneider, Friedrich Stampfer, Jacob Walcher, Milly Zirker et Friderike Zweig.

À la fin de l'automne, la France, qui n'était plus dans l'état chaotique qu'elle avait connu au lendemain de la capitulation, s'était remarquablement ressaisie. En conséquence, pour les réfugiés encore à Marseille, les perspectives d'évasion se compliquaient. Quand Hitler rencontra le maréchal Pétain à Montoire, le 24 octobre 1940, tous les journaux publièrent des photos de leur rencontre historique. Vichy renforça ses lois concernant les réfugiés et, si incroyable que cela paraisse, la situation s'aggrava encore un peu plus. Fry racontait à Eileen des récits de plus en plus terribles : interné dans un camp français, le critique d'art Paul Westheim était devenu aveugle faute de soins médicaux adaptés ; le physicien Peter Pringsheim avait été envoyé dans un camp « indigne pour des porcs » ; des hommes portés volontaires pour la Légion étrangère s'étaient fait arrêter parce que juifs[1].

*Le fils du noble : Walter Meyerhof*

À la fin de l'automne 1940, les Fittko engagèrent comme coursier un jeune émigré allemand dans l'attente de son visa américain. Walter Meyerhof[2] était né à Kiel le 29 avril 1922, année où son père, Otto, un éminent biochimiste, avait remporté le prix Nobel de physiologie ou médecine. Enfant, Walter était convaincu que ce prix équivalait à un titre nobiliaire et qu'il se retrouvait, par conséquent, fils d'un noble.

1. Westheim était le n° 1708 et Pringsheim le n° 1058 de la liste de Fry.
2. Walter Ernst Meyerhof était le n° 896 sur la liste de Fry.

En 1929, Otto fut promu directeur du département de physiologie dans un institut de recherche à Heidelberg, le Kaiser Wilhelm Institut. Avec sa femme, Hedwig, qui était juive, ils décidèrent que leurs enfants s'adapteraient mieux à la culture allemande s'ils étaient baptisés selon un rite chrétien. Après avoir quitté la religion juive, ils firent donc baptiser leurs trois enfants dans l'Église luthérienne. Lorsque Hitler devint chancelier, Walter, alors âgé de onze ans, ne connaissait pas ses origines juives. Un jour, lors d'une querelle avec un camarade de classe juif, Walter dessina une croix gammée sur le bureau du garçon. Quand, en rentrant à la maison, il se mit à raconter cet épisode à ses parents, ils lui révélèrent qu'ils étaient juifs. (Dans une interview en 1996, Walter se dira toujours horrifié par son geste.) En peu de temps, Hitler avait réussi à bouleverser la vie du garçon et de sa famille.

En 1936, les parents de Walter l'envoyèrent en Angleterre auprès d'une famille qui recueillait des enfants juifs. Il y resta deux ans. Pendant ce temps, en Allemagne, la Gestapo confisquait le laissez-passer d'Otto, qu'il parvint tout de même à récupérer avant de s'enfuir avec sa femme en Suisse, puis à Paris. C'est là qu'en décembre 1938, peu après la Nuit de cristal, les retrouvailles de la famille Meyerhof eurent lieu. Otto devint directeur d'un groupe de recherche en biochimie à l'Institut Rothschild, et Walter commença ses études supérieures en physique.

En septembre 1939, Walter fut interné, puis libéré, puis interné de nouveau en mai 1940, peu avant la capitulation de la France. Les internés dans les camps étaient considérés comme des *prestataires* – ou des ouvriers –, c'est-à-dire le rang le plus bas dans l'armée française. Peu de temps après l'armistice se déroulèrent les premières visites des camps par les autorités nazies – la commission Kundt. À ce moment-là, les Allemands évitèrent d'arrêter qui que ce soit, car ils respectaient toujours l'accord passé avec le général Weygand de ne pas arrêter de personnel de l'armée française. « À l'époque, se souvient Walter, la classification en *prestataires* a peut-être sauvé la vie à de nombreux prisonniers, dont moi[1]. »

À la suite de sa démobilisation, le 9 août, Walter a pu retrouver ses parents à Marseille, d'où ils se rendirent en train jusqu'à Banyuls-sur-Mer. Otto possédait un visa d'urgence américain pour visiteur et le salaire de son ancien poste, car le gouvernement français continuait à payer ses employés après l'armistice. En outre, un poste d'enseignant-chercheur l'attendait à l'université de Pennsylvanie. Bien que de prestigieuses institutions américaines se soient portées garantes des Meyerhof, elles avaient toutes échoué à obtenir les documents nécessaires à l'émigration du lauréat du prix Nobel et de sa famille. Un discours prononcé à la mémoire d'Otto Meyerhof, des années plus tard, révélait ainsi : « La Fondation Rockefeller et l'université de Pennsylvanie ont réclamé des visas de sortie de France pour les Meyerhof auprès du secrétaire d'État et à d'autres fonctionnaires du département d'État. Orville Bullitt a même directement sollicité son frère, William C. Bullitt, ambassadeur des États-Unis en France, mais toutes ces démarches sont apparemment restées vaines ». Âgé de dix-huit ans, Walter devait obtenir son propre visa américain, et ses parents avaient prévu cette démarche dès qu'ils seraient arrivés aux États-Unis.

Walter fit sa demande de visa d'immigrant pour le quota américain en 1938. En toute logique, il aurait dû le recevoir. « Puisque tous les consulats ont reçu l'autorisation d'émettre des visas d'immigration réguliers aux ressortissants allemands qui en ont fait la demande avant le 1er juillet 1939, je suis censé rentrer dans le quota », écrivit Walter. Lorsque Lisa et Hans Fittko lui proposèrent

1. Entretien avec Walter Meyerhof, 29 août 2000.

de lui faire traverser la frontière, il se résolut à accepter, car ses visas de transit espagnol et portugais étaient sur le point d'expirer. Se rappelant cet épisode extraordinaire, Walter décrit ainsi ses impressions : « D'après une note à peine lisible dans le calendrier de 1940 de ma mère, nous nous sommes mis en route le vendredi 6 septembre à midi, heure à laquelle les gardes-frontières seraient tous en train de déjeuner. Faire mes adieux à mes parents a été le moment le plus triste de ma vie. J'étais persuadé que je ne les reverrai jamais. »

Walter et les Fittko marchaient depuis cinq heures quand, à l'approche de ce qu'ils pensaient être la dernière colline, des policiers surgirent d'un bois pour les intercepter. Ils furent emprisonnés à Cerbère. Là, Walter écrivit à ses parents sur « une feuille d'épais papier toilette français » qu'il avait toujours avec lui, pour les informer de son arrestation. La note fut transmise aux Meyerhof par le biais d'un douanier compréhensif, et le maire Azéma intervint immédiatement : un coup de téléphone au juge (socialiste comme lui) qui s'occupait de cette affaire, et Walter et les Fittko recouvrèrent la liberté.

Walter est resté à Banyuls-sur-Mer, logeant dans une pension pendant que ses parents se préparaient à partir. Fry s'était arrangé pour qu'ils soient escortés à travers les Pyrénées jusqu'en Espagne par Dick Ball, l'un de ses passeurs les plus fiables. Début octobre, les Meyerhof dirent au revoir à leur fils et, conduits par Ball, se mirent en route pour les Pyrénées. Walter décrit ce que ses parents lui ont raconté plus tard :

> « Ils avançaient en file indienne et n'avaient pas le droit de parler. En arrivant près de la frontière, ils ont dû se cacher dans les buissons car Ball pensait avoir entendu quelqu'un. Ensuite, tout le monde a dû retirer ses chaussures avant de repartir vers l'Espagne. Ball leur a indiqué le chemin vers la frontière et les a laissés. Les

gardes-frontières espagnols étaient extrêmement arrogants et, en général, renvoyaient en France les personnes qui n'avaient pas de visa de sortie français. Quant aux personnes sans visa espagnol, elles étaient emprisonnées. Ce dimanche-là, mes parents ont fait la queue, puis ont été examinés par les douaniers qui ont renvoyé tout le monde en France. »

Pendant qu'elle attendait de pouvoir repasser, Mme Meyerhof remarqua John Hurley, un consul américain en route pour l'Espagne qui était descendu à la gare de Port-Bou. Elle lui demanda de l'aider et il fit le nécessaire pour que l'officier à la frontière examine le cas des Meyerhof. Ce dernier refusa à plusieurs reprises de les laisser passer. Puis, il finit par les autoriser à franchir la frontière. Ils se rendirent à Barcelone, puis à Madrid et Lisbonne. Après cela, ils n'eurent plus aucune difficulté et purent embarquer pour l'Amérique le 16 octobre, à bord de l'*Exaohorda*.

Avant de quitter la France, Otto avait demandé à Fry de veiller à ce que son fils ne soit pas arrêté. Walter se trouvait à Banyuls-sur-Mer mais, chaque fois qu'il se rendait à Marseille, Fry s'assurait qu'il ait bien un endroit où dormir. Et c'est vers Fry qu'il se tournait chaque fois qu'il voulait être rassuré sur la possibilité de s'échapper un jour.

Des dizaines de lettres entre Walter Meyerhof et Fry témoignent de l'angoisse et du désespoir du jeune homme, mais aussi de sa patience et de son obstination. Les lettres de Fry prouvent jusqu'où il pouvait aller pour aider ses protégés, et quels obstacles bureaucratiques il s'acharnait à surmonter pour eux. En octobre, Walter était préoccupé par l'obtention d'une carte d'identité (sans laquelle les autres papiers étaient impossibles à obtenir) et d'un laissez-passer lui permettant de voyager en France. Fry envoya Marcel Verzeanu à Banyuls-sur-Mer pour lui rendre visite et lui donner l'assurance que le Centre s'activait sur son dossier. Enfin, la carte d'identité de Walter arriva au consulat, mais on lui refusa son laissez-passer. Il s'adressa une nouvelle fois au gouvernement de Vichy et demanda l'aide du préfet local. « Je suis citoyen allemand, juif converti au protestantisme, écrivait Walter. Je souhaite rejoindre mes parents aux États-Unis. » Naturellement, il attendait toujours un visa américain. Lorsque Walter apprit que sa requête serait examinée par Vichy le 10 décembre, il demanda à Fry de solliciter l'ambassade américaine en son nom. Fry obtempéra, demandant à l'ambassade « de soutenir tout particulièrement la demande de M. Walter Meyerhof ». Début janvier 1941, la détermination du jeune homme paya : il obtint à la fois un visa américain et un visa de transit portugais, en attendant son visa de transit espagnol. À la fin du mois, lorsqu'il reçut un visa de sortie français, la liste des papiers nécessaires était presque complète. Mais il apprit que le visa de transit espagnol lui avait été refusé. Il réitéra aussitôt sa demande. Espérant que son évasion était imminente, il demanda à Fry si un bateau au départ de Marseille ralliait Lisbonne. Fry lui répond qu'aucun bateau entre Marseille et Lisbonne n'était autorisé à prendre des passagers mais ajouta qu'il télégraphiait à Charles Joy, président de l'Unitarian Service Committee, pour lui demander d'appuyer sa demande de visa espagnol.

En mars, Walter le reçut enfin. Il écrivit à Fry : « Cette fois, c'est vraiment le départ. Je m'en vais demain et j'espère arriver à Lisbonne au début de la semaine prochaine. Je n'ai pas encore réservé ma place sur un bateau. [...] Je tiens à vous remercier très sincèrement pour l'aide précieuse que vous m'avez apportée pendant ces mois d'attente. Je suis heureux qu'ils soient enfin terminés. »

Mais il n'était pas encore libre. Auparavant, il avait obtenu un *affidavit* à valeur de passeport, tamponné et signé par le vice-consul américain Myles Standish, attestant de l'identité de son porteur, ressortissant allemand sans passeport. « J'avais jeté mon passeport allemand pendant mon transfert entre deux camps d'internement », se souvient Walter. Lorsqu'il présenta cette attestation sous serment aux gardes-frontières espagnols du Perthus, dans les Pyrénées, ils prétendirent « qu'ils n'avaient jamais vu un tel document et qu'ils devaient appeler leur quartier général à Madrid pour savoir s'ils pouvaient [l]e laisser entrer en Espagne ». Walter attendit six heures avant qu'on lui annonce qu'on ne pouvait pas le laisser entrer. Deux semaines plus tard, il y parvint enfin en se faisant passer pour le secrétaire de Charles Joy. À ce moment-là, son *affidavit* ne posa aucun problème...

Il embarqua sur un cargo à destination de l'Amérique (un navire qui, quelque temps plus tard, serait coulé par des sous-marins allemands) et parvint sain et sauf au port de New York, le 16 mai. Avant de partir, il avait de nouveau remercié Fry « pour la grande aide et la gentillesse dont [il avait] toujours fait preuve à [s]on égard. Tout s'est si bien passé pour moi. J'ai appris que vous aviez quelques problèmes, rien de grave j'espère. Comme j'espère que nous pourrons bientôt nous revoir en Amérique ».

Devenu physicien, Walter épousa une femme qui avait fui l'Allemagne sur le dernier *Kindertransport*[1], avec qui il fonda une famille. Pendant de nombreuses années, il ne pensa plus à Fry. « J'avais bien l'intention de le revoir quand il serait rentré aux États-Unis mais je devais me concentrer sur mes études de physique, et c'était très prenant. Fry m'est sorti de la tête car j'avais des examens à travailler. C'est ce qui s'est passé pour beaucoup de gens,

1. Nom donné à d'une série d'opérations de sauvetage qui permit, entre 1938 et 1940, de transférer de l'Allemagne nazie vers la Grande-Bretagne des milliers d'enfants juifs réfugiés.

je crois. On reprend simplement le cours de sa vie et on n'y repense plus vraiment. »

Bien qu'il n'ait jamais revu Fry, une série de coïncidences lui rappelèrent, en 1996, l'homme à qui il devait la vie. Quarante-cinq ans après sa fuite d'Europe, Walter Meyerhof créa la Fondation Varian Fry. Son but était d'apprendre aux jeunes Américains « qui était Fry, cet homme qui a aidé d'autres hommes contre vents et marées ».

# 6

## L'impromptu d'Air-Bel

*« Tant bien que mal, par une étrange conjonction de rencontres de hasard et de coïncidences improbables, je m'étais retrouvée emportée vers un lieu où la souffrance, la consternation, la déception et la colère s'étaient muées en dociles servantes de la justice. [...] Notre petite bande d'amateurs, entièrement portée par l'intellect vigoureux de Fry et son sens du commandement, avait réussi à se jouer de la Gestapo de Hitler. C'était assez grisant. Et maintenant, nous étions à Air-Bel, notre refuge à la campagne... J'avais la conscience aiguë d'une chose : jamais plus sans doute la vie ne m'offrirait un tel moment. »*

*Miriam Davenport*

Les eaux chaudes et salées de la Méditerranée clapotaient doucement contre la coque des bateaux de pêche amarrés au quai près de la rue Royale. Une haute silhouette svelte sanglée dans un costume à rayures club, dont la poche de veste s'ornait d'un mouchoir en soie rouge et blanc, se hâtait le long de la rue silencieuse. C'était Fry, en retard à son rendez-vous avec Hirschman et trois de ses protégés les plus importants : Georg Bernhard, journaliste et éditeur menacé par les nazis ; Klaus Dohrn, un jeune Allemand catholique qui avait été interrogé par les agents de la commission Kundt ; et Walter Mehring.

Les gouvernements français, espagnol et portugais ayant adopté, peu de temps auparavant, des politiques migratoires beaucoup plus restrictives, personne – pas même Fry – ne pouvait avoir la moindre certitude concernant la situation à la frontière. Depuis son arrivée en France, Fry n'avait cessé de chercher des filières d'évasion maritimes, d'imaginer des dizaines de scénarios d'exfiltration par bateau. Mais les capitaines de navire et les divers intermédiaires étaient souvent cupides et sans scrupule, proposant un service minime, sans rapport avec les sommes demandées. Les skippers n'hésitaient pas à gonfler leurs tarifs, même pour un « vieux rafiot », comme se rappelle Fry, qui se méfiait en outre des intermédiaires – lesquels pouvaient très bien être des informateurs.

Dick Ball, jamais à court de ressources, avait entendu parler d'un chalutier dont le capitaine acceptait de transporter un petit groupe de réfugiés à Gibraltar pour la somme énorme de 225 000 francs, soit 4 500 dollars. Fry avait le pressentiment qu'il se contenterait d'empocher l'argent sans transporter personne. Mais c'était la seule possibilité de sauver la vie de Georg Bernhard. « Hitler avait une liste des dix Allemands les plus recherchés et mon beau-père figurait en troisième position dessus[1] »,

1. La famille de Gys Landsberger avait fui l'Allemagne très tôt car son père avait prévu que Hitler resterait longtemps à la tête du pays. Après la capitulation de la France, la famille avait été mise en quarantaine et le père de Gys arrêté, puis envoyé au camp d'extermination de Majdanek en Pologne. Le frère de Gys était parti à pied en Espagne et avait rejoint les rangs de l'armée britannique. Le futur mari de Gys, Herbert Landsberger, s'était porté volontaire dans l'armée française et avait été envoyé en Afrique du Nord. Pour Gys, la volonté de l'armée française d'envoyer des volontaires juifs en Afrique du Nord était « la seule action digne de la part des Français ». S'ils étaient restés en France, « les Allemands les auraient tués ». Une fois démobilisé, Landsberger s'est rendu à Marseille, où

se rappelle Gys Landsberger. Le capitaine Dubois, de la police de Vichy, avait montré la liste à Fry qui, s'il craignait de perdre son argent, préférait écouter le désespoir de ses protégés plutôt que son propre cynisme grandissant.

Le chalutier pouvait aussi accueillir quelques prisonniers de guerre anglais. Conformément à son accord avec les services de renseignement britanniques, Fry utilisa une partie des fonds versés par les Anglais pour payer le capitaine. Une fois les détails du plan réglés, Fry fit parvenir un message aux Bernhard, à Dohrn, à Mehring et aux soldats britanniques : rendez-vous dans le hangar à gauche du phare, sur le quai, dimanche 27 octobre à 22 heures. Ils devaient apporter leurs affaires et assez d'eau et de nourriture pour tenir quatre jours.

Cette nuit-là, émigrés allemands et soldats anglais se retrouvèrent sur le quai. Fry leur parlait à voix basse, vérifiait qu'ils avaient bien les bons papiers et rassurait Mehring, qui était terrifié. Puis il leur dit adieu et se rendit à la gare Saint-Charles où il prit le train de nuit pour Tarascon, à une centaine de kilomètres au nord-ouest de Marseille. Il voulait s'éloigner de la ville pour pouvoir nier son implication dans l'opération, au cas où l'ennemi intercepterait le chalutier et interrogerait ses passagers.

Les réfugiés et les soldats restèrent dans le hangar sur le quai pendant trois heures, puis Hirschman les retrouva pour leur annoncer qu'il y avait un contretemps. Il partait voir Ball dans un bistro du Vieux-Port et il reviendrait pour les tenir au courant. À son retour, un peu plus tard, il leur expliqua que le capitaine avait augmenté son tarif. Enfin, à 2 heures, il revint et demanda à chacun de rentrer chez soi, car il n'y aurait pas d'évasion cette nuit-là. Ils

---

il a épousé Gys. Ils vivaient dans la clandestinité à Marseille avec sa mère Gertrud et son beau-père Georg Bernhard.

partirent l'un après l'autre pour ne pas attirer l'attention. Même Bernhard s'en alla discrètement.

À Tarascon, Fry passa une nuit agitée. Il écrivit une longue lettre à Eileen pour lui expliquer que la pression diminuait « mais pas en raison de l'amélioration de la situation : en fait, nos clients sont de plus en plus nombreux à se faire arrêter et emprisonner – ce qui me donne enfin le temps de reprendre mon souffle ». Il reconnaissait avoir atteint « il y a quelques semaines un degré d'épuisement nerveux tel que l'arrestation de certains de [s]es clients les plus insistants et insupportables était presque une bonne nouvelle[1] ». Pour lui, un tel aveu était choquant : la pression était si intense qu'il se sentait soulagé quand un de ses protégés tombait aux mains de la police. Cela signifiait qu'il aurait un réfugié de moins à prendre en charge, même si c'était un échec de plus, une perte de plus. Dans cette lettre, Fry expliquait à sa femme que sa mission était une suite ininterrompue d'« horreurs cauchemardesques ».

En rentrant à Marseille, le lendemain, il s'attendait presque à être accueilli à la gare par un fourgon de police. À son grand soulagement, il parvint pourtant à se glisser hors de la gare et à rejoindre son hôtel sans se faire remarquer. Il était en train de se changer dans sa chambre quand il entendit frapper à la porte : c'était Mehring. Le chalutier n'était pas parti : le capitaine avait volé l'argent. Les réfugiés étaient en bas, dans le hall, attendant les consignes de Fry.

Fry demanda au petit poète de l'attendre dans le couloir, puis il s'assit et sortit du tiroir de son bureau une flasque d'absinthe. Dans une lettre récente, Eileen lui avait demandé pourquoi il était encore en France. Même sa femme, qui partageait ses valeurs et ses convictions et qui avait été une des premières bénévoles à travailler

1. Lettre de Varian Fry à Eileen Fry, 27 octobre 1940.

pour Harold Oram, célèbre partisan des causes antifascistes, semblait conclure que Fry menait un combat perdu d'avance. Assis à son bureau, il se posait la même question : s'il ne pouvait plus faire évader les réfugiés, pourquoi restait-il à Marseille ? Sa réflexion ne dura qu'un instant, le temps de finir son verre. Il décida de cesser de se remettre en question et descendit dans le hall pour régler la situation de Mehring et des autres. Il repartirait de zéro : si le plan d'évasion par bateau échouait, il se concentrerait sur la filière terrestre.

Les chefs de l'ERC, quant à eux, continuaient de saper les efforts de Fry et de réclamer son retour aux États-Unis. La direction de l'ERC était divisée, désorganisée, comme souvent les organisations trop bureaucratiques. Certains membres du comité le soutenaient, d'autres s'opposaient à lui puis changeaient de position… Kingdon, Adams et Hagen (Karl Frank) partageaient le même désir de le voir revenir, comme l'écrivait Eileen. Mais voilà qu'ils changeaient d'avis et paraissaient tomber d'accord sur la nécessité de maintenir la présence de Fry en France. Peut-être Eileen était-elle mal informée ; peut-être la direction de l'ERC taisait-elle la vérité à l'épouse de Fry car, dans le courant du mois, le journaliste Jay Allen avait été recruté pour remplacer Fry.

Comme celui de Fry, le contrat d'Allen avec l'ERC était formulé en termes vagues et flous. Il précisait bien qu'il était d'abord engagé pour faire son travail de journaliste et non sauver des vies. Il s'agissait d'intervenir dans « une situation qui a considérablement évolué, nécessitant sans doute une nouvelle approche par de nouveaux moyens ». Le contrat d'un mois stipulait qu'Allen recevrait la somme de 5 500 dollars, apparemment destinés à couvrir l'aide aux réfugiés et son propre salaire.

À la toute fin du mois d'octobre, la frontière espagnole fut de nouveau fermée. Fry et son petit cercle de collègues continuaient à mener une double activité. « Je commence toujours ma journée de travail à 8 heures et la termine vers 23 heures, quand ce n'est pas 1 heure du matin, écrit-il dans la même lettre à Eileen. Chaque jour, je vois des dizaines de personnes… » Dans la journée, il s'occupe des entretiens avec les réfugiés et parle avec des officiels pendant que son équipe alterne entretiens, acheminement de messages et requêtes de visas. Le soir venu, tout le monde se retrouve pour travailler sur les filières d'évasion. En novembre, la traversée des Pyrénées devint plus difficile car Vichy venait de remplacer à la mairie de Banyuls l'héroïque Azéma par un envoyé du gouvernement, « un officiel collaborationniste qui n'est même pas de la région », comme l'écrivit Lisa Fittko. On ne devait plus jamais revoir Vincent Azéma.

Le cercle des intimes de Fry était un groupe homogène de personnes partageant les mêmes convictions et les mêmes objectifs, quoique capables de différer dans leurs comportements, méthodes et conceptions. Leur unité, c'était la forte personnalité de Fry qui l'assurait. Chacun était loyal envers les autres. Un lien affectueux s'était noué entre eux, comme souvent quand des gens sont tendus vers le même but et luttent contre le même ennemi. Fry aimait profondément Hirschman. Après son départ, il transféra ses sentiments sur Bénédite. Gold paraissait incapable de rejeter les requêtes de fonds, et continua de distribuer de l'argent liquide pendant toute la durée de son séjour marseillais. Chaque membre de ce premier cercle donnait pleinement son énergie, son temps et son amour pour aider Fry.

Pourtant, malgré la générosité de Gold, les fonds commençaient à manquer sérieusement. Comme Fry l'explique à sa femme, le Centre américain de secours offrait un « répit de luxe à un type bien particulier de clients », ces gens dont l'existence ne les avait pas préparés à l'humiliation de la pauvreté. Incapables de vendre leurs œuvres ou de trouver un emploi, ils étaient obligés de compter sur la bienveillance d'inconnus. Si Fry ne recevait pas plus d'argent de New York, au moins 10 000 francs par mois, écrivait-il à Eileen, ses protégés seraient réduits à la mendicité ou se feraient interner. L'effet serait dévastateur, même pour les personnes les plus endurcies – or « peu de réfugiés le sont, durs ».

Le courrier de Fry étant censuré ; il ne pouvait pas écrire à Eileen qu'il avait aussi besoin d'argent pour financer l'action clandestine du Centre, mais il espérait qu'elle lirait entre les lignes. Faire passer illégalement la frontière à des réfugiés était une procédure coûteuse : il fallait payer les guides, des informations et des hébergements sûrs. Tôt ou tard, prédisait Fry, le Centre devrait fermer, sauf si l'ERC acceptait d'intensifier sa collecte de fonds. « Rappelle à ces imbéciles de New York qu'il ne s'agit pas d'un travail romantique mais d'un travail de bureau très exigeant. Un travail qui prend du temps et va devenir de plus en plus difficile jusqu'à la fin de la guerre[1]. » Fry demandait également à Eileen de prévenir l'ERC qu'en plus de l'argent, il avait besoin d'un remplaçant, « quelqu'un de compétent ». Fry avait des idées bien arrêtées sur son successeur : il devait être aussi dévoué à sa mission que lui. (En réalité, il avait le sentiment d'être irremplaçable.) Il avait également besoin de visas. « Ils en ont obtenu pour tous leurs amis, mais très peu pour les personnes de grande valeur intellectuelle : romanciers, poètes, peintres, historiens, philosophes, scientifiques, médecins. Il faut qu'il fasse aussi quelque chose pour eux, et vite, car il devient de plus en plus difficile de trouver un moyen de sortir de France. » Le bureau de New York devait aussi comprendre que, sans le Centre, les nazis risquaient d'arrêter et d'emprisonner

1. *Idem.*

un grand nombre des réfugiés qu'il essayait d'aider. Son action était différente de celle des quakers et de l'Agence de secours juive locale. Les quakers n'avaient ni les fonds, « ni la compréhension nécessaire pour accomplir le même travail qu'[eux] ; leur mission est de secourir les masses, et ils sont incapables de distinguer un intellectuel de valeur d'un homme qui prétend l'être ». L'Agence juive avait des ressources limitées, elle aussi, et « des problèmes trop graves pour pouvoir verser autre chose qu'une allocation de subsistance minime ».

À la fin du mois d'octobre, Fry déplorait que les États-Unis ne fournissent plus qu'une poignée de visas d'urgence pour visiteurs. Officiellement, le département d'État craignait que l'afflux de réfugiés cache une Cinquième Colonne tentant d'infiltrer les États-Unis. Eileen pouvait-elle voir avec l'ERC si le gouvernement prévoyait d'émettre davantage de ces précieux visas ?

Fry avait longtemps pu compter sur l'intelligence et les talents de Miriam Davenport, qui lui annonça qu'elle allait démissionner pendant la première semaine de novembre pour pouvoir vivre avec son fiancé yougoslave. Il allait la regretter. Ce serait une personne de moins pour faire face à l'afflux de réfugiés, et la charge de travail de Fry serait encore plus écrasante. Chaque jour, il recevait au moins vingt-cinq lettres, et près d'une dizaine de coups de téléphone par heure. « Parfois, écrit-il à Eileen, des réfugiés rentrent directement dans ma chambre sans frapper à la porte ni se faire annoncer. » Certains de ses protégés – ni les plus brillants, ni les plus polis, ni les plus charmants – étaient « particulièrement imbuvables ». Davenport se rappelle que « les réfugiés allemands [étaie]nt tellement omniprésents et insistants qu'ils ne lui laiss[ai]ent pas une minute de répit et qu'il finit part prendre en grippe les Allemands. Il détestait le dire. Il détestait le penser ». Certains réfugiés allemands avaient tendance à « repousser ses clients espagnols en queue de file», et quelques-uns avaient une attitude qui signifiait clairement: «Pourquoi vous l'aidez, lui? Je suis plus important.» Mais, comme l'analyse Davenport: «Nous avions affaire à des êtres humains désespérés.»

Un des réfugiés, Wilhelm Herzog, prit la chambre voisine de celle de Fry afin de pouvoir l'intercepter le matin à sa sortie et le soir à son retour. Une certaine Margot Wolff entra un jour dans la chambre de Fry alors qu'il n'était pas encore habillé[1]. Un autre enfin surgissait littéralement devant Fry chaque fois qu'il entrait dans le hall de l'hôtel ou le quittait. Fry s'en plaignait: «Ils m'attendent dans le salon, me sautent dessus dès que je sors de l'ascenseur... Ils me rattrapent dans la rue.» Il décida de ne plus vivre au Splendide, où se déroulaient certains entretiens avec les réfugiés.

Au moment où Fry se trouvait en manque de solutions pour gérer les réfugiés les plus intrusifs, trois femmes dans son équipe étaient justement en train de chercher une maison: Davenport, Gold et Théo Bénédite, l'épouse de Danny. Gold et les Bénédite avaient déjà évoqué la possibilité de partager une maison de campagne, même si les Bénédite avaient aussi promis de vivre avec Victor Serge et sa famille. Davenport, qui allait quitter Marseille sous peu, se joignit à la troupe pour s'amuser.

Serge, un vieil ami de Danny Bénédite, était un écrivain et un activiste qui parlait, à en croire Fry, comme «un roman russe». Cet émigré chevronné qui était passé de pays en pays pendant des années avait fondé la Troisième Internationale avant d'être envoyé par Staline en Sibérie. Ce trotskiste était aussi membre du Komintern. Il avait vécu un temps à Paris, puis était parti pour le sud de la

1. Wilhelm Herzog et Margot Wolff étaient les n^os^ 1503 et 1467 de la liste de Fry.

France où il avait rapidement entendu parler de Fry et du Centre. Au Centre, il fut interrogé par Davenport. Le soir même, pendant la réunion de travail, elle parla de Serge, de son fils Vlady et de sa compagne Laurette Séjourné[1] : Fry approuva tout de suite une aide financière pour qu'il puisse se loger et se nourrir, et décida de les aider à quitter la France.

Un jour, vers la toute fin d'octobre, Jean Gemähling accompagna Gold, Davenport et Théo Bénédite dans une excursion à la recherche d'une maison. Le groupe prit un train au départ de Marseille et, après environ une demi-heure, quand il s'arrêta dans la banlieue de la Pomme, Gemähling et les trois femmes remarquèrent un joli café près de la gare. Ils descendirent à quai et se dirigeaient vers le café quand ils passèrent devant l'entrée d'un domaine, marquée par un portail flanqué de grands piliers en pierre sur lesquels était gravé le nom d'*Air-Bel.* Ils jetèrent un coup d'œil à l'intérieur et aperçurent un vieillard qui ratissait des feuilles devant une grande ferme déserte. Gold ne voulait pas s'arrêter, estimant la maison beaucoup trop grande, mais Davenport insista pour qu'ils aillent au moins la voir. M. Thumin, qui se révéla être un ornithologue amateur excentrique, s'arrêta de ratisser le temps de leur expliquer que la ferme n'était pas à louer. Dès que Gold sortit quelques dollars, il accepta tout de même de leur faire visiter les lieux. Au début, Gold et Bénédite trouvaient la maison trop grande pour leurs besoins avec ses dix-huit pièces, mais Davenport réussit à les convaincre. Après tout, la maison portait presque le même nom que l'hôtel miteux où elle logeait, le Paradis-Bel Air – c'était un signe du destin. De plus, puisque le Centre versait de quoi vivre à certains « clients favoris », pourquoi ne pas les inviter à partager la villa et à

1. Laurette Séjourné avait le n° 1248 sur la liste de Fry.

contribuer au fonctionnement des lieux. Elle suggéra donc de louer la maison, d'engager un cuisinier et une femme de chambre, et de proposer au personnel et aux protégés de Fry de venir y vivre.

Gold et Bénédite décidèrent de prendre la maison ; Gold paya le loyer et, puisqu'il était citoyen français, Bénédite signa le bail. Le jour même, ils engageaient du personnel de maison : Mme Nouget pour la cuisine, Rose pour le nettoyage et Marie, une réfugiée espagnole âgée de quinze ans, pour s'occuper du jeune fils des Bénédite. Puis le petit groupe retourna au bureau du Centre et annonça avec enthousiasme leur découverte d'une merveilleuse maison, située à seulement une demi-heure de Marseille.

Située « là où se termine la ville et où commence la vraie campagne », pour reprendre la formule de Gold, la propriété d'Air-Bel s'étendait sur 85 hectares et se trouvait à moins de cinq cents mètres de la route principale. Le « château délabré » à deux étages dont parle Victor Serge était si spacieux que « même douze personnes et trois domestiques peuvent y vivre sans se gêner[1] ». Le rez-de-chaussée accueillait une salle de petit déjeuner, une cuisine, une salle à manger – également utilisée pour travailler et écouter la radio –, une serre et un salon carrelé de noir et blanc, meublé en style Louis XV, où trônait un piano à queue orné de chandeliers anciens ouvragés. Aux étages se trouvaient une bibliothèque, une chambre principale avec un vaste dressing et une autre chambre à coucher spacieuse, avec des meubles précieux. Toutes les autres chambres étaient dotées de cheminées au manteau de marbre. Le parc était planté de platanes, d'acacias et de cèdres du Liban. On y trouvait aussi un jardin à la française, des parterres de fleurs et un bassin de nénuphars avec une fontaine à l'eau stagnante, et même un jardin

1. Lettre de Varian Fry à Lilian Mackey Fry, 3 novembre 1940.

potager qui finit par produire des fruits et des légumes frais, une compensation inespérée au régime alimentaire pauvre en temps de guerre.

Dès sa première visite de la villa, Fry était conquis. Il courait d'une pièce à l'autre, s'extasiait sur la pureté de l'air autant que devant les fresques de scènes mythologiques décorant les murs de la bibliothèque. Gold commente : « Ce fut la seule fois, je crois bien, que sa culture classique lui fut d'une quelconque utilité pendant cette année à Marseille. » En proie à un accès d'enthousiasme, il se précipita dans chaque chambre, ouvrant chaque petite table de chevet pour y voir les pots de chambre…

Air-Bel offrait « un de ces panoramas magnifiques qu'on trouve seulement dans la région méditerranéenne, note Fry. Une vue sur les pins et les oliviers, un camaïeu de verts pâles et de verts foncés, des toits de tuiles d'un rouge délicat, de nappes de brume au loin et, en arrière-plan, les rudes montagnes de calcaire gris qui cernent la région de Marseille tel un immense amphithéâtre ». La terrasse devant la maison était flanquée de deux énormes platanes taillés à la française, torturés et noueux. Au-delà du jardin se trouvaient « une prairie puis d'autres champs, des bosquets de pins méditerranéens, de petites maisons aux toits de tuiles rouges, le surgissement soudain de cyprès noirs, les montagnes découpant leurs contours poivre et sel, gris et verts, contre le ciel ».

La location commença le 1er novembre. Gold, Davenport et les Bénédite emménagent, mais Gold se montra d'abord réticente à ce que Fry les rejoigne. Réaction étonnante de sa part, elle qui était d'ordinaire si généreuse. Sans doute espérait-elle garder la maison pour elle et ses amis, et non pour Fry et le personnel du Centre. Car même si Gold travaillait pour lui, raisonne Davenport, « elle ne voyait pas pour quelle raison il aurait pu investir cette maison dont elle payait le loyer ». Mais

Gold finit par accepter quand Davenport lui suggéra d'inviter Fry à s'installer à Air-Bel. En tant que directeur du Centre, il était plus surmené et en manque de repos que quiconque. Fry passa son premier week-end à Air-Bel dans une chambre du premier étage, dormant douillettement sous le vieux manteau de lapin de Miriam Davenport. Davenport quitta Marseille le lundi 4 novembre et, deux semaines plus tard, Charlie Fawcett partait lui aussi. Davenport avait attendu jusqu'à la dernière minute dans l'espoir d'obtenir un visa de retour français, mais la chance ne lui avait pas souri. Dans une lettre, elle écrit : « Hélas, mes rêves ont été brisés par Vichy. Je suis partie pour la Slovénie [...] et je n'ai pas eu l'autorisation de revenir en France. » En quittant Air-Bel, Fry et la France, la jeune femme avait le sentiment d'avoir expérimenté un moment rare et privilégié.

Fawcett se souvient que, dans son travail de portier et de coursier, il n'avait pas pris part au travail clandestin du Centre, mais qu'il transmettait des messages entre Fry et les réfugiés. Un jour, Henri Matisse, qui n'était pas en fuite, l'avait invité à partager son dîner. « On a prétendu que Matisse n'avait jamais proposé son aide, mais je peux vous assurer qu'il avait une grange où il cachait des réfugiés. » Le jeudi 14 novembre, le capitaine Dubois passa voir Fry pour l'avertir que son sympathique portier était sur le point d'être arrêté. Très inquiet, Fry appela Fawcett pour lui annoncer la terrible nouvelle. Le jeune homme resta imperturbable, expliquant à Fry et à Dubois qu'il partirait le jour suivant. « Non, intervint Dubois, vous partez ce soir car demain matin, à 6 heures, je viens pour vous arrêter. »

Fry décida de profiter du départ de Fawcett pour lui donner un message à transmettre à l'ERC. Même si le Comité n'approuvait pas l'action clandestine de Fry, ce dernier se sentait obligé de tenir ses membres informés de l'évolution de son opération. La méthode utilisée pour faire sortir clandestinement des documents sensibles – comme ce rapport destiné à l'ERC –, Fry l'avait apprise auprès de ses collègues européens. Il demandait à sa secrétaire de taper les messages sur des papiers qu'il découpait en petites bandes, bandes qu'il introduisait ensuite dans des préservatifs. Ces derniers étaient insérés dans des tubes de dentifrice vides puis transportés hors de France soit par des réfugiés, soit par d'autres personnes. Fawcett fit ainsi sortir clandestinement les rapports de Fry dans des préservatifs cachés dans le troisième piston de sa trompette et dans un moulage de tête en plâtre.

Malgré sa jeunesse, Fawcett savait comment échapper à la police. « Les Allemands sont faciles à reconnaître : leur costume est toujours parfaitement repassé, celui des Français, jamais. » Il craignait juste qu'en cas d'interrogatoire, sa tendance à rougir et à bafouiller sous l'effet de la gêne ou de la peur puisse le trahir. Peu avant de partir, il se rendit dans un bar pour « boire un peu de courage », et la vision d'une femme dont les jambes croisées révélaient un porte-jarretelles lui donna une idée : il griffonna rapidement, sur des morceaux de papier arrachés au menu, des dessins pornographiques, puis les posa par-dessus ses vêtements dans sa valise. À présent, en cas de fouille et d'interrogatoire, il aurait une bonne raison de rougir et d'avoir l'air embarrassé. À la frontière, un garde trouva les dessins sexuellement explicites dans sa valise et dit à Fawcett : « Vous ne pouvez pas apporter des dessins aussi dégoûtants dans un pays catholique. On va devoir les confisquer. » Et il laissa le jeune homme franchir la frontière. Fawcett remarqua qu'il montrait ses dessins à un collègue et les entendit hurler de rire.

Fry lui avait aussi demandé de transmettre à l'adjoint du chargé d'affaires britannique à Barcelone un message oral concernant les soldats anglais coincés à Marseille. Ce

Charles Reuben Fry travailla toute sa vie au sein de la Children's Aid Society. Son petit-fils Varian héritera de sa profonde empathie pour les autres. *(Annette Riley Fry Collection)*

Dès son plus jeune âge, Fry développe un amour de la nature, notamment des oiseaux. À dix ans, il sauve un passereau des griffes d'un chat. *(Annette Riley Fry Collection)*

Lilian et Arthur Fry ont toujours soutenu leur fils pendant ses douloureuses années de classe préparatoire. *(Annette Riley Fry Collection)*

Varian Fry en 1926. Cet hiver-là, il fonde avec Lincoln Kirstein, un camarade de Harvard, *The Hound & Horn*, une revue littéraire de grande qualité. *(Annette Riley Fry Collection)*

Eileen Hugues, dont Fry tomba amoureux pendant sa première année d'étudiant. Ils se marièrent après l'obtention de son diplôme. *(Annette Riley Fry Collection)*

En tant que rédacteur en chef de la revue *The Living Age*, Fry se rendit à Berlin en 1935, peu avant l'adoption des lois des Nuremberg. *(Annette Riley Fry Collection)*

Fry débarque à Marseille cinq ans plus tard et ouvre le bureau de l'Emergency Rescue Committee l'Hôtel Splendide, non loin du Vieux-Port. Le Centre américain de secours lui sert de couverture. *(Annette Riley Fry Collection)*

Albert Hirschman (à droite) et Fritz Heine, deux des plus proches collaborateurs de Fry. Surnommé « Beamish » par Fry, l'indispensable Hirschman se charge de mettre au point des itinéraires d'évasion et d'échanger des devises au marché noir. *(Varian Fry Papers, Columbia University)*

Miriam Davenport, une étudiante américaine en école d'art, s'occupe des entretiens avec les réfugiés, puis examine leur dossier avec Fry. *(Varian Fry Papers, Columbia University)*

Mary Jayne Gold, une autre Américaine travaillant pour Fry, use de son charme auprès du commandant français d'un camp de prisonniers pour qu'il en autorise certains à sortir. *(Chambon Foundation, Gold Collection)*

Le soir venu, les réunions secrètes de Fry et de son équipe déterminent le sort des réfugiés. Au fond, de gauche à droite : Marcel Verzeanu, Frederic Drach, Paul Schmierer, Jacques Weisslitz ; au premier plan : Marcel Chaminade, Hans Sahl, Heinz Oppenheimer, Daniel Bénédite. Quand Hirschman, sous la menace d'une arrestation, est contraint de quitter la France, Bénédite devient le bras droit de Fry. Weisslitz sera tué par les nazis. *(Annette Riley Fry Collection)*

La décision finale revient toujours à Fry. *(ph. Ylla © Pryor Dodge, Annette Riley Fry Collection)*

Les dimanches à Air-Bel, en compagnie des surréalistes, offrent à Fry une parenthèse pour oublier, l'espace d'un instant, la gravité de sa mission. *(Varian Fry Papers, Columbia University)*

À Air-Bel, Fry et Consuelo de Saint Exupéry, épouse de l'auteur de *Vol de nuit*, suspendent des tableaux aux branches d'un grand platane. *(Varian Fry Papers, Columbia University)*

Dans sa chambre d'Air-Bel, Fry examine les papiers d'André Breton, de sa femme Jacqueline Lamba et de Max Ernst. *(ph. Ylla © Pryor Dodge, Annette Riley Fry Collection)*

Déjeuner en tête à tête entre Jean Gemähling et Consuelo de Saint Exupéry. *(Annette Riley Fry Collection)*

Hiram Bingham, vice-consul des États-Unis, est le seul officiel américain à manifester de la sympathie pour l'action de Fry. Il l'aide même à concevoir des itinéraires d'évasion pour les réfugiés. Subséquemment, il sera muté à une autre affectation et ne recevra aucune promotion aux Affaires étrangères. *(William S. Bingham collection)*

L'Autrichien Bill Freier, dessinateur de *cartoons*, était le faussaire en chef du réseau et passait ses jours et ses nuits à sa table à dessin. Quand il ne fabriquait pas des faux papiers, il s'amusait à caricaturer son patron. Capturé et envoyé à Auschwitz, il parviendra à survivre. *(Annette Riley Fry Collection)*

Expulsé par le régime de Vichy, Fry quitte la France le 6 septembre 1941. Ses amis lui disent adieu sur le quai de la gare de Cerbère. De gauche à droite : Paul Schmierer, Helen Hessel, Daniel Bénédite, Marcel Verzeanu, Lucie Heymann, Jeanne Vialin, Charles Wolff, Ludwig Copperman et Annette Pouppos. Plus tard, Bénédite, ainsi que Jean Gemähling, rejoindront la Résistance. Dénoncé, Wolff mourra sous la torture de la Milice en août 1944. *(Varian Fry Papers, Columbia University)*

En 1945, Random House publie *Surrender on Demand* (« Livrer sur demande »), récit-souvenir de l'année passée par Fry à Marseille. *(Annette Riley Fry Collection)*

En 1963, le sculpteur Jacques Lipschitz, qui a reconnu devoir la vie à son ami, remet à Fry la médaille de l'International Rescue Committe décernée pour « sa défense de la liberté ». *(Annette Riley Fry Collection)*

Avril 1967 : Varian Fry, entouré de sa femme Annette, épousée en 1950, et de leurs enfants James, Sylvia et Thomas, est fait chevalier de la Légion d'honneur, cinq mois avant son décès. (*Jean Lacombe, France-Amérique* - Le Courrier des États-Unis, *20 avril 1967)*

que fit Fawcett dès son arrivée en ville. Mais, en sortant de l'ambassade britannique, il fut remarqué par des policiers espagnols qui crièrent : « Qu'est-ce que vous faisiez là-dedans ? » Ils l'arrêtèrent et le renvoyèrent en France occupée, au siège de la Gestapo, dans une petite ville aux abords de Biarritz.

Pendant qu'il attendait, assis sur un banc, Fawcett réfléchissait à un moyen de s'évader. Quand il vit un officier allemand sortir d'une pièce, suivi d'un civil français collaborationniste qui se donnait beaucoup de mal pour impressionner le nazi, Fawcett sut qu'il avait trouvé un moyen de sortir. Il se dressa d'un bond et leur ouvrit la porte, puis leur emboîta le pas avec sa valise. Marchant derrière l'officier de la Gestapo et le civil à travers une cour qui paraissait longue de 2 000 kilomètres, il espérait donner l'impression aux témoins de la scène qu'il transportait les affaires du nazi. Quand les deux hommes s'éloignèrent en voiture, Fawcett se mit à courir. Il sauta dans un train, sortit de l'autre côté puis fit signe à un camion de s'arrêter. « Il transportait des choux et le chauffeur m'a dit d'en manger un. Quand je me suis réveillé, j'étais devant la gare de San Sebastian. » De là, il monta dans un train de marchandises à destination de Madrid.

Il arriva sain et sauf à Lisbonne en décembre avec sa valise, sa trompette et sa tête en plâtre. Là, il rencontra Donald Darling, le célèbre directeur du Renseignement britannique. Il accomplit quelques missions pour lui et, selon un expert, il a peut-être servi d'intermédiaire entre le Renseignement britannique et Fry et ses protégés.

Pendant que Fawcett vivait cette nouvelle aventure, Fry rendait visite à un réfugié réticent, Marc Chagall[1], qui habitait une vieille maison de pierre à Gordes et refusait d'admettre qu'il pouvait courir le moindre danger. Il ne

1. Marc Chagall était le n° 210 sur la liste de Fry.

voyait aucun problème à rester à Gordes et à travailler dans son atelier qui, comme Fry le décrit à sa femme, était « meublé d'une grande table de cuisine, de quelques chaises en osier, d'un paravent bon marché, d'un poêle à charbon, de deux chaises en osier et d'une table de travail ». Quelque temps plus tard, après un passage à Marseille pour discuter du sujet avec Fry autour d'un verre de vin et d'une bouillabaisse, Chagall se montra moins réservé sur la possibilité d'émigrer. Fry et le couple Chagall avaient presque fini de dîner quand les sirènes retentirent. Le propriétaire du restaurant tira les rideaux d'occultation. Le repas s'acheva à la lueur des bougies. Lorsque le sifflet de fin d'alerte retentit, ils quittèrent le restaurant mais c'était une erreur, car l'attaque aérienne était toujours en cours. Fry passa un bras protecteur autour de Chagall, un autre autour de Mme Chagall, et tous trois marchèrent rapidement jusqu'à la gare de Noailles. Ils y restèrent jusqu'à la fin du raid aérien. Selon Fry, le bombardement pouvait être l'œuvre des Britanniques ou bien des Italiens « souhaitant retourner l'opinion publique française contre la Grande-Bretagne ». Même si, de l'aveu même de Fry, ce bombardement n'avait rien de vraiment impressionnant, cette confrontation avec le réel a pu influencer Chagall : il décida peu après d'accepter d'émigrer.

Avec Air-Bel comme refuge et comme échappatoire, Fry put alléger son emploi du temps chargé, réduire ses heures de travail et même, de temps en temps, s'accorder un week-end. Il se lia d'amitié avec une famille de réfugiés, les Hessel, notamment leur jeune fils Stéphane, alors âgé de vingt-trois ans. Cultivé et raffiné, issu d'un milieu littéraire aisé, Hessel était un compagnon idéal pour Fry. Les Hessel avaient suivi la filière classique pour fuir l'Allemagne : à Paris après la Nuit de cristal en novembre 1938, puis à Marseille après la défaite de la France. Franz, le père de Stéphane, était un ami de Walter Benjamin, avec qui il avait traduit Proust en allemand. Cet automne-là, Fry se rapprocha de Stéphane et de sa mère, Helen. Elle l'aidait dans divers domaines et lui assurait son soutien financier. Dès que Fry avait du temps libre, il contactait Hessel à son hôtel, le Moderne, et ils partaient ensemble se promener dans le Sud de la France.

Hessel racontera avoir « dorloté » Fry pendant ses moments de dépression et de mélancolie. « Quand il était fatigué et découragé car la vie n'était pas facile pour lui, je venais lui remonter le moral[1]. » Frustré de ne pas pouvoir faire sortir les gens qu'il aurait voulu aider, Fry se plaignait de ne jamais avoir assez d'argent ou de visas. Pendant leurs excursions, Stéphane et Varian parlaient surtout d'art, de sculpture et d'architecture, en particulier des églises romanes. Ces discussions les rapprochaient, ils abordaient toutes sortes de sujets, y compris le mariage. Hessel était marié lui aussi, et trouvait Fry malheureux en couple avec Eileen : « Son premier mariage a été, je ne dirais pas un échec, mais quelque chose dont il ne parlait pas avec beaucoup d'enthousiasme. Fry se comportait comme un mari qui n'était pas entièrement satisfait. »

À l'inverse, Gold se rappelle que Fry « se languissait de sa femme et espérait qu'elle le rejoigne ». Gold est certaine que, cette année-là, Fry n'a pas eu de « liaisons sérieuses. De toute façon, quoi qu'il ait pu faire, c'était toujours avec une grande discrétion ». Verzeanu ajoute que « Varian aimait les jolies femmes et qu'il pouvait avoir, occasionnellement, une très brève aventure. Ça nous est arrivé à tous[2]... ». Il arrivait aussi à Fry de rendre visite à des prostituées, comme il l'a écrit à Eileen : « J'aimerais beaucoup que tu reviennes dans mon lit car, malgré tes soupçons, je dors toujours seul et je n'aime pas ça. Je

1. Entretien avec Stéphane Hessel, 20 mars 1999.
2. Entretien avec Marcel Verzeanu, 8 mai 2000.

suis déjà allé plusieurs fois dans une maison close avec Otto [Hirschman] et ça ne me plaît guère. Depuis qu'il est parti, j'y suis retourné seul, c'était encore plus déprimant. » Il rêvait qu'Eileen puisse venir en France : « Ce serait merveilleux de t'avoir ici, non seulement pour ta compagnie au lit et en dehors, mais aussi pour toute l'aide que tu pourrais apporter à notre organisation[1]. »

La relation de Fry avec Hessel était importante pour lui, mais elle est absente de sa correspondance avec Eileen. Les deux hommes partageaient la même affection chaleureuse et strictement privée, une amitié, une « camaraderie très étroite entre deux jeunes hommes, pas particulièrement homosexuels bien qu'il y ait eu une proximité physique entre nous, des rapprochements, des étreintes, se rappelle Hessel. Nous n'étions pas proches physiquement au point de vouloir coucher ensemble, mais suffisamment pour sentir que nous n'étions pas seulement des âmes sœurs, mais aussi des copains ».

Fry avait également un autre compagnon : son caniche Clovis. Fry l'amena à Air-Bel et l'a décrit comme « un très gentil chien qui faisait fait pipi partout ». Grâce à Air-Bel, Clovis et Stéphane Hessel, la vie de Fry lui réservait quelques plaisirs, à côté du travail éreintant. Son activité avec les réfugiés continuait d'être exigeante – et gratifiante – mais, dorénavant, il avait une vie privée qui lui procurait un peu de joie et de détente. L'hiver arriva, trouvant Fry plus heureux qu'il ne l'avait jamais été dans sa vie.

### *Pas assez dégénérée : Charlotte Brand*

Fry avait pour mission d'aider les artistes que les nazis qualifiaient de « dégénérés ». Pour la plupart, leurs noms – transmis par Alfred Barr, du Museum of Modern

1. Lettre de Varian Fry à Eileen Fry, 23 février 1941.

Art – figuraient sur la liste initiale de Fry. En tant qu'étudiante en art, Miriam Davenport aida Fry à choisir quels artistes y ajouter. Mais, malgré son envie, il ne pouvait pas tous les sauver. « C'était impossible, et ce n'était pas notre mission, explique Davenport. Un type qui a une liste de deux cents noms et 3 000 dollars cachés dans son pantalon ne peut pas aider tout le monde[1]. »

Un jour, Charlotte Brand[2], peintre allemande d'une vingtaine d'années, se présenta au Centre et fut interrogée par Davenport. Ancienne étudiante au Bauhaus, elle s'était lassée du design moderne et était partie à Rome peindre des aquarelles. À son arrivée à Marseille, elle avait un portfolio rempli d'œuvres « plutôt belles ».

Brand était affamée, n'avait nulle part où dormir et était en danger, car sans doute juive. « Peu importe que vous ayez été élevé dans la foi protestante ou que, comme Hirschman, vous ayez reçu le baptême protestant. C'était du racisme : si vous avez un ancêtre juif, alors vous avez du sang juif, donc vous êtes juif. »

Davenport dit à la jeune femme : « Je peux tout à fait vous donner de quoi louer un logement et vous nourrir modestement. Et je vais voir si je peux vous trouver un visa de visiteur américain pour que vous puissiez émigrer. » Avec l'accord de Fry, elle versa à Brand des subsides prélevés sur la Liste Gold. La jeune femme n'avait pas été classée parmi les artistes dégénérés : « Ses aquarelles n'étaient pas antifiguratives, on reconnaissait ce qu'elles décrivaient. C'était des natures mortes aux fleurs, des édifices romains, des paysages romains... » Quand Davenport demanda à Brand de lui laisser son portfolio pour qu'elle puisse montrer son travail à Fry, son visage s'éclaircit. Ce soir-là,

1. Entretiens avec Miriam Davenport, 15 et 16 mai 1998 (pour toutes les citations de cette partie).
2. Charlotte Brand est le n° 153 sur la liste de Fry.

lors de la réunion de travail dans la chambre d'hôtel de Fry, Davenport évoqua le cas de Charlotte Brand. « C'est une jeune artiste talentueuse. Elle a reçu la meilleure formation : elle a étudié au Bauhaus avec Walter Gropius et, depuis quelque temps, elle travaille l'aquarelle. On devrait vraiment essayer de lui obtenir un visa. Pourquoi ne pas exposer ses œuvres dans votre bureau et demander à Hiram Bingham de venir les voir ? »

Fry consulta le portfolio et trouva l'ensemble magnifique. Il autorisa Davenport à réaliser son plan. Les œuvres de Brand se retrouvèrent accrochées par des punaises aux murs du bureau de Fry, qui invita Bingham à venir les admirer. « Venez jeter un coup d'œil et dites-moi si ça ne vaut pas un visa ? » Un ou deux jours plus tard, le très accommodant vice-consul admirait les aquarelles de Brand. « Excellent, en effet. Elle mérite un visa. Je vais voir ce que je peux faire… »

Avec l'aide de Fry et l'intervention de Bingham, Brand reçut son visa, première étape vers une émigration qui se déroula avec succès. Quand la jeune femme arriva à New York, elle s'empressa de se rendre au Museum of Modern Art. Et connut sa première déception. « Ils n'ont montré aucun intérêt pour son travail. Ils ne voulaient pas l'exposer. »

« La vie de Charlotte fut brève. Elle a fini par trouver un galeriste à New York, mais pas assez tôt pour que cela lui soit vraiment utile. » Atteinte de tuberculose, Charlotte Brand est allée se soigner à White Sands, au Nouveau-Mexique. « Mais sa santé ne s'est pas améliorée. Elle est retournée à New York, en maison de soins. Elle est morte d'un cancer. »

## 7

## Cadavre exquis : les surréalistes

> « *Le surréalisme n'a laissé indemne aucun de ceux qui s'en sont approchés.* »
>
> *Martica Sawin*

En ce premier week-end à Air-Bel, les habitants étaient Fry, Gold, Davenport, Gemähling, les Bénédite, le jeune Gussie Rosenberg, Marcel Verzeanu et le journaliste Charles Wolff. Après le départ de Davenport, Gold autorisa Fry à inviter deux protégés spéciaux et leurs familles. Quelques semaines auparavant, André Breton avait écrit à Victor Serge pour lui demander si « les jeunes dames du Centre américain de secours » pouvaient l'aider financièrement. Breton et sa femme Jacqueline Lamba vinrent s'installer à Air-Bel où ils occupaient – avec leur fille, Aube, âgée de cinq ans – une vaste chambre du deuxième étage. Serge prit une chambre à l'étage au-dessous et baptisa Air-Bel le « Château Espervisa » (*en attente de visa*). Les Breton seront les seuls réfugiés à loger réellement à Air-Bel, même si Max Ernst, André Masson et Benjamin Péret y viendront régulièrement, pour de brefs séjours[1].

1. Sur la liste de Fry, Breton portait le n° 168, Lamba le n° 167, Ernst le n° 316, Masson le n° 858 et Péret le n° 1522.

Parmi le personnel du Centre, seul Hirschman résistait à la séduction des lieux. Il continuait de « faire le sale boulot » et estimait que Fry aurait dû rester en ville en cas d'urgence : « J'étais contre la villa Air-Bel. Je pensais qu'elle lui prendrait trop de temps et d'énergie. Et puis, j'éprouvais une certaine jalousie à le voir devenir de plus en plus proche d'autres personnes. » Pour Fry, le besoin de se reposer, loin de la pression du travail, importait davantage que les réticences de Hirschman. Quant à Davenport, elle aimait Air-Bel mais n'y a passé que le premier week-end, avant de quitter Marseille. Elle avouera plus tard : « À ce jour, je regrette toujours de ne pas avoir pu vivre cette expérience que j'avais entreprise… »

Air-Bel fut une renaissance pour Fry. Il y trouvait « enfin paix et sérénité, après trois mois du travail le plus éreintant [qu'il ait] jamais fait dans [s]a vie ». Il avait eu l'impression de se « noyer dans un flot d'êtres humains cherchant désespérément des conseils et du secours » et de vivre « parmi une foule immense, d'en être le centre d'attention […] un peu comme un médecin pendant un tremblement de terre ». Pendant les derniers mois de son séjour à Marseille, la villa allait devenir son refuge. Avec son ambiance artistique, sa musique, ses jeux et ses rires, elle lui offrait un répit bienvenu dans l'atmosphère étouffante de l'Occupation. « C'est dommage qu'il y ait une guerre, écrivit Fry à son père, car nous pourrions tous vivre ici, à Marseille, dans un environnement qui n'est pas loin d'être parfait. » L'intermède d'Air-Bel était une réussite absolue, et Fry garderait toujours le souvenir de l'époque glorieuse de la villa. « De toute ma vie, je n'ai jamais vécu dans un lieu aussi magnifique ; je me demande si cela se reproduira un jour, confia-t-il à Danny Bénédite. Parmi les centaines de milliers d'images gravées dans ma mémoire par cette année passée en France, celles du château sont les plus précieuses. » Mary Jayne Gold non plus, n'a jamais oublié : elle baptisera du nom de ce lieu magique la villa de Saint-Tropez où elle a vécu jusqu'à sa mort.

En invitant Breton à partager la splendeur antique et décrépite de la villa, Fry donna une vigueur nouvelle au mouvement surréaliste, alors moribond. À Air-Bel, Breton rassembla autour de lui les principaux surréalistes de l'époque, insufflant une nouvelle vitalité à ce courant – et à la maison.

Gold s'avouera frappée par « l'extraordinaire présence, l'allure et la voix merveilleuse » de l'écrivain. Auteur en 1924 du *Manifeste du surréalisme* (même si le terme de « surréalisme » avait été utilisé pour la première fois par Guillaume Apollinaire en 1917), Breton avait défini le mouvement. En cette fin d'année 1940, il allait le redynamiser en transformant Air-Bel en une sorte de colonie pour adultes. Tous se comportaient souvent comme des enfants, chantaient, jouaient et riaient, oubliant l'espace d'un instant que leur vie était en danger, qu'ils se trouvaient au château d'Espervisa et qu'ils ne savaient pas quand ils allaient pouvoir s'enfuir – s'ils y arrivaient un jour.

Avant la guerre, les surréalistes se retrouvaient régulièrement dans leurs QG parisiens mais, avec l'Occupation, le mouvement s'est effondré et, selon l'essayiste Martica Sawin, n'a plus jamais été le même. Les surréalistes risquaient à tout moment de se faire arrêter, les nazis ayant décrété que leurs œuvres relevaient de l'art dégénéré. Ils n'en continuaient pas moins à créer. Ils vivaient et travaillaient dans des dizaines de villes à travers la France, tout en essayant de garder une longueur d'avance sur Vichy et les Allemands pour rester en vie et hors de prison. Breton avait servi dans l'armée française, le pacifiste Benjamin Péret était en prison et Masson, dont la femme était juive, vivait en zone occupée. Quand Péret fut libéré par erreur, l'occupant l'ayant pris pour un sympathisant allemand, il fit route vers le sud caché dans un wagon transportant du foin. Au moment de la chute de la France, la plupart des surréalistes, comprenant le danger qu'ils couraient, migrèrent vers le sud, à Marseille et dans les environs. Ils ne tardèrent pas à entendre parler de l'Américain qui aidait les gens à s'enfuir.

Quand Fry rencontra Breton, l'écrivain avait du mal à subvenir aux besoins de sa femme et de sa fille. Démobilisé au début de l'été, il s'était rendu à Salon-de-Provence pour retrouver le Dr Pierre Mabille, un écrivain spécialisé en anthropologie mais connu surtout pour être « le médecin des surréalistes ». Breton avait demandé à l'artiste surréaliste Kurt Seligmann[1], qui s'était déjà réfugié à New York, de l'aider à trouver du travail là-bas, peut-être comme conférencier. Breton savait que le département d'État exigeait que les réfugiés soient indépendants avant de leur attribuer un visa d'urgence, et demanda à Seligmann de lui trouver des soutiens américains capables de fournir les *affidavits* et les documents nécessaires à l'obtention d'un tel visa. Avec l'aide de l'ERC, d'Alfred Barr et de son épouse Margaret Scolari Barr, Seligmann parvint à rassembler les papiers exigés pour son ami. En octobre, il s'arrangea même pour que Breton donne une série de conférences aux États-Unis. Mais sa fuite hors de France, organisée par Fry, mettrait un certain temps.

Seligmann et les Barr obtinrent des *affidavits* et des attestations pour beaucoup d'autres artistes et écrivains, dont Mabille, Masson, Ernst, Jacques Lipchitz[2] et Chagall. Ils collectèrent également des fonds pour l'ERC et, dans les soirées mondaines, Margaret Barr n'hésitait pas à

1. En 1962, Kurt Seligmann glissa en marchant sur la glace et se tira accidentellement une balle dans le crâne.
2. Jacques Lipchitz était le n° 795 sur la liste de Fry.

interpeller ses amis pour qu'ils signent des déclarations sous serment et contribuent financièrement à la cause.

Victor Serge était l'autre réfugié logeant de façon permanente à Air-Bel. Contrairement à Breton, il était d'une paranoïa presque maladive, conséquence de nombreuses années vécues en exil. Toujours conscient du danger qui les entourait – « la Sûreté nationale, la Police des garnis, la Gestapo, [...] la police phalangiste[1] » –, Serge critiquait les États-Unis et d'autres nations qui auraient pu accueillir des réfugiés mais ne le faisaient pas. « Par esprit réactionnaire, par esprit bureaucratique, la plupart des républiques américaines ont manqué, dans leur politique d'immigration, à l'humanité et au bon sens. Les visas ont été accordés au compte-gouttes, avec une si criminelle parcimonie que des milliers et des milliers de grandes victimes, c'est-à-dire d'hommes de valeur, sont demeurés à la merci des nazis. »

Si Serge offrait aux résidents d'Air-Bel sa vision politique informée et Breton sa sensibilité artistique, c'était Fry qui soutenait financièrement et émotionnellement les artistes et les écrivains, en affichant sa confiance et sa conviction qu'un jour, ils recouvreraient la liberté. Comme l'écrit Serge : « S'il n'y avait le Comité de secours américain, dirigé par Varian Fry, bon nombre de réfugiés n'auraient plus, raisonnablement, qu'à se jeter à l'eau. »

En attendant de pouvoir émigrer, Breton et les nombreux surréalistes qui lui rendaient visite créaient à Air-Bel un univers intime et agréable, fondé sur la philosophie du mouvement : comme le définit Breton, « le surréalisme (nom masculin) [...] se propose d'exprimer soit verbalement, soit par écrit, soit de toute autre manière le fonctionnement réel de la pensée ». Pour les surréalistes, les mots et les images visuelles étaient l'expression de fantasmes inconscients et de rêves.

1. Victor Serge, *Mémoires d'un révolutionnaire*, *op. cit.*

Leur opposition à l'autorité et à la tradition mettait en danger les surréalistes et, en même temps, leur donnait leur force. Fry subit à son tour leur influence. De novembre 1940 à mai 1941, sans jamais perdre de vue sa rigoureuse éthique de travail, il multiplia les interactions avec ces artistes et écrivains qui donnaient du relief à son existence, tout en validant sa personnalité rebelle et les postures anti-*establishment* de sa jeunesse. Gemähling avait pu grimacer devant certains de ses comportements, mais ses nouveaux amis les applaudissaient. Les surréalistes croyaient que le monde se porterait mieux renversé et retourné. Comment aurait-on pu vivre autrement qu'en toute liberté, sans aucune censure ?

À peine la villa s'était-elle remplie d'habitants que les surréalistes, et d'autres artistes de Marseille et des environs, accoururent pour voir Breton. À cause de lui, Air-Bel allait devenir une Mecque pour les esprits les plus créatifs de France. Des artistes tels que Hans Bellmer, Eugen Spiro et le poète Tristan Tzara gravitaient dans son orbite, pour montrer leur loyauté au surréalisme et leur opposition à l'ennemi[1]. Malgré les incertitudes de l'avenir, les surréalistes plongeaient Air-Bel dans une atmosphère de fête effrénée, loin des réalités de la guerre.

Le peintre Wifredo Lam[2] fut l'un des premiers à arriver. Ce Cubain « aux origines polyglottes, tant sur le plan esthétique qu'ethnique », comme l'a décrit une critique d'art, avait émigré en Espagne puis en France. Peu après leur rencontre à Air-Bel, Breton lui demanda d'illustrer son poème *Fata Morgana*, dans lequel l'amour subit des transmutations hermétiques pour s'achever en soleil, symbole d'espoir. Lam, qui ne s'était jusqu'alors

1. Bellmer, Spiro et Tzara portaient les n$^{os}$ 82, 1284 et 1379 sur la liste de Fry.

2. Lam portait le n$^{o}$ 998 sur la liste de Fry.

jamais associé au surréalisme, produisit quarante-cinq dessins à l'encre noire sur parchemin qui constitueront son acte de naissance surréaliste. Breton sélectionna les sept dessins qu'il considérait comme les plus lyriques, et les deux hommes firent imprimer clandestinement cinq exemplaires en mars 1941. (La publication officielle de *Fata Morgana* eut lieu un an plus tard, en Argentine.)

Breton passait l'essentiel de son temps à écrire mais aussi à s'imprégner de la nature. Ses premiers soirs à la villa, il avait l'habitude d'ouvrir un bocal contenant des mantes religieuses au-dessus de la nappe du repas. Les mantes allaient et venaient comme des animaux domestiques et le poète s'amusait spécialement du fait que la femelle dévorait le mâle après leur accouplement. « Vous voyez, ils font l'amour puis la femelle mange la tête de son amant », commentait-il pour l'assemblée.

Un autre surréaliste majeur, le peintre André Masson, était arrivé en ville. Lui logeait dans la propriété de la comtesse Pastré, la mécène d'artistes qui avait été si serviable avec Fawcett quand il cherchait un abri pour son chargement de réfugiés et de Britanniques. Dès que sa famille fut installée, Masson se rendit au Centre pour envisager leur émigration. Gemähling, qui le reçut, l'informa que Breton se trouvait à la villa. Masson partit aussitôt rejoindre son camarade surréaliste, et les deux André se retrouvèrent à Air-Bel. Masson devint un habitué des pique-niques. L'automne était exceptionnellement chaud – un véritable été indien – et le groupe passait des fins d'après-midi et des débuts de soirée assis pendant des heures autour d'une table, dans le parc d'Air-Bel. Dès que le temps changeait, la fête se transférait à l'intérieur. Parfois, le groupe s'amusait à entonner des chansons de salle de garde, la délicate voix de ténor de Verzeanu planant au-dessus des autres. D'autres soirs, Breton dissertait sur le surréalisme ou lisait à voix haute les lettres pleines d'esprit de Duchamp ou de Péret.

Fry, Gold et d'autres membres du personnel du Centre voyaient Air-Bel comme un lieu mystique et inoubliable, mais d'autres associés de Fry n'étaient pas du même avis. Pour Gemähling, les habitants de la villa et les invités du week-end étaient des plus étranges. Il se rappelait ainsi la façon dont Jacqueline Lamba-Breton était allée faire ses courses « parée de bracelets autour de la cheville et d'un faux oiseau épinglé dans ses cheveux. Cette femme grande et belle à l'accoutrement excentrique devait avoir l'air d'une conquérante pour les gens du village[1] ».

Fry, pour sa part, était fasciné par le comportement totalement désinhibé des surréalistes. Au travail intense de la semaine répondait, le dimanche, une détente intense. Il ne se contentait pas d'observer Breton et les autres artistes se prélasser et s'ébattre. Il partageait pleinement leurs jeux, allant jusqu'à danser avec les autres en écoutant une radio à ondes courtes qui diffusait, se rappelle Gold, « une musique interdite et décadente » venue de Boston. Fry était « un grand farceur », toujours à la recherche d'un moyen d'alléger la morosité qui les entourait.

Jamais plus, dans sa vie, Fry ne se sentirait aussi affranchi des diktats et des conventions, ni aussi inconsciemment créatif. Car les jeux des surréalistes faisaient souvent naître des œuvres d'art colorées et originales. Fry lui-même concevait des œuvres d'art et les exposait. Il lui arrivait même de grimper aux arbres pour les décorer de ses créations. Une photo prise à Air-Bel est légendée ainsi : « Le très digne Fry et Consuelo de Saint Exupéry juchés sur les longues branches d'un vénérable platane. » Le photographe André Gomes avait rejoint le groupe avec sa femme, Henriette. Cette image appartient à une série de photos saisissant « l'esprit de solidarité qui animait le groupe et l'humour avec lequel il se confrontait à la

1. Entretien avec Jean Gemähling, 31 juillet 1998.

réalité ». Cet hiver-là, même le réservé Gemähling se laissa aller – et, ce faisant, tomba passionnément amoureux, probablement de Consuelo, l'épouse d'Antoine de Saint Exupéry.

Le petit cénacle d'Air-Bel réunissait la chimiste allemande Helena Benitez, épouse de Wifredo Lam, les surréalistes Victor Brauner et Jacques Hérold, ainsi que les épouses, compagnes et maîtresses accompagnant les surréalistes. À quelques exceptions près, ces derniers excluaient les femmes – sauf pour préparer la nourriture ou faire des enfants. Les exceptions à cette règle étaient Jacqueline Lamba – la femme scandaleusement belle de Breton –, Benitez et la peintre espagnole Remedios Varo, maîtresse de Péret. Ils s'étaient rencontrés en 1936, en pleine guerre civile, alors que le poète combattait aux côtés des républicains[1].

Pendant les longs mois d'hiver, les habitants d'Air-Bel et leurs invités jouaient à une série de jeux surréalistes : le jeu de la Vérité, sans concession ; une version élaborée et complexe de charades ; et le « cadavre exquis », le jeu le plus apprécié et le plus connu. Il tirait son nom d'une phrase créée lors de la toute première partie : « Le cadavre exquis boira le vin nouveau. » Ceux qui participaient à ce jeu proposaient des noms, des verbes et d'autres mots pour créer une phrase de façon collégiale sans savoir quel était le mot choisi par leur voisin. Quand Breton lisait à voix haute la phrase obtenue – par exemple, « L'huître du Sénégal mangera le pain tricolore » –, le résultat était salué par des cris et des exclamations, les surréalistes discernant toujours une signification profonde dans ces

1. Sur la liste de Fry, Brauner était le n° 160, Jacques Hérold (de son vrai nom Hérold Blumer) était le n° 130 et Varo (de son vrai nom María de los Remedios Alicia Rodriga Varo y Uranga) était le n° 1118.

exercices collectifs. Pour Fry et ses associés, ces phrases absurdes déclenchaient davantage la surprise et l'hilarité. Cet hiver-là, une nouvelle version du cadavre exquis fut conçue le jour de l'anniversaire de Benitez, alors qu'elle s'était absentée. Le groupe décida de créer pour elle une œuvre d'art collective, réalisée sur une seule feuille de papier où chaque artiste laisserait de minuscules dessins. Les membres du cénacle réalisèrent également des collages et créèrent un nouveau jeu de tarot coloré, différent des tarots habituels. Ces cartes furent baptisées « Jeu de Marseille », pour commémorer cette période de tension et d'incertitude à Air-Bel.

À la fin de l'automne, cependant, les jeux ne suffirent plus pour faire oublier à Fry et aux autres le froid glacial de l'hiver qui s'installait. Les vents cinglants et la neige étaient presque insupportables, d'autant que le fioul et les vêtements chauds se faisaient rares. La villa n'était pas équipée de chauffage central, et le bois de chauffage manquait. Une photographie de Gomes montre Lam et Hérold partageant un unique manteau d'hiver. Le temps maussade reflétait la mélancolie ressentie par les surréalistes et les autres réfugiés, mal préparés aux températures glaciales. Les restrictions sur la nourriture et autres denrées agaçaient Fry et, tout en admettant qu'il s'agissait d'une plainte insignifiante, il ne pouvait s'empêcher de se lamenter sur la disparition de ces douceurs associées à la vie en France. « Moi aussi, j'avale de l'Alka-Seltzer contre les gaz d'après-dîner », écrit-il avec humour, en référence aux effets secondaires de la mauvaise nourriture.

Aggravées par les restrictions imposées par Vichy afin de nourrir l'occupant, ces pénuries entraînent une perte de poids chez tout le monde. De 80 kg à son arrivée à Marseille – un poids standard pour son mètre quatre-vingts –, Fry est passé à 70. Les repas se composaient de « carottes vapeur, de rutabagas, de navets au lieu d'épinards, des maigres rations de pain et de café à base de glands ». Le pain était distribué scrupuleusement mais, comme presque tout le monde mangeait sa part le matin, il ne restait plus de pain pour le soir. La cuisinière finit par acheter une balance pour distribuer équitablement les rations de pain et mettre de côté le reste dans un garde-manger. Mais la faim poussait parfois les habitants de la villa à retirer la porte de ses gonds pour dévaliser la réserve. Le peu de pain qui s'y trouvait était rassis et mangé, bien sûr, sans beurre ni confiture.

Dans ce contexte de pénuries, Fry mangeait ses minuscules rations de sucre comme des bonbons pour compenser le manque d'hydrates de carbone dans son alimentation. La viande était si rare que Fry considérait comme un régal une éventuelle tranche de vieux cheval. Un exemplaire du roman de Marcel Aymé *Le Bœuf clandestin* fut rangé, par dérision, dans le garde-manger en guise de viande. Le café était remplacé par du Postum, une boisson à base de grains et de mélasse qu'ils buvaient noire, puisqu'il n'y avait pas de lait. Le beurre et l'huile étaient pratiquement introuvables, ce qui rendait la cuisine problématique, et les fruits frais étaient une denrée rare.

Fry écrivit à son père : « On entend des rumeurs : dans des petits villages reculés, on trouverait du beurre ou du lait, et même de la confiture fabriquée avec du vrai sucre, mais c'est tellement difficile de voyager. Alors on reste à la maison et on rêve de bifteck, de purée de pommes de terre au beurre et de glace à la crème. » Pour enrichir leur maigre régime alimentaire, Fry et Bénédite chassaient les escargots sur un mur du jardin, mangeaient les poissons rouges de l'étang de la villa et, quand ils le pouvaient, s'approvisionnaient au marché noir. Peu à peu, même le vin et les cigarettes manquèrent, et les vêtements aussi, sauf pour les enfants. Sur la Canebière, par exemple, les vitrines du High Life Tailor étaient vides – de toute façon, comme le notera Fry, « la ville est totalement dépourvue de *high life* ». Pour Fry, le coup de grâce survint quand la direction du raffiné hôtel Beauvau, où il logeait pour l'hiver car il y faisait plus chaud qu'à Air-Bel, l'informa qu'il ne devait plus laisser ses chaussures devant la porte pour les faire cirer, au risque de se les faire voler. C'était le signe que la civilisation française, telle que Fry l'avait connue, arrivait à son terme.

Heureusement, il avait toujours l'amitié d'André Breton, d'André Masson, de Wifredo Lam et des autres membres du cénacle Air-Bel. Et il allait bientôt faire la connaissance de trois des plus grands artistes du XXe siècle – Jacques Lipchitz, Marc Chagall et Max Ernst – auxquels il allait sauver la vie.

### *Sauver Ernst et perdre Straus*

Lorsque Fry rencontra Max Ernst pour la première fois en décembre 1940, l'artiste était célèbre pour son œuvre mais aussi pour avoir abandonné sa première femme, Louise Straus, et leur fils, Ulrich. Après avoir servi dans l'armée allemande pendant la Première Guerre mondiale, Ernst avait quitté sa famille et son pays en 1922 pour venir s'installer à Paris. Avec le temps, il avait fini par être considéré comme un artiste français plutôt qu'allemand.

Dans un tableau prémonitoire, *L'Europe après la pluie I*, Ernst exprimait sa conviction que l'Europe était menacée par une catastrophe comparable à un ensevelissement sous une coulée d'immondices, et que le monde entier se faisait empoisonner par le péril nazi. Ses œuvres, présentées dans l'exposition de Hitler sur l'art dégénéré accompagnées de la mention « Insulte à la féminité allemande », avaient fait de lui l'un des artistes les plus recherchés par la Gestapo.

En France, cependant, Ernst était libre de peindre et de courir après les femmes, dont aucune ne semblait capable (ou désireuse) de lui résister. Pendant un certain temps, il avait vécu en ménage à trois avec Paul Éluard et sa femme, Gala Diakonova (qui deviendrait, plus tard, l'épouse de Salvador Dalí). Puis il avait séduit et épousé une jeune fille de dix-sept ans, Marie-Berthe. Sa préférence allait à la beauté féminine orageuse, et les femmes étaient attirées par son air réservé, détaché, et son étonnante blondeur presque blanche. En 1937, il tomba profondément amoureux de Leonora Carrington, une artiste britannique d'une grande beauté, à la peau d'albâtre, aux cheveux noirs ondulés et aux grands yeux bruns. Ils s'installèrent ensemble dans le village de Saint-Martin-d'Ardèche.

En 1939, quand la guerre éclata, Ernst fut considéré comme étranger ennemi et envoyé dans plusieurs camps, dont celui des Milles, où les conditions de vie étaient difficiles. Désespérant de s'échapper de France, Ernst écrivit à son fils, Ulrich, désormais adulte et nommé « Jimmy », qui travaillait au Museum of Modern Art : « Je suis détenu ici. Tu peux m'aider (pour ma libération) grâce à tes excellentes relations. Fais quelque chose. Demande de l'aide à des personnes importantes. » Jimmy Ernst se rendit immédiatement auprès d'Alfred Barr, son patron, qui lui promit son aide. « L'Emergency Rescue Committee travaille sur des cas de ce genre grâce à Frances Perkins et au Service d'immigration. Je suis sûr qu'ils vont tout faire pour faire sortir votre père sans passer par tous ces *affidavits.* »

Pendant des mois, Ernst s'échappa des camps d'internement français et fut recapturé, encore et encore. En mai 1940, alors qu'ils étaient emprisonnés ensemble, Ernst et le surréaliste Hans Bellmer collaborèrent sur plusieurs tableaux. Ernst fut finalement libéré quand on découvrit qu'il était marié, en toute légalité, à Marie-Berthe, une citoyenne française. Dès sa sortie de camp, il se rendit à Marseille et rencontra Fry. Il avait hâte de quitter le pays, craignant que la Gestapo soit lancée à ses trousses. Fry aida Ernst à obtenir les documents dont il avait besoin – démarche plus facile que d'habitude, à cause du soutien du célèbre artiste aux États-Unis. Pourtant, malgré sa célébrité, Ernst était en grand danger. C'était un citoyen allemand qui avait refusé de retourner en Allemagne une fois les nazis au pouvoir ; il n'hésitait pas à dire qu'il rejetait toutes les formes de gouvernement totalitaire et, pour compliquer sa situation, sa précédente épouse, Louise Straus, était juive.

Avec sa chevelure blanche, ses yeux bleus scintillants et son manteau en peau de mouton immaculé à la coupe flatteuse, Ernst fit sensation en arrivant à Air-Bel. Même parmi l'irrésistible assemblée de séduisants surréalistes, c'était « la personne la plus extraordinaire qu'on ait jamais vue », selon Mary Jayne Gold. Lors de leur première rencontre, le peintre dévisagea Gold et déclara qu'elle lui rappelait une femme avec laquelle une de ses fiancées s'était enfuie. Gold lui assura qu'elle ne nourrissait aucun penchant pour les autres femmes.

Ernst était venu avec plusieurs de ses toiles, qu'il accrocha dans les pièces de la villa et au-dehors, suspendues aux branches d'arbres. Fry et les autres organisèrent aussitôt une exposition qui attira une foule de curieux. Ernst se morfondait toujours en attendant de revoir Leonora Carrington qui, après l'internement de son amant, s'était enfuie en Espagne, avait fait une dépression et se soignait dans un sanatorium. Mais il était prêt pour sa prochaine aventure romantique avec Peggy Guggenheim. La riche héritière américaine se trouvait alors en France, achetant des œuvres d'art et ignorant les Allemands. Kay Sage, l'épouse américaine d'Yves Tanguy, avait demandé à Guggenheim de financer l'évasion aux États-Unis des Breton, d'Ernst et du Dr Mabille. Guggenheim accepta, décida de rendre visite à Fry à Marseille et de voir par elle-même quels efforts étaient faits pour exfiltrer ces artistes.

Son arrivée ravit plusieurs des artistes qui avaient sollicité son soutien financier, notamment Victor Brauner. Brauner, qui craignait constamment d'être arrêté et interné en tant que juif et ennemi étranger, avait correspondu avec Guggenheim pour lui demander de l'aide.

Dès qu'ils se rencontrèrent, Fry demanda à Guggenheim de contribuer financièrement aux activités du Centre, puisqu'elle était américaine, avait de l'argent, s'impliquait dans le domaine de l'art et défendait les artistes. Il laissa également entendre qu'il pensait à elle pour prendre sa place, le temps d'un bref séjour à New York où il avait l'intention de discuter de la situation des réfugiés avec les dirigeants de l'ERC. Guggenheim refusa la suggestion de Fry, même pour une durée limitée. Elle ne connaissait rien aux affaires du Centre, ni à ses activités clandestines. En bonne Américaine, elle s'était rendue à son consulat dès son arrivée à Marseille. Là, on lui avait conseillé de ne pas frayer avec le Comité de secours d'urgence. Craignant de prendre des risques, Guggenheim avait tenu compte de ce conseil. Ce qui ne l'empêcha pas de se montrer généreuse avec le Centre, et d'accepter de payer le voyage de Breton et d'Ernst. Puis elle quitta Marseille pour aller s'occuper du stockage de ses peintures nouvellement acquises.

Peu de temps après, elle y revint et fut accueillie à la gare par Brauner. Le peintre était dévasté : le quota américain d'émigrés roumains étant complet, il n'avait pas pu obtenir de visa américain classique, et n'avait pas assez de relations aux États-Unis pour obtenir un visa d'urgence pour visiteur. Guggenheim lui promit qu'elle allait intercéder en sa faveur, tout en précisant qu'à part lui donner de l'argent, se renseigner auprès du consulat américain et prévenir Varian Fry, elle n'avait pas le pouvoir de faire grand-chose. Brauner et elle eurent une brève aventure mais, après avoir rencontré Ernst à Air-Bel où elle s'était rendue afin de sélectionner certaines de ses œuvres pour sa collection, elle tomba sous le charme du peintre et de son art. Bientôt, Ernst avait remplacé Brauner dans le cœur de Guggenheim, qui décida de le ramener avec elle en Amérique[1].

Le 2 avril, Ernst invita Fry, Guggenheim et Brauner à célébrer son cinquantième anniversaire dans un restaurant clandestin du Vieux-Port, où ils dînèrent de fruits de mer. Tout au long du dîner, Ernst et Guggenheim flirtèrent ouvertement, sans se préoccuper de Brauner ou de Fry. Guggenheim s'arrangea même pour rester brièvement à Air-Bel, afin d'être auprès d'Ernst. Une nuit, raconte Mary Jayne Gold, elle entendit frapper à la porte de sa chambre. Supposant qu'il s'agissait d'Ernst, elle l'ouvrit brusquement – et subit les assauts et les coups de langue de Clovis et de Daggett, les caniches de Fry et de Gold. Après quoi les chiens sautèrent sur son lit et se couchèrent à côté de Guggenheim, qui ruminait sa déception.

Avec l'aide de l'ERC à New York, Fry avait enfin obtenu pour Ernst le visa d'urgence pour visiteur. Mais le document expira avant que l'artiste ait eu le temps de décrocher un visa de sortie français. De nouveau, Fry dut le guider à travers tout le processus. Le 7 avril, le Museum of Modern Art informa Fry par télégramme que le voyage d'Ernst avait été payé. Par conséquent, le département d'État renouvelait le visa de l'artiste.

Malheureusement, Fry ne pouvait pas aider Louise Straus, la première femme d'Ernst, qui se trouvait aussi à Marseille et courait un grave danger. Après avoir été abandonnée par Ernst quelques années plus tôt, elle avait suivi sa propre voie, menant une carrière de journaliste et critique d'art et de théâtre. Elle aussi avait quitté l'Allemagne pour vivre paisiblement en France pendant des

1. Ernst et Guggenheim finirent par se marier, mais leur union fut de courte durée : ils divorcèrent en 1946.

années avec son fils. Quand ce dernier était parti aux États-Unis, elle avait choisi de ne pas l'accompagner. Au début de la guerre, elle avait été internée à Gurs au titre d'ennemie étrangère puis, à sa libération, elle était descendue comme tout le monde vers le sud pour trouver un moyen de quitter la France. Elle savait que ce serait difficile : en plus d'être juive, elle était liée à Ernst, l'artiste « dégénéré ». Et elle aussi figurait sur la liste des personnes recherchées par la Gestapo.

Fry, qui avait pris son dossier en charge, apprit par le consulat américain qu'elle pouvait recevoir un visa si elle avait une date de départ précise à communiquer – ce qu'elle n'avait pas. Comme, peu de temps après, le département d'État décréta de nouvelles règles pour la délivrance des visas, Fry fut obligé de recommencer la procédure complète. À New York, Ulrich Ernst suggéra à Alfred Barr que le divorce allemand de ses parents n'était peut-être pas valable en France. Si c'était le cas, sa mère pourrait partir avec son père en tant qu'épouse. Informé de l'idée d'Ulrich, Fry exhorta le comité à contacter Eleanor Roosevelt pour obtenir un visa américain au nom de Louise Straus. Après les instructions spécifiques de l'épouse du président, Fry reçut une réponse – mais elle précisait que Straus ne pouvait pas émigrer en se faisant passer pour la femme d'Ernst. Cela risquait de mettre en péril non seulement son départ, mais aussi l'ensemble des activités du Centre.

Ce stratagème ayant échoué, Ernst proposa immédiatement à Louise de l'épouser de nouveau mais, devant le consul, elle rejeta l'idée. Fry eut beau insister pour qu'elle accepte, lui rappelant le danger qui la menaçait, elle était trop orgueilleuse et furieuse pour envisager de se remarier avec son ancien époux. « Max, lui dit-elle, tu sais bien que c'est absurde. Nous vivons chacun de notre côté depuis longtemps. On va bouleverser nos vies pour une simple attestation de mariage ? »

Fry expliqua à Ernst qu'il devait partir tout de suite, sans attendre un visa de sortie français qui pourrait bien ne jamais arriver. Le 1er mai, sans papiers valides, Ernst quitta donc Marseille. À la frontière française, un officier de police le fouilla puis le réprimanda. « Vous savez que vos papiers ne sont pas en règle, n'est-ce pas ? » Ernst décida de jouer le tout pour le tout et montra ses tableaux au policier. Inspiration payante. Visiblement impressionné, l'inspecteur annonça qu'Ernst devait retourner en France, tout en lui indiquant d'un geste le train pour Madrid, comme pour inviter le peintre à monter à bord. Pétrifié de peur à l'idée que le moindre faux pas puisse le renvoyer dans un camp d'internement, Ernst grimpa dans le train à destination de l'Espagne. Quelques instants plus tard, il franchissait la frontière espagnole en homme libre.

D'Espagne, il se rendit à Lisbonne où il avait rendez-vous avec Peggy Guggenheim et sa bande toujours plus nombreuse : elle comprenait désormais son ex-mari, Laurence Vail, et sa nouvelle épouse, Kay Boyle, ainsi que leurs enfants. Fry envoya un télégramme à l'Unitarian Service Committee pour leur demander d'aider Guggenheim et ses amis. Le 13 juillet, après plusieurs semaines d'attente, Ernst et le groupe quittèrent Lisbonne sur un clipper pour New York. Après un bref mais éprouvant internement à Ellis Island, les autorités américaines s'interrogeant sur le fait qu'Ernst voyageait avec des papiers allemands alors qu'il avait vécu plusieurs années en France, le peintre fut libéré et confié à la garde de son fils.

En France, Fry s'efforçait toujours d'obtenir un visa pour Louise Straus. Anna Caples Frank, une des fondatrices de l'ERC, déclara que Straus serait ajoutée à la liste des gens dont les visas n'avaient pas été émis malgré la recommandation du département d'État. Le visa n'a jamais été produit et Straus est restée bloquée en France. Rapidement, elle se retrouvera internée à Drancy, le camp de sinistre réputation où les Allemands sélectionnaient les prisonniers à expédier vers l'est. En 1966, Karel Sternberg décrirait sa situation à Fry : « En novembre, Marseille était occupée par les Allemands. Mme Ernst est donc devenue l'une des nombreuses réfugiées victimes qui ne pouvaient plus partir. »

Un jour, Louise Straus fit partie du groupe de femmes envoyées dans le convoi à destination d'Auschwitz.

# 8

## Varian le contrariant (hiver 1940)

*« Ce travail est comme la mort : irréversible. Ce que nous avons commencé, nous ne pouvons l'arrêter. Nous avons rendu des centaines de personnes dépendantes de nous. Impossible de leur dire : stop, on est fatigués, on rentre à la maison ! »*

*Varian Fry*

À la mi-novembre, Fry prépara une valise et annonça à Hirschman qu'il partait pour quelques jours à Vichy, capitale provisoire de la France occupée. L'un des buts de ce séjour, comme il l'explique dans ses mémoires, était d'« obtenir la libération de nos protégés des camps d'internement ». Pour ce faire, il prend les rapports établis par Danny Bénédite sur leurs conditions de vie inhumaines, espérant « contraindre le gouvernement à les libérer en le piquant au vif ». Il avait aussi prévu de se rendre à l'ambassade des États-Unis pour faire le point sur sa propre situation. Quand Hirschman essaya de l'en dissuader, Fry resta intraitable : il devait régler ce problème lui-même et découvrir pourquoi ses courriers étaient ignorés des officiels américains. Il partit le 13 novembre, accompagné par Marcel Chaminade qui pourrait l'aider à se frayer un chemin dans la bureaucratie française.

Deux jours plus tard, Fry poussait la porte de l'ambassade américaine, espérant être reçu par Freeman Matthews, le chargé d'affaires. Il espérait naïvement qu'une rencontre face à face lui permettrait de rectifier les préjugés du gouvernement américain à son encontre. Mais il lui fut impossible de voir Matthews : à la place, on l'envoya dans le bureau du troisième secrétaire de l'ambassade, un certain M. McArthur. Ce dernier lui parut assez froid, mais Fry demanda tout de même l'aide de l'ambassade. McArthur fut catégorique : « Nous ne pouvons rien faire pour vous, monsieur Fry. Vous n'avez pas l'air de vous rendre compte que la Sûreté a un dossier sur vous. »

Fry lui fit remarquer que la Sûreté nationale avait sans doute des dossiers sur tous les Américains en France, ce que McArthur accepta d'admettre. Fry insista pour voir Matthews, et le secrétaire promit de lui obtenir une entrevue. Fry retourna à son hôtel et attendit.

Le 17 novembre, sans nouvelle de l'ambassade, il écrivit à Matthews qu'il était « choqué et peiné que l'ambassade ne puisse lui être d'aucun secours ». Il attribuait ce rejet à la plainte portée contre lui en septembre par la préfecture à Marseille. Mais, continuait-il, puisque l'incident de septembre était réglé, il ne devait plus peser sur sa relation avec le département d'État. Or, l'ambassade le traitait comme s'il était coupable d'activités illégales, et lui déniait son droit de citoyen américain à être entendu.

Fry se plaignait aussi au chargé d'affaires de l'attitude du personnel du consulat américain de Marseille à son égard. Des amis lui avaient appris que deux employés et un portier avaient colporté des rumeurs selon lesquelles le gouvernement de Vichy s'apprêtait à le faire expulser. Fry insistait sur le fait que ses activités à Marseille s'étaient toujours inscrites dans un cadre légal : donner des informations aux réfugiés sur l'immigration, les aider dans leurs procédures administratives et distribuer des fonds pour les aider à survivre. « Aucun membre de mon équipe n'a jamais aidé et n'aidera jamais quiconque à quitter la France illégalement. »

Fry resta à Vichy pendant deux semaines, attendant un rendez-vous avec Matthews et en profitant pour distribuer à tous ceux qu'ils rencontraient des copies des rapports de Bénédite sur les camps. Au fil des jours, sa colère s'accroissait. « Pendant ce temps, le chargé d'affaires recevait des employés de la Croix-Rouge américaine, des chauffeurs de l'American Ambulance et des expatriés préparant leur retour en Amérique. Mais il était trop occupé pour me recevoir. » Quand, finalement, une date lui fut proposée pour une entrevue, elle était bien trop éloignée, et Fry était déjà en route pour Marseille. Les officiels de sa propre ambassade venaient de lui tourner le dos, et il ne pouvait pas attendre plus longtemps : un travail l'attendait. « J'imagine qu'ils ne voulaient rien avoir à faire avec moi pour ne pas risquer d'être accusés par Vichy d'aider des réfugiés politiques. »

Arrivé à Marseille, Fry se rendit directement de la gare Saint-Charles à son bureau. En faisant à ses collègues le récit de son séjour à Vichy, il avait du mal à contenir sa colère. D'un naturel explosif, il était furieux d'avoir été obligé de faire le pied de grue pendant des semaines. Il refusait d'accepter « l'attitude purement négative du Foreign Service », et attendait le soutien diplomatique et l'approbation du gouvernement américain pour faciliter son travail auprès des réfugiés.

Bien sûr, Fry avait menti à Matthews. Il avait *effectivement* enfreint la loi française et avait l'intention de continuer à le faire mais, pour lui, sauver des vies justifiait le mensonge – et il aurait voulu que le département d'État appuie son subterfuge. Dans sa lettre au chargé d'affaires, il insistait : « La liberté et peut-être, dans certains cas, la vie même d'une quantité d'écrivains, artistes et scientifiques dépend de l'existence de mon Comité et de sa bonne réputation aux yeux des autorités françaises. » Entièrement dévoué à la cause de ses réfugiés, Fry ne prenait pas en compte les principes de la politique étrangère à une époque où l'Amérique était plus soucieuse de préserver de bons rapports avec Vichy que du sort de réfugiés en grande partie juifs.

Dans la continuité de son séjour à Vichy, il adressa une lettre furieuse au vice-consul américain en poste à Marseille, Lee Randall. Pendant que Fry était parti, Randall avait parlé de lui à un officier britannique, le capitaine Fitch, au fort Saint-Jean. Lors d'une discussion au sujet de l'évasion d'officiers et engagés britanniques, Fitch avait raconté qu'il voyait souvent le sympathique Fry. Randall l'avait mis en garde, lui expliquant que « les associations comme celle de Fry étaient surveillées par les autorités françaises ». Quand Fry fit part de son indignation devant l'avertissement de Randall à l'officier britannique, le vice-consul se défendit. À l'époque, « les rumeurs les plus folles » circulaient sur les « autorités allemandes qui exigeaient le retour de beaucoup de ces réfugiés ». Les États-Unis se faisaient donc « du souci pour le bien-être de M. Fry », tout en veillant à ménager leur propre position. Ce qui n'était pas vrai : à l'exception de Bingham et de Standish, les officiels américains à Marseille ne se préoccupaient pas du tout de Fry, sauf pour s'inquiéter de le voir parasiter la politique étrangère américaine.

Fry en voulait à Randall de son indiscrétion avec Fitch, de sa condamnation du travail effectué par le Centre et de sa façon de mettre en péril les relations qu'il entretenait avec les Britanniques. En outre, Fry prenait de plus en plus conscience d'être un sujet de moquerie chez la plupart des fonctionnaires américains. Il souffrait profondément de se sentir rejeté par son propre gouvernement, et refusa longtemps d'assumer la moindre part de responsabilité dans cet état de fait. Plus tard, il finit par l'admettre, reconnaissant que les officiels américains avaient pu se sentir offensés qu'il n'ait pas jugé nécessaire de « courtiser » les représentants de Vichy et des États-Unis à son arrivée en France. « Ça a grandement conditionné leur attitude envers moi », expliquait-il dans une lettre à Danny Bénédite.

Même s'il a fini par reconnaître une partie de ses erreurs, Fry n'a jamais pardonné au département d'État de l'avoir désavoué. À partir de 1940, Fry le critiquait ouvertement, ne manquant jamais une occasion de lui reprocher son manque d'intérêt pour l'escalade de la violence contre les juifs d'Europe. Ainsi décrivait-il le département d'État comme le plus grand scandale de l'Amérique. « Tout le monde parle de cette situation hors du commun, mais personne ne passe à l'acte. »

Quelques semaines auparavant, Fry avait reçu de l'ERC une lettre choquante qu'il s'était efforcé d'ignorer, même si elle l'affectait énormément. Sa secrétaire, Mildred Adams, l'informait qu'il était officiellement démis de ses fonctions et qu'un remplaçant était en route. « Votre contrat avec le Comité ne s'étendait en aucun cas au-delà du 31 octobre, et ses membres ne sont pas disposés à le prolonger. » Elle ajoutait que le journaliste Jay Allen « prendra en charge votre bureau à Marseille et opérera les changements nécessaires pour s'adapter à la nouvelle situation. Il utilisera son bon sens comme vous avez utilisé le vôtre. »

En guise d'humiliation finale, Adams lui ordonnait de retrouver Allen à sa descente du clipper à Lisbonne, pour que le journaliste lui remette en main propre sa lettre de congé. (Fry n'a pas rencontré Allen à sa descente du clipper.) L'ironie de la situation ne pouvait pas échapper à Fry, qui venait de parler dans une lettre à sa mère de « ces malheureux qui, sans [ses] efforts, se retrouveraient soit à faire la queue devant une baraque à soupe, soit internés dans des camps ».

Malgré cette lettre, Fry continuait de travailler dans son bureau comme si rien ne s'était passé, pendant que

Hirschman sortait nouer des relations avec les consuls du Brésil, de Cuba, du Chili, de la République dominicaine, du Venezuela et du Panama. Quelque temps après son retour de Vichy, Fry reçut finalement une réponse à sa demande d'aide de l'ambassade en faveur des réfugiés internés dans les camps français. Le chargé d'affaires Matthews lui expliquait que, « pour des raisons évidentes », l'Amérique « ne pouvait pas fournir des visas de sortie individuels aux milliers de réfugiés désirant quitter la France, mais [que] ces pauvres gens cherchant un refuge à l'étranger [avaient] toute [leur] compassion ».

Fry prit alors sa décision : s'il ne pouvait pas faire venir ses protégés aux États-Unis à cause du manque de visas américains et de l'obstruction du département d'État, il les aiderait à émigrer dans d'autres pays. Il était aussi conscient qu'une part importante de son travail consistait à soulager les réfugiés et que sa responsabilité était « d'accueillir, d'encourager et de rassurer avec une sollicitude presque maternelle ceux qui se tournaient vers le Centre pour obtenir de l'aide ». Cette aide était d'ailleurs appréciée de ses protégés, pour la plupart, même si une poignée d'entre eux n'était jamais vraiment satisfaite ; quelques-uns allaient même jusqu'à le rendre responsable de leurs problèmes.

Fin novembre, Fry perdit Bill Freier, son faussaire, à cause d'un événement causé par la demande d'un certain Bachrich. Ce réfugié lui avait demandé de lui fabriquer un visa de sortie. Freier avait répondu à Bachrich – dont le nom, dira-t-il, reste à jamais dans sa mémoire – que c'était impossible car ces documents étaient numérotés, et que les gardes-frontières de Vichy possédaient les numéros. Peu après ce refus, le faussaire reçut la visite de deux policiers dans sa chambre d'hôtel. « Nous savons tout, annoncèrent-ils en désignant une boîte métallique où Freier rangeait son matériel de contrefaçon. Montrez-nous ce qu'il y a là-dedans. »

Soixante ans après cette trahison, Freier (qui, après la guerre, a repris son nom de Bil Spira) suppose qu'elle est peut-être le fait de Frédéric Drach – qui lui avait appris son métier de faussaire – car il était le seul à connaître l'existence de la boîte en métal. Les policiers emmenèrent Freier et sa fiancée, Mina, en bus au poste de police. Les vieux bus marseillais ayant une plate-forme extérieure, Freier en profita pour se débarrasser de certains documents illégaux. Libérée le lendemain, Mina rentrait à pied à son hôtel quand elle reconnut les deux policiers en train de prendre un verre avec Drach. Aussitôt, elle alla voir Fry pour lui raconter ce qui s'était passé, et il engagea un avocat pour défendre Freier. Mais le faussaire resta emprisonné plusieurs mois. À sa libération, il demanda à Fry de le cacher, et Fry lui trouva une maison close abandonnée où il vécut avec Mina plusieurs jours dans une chambre au plafond orné d'un miroir. Faussaire chevronné, Freier ne pouvait se résoudre à utiliser lui-même de faux papiers car, disait-il, « je n'aurais pas pu m'empêcher de voir qu'ils étaient faux. Et puis, j'avais peur d'être incapable de contrôler mes émotions si la police m'arrêtait… ». Malgré ces précautions, Freier fut arrêté une nouvelle fois et interné au Vernet, puis envoyé à Auschwitz. (Pendant de nombreuses années, Fry crut qu'il y avait trouvé la mort mais, en réalité, l'intrépide artiste en est revenu. Aujourd'hui, Freier considère « Fry comme un héros. Il a sauvé tellement de gens… Et il était déjà allé en Allemagne avant, donc il savait contre quoi il se battait ».)

Cet hiver-là, de plus en plus de réfugiés vinrent demander l'aide de Fry. Bénédite et Hirschman calculèrent que le nombre de personnes reçues au Centre était passé de cinquante par jour en novembre au double en décembre. Même quand le bureau était fermé, des dizaines de réfugiés s'y présentaient dans l'espoir de voir son directeur. Fry dut également augmenter ses ressources financières car, à la fin du mois de décembre, il avait pris en charge deux fois plus de protégés qu'un mois plus tôt.

Tourmenté par ses vieux soucis, il écrivit directement au secrétaire d'État américain, Cordell Hull, pour lui annoncer que Vichy avait emprisonné des milliers de nouveaux apatrides dans des camps d'internement. Sans gouvernement pour les représenter, ils n'avaient aucun espoir d'être libérés. Fry proposait à Hull une manœuvre audacieuse : les États-Unis pouvaient émettre un nouveau passeport américain offrant une protection diplomatique limitée à ses détenteurs. Les réfugiés les plus méritants recevraient ainsi une « citoyenneté honoraire et de véritables passeports nationaux ». Un tel acte, écrit Fry, « brillerait au firmament des grands actes de bonté de l'histoire moderne ». Hull refusa la proposition.

Néanmoins, pendant qu'à Marseille Fry expérimentait au quotidien cette situation problématique, le gouvernement américain commençait à en prendre la mesure. Peu après le courrier à Hull, Frank Kingdon, directeur de l'ERC à New York, reçut une lettre du secrétaire d'État adjoint américain Adolf A. Berle Jr. Ce dernier lui expliquait ne pas disposer « des mêmes informations, du moins pas aussi détaillées, que le Comité » mais reconnaissait que « ces malheureux exilés [allaie]nt être soumis à des règles de plus en plus strictes s'ils cherch[ai]ent à quitter la France ».

Toujours en décembre, Fry essaya de s'occuper de ses propres papiers afin de pouvoir rentrer aux États-Unis si nécessaire. Il n'avait aucun des documents français requis, ni français, ni espagnols. Il fit la demande d'un visa de transit espagnol et attendit un certain temps que « les Espagnols, à leur manière délicieusement espagnole », examinent sa requête. À sa grande surprise, sa demande fut refusée à deux reprises. Avec le même humour, il écrivit à Eileen : « Décidément, de nos jours, voyager en Europe est devenu *très* difficile ! »

Faire sortir clandestinement des réfugiés devenait de plus en plus ardu, car la manœuvre reposait désormais presque entièrement sur des documents contrefaits ou falsifiés. Freier se trouvant toujours interné, Fry n'avait plus de faussaire. En outre, les Allemands avaient fait une descente dans le bureau du consul de Lituanie et récupéré les noms des réfugiés à qui il avait vendu de faux passeports ; il y avait donc un consulat de moins auquel Fry pouvait acheter des passeports.

Tous les deux ou trois jours, alors qu'il croyait l'arrivée de son remplaçant imminente, Fry envoyait un rapport d'activité à l'ERC sous la forme soit de longs télégrammes, soit de rapports dactylographiés envoyés clandestinement. Fry annonça ainsi à New York que Georg Bernhard était « toujours caché en France, où la Gestapo le recherch[ait]. Nous ne savons pas s'il pourra s'en sortir ou non ». Il racontait aussi que certains réfugiés comme Breitscheid et Hilferding se refusaient à commettre des actions illégales, que le chef du parti socialiste italien, Giuseppe Modigliani « refus[ait] même d'utiliser le passeport français qui lui a[vait] été remis en toute légalité par le gouvernement français » et qu'Otto Klepper, l'ancien ministre prussien des Finances, attendait toujours son visa d'urgence de visiteur pour les États-Unis. Fry se plaignait que beaucoup des réfugiés, dont les noms figuraient sur la première liste, n'aient toujours pas reçu le visa américain promis ; parmi eux se trouvaient par exemple H. W. Katz, Eugen Spiro[1] et Valeriu Marcu, « un éminent historien et philosophe roumain ».

Plus que jamais, Fry était le seul rempart de ses protégés contre « la famine ou l'internement – que la plupart d'entre eux consid[érai]ent comme la pire éventualité ». Ses frais de fonctionnement montaient en flèche : il avait

1. Katz portait le n° 666 et Spiro le n° 1284 sur la liste de Fry.

besoin d'environ 2500 francs (50 dollars) pour acheter la nourriture, payer les passeurs et les documents pour chaque réfugié s'échappant par l'Espagne et Lisbonne. De nouveau, il réclama de l'argent au Comité. Fry s'efforçait d'améliorer ses relations avec l'ERC à New York, espérant peut-être éviter d'être remplacé. Il insistait sur ses relations désormais étroites avec plusieurs officiels français, dont le nouveau préfet à Marseille, ainsi que des membres de la Sûreté, l'évêque « et un certain nombre de citoyens français de premier plan ». Mais en vain.

Un jour, il reçut une lettre de Frank Kingdon lui suggérant de faire des économies en réduisant son équipe à une ou deux personnes. Fry explosa : il avait à peine assez de personnel pour s'occuper de plus de cinq cents protégés, passer d'interminables heures à régler leurs problèmes avec les autorités. Comme un bras d'honneur à Kingdon, il renforça aussitôt son équipe avec plusieurs nouvelles recrues. Bientôt, ce furent quinze hommes et femmes qui menaient les entretiens, tapaient à la machine, écrivaient des lettres, tenaient les comptes, visitaient les consulats et distribuaient l'argent aux réfugiés. Fry et d'autres membres du Centre passaient de longues heures dans les consulats, essayant d'aider les réfugiés à renouveler leurs visas, car plusieurs d'entre eux, ayant sombré dans la dépression, n'avaient plus la force de faire eux-mêmes ces démarches. Fry restait aussi en contact avec d'autres organisations à Marseille et créa un nouveau « comité bénévole de conseillers techniques pour aider le Centre en lui fournissant des informations sur les réfugiés politiques et intellectuels ».

Certains artistes de sa liste initiale n'étaient pas faciles à localiser ou à contacter : « Picasso est à Paris, où il ne peut ni envoyer ni recevoir de lettres. Raoul Dufy est gravement malade dans une maison de retraite à Montpellier. » Matisse se trouvait à Nice et Chagall vivait dans « une des villes les plus inaccessibles du Sud de la France ».

L'ERC aurait voulu que l'organisation de Fry soit propre, simple et ordonnée, mais le Comité savait qu'elle était sale, brouillonne et fragile. Blessé par les critiques et le rejet de l'ERC, en colère contre ce Jay Allen qui devait prendre sa place, Fry envoya au Comité une lettre de divorce: « Ce bureau n'est pas le vôtre. C'est un comité indépendant composé de divers citoyens américains résidant en France. » Le Centre recevait des fonds de différentes origines en France, l'une d'elles était l'Américaine Mary Jayne Gold. « Si lire mon nom souille vos yeux, faites-le-moi savoir et je couperai tout lien, même lointain, avec vous. » Déclaration étrange, puisqu'on lui avait déjà annoncé qu'il allait être démis de ses fonctions.

De toutes les expériences et péripéties calamiteuses qu'il avait vécues jusqu'à présent, Fry ne s'attendait pas au désastre qui était sur le point de s'abattre sur lui. Auparavant, il ne s'était jamais trouvé personnellement en danger; c'était sur le point de changer, quand Vichy annonça que le maréchal Pétain avait l'intention de se rendre à Marseille. Un lundi matin de début décembre, Fry et Lena travaillaient à leur correspondance à l'étage d'Air-Bel quand Fry entendit des voitures se garer dans la cour. Il se précipita à la fenêtre. Peu de citoyens ordinaires ayant des voitures ou de l'essence à l'époque, il s'attendait à trouver la police: ce fut le cas. Il y avait là une voiture de police et un panier à salade. Avant de descendre, il brûla à regret, « avec une réelle douleur », son carnet d'adresses. Il ne pouvait pas se permettre de laisser les noms, les adresses et la liste de toutes ses transactions financières illégales tomber entre les mains de Vichy. Il cacha également un faux passeport en le lançant au-dessus d'une armoire. Puis il descendit l'escalier au moment même où un commissaire et trois officiers en civil de la Sûreté faisaient irruption dans le salon de la villa.

Fry était soulagé que Hirschman ne soit pas à Marseille ce jour-là. Quand il avait appris que le maréchal Pétain était sur le point de visiter la ville, le jeune homme était parti dans les Pyrénées pour reconnaître de nouveaux itinéraires d'évasion. « J'ai toujours pour habitude de foutre le camp quand le chef d'un État fasciste débarque en ville, expliqua-t-il à Fry. D'expérience, je sais comment ça se passe. » À présent, avec les policiers à Air-Bel, Fry était sur le point de le découvrir. Les résidents de la villa – Victor Serge, les Breton et Mary Jayne Gold – se tenaient devant eux, tendus, tandis que Fry, dans un français précis et contrôlé, protestait contre cette intrusion de la Sûreté. Il parlait d'une voix à peine audible, caractéristique selon Gold des moments où il essayait de contrôler ses émotions. Le commissaire lui lança un papier. Fry le lut : c'était une autorisation de fouiller les lieux. Mais il s'y opposa, déclarant de la même voix basse et mesurée : « Nous protestons, comme nous en avons le droit », insistant sur le fait que, la maison étant une propriété privée, la police n'avait aucun droit de la perquisitionner.

Le commissaire répondit que lui et ses hommes étaient là en raison des activités suspicieuses signalées à la villa. Fry craignait qu'il s'agisse du travail clandestin du Centre – et découvrit, rassuré, que les villageois s'étaient plaints à la police du voisinage bizarre des étrangers de la villa, surtout de l'exotique Jacqueline Lamba-Breton. En outre, la nuit précédente, la sœur de Mme Breton était arrivée en portant une lourde valise ; or, Fry savait qu'un attentat à la bombe avait eu lieu quelques années plus tôt sur une voie ferrée, non loin, lors d'une visite du prince de Galles ou d'une autre personnalité. Sans doute la présence de la police avait-elle un rapport avec le déplacement de Pétain, qui prendrait cette même ligne de chemin de fer.

Fry et le groupe répondirent avec sang-froid aux questions, même lorsque les policiers, après avoir fait des remarques sarcastiques sur la valise de la sœur de Jacqueline, se mirent à fouiller les lieux à la recherche de preuves d'activités illégales. Ils confisquèrent la machine à écrire et le pistolet de Serge trouvé à l'étage. À un moment, Gold remarqua que Fry vidait le contenu de ses poches dans un poêle à carreaux verts occupant le coin le plus éloigné de la pièce. Ce qu'il y avait jeté brûla rapidement. Fry observait les policiers passer au crible sa correspondance personnelle et s'indigna qu'ils prennent toutes ses lettres, y compris celles de sa femme et de sa mère. Il ne dit rien, cependant, soulagé que personne n'ait l'idée de regarder en haut de l'armoire ou n'ait remarqué les cendres encore chaudes dans le poêle. La police emporta aussi sa mallette et les machines à écrire avec lesquelles il travaillait pour le Centre.

Quand un officier remarqua un dessin de Breton représentant un coq gaulois et intitulé « Pétain est Un con », il piqua une colère en criant que c'était de la propagande révolutionnaire. Quand Breton lui expliqua que le mot était « putain » et non « Pétain », Fry réprima difficilement un sourire. Par chance, un tableau de Marc Chagall posé contre un mur et représentant une vache volante n'attira pas l'attention : à l'insu de Fry, le Tueur – le petit ami de Mary Jayne Gold – avait caché derrière des mandats postaux volés d'une valeur de 40 000 francs.

Quand Gemähling et Bénédite rentrèrent pour déjeuner, ils virent les voitures de police et repartirent en courant, mais furent interceptés par d'autres agents, ramenés dans la villa et fouillés. Puis, annonçant à Fry qu'ils n'avaient rien contre lui, ils lui proposèrent de venir témoigner et embarquèrent dans le fourgon de police tous les habitants d'Air-Bel (Serge, Breton, Bénédite et Gemähling), à l'exception des domestiques, des enfants et de leurs mères.

L'arrestation s'était produite « de façon si soudaine et si inattendue que j'ai encore du mal à croire qu'elle soit arrivée », dira plus tard Fry. Dans le fourgon, Fry chuchota à ses amis qu'il espérait que personne n'avait sur soi de documents compromettants. Serge, en habitué des rafles fascistes, glissa à Gemähling : « Tu es sûr de ne rien avoir de compromettant ? » Le jeune Français rougit et, d'un geste rapide, déchira en petits morceaux ses listes de membres de la Résistance, avant d'en jeter une partie par la vitre et d'avaler le reste. Au poste de police, Fry fut enfermé avec le groupe, malgré son insistance pour qu'ils soient tous relâchés, puis il demanda quelles charges étaient retenues contre eux. Le policier répondit qu'il n'avait pas autorité pour prendre des décisions concernant Fry et son groupe. Puis tous furent transférés dans des cellules avec d'autres prisonniers. Parmi eux se trouvaient certains protégés de Fry.

« Varian et moi essayions de paraître sûrs de nous, se souvient Gold. Nous savions que nous étions ressortissants d'un grand pays encore neutre, et que nous ne risquions pas de disparaître derrière une clôture de barbelés. Pour les autres, en revanche, tout était possible. » Au grand étonnement de Fry, bien qu'il soit citoyen américain et directeur d'un comité de secours bien installé, il se retrouva détenu au secret, et on lui refusa la permission de contacter un avocat ou l'ambassade américaine. À 23 heures, après avoir été détenu tout l'après-midi, le groupe fut transféré sur un bateau, le *SS Sinaia*, car Vichy n'avait pas assez de cellules de détention pour les nombreuses personnes arrêtées ce jour-là. En montant à bord, Fry fut frappé par une coïncidence : « J'ai déjà traversé l'Atlantique sur ce bateau. » Et, de fait, c'est bien à bord du *Sinaia* qu'il était parti en Grèce pendant des vacances d'été lorsqu'il était étudiant à Harvard.

Un moment plus tard, ce fragment de passé perdit toute signification quand Fry mesura la gravité de la situation dans laquelle ils se trouvaient tous. Arrêtés sans accusations formelles ni passage devant un juge, ils étaient à présent détenus à bord d'un bateau avec interdiction de contacter leur consulat. Ils étaient nourris de pain sec, de haricots et de bœuf en conserve, et pour tout lit on leur avait donné des sacs en toile de jute remplis de paille. « Je suis citoyen américain ! s'écriait Fry, indigné. J'exige de pouvoir appeler mon consul ! » Mais ses demandes restèrent ignorées jusqu'au deuxième jour. Après vingt-quatre heures de détention, le capitaine du navire l'autorisa à envoyer un message au consulat américain. Le vice-consul Bingham arriva rapidement et distribua des sandwichs au jambon à ses amis – non sans avoir dû négocier pour que la police le laisse monter sur le bateau. Sa présence procura un certain réconfort à Fry, mais même Bingham ne put découvrir quelles accusations justifiaient la détention du groupe. Et il ne parvint pas non plus à convaincre les policiers de les relâcher.

Si le petit jeu des fascistes de Vichy rendait Fry fou de rage, il était aussi furieux contre le représentant consulaire des États-Unis, Hugh Fullerton, incapable d'obtenir la libération de son groupe. Malgré cela, se souvient Gemähling, il parvenait à garder une attitude calme et déterminée. Pendant qu'ils se trouvaient sur le *Sinaia*, Kingdon de l'ERC envoya au consulat américain « le télégramme le plus stupide » – selon la formule de Fry. Il disait qu'il avait appelé Fry chez lui et demandait au consul de le convaincre de revenir. Autant dire que cette intervention n'était d'aucun secours pour les prisonniers. Selon Fry, Kingdon aurait dû « exiger vigoureusement une intervention diplomatique et consulaire maximale ». Quand il apprit la teneur du message de Kingdon, il se sentit de nouveau trahi, comme si on lui avait retiré d'un coup ce qui le soutenait encore.

Fry entendit aussi des rumeurs selon lesquelles la police avait raflé des milliers de personnes ce jour-là, à Marseille. Ils avaient interpellé « quiconque leur paraissait suspect, ou étranger» à cause de la visite de Pétain. À bord du *Sinaia* étaient détenues pas moins de six cents personnes. Fry comprenait enfin pourquoi il avait été arrêté, mais il enrageait toujours de l'injustice de ces interpellations et des conditions que lui et ses camarades devaient endurer. La nuit venue, tout le monde, y compris Fry, en avait pris son parti. Pour passer le temps, ils se mirent à chanter – Bénédite, se souvient Gemähling, avait tout un répertoire de chansons de marins et de chansons folkloriques. Au troisième jour, Fry abordait sa détention avec philosophie et prenait les choses en rythme. La faim tenaillait tous les détenus. Enfin, Fry et Gold demandèrent à voir le capitaine en tant que seuls Américains à bord, et furent invités dans sa cabine où il leur servit une bière.

Une fois Pétain reparti de Marseille, la police libéra tous les prisonniers excepté Bénédite, pour une raison inconnue. Fry s'aperçut avec soulagement que Verzeanu les attendait sur le quai, et fut ravi d'apprendre que rien n'avait été dérangé au Centre. De retour au bureau, il demanda à Lena Fischman de contacter le capitaine Dubois pour qu'il fasse libérer Bénédite. Dubois se rendit sur le *Sinaia*, montra son insigne, et Bénédite put aussitôt partir.

Les jours suivants, Fry éprouva en profondeur le choc d'avoir subi une fouille et d'avoir été arrêté sans mandat ni explication. Cela avait été «l'une des expériences les plus surprenantes et les plus choquantes de [s]a vie», écrivit-il à son épouse. Bien que sa frustration et son ressentiment envers les Français ne cessent de s'intensifier, il continuait tout de même d'écrire des lettres réconfortantes à sa mère et à sa famille, leur donnant une fausse image de sa vie. La vérité était réservée à la seule Eileen. Il lui expliquait que beaucoup de Français étaient antisémites et qu'ils traitaient les réfugiés avec brutalité, surtout s'ils étaient juifs. Dans une lettre à sa mère, il attribuait le médiocre traitement des étrangers par la France à « la négligence plus qu'à une forme de perversité ». Il lui mentait. « Je ne connais pas de peuple plus agréable à vivre que les Français. Ils méritent certainement leur réputation de peuple le plus civilisé du monde. » Il considérait les Allemands comme seuls responsables de la situation à Marseille, excusant les méfaits du régime de Vichy en décrivant la France comme un pays exsangue. L'homme de la rue, écrivait-il, s'oppose aux actions des dirigeants français mais n'a pas la force de les mettre hors d'état de nuire, car la France « a fourni un énorme effort et vient de subir la plus grande défaite de son histoire ».

> « N'oubliez jamais que, même si le gouvernement est obligé de prendre des décisions déshonorantes et d'agir en conséquence, le peuple français, lui, reste ce qu'il a toujours été : extrêmement civilisé, profondément attaché à la conception de la liberté individuelle et définitivement opposé à la notion d'État policier[1]. »

Même après quatre nuits inconfortables à bord du *Sinaia*, Fry continuait de protéger sa mère et décrivait son arrestation comme « un incident amusant ».

La visite de Pétain à Marseille a marqué le début de la fin pour de nombreux réfugiés. Au terme de la rafle, la Sûreté avait arrêté des milliers de personnes, soupçonnées pour une raison ou pour une autre, ou simplement mentionnées dans des dossiers de la préfecture. Après cela, les gens commencèrent à disparaître. Ainsi, Julien Cain, ancien directeur de la Bibliothèque nationale, arrêté le 12 février 1941 et envoyé à Buchenwald.

Chaque jour apportait son lot de drames : en décembre, Largo Caballero, ancien Premier ministre de l'Espagne républicaine, fut remis par le gouvernement de Vichy

1. Lettre de Varian Fry à Lilian Mackey Fry, 8 novembre 1940.

au gouvernement espagnol pour être jugé et probablement exécuté. Cette arrestation signifiait que les réfugiés espagnols couraient désormais les mêmes dangers que les réfugiés d'autres pays. Plus tard, la Gestapo arrêta un jeune étudiant allemand aux Beaux-Arts, Niemeyer, pourtant aryen et détenteur d'un visa américain et d'une bourse d'études à la New School for Social Research. Seul lui manquait un visa de sortie. Fry lui conseilla d'attendre pour l'obtenir, sans s'adresser à ses compatriotes. Mais le jeune homme, impatient, ne tint pas compte de cette mise en garde et se rendit directement au bureau de la Gestapo à Aix-en-Provence pour exiger le document. Probablement arrêté par les nazis, Niemeyer n'a plus jamais donné signe de vie. En apprenant cela, Fry comprit : désormais, tous les coups étaient permis. Berlin s'impliquait de plus en plus dans les affaires de réfugiés, et le Centre devait intensifier ses efforts.

De retour de son bref séjour à Toulouse, Hirschman apprit par Fry que la police était à sa recherche et qu'il devait quitter la France sans délai. Pensant qu'il resterait en France, Hirschman n'avait jamais fait de demande de visa mais, par chance, il se trouve qu'il en avait un : quelque temps plus tôt, avant d'être réaffecté, le vice-consul Bingham, qui connaissait Hirschman seulement sous son pseudonyme d'Albert Hermant, avait annoncé au jeune homme qu'un visa était arrivé pour un certain Albert Otto Hirschman. Le connaissait-il ? Ravi, Hirschman lui avait avoué qu'il s'agissait de lui. Le visa avait été émis à la demande d'un professeur de l'université de Californie à Berkeley, ancien collègue de Hirschman à Paris en 1938. Il avait obtenu de la Fondation Rockefeller qu'un visa et une bourse soient accordés à Hirschman. « Pour moi, la surprise était totale », se rappelle l'intéressé.

Apprenant que Hermant et Hirschman étaient une seule et même personne, Bingham lui assura qu'il le croyait mais, pour obtenir ce visa, le jeune homme devait tout de même prouver son identité. Il avait laissé son certificat de naissance et sa carte d'identité dans une chambre d'hôtel à Paris, aussi paya-t-il l'un des coursiers du Centre pour aller les récupérer, le temps d'un aller-retour entre zone occupée et zone libre. Le coursier revint à Marseille avec les documents, et Hirschman put les montrer à Bingham pour recevoir son visa. Comme l'Espagne refusait d'accorder des visas de transit, le jeune Allemand, jamais à court d'idées, prit le train pour Toulouse où il parvint à obtenir un visa de transit. Ayant vécu dans des pays à régime autoritaire, où le système bureaucratique est particulièrement mal organisé, il savait trouver son chemin et passer à travers les mailles du filet.

Le 20 décembre 1940, muni de papiers en règle, Hirschman dit adieu à Fry et partit chez les Fittko, à Banyuls-sur-Mer. Des années plus tard, il se souvient de leur extrême attention aux détails. Ils insistèrent pour qu'il abandonne son sac à dos et le remplace par une sacoche d'ouvrier, qui lui donnerait l'air d'un paysan français montant sur la colline pour ramasser des branches de sapin et d'autres bois. Guidé par Hans Fittko, Hirschman rallia l'Espagne en moins de trois heures. Il traversa le pays jusqu'au Portugal, où un représentant de la Fondation Rockefeller le fit embarquer à bord d'un navire qui l'achemina sain et sauf à New York.

Le matin suivant le départ d'Hirschman, Fry se réveilla avec l'impression d'avoir perdu son meilleur ami. En quatre mois, les deux hommes avaient noué une relation intime, renforcée par l'urgence désespérée de leur travail. « Mon ami le plus proche était Hirschman, écrit Fry à sa femme. Pendant un moment, après son départ, je me suis senti si déprimé que j'ai songé à démissionner. » En fin de compte, son pragmatisme l'emporta et il reprit son travail. Mais il restait d'un tempérament solitaire : « Je connais beaucoup de monde, mais je n'ai pas un seul ami intime. » C'est seulement plus tard, en nouant un lien véritable avec Danny Bénédite, que Fry put de nouveau se sentir moins seul.

Fry répartit le travail d'Hirschman entre ses trois lieutenants, Bénédite, Gemähling et Verzeanu. Verzeanu devint l'expert des itinéraires d'évasion terrestres et, à partir de fin décembre, escorta des groupes de réfugiés jusqu'à Banyuls-sur-Mer où il avait l'habitude de retrouver Hans Fittko dans une rue discrète, vers 4 ou 5 heures du matin. Fry consultait aussi Verzeanu pour les trajets maritimes. Fin décembre, malgré les difficultés aux frontières, Fry restait confiant. Quand on lui faisait remarquer qu'il était temps d'abandonner, qu'on ne pouvait plus aider les réfugiés, il répondait : « Vous vous trompez. » Après tout, les bateaux portugais étaient toujours en service et les réfugiés continuaient d'arriver, même s'ils étaient beaucoup moins nombreux que quelques mois auparavant.

Fry avait chargé Gemähling d'acquérir des passeports pour les réfugiés qui n'en avaient pas ou qui devaient changer d'identité – principalement d'anciens combattants des Brigades internationales pendant la guerre d'Espagne. Pour ce faire, Gemähling se servait de passeports de personnes décédées ou de personnes qui, pour une raison quelconque, ne pouvaient pas utiliser leurs papiers. Certains de ces documents présentaient déjà des noms à moitié grattés, ou maculés. Et Gemähling entretenait toujours des liens avec les trafiquants de passeports volés. « À Marseille, à l'époque, se souvient-il, on les trouvait toujours dans le quartier de la préfecture de police ou aux abords des consulats. » Des gens l'abordaient et murmuraient : « Passeport à vendre » ou bien « Passeport ou visa ? ». Lorsque Gemähling se voyait proposer un passeport, il l'achetait sur-le-champ, en liquide. Les tarifs étaient très variables, entre 2 500 et 12 000 francs ; un passeport danois et un faux visa de transit portugais, par exemple, coûtaient 6 000 francs pièce.

Même au cœur de ce chaos, Fry continuait de tenir soigneusement ses registres de compte. Bénédite, archiviste méticuleux, occupait les fonctions d'agent de change, de comptable et de conseiller financier. Le lendemain du départ de Hirschman, Fry remit à Bénédite une cassette contenant trois enveloppes : une de 580 francs pour les dépenses courantes, une de 345 000 francs à utiliser pour les dépenses légales (indemnités aux réfugiés, frais de fonctionnement, salaires) et une troisième de 89 000 francs pour les actions clandestines, relevant d'une comptabilité secrète.

Un soir, Fry et ses trois lieutenants allèrent dîner au restaurant La Daurade. Repas fructueux, se souvient Gemähling, à l'occasion duquel le propriétaire leur présenta plusieurs membres de la mafia locale. Le réseau clandestin s'élargissait, facilitant l'accès de Gemähling au marché noir et l'organisation d'évasions. « Certains de ces gangsters ont pu nous aider dans nos opérations, d'autres ne nous ont été d'aucune utilité. »

Fry avait une confiance totale en ses lieutenants, comme il avait confiance en chaque membre de son équipe, à une exception près : Marcel Chaminade. Engagé pour traiter avec les officiels de Vichy, Chaminade s'était révélé un sympathisant pétainiste. Il collaborait à la *Revue universelle*, qui avait publié en janvier 1941 un article de Pétain intitulé « Individualisme et Nation ». Chaminade était également connu pour ses éditoriaux dans les journaux d'extrême droite et catholiques. Quand Fry découvrit tous ces éléments, il convoqua Bénédite, Gemähling et Verzeanu et le limogea. « Si on le flanque dehors tout de suite, dit Fry, nous nous ferons un ennemi. » Mais il fut décidé que Chaminade serait cantonné à des tâches courantes, et Fry n'évoqua plus jamais devant lui des sujets politiques, le cas de ses protégés ou d'autres affaires confidentielles.

Par une banale journée de mi-décembre, Fry reçut un message qui allait bouleverser sa vie : il s'agissait de « retrouver un ami » au bar de l'hôtel Splendide. L'ami en question était Jay Allen, ce compatriote dont il redoutait l'arrivée depuis longtemps, même si la lettre l'informant de son remplacement par ce journaliste remontait à plusieurs semaines.

Au bar de l'hôtel, Allen était accompagné de Margaret Palmer, une « Américaine largement quinquagénaire » comme la décrit Fry dans ses mémoires, qui avait jadis travaillé au Carnegie Institute of Art. Fry se joignit à eux et s'efforça de rester courtois. Allen lui tendit une lettre dont le contenu se résumait à : « Vous venez de rencontrer Jay Allen. C'est le remplaçant au sujet duquel vous nous avez fait tant de reproches le mois dernier. Il prendra en charge votre bureau à Marseille. Merci de bien vouloir lui décrire en détail chacune des opérations du Centre. Nous espérons que vous partagerez pleinement votre expérience avec lui et qu'il pourra bénéficier de vos conseils. Après cela, il agira en fonction de son jugement, comme vous l'avez fait avant lui. » C'était là sa lettre de licenciement, remise en main propre par son successeur. Quel manque de tact et de sensibilité chez ces New-Yorkais ! songea Fry.

Allen, dont le trajet de New York à Marseille avait duré six semaines à cause de multiples pauses, déclara qu'il avait l'intention de diriger le Centre à temps partiel ; l'autre partie de son temps serait consacrée à son travail de journaliste et à voyager afin d'établir des contacts avec d'autres organisations. Palmer serait son *alter ego* : elle resterait au Centre pour effectuer le travail administratif au jour le jour. M. Fry doutait que Mme Palmer, « d'un âge assez avancé et d'une santé apparemment fragile », comme il l'écrit à son épouse, puisse répondre aux exigences de ce travail « déjà presque trop lourd pour moi qui suis en bonne santé». Mais, ce jour-là, il ne fit aucune remarque.

Après ces quelques heures épuisantes auprès d'Allen et de Palmer, Fry envoya un télégramme à Kingdon pour le prévenir que ses remplaçants lui semblaient incompétents. Comment avait-il pu en arriver à cette conclusion en un temps si bref? Impossible à dire, mais caractéristique de Fry. Certain de savoir mieux que quiconque comment diriger le Centre, il déversa sa colère légitime sur le président de l'ERC. «J'ai passé six mois de ma vie à monter de toutes pièces une organisation désormais connue dans toute la France libre comme l'unique espoir des réfugiés, et je ne souhaite pas la voir abandonnée.»

Très vite, Palmer tomba malade et resta deux semaines au lit. Pour Fry, son opinion était faite: c'était une vieille femme malade. Il racontera à Eileen «l'obsession étrange de Palmer pour ses intestins», tout en admettant avec humour qu'elle n'était pas si éloignée de ses propres préoccupations. «Elle parle sans cesse de ce qu'elle peut et ne peut pas manger, de sa flore intestinale et de ses dernières selles (non moulées).» Fry était certain qu'elle n'avait pas l'endurance nécessaire pour mener une action qu'il trouvait lui-même, dans la force de l'âge, redoutablement difficile.

Avec Allen, c'était une tout autre affaire, que Fry prenait au sérieux. Au début, il joua pleinement son rôle, reconnaissant qu'Allen était son successeur et lui expliquant les détails de ses activités. Il affichait une apparence impassible mais, dans ses lettres à Eileen, il décrit «l'Ami» – son terme sarcastique pour désigner Allen – comme «tyrannique et stupide, incapable d'écouter qui que ce soit» et surtout «absolument pas informé de [leur] action et peu intéressé par le fait d'en apprendre davantage». L'affrontement inévitable entre les deux hommes vit Fry «se battre comme un lion, car moi et tous ceux qui l'avaient vu étaient certains qu'il allait tout foutre en l'air en deux semaines. Je ne pouvais tout de même pas rester bras croisés, sans réagir, pas vrai[1] ? »

Pendant les jours qui suivirent l'arrivée d'Allen, Fry fut occupé à écrire à l'ERC et à demander à ses collègues du Centre d'écrire à New York en son nom. Comme l'analyse Gold, les membres du Comité « ne se rendaient pas compte de la fragilité de la position de Fry, qui opérait dans cette zone floue entre légalité et illégalité avec son réseau de contacts. Ils ne se rendaient pas compte non plus de la loyauté et de la confiance qu'il inspirait à son équipe. Aucun élément extérieur n'aurait pu maintenir ce lien ». Dans un télégramme, Lena Fischman écrivait : « Message envoyé à la demande des clients du Centre – Veuillez contacter Ingrid Warburg pour lui expliquer que le départ de Fry est désastreux pour le travail et le bien-être même des réfugiés. »

Les collègues d'autres organisations d'aide aux réfugiés, connaissant l'engagement de Fry, tentèrent également d'apporter leur contribution : « La situation à Marseille est terrible, écrivit Charles Joy, de l'Unitarian Service Committee. C'est pour cette raison que Fry refuse de partir avant trois ou quatre mois. » Joy rejetait l'idée qu'Allen puisse diriger le Centre à temps partiel : « Ce travail nécessiterait plutôt un plein-temps et demi ! Si vous voulez que cette activité se poursuive, il est absolument crucial de trouver rapidement un successeur à M. Fry qui puisse s'investir à plein temps dans le Centre. » Et Joy d'ajouter : « Les soldats britanniques que Fry a aidés demandent instamment à ce qu'il soit autorisé à rester en place. »

Comme Eileen l'en avait récemment informé, Fry n'avait plus de travail qui l'attendait à New York, la

1. Lettre de Varian Fry à Eileen Fry, 21 avril 1941.

Foreign Policy Association ayant décidé de ne pas maintenir son poste. Raison de plus pour être autorisé à rester à Marseille, expliqua-t-il à l'ERC, d'autant qu'il n'y courait aucun danger.

La présence d'Allen renforçait sa détermination. Auparavant, Fry avait pu envisager de renoncer à ce travail pourtant « dix fois plus intéressant et au moins cinq fois plus instructif » que tout ce qu'il avait fait auparavant. Il s'était vanté auprès d'Eileen d'avoir noué des amitiés avec les grands intellectuels d'Europe : « J'ai rencontré plus de gens célèbres au cours des trois derniers mois que dans tout le reste de ma vie. » Il aimait cette mission qui l'obligeait, pour la première fois de sa vie, à monopoliser toutes ses ressources. En janvier, il écrivait : « C'est sans doute pour ça que j'aime tant ce travail, que je m'y épanouis, que je suis si bien et si heureux, que je dors si bien. L'important, c'est que ce travail et ce centre, je les ai créés moi-même, et que j'emploie douze employés (plus les bénévoles). En tout, plus de deux cent cinquante clients sont plus ou moins dépendants de ma présence ici. » Et pourtant, il lui arrivait encore de caresser l'idée d'abandonner tout ce stress et cette frustration pour revenir à la relative facilité de la vie aux États-Unis.

Mais Allen était là à présent, et, fidèle à l'esprit de contradiction qui lui valait le surnom de « Varian le Contrariant », Fry entendait bien prendre le contre-pied de ce que l'ERC lui demandait. Cependant, le Comité continuait de soutenir Allen et rejeta la requête de Fry. Les membres de l'ERC lui écrivirent qu'ils étaient « embarrassés à cause de Washington et de la pression locale », estimant que les « dépenses de personnel de Fry étaient trop importantes rapportées aux résultats obtenus par le Centre ». Fry était dévasté. Il n'arrivait pas à comprendre que ses mois de rude labeur et de sacrifice soient si peu reconnus. À Eileen, il décrivit les membres de l'ERC comme de « fieffés imbéciles gâteux », incapables de saisir l'idée la plus simple.

La secrétaire du Comité à New York, Mildred Adams, pensait que Fry nourrissait le complexe de se croire irremplaçable. Comme Eileen l'écrit à son mari, Adams avait joué le rôle de la « méchante » pendant toute cette période de transition. « Elle a envoyé des télégrammes sans y être autorisée et prend le parti de Jay. C'est une femme malhonnête. » Eileen exhortait Fry à rester confiant et fort dans l'adversité. Selon elle, le soutien de l'assistante de Kingdon, Ingrid Warburg, et du collecteur de fonds, Harold Oram, tous deux persuadés de l'utilité de maintenir Fry à son poste, finirait par porter ses fruits. La logique rassurante d'Eileen fonctionna, et Fry réussit à s'apaiser.

Vers la fin du mois de décembre, Fry, tout en ignorant complètement Allen, développa son action en voyageant hors de Marseille à la recherche des réfugiés cités sur sa liste originale. Quelques jours avant Noël, il se rendit ainsi à Nice pour rencontrer l'historien Valeriu Marcu ; le nom de Marcu avait été placé sur la liste par l'écrivain émigré Hermann Kesten. L'air était froid mais le soleil brillait quand Fry gravit l'escalier de la vieille gare Saint-Charles. À l'intérieur, il retrouva son jeune associé, l'énergique Verzeanu, avec qui il attendit Margaret Palmer. Fry avait décidé de l'emmener afin qu'elle voie par elle-même combien son travail était difficile, ce qui ne lui laisserait pas d'autre choix que d'y renoncer et de rentrer chez elle.

Quand Fry et ses compagnons sortirent de la gare de Nice, ils étaient attendus par Valeriu Marcu. Ils se rendirent dans l'appartement où Eva, l'épouse de Marcu, avait préparé « un festin inimaginable : fromage, saucisses et du vrai café ». Marcu, un juif roumain, avait émigré d'Allemagne en Autriche avant d'arriver en France. Depuis 1933, il vivait avec sa femme à Nice où leur fille

Monica, surnommée « Miki », était née le dernier jour de l'année. Eva, qui était allemande, avait perdu son père à cause des nazis. Au début, se rappelle-t-elle, elle avait aimé vivre à Nice. « Après la naissance de Miki, nous avions l'esprit tranquille et nous avions encore beaucoup d'amis[1]. » Mais la situation avait changé car leurs amis avaient été arrêtés les uns après les autres, soit pour être internés, soit pour être renvoyés en Allemagne. Eva avait échappé à l'emprisonnement car Miki n'avait que sept ans et, selon la loi française, les mères d'enfants de moins de douze ans étaient protégées. Eva avait entendu dire qu'à Gurs, où la plupart de ses amies étaient internées, les femmes nazies étaient laissées tranquilles, alors que les femmes juives allemandes étaient maltraitées. « Les Français n'auraient jamais osé toucher à une femme nazie parce que les Allemands avaient conquis la France. Mais les juives étaient considérées comme de dangereuses ennemies, des espionnes et des traîtres à la France qu'il fallait envoyer dans des camps. » En 1940, les Marcu voulaient à tout prix émigrer mais, Valeriu n'ayant pas de passeport, c'était impossible pour eux.

Eva, qui se souvient de Fry comme du sauveur de sa famille, redoutait depuis longtemps d'être arrêtée. « Les Allemands triomphaient partout, c'était horrible. La terreur se rapprochait de plus en plus de nous. Avant même d'éprouver une peur physique, notre sentiment, c'était : quand tout ça va-t-il s'arrêter ? » Bouleversé par la détresse des Marcu, Fry confia à Verzeanu la tâche d'aider la famille à obtenir des papiers. Verzeanu, qui était roumain, promit qu'il ferait des démarches dans une ville voisine où il connaissait un consul roumain.

Verzeanu quitta aussitôt l'appartement et Fry, pour la première fois depuis son arrivée en France, alla rendre

1. Entretien avec Eva Marcu, 16 juin 1998.

visite à quelques personnes qu'il estimait en danger mais qui n'étaient pas venues lui demander de l'aide. C'étaient les réfugiés les plus prestigieux de sa liste : André Gide, André Malraux et Henri Matisse. Il se rendit d'abord à Cabris, dans les montagnes près de Cannes, chez le futur Prix Nobel de littérature. Cordial et amical, Gide lui offrit du thé et des biscuits, mais refusa de quitter sa France bien-aimée. Ses livres ne figurant pas sur la liste Otto, qui recensait les ouvrages condamnés par les nazis, il ne se sentait pas menacé. Une autre icône culturelle, Henri Matisse, déclina également la proposition de Fry[1].

De retour chez les Marcu, il découvrit que la démarche de Verzeanu avait été couronnée de succès : le consul roumain lui avait remis un passeport pour l'historien, sous la forme d'un papier manuscrit. Fry jeta un coup d'œil au document puis le tendit aux Marcu qui le lurent avec une expression désolée : le nom de Miki n'y figurait pas. Heureusement, un autre invité présent ce jour-là allait résoudre le problème. André Malraux, arrivé pendant que Fry était parti voir Gide, regarda le passeport et déclara : « Aucun problème. Ça se corrige. Laissez-moi voir ça. » Il étudia le papier pendant un moment, puis rédigea quelques mots sur une feuille volante. Enfin, reprenant le passeport manuscrit, il y écrivit quelque chose. À la grande joie d'Eva Marcu, Malraux avait parfaitement

1. Gide, Matisse et Malraux passèrent toute la durée de la guerre en France. Un autre réfugié qui refusait de partir connut un sort plus funeste. Theodore Wolff, le rédacteur en chef redouté du *Berliner Tagblatter*, ne voulait pas abandonner ses livres, ses tableaux et son appartement sur la Promenade des Anglais, même s'il se savait recherché par la Gestapo. Fry essaya de l'aider, demanda à l'ERC un prêt pour lui permettre d'éponger ses dettes. Mais Wolff hésita trop longtemps et finit par être arrêté. Il mourut trois ans plus tard à l'Hôpital juif de Berlin, des suites des supplices endurés dans les camps de concentration de Dachau et d'Oranienburg.

imité l'écriture du consul et ajouté au document le nom de leur fille[1].

Fry en profita pour aborder avec Malraux l'éventualité d'une exfiltration, mais l'écrivain répondit qu'il venait de s'évader d'un camp de prisonniers de guerre, qu'il était occupé à écrire ses mémoires et qu'il n'avait pas l'intention de quitter la France. Fry était tout de même en mesure de l'aider, bien qu'indirectement. Malraux avait demandé à son éditeur américain, Random House, de garder sur son compte toutes les sommes émanant de sources non françaises puis de les lui envoyer. Or, en raison des restrictions américaines sur les transferts d'argent à l'étranger, Random House ne pouvait payer à son auteur que 75 dollars par mois, ce qui était dérisoire. Un plan fut donc élaboré entre Malraux, Fry, Eileen et Robert Haas, le directeur de Random House. L'éditeur verserait à l'épouse de Fry certaines sommes en espèces puis, grâce aux canaux mis en place entre New York et Marseille, Eileen et Fry feraient parvenir cet argent à Malraux en France.

Avant de quitter les Marcu, Fry apprit l'arrestation de l'industriel allemand Fritz Thyssen. Soutien précoce de Hitler, il avait fini par se repentir pour s'opposer désormais ouvertement au dictateur. Désireux de l'aider, Fry se rendit à Cannes où séjournaient les Thyssen. Arrivé à l'hôtel Montfleury « par une froide et brumeuse veille de Noël », il apprit du directeur que, le 20 décembre, cinq policiers de Vichy en civil s'étaient présentés à 7 heures du matin et avait exigé de voir M. et Mme Thyssen. Le directeur refusant de déranger ses clients à une heure si matinale, les policiers durent attendre. Quatre heures plus tard, quand les Thyssen apparurent dans le hall, ils

1. Lorsque ses parents s'enfuirent de France avec Miki, le faux document réalisé par Malraux était « si parfait que personne ne l'a remarqué », se rappelle Eva Marcu.

reçurent l'ordre de faire leurs bagages et furent emmenés avant l'heure du déjeuner. Quand Fry insista auprès du directeur pour avoir plus d'informations, l'homme se montra soudain agressif : « Retournez donc d'où vous venez et laissez les Français tranquilles ! Si on veut collaborer avec les Allemands, on collaborera, et ce n'est pas ce que vous direz, salauds de Ricains, qui va changer quelque chose. Maintenant, fichez-moi le camp ! » Il refusa de dire où les Thyssen étaient détenus, se contentant d'ajouter que le couple avait été arrêté pour être remis aux Allemands. Sans un mot, Fry quitta l'hôtel pour retourner à Marseille. Il prit le temps de rédiger un rapport sur l'arrestation des Thyssen et, dans l'espoir que la nouvelle soit rendue publique, l'envoya par courrier au correspondant du *New York Times* à Vichy, avant de prendre le train pour Marseille.

Fry avait passé Noël à Cannes et à Nice. Le jour de l'An, un mercredi gris et froid, il fit un rapide voyage à Vichy pour s'assurer qu'un rapport qu'il avait obtenu sur les activités de la Gestapo en zone libre arriverait sans encombre à New York. Bien que les Allemands ne soient pas censés se trouver dans la zone libre, ils étaient bien là, sillonnant les rues dans leurs voitures à croix gammées, kidnappant qui bon leur semblaient. Quand Fry était arrivé à Marseille, les membres de la Commission d'armistice allemande étaient cantonnés à l'hôtel Splendide, effrayant les gens qui faisaient la queue pour le voir. Il avait souvent entendu parler des activités de la commission Kundt, qui traquait les réfugiés recherchés par la Gestapo dans les camps du sud de la France. Fry avait même appris par Charlie Fawcett, avant qu'il ne quitte la France, que les Allemands le connaissaient. « Bien sûr, nous savons tout sur Fry », avaient-ils dit, selon des propos rapportés à des amis de Fawcett par un de leurs cousins dans l'armée allemande. « Nous savons qu'il essaie de faire sortir nos ennemis politiques hors de France. Ça ne nous inquiète pas. Nous sommes certains qu'il ne réussira pas. » Pour Fry, la présence d'Allemands dans le sud de la France était la preuve terrifiante que Berlin commençait à s'intéresser de très près aux réfugiés.

Cette information sur les Allemands étant trop explosive pour être envoyée par courrier normal, le seul moyen de l'acheminer jusqu'à New York était d'utiliser la valise diplomatique. À l'ambassade américaine de Vichy, tout le monde était en congés, sauf un portier. Devant l'urgence de transmettre son rapport, Fry décida de tenter sa chance. Il se présenta à l'homme et lui demanda poliment d'ajouter le rapport dans le prochain courrier diplomatique pour New York. « Je ne peux rien promettre mais je vais essayer », dit le portier. Fry ajouta sa carte de visite au rapport, ainsi qu'un message : « Je vous serais très reconnaissant d'envoyer ce document à New York par valise diplomatique. Si c'était impossible, merci de ne surtout pas me le renvoyer. Gardez-le ici. » Fry glissa le rapport dans l'enveloppe que le portier lui avait donnée, qui portait l'inscription *Foreign Service of the United States.*

Fry retourna à Marseille, espérant que tout se passerait bien. Sa déception fut grande de recevoir rapidement, par courrier ordinaire, le rapport et son message, accompagnés d'une lettre désagréable de l'ambassade l'informant que, *primo*, il ne pouvait pas se servir de la valise diplomatique pour une correspondance privée et que, *secundo*, il devait « retourner immédiatement toutes les enveloppes du *Foreign Service* en [sa] possession ». La mesquinerie de cette requête, ainsi que le refus de faire suivre son rapport aux États-Unis s'ajoutèrent à la liste des griefs que Fry nourrissait envers le gouvernement.

De retour au bureau, il trouva un mémo de Jay Allen qui aggrava son humeur. Le journaliste lui expliquait que, puisqu'il était maintenant « à la tête du Centre », Fry devait lui rendre compte chaque jour des affaires en cours par « un bref mémo, même cryptique ». Allen exigeait aussi d'être tenu informé de toutes les dépenses. Comme d'habitude, Fry passa sa fureur sur Eileen. Il se plaignait de l'intimidation d'Allen pour forcer son départ, « sans même songer aux conséquences que ça aurait ». À son crédit, Fry s'efforçait tout de même de contenir ses colères en dehors du bureau.

Courant janvier, le Centre déménagea. De la rue Grignan, il passa boulevard Garibaldi, dans un nouvel espace constitué de quatre grandes pièces lumineuses. Ruth Sender Stern, alors âgée de dix ans, se rappelle la visite de son père Benedikt Sender[1] dans ces nouveaux locaux. Ils avaient monté « un escalier pas très propre[2] » et s'étaient retrouvés dans « un petit bureau miteux et sale ». De nombreuses personnes étaient assises ou se tenaient debout le long des murs, certaines attendaient, d'autres « derrière un bureau tapaient sur une vieille machine à écrire ». La pièce était bondée, la petite fille se sentait « écrasée, bousculée ». Son père lui annonça : « Tu vas voir, c'est un monsieur formidable qui essaie de faire sortir les gens de France. »

Dans le même temps, Fry essayait aussi de blanchir son nom auprès de Vichy. Apparemment, son dossier à la préfecture comprenait cette mention :

> « À l'heure actuelle, les activités de M. Fry sont gênantes pour le gouvernement français car il insiste pour s'occuper de réfugiés juifs, indésirables non seulement du point de vue français mais aussi du point de vue allemand. »

Fry demanda à Bénédite de rédiger une lettre officielle à destination du gouvernement français, réfutant toute activité illégale ou clandestine : « Non seulement le Centre n'exerce aucune espèce d'activité secrète mais il est prêt à

1. Benedikt Sender était le n° 1254 sur la liste de Fry.
2. Entretien avec Ruth Sender Stern, 8 novembre 1999.

soumettre ses initiatives et l'ensemble de ses activités au contrôle des autorités françaises. » Et Bénédite d'expliquer que Fry entendait « travailler étroitement » avec le gouvernement français, ajoutant que le Centre n'était pas « un organisme juif ou pro-juif », mais qu'il venait en aide à tous les réfugiés, de tous les pays. L'organisation de Fry était un livre ouvert prêt à être lu par le gouvernement français.

Naturellement, c'était tout sauf la vérité : l'activité du Centre reposait entièrement sur la tromperie. Chaque nuit, Fry devait brûler la plupart des papiers du Centre où étaient notées les évasions et les diverses opérations illégales. Les registres comptables du Centre répertoriaient les entrées et les sorties d'argent, tout en dissimulant les fonds secrets – même si, à partir de janvier, ces fonds commençaient à se tarir. Fry, qui recevait désormais davantage d'argent de la part de Mary Jayne Gold que du groupe de New York, exigeait que l'ERC honore ses engagements vis-à-vis de ses opérations de sauvetage. Si le Comité continuait d'attendre de lui qu'il réalise des « missions aussi complexes et coûteuses que sauver des vies », il devait obligatoirement « prendre en charge une partie des dépenses occasionnées ».

Sous la direction de Fry, Bénédite rédigea un rapport financier secret détaillant les sommes importantes dépensées en visas, passeports et expéditions pour franchir la frontière. Il listait les rémunérations versées aux Fittko et à d'autres passeurs guidant les protégés vers la frontière, ainsi que les honoraires d'avocats et le paiement de coûteux télégrammes expédiés *via* la Suisse. Mais la dépense la plus importante de Fry concernait, bien sûr, l'achat de renseignements « pour savoir ce qu'il en [était] des extraditions et du sort des réfugiés remis aux Allemands ». Les informateurs, qui n'étaient pas toujours honnêtes, étaient en revanche toujours chers. Naturellement, Jay Allen n'eut pas accès à ce rapport financier secret. Allen ne savait rien non plus de l'accord en cours de Fry avec les services secrets britanniques. Cette partie de son activité était l'une des plus réussies et, à la mi-janvier, l'ambassade britannique lui fit savoir qu'elle était satisfaite de son travail. Allen n'était au courant que des détails de l'activité qui servait de couverture à Fry : la remise d'argent et de nourriture aux réfugiés.

Alors que la lutte pour le contrôle du Centre se poursuivait toujours, les critiques fusèrent de part et d'autre. Allen accusait Fry d'être tellement impliqué dans son travail sur le plan émotionnel qu'il utilisait son absence de visa comme prétexte pour justifier son impossibilité de partir. Charles Joy, ami et partisan de Fry, écrivit à l'ERC pour accuser Allen d'être irresponsable et demander instamment à ce qu'il soit rappelé aux États-Unis.

Pendant ce temps, Allen faisait pression sur Kingdon, président du Comité, pour qu'il licencie Fry immédiatement. Toutes ses demandes d'argent devaient passer par lui, ajoutait-il, « sans quoi je démissionne avec pertes et fracas ». Fry résistait calmement aux attaques d'Allen, jusqu'à ce qu'il apprenne que son compatriote l'accusait de penchants communistes. Allen avait prévenu sa femme par télégramme : « Informe Kingdon discrètement : Varian est un type valable profondément impliqué dans son travail mais lié à toutes sortes de groupes dissidents. Il vit avec Victor Serge et soutient les trotskystes espagnols du POUM[1]. » En apprenant cette accusation, Fry eut du mal à garder son sang-froid. Être traité de communiste ou de sympathisant communiste était intolérable à ses yeux. À la fin du mois, l'hostilité entre les deux hommes avait atteint des proportions majeures ; elle éclata au grand jour. Fry pressa Kingdon de renvoyer Allen chez lui. Fry demanda à Allen de partir. Margaret Palmer, avec sa mauvaise santé et son « âge avancé », devait partir elle aussi.

1. Parti ouvrier d'unification marxiste. Mouvement communiste espagnol indépendant et antistalinien, créé en 1935.

À New York, Kingdon réagit de manière caractéristique aux messages enflammés de Fry et d'Allen. S'efforçant de maintenir la paix entre eux, il agit peu et parla encore moins, sauf pour signaler que le salaire du directeur choisi pour l'opération de Marseille serait réduit de moitié par rapport au montant actuel. Au milieu de tout cela, Lena Fischman, la « secrétaire remarquable bien qu'un peu tape-à-l'œil et juive[1] » de Fry, annonça qu'elle partait. Fry lui trouva une remplaçante tout aussi efficace, Lucie Heymann. À ce stade, Fry était le seul élément stable de son organisation, le seul à être en place depuis le début.

Allen commençait à vaciller, et Fry eut l'impression que la victoire était toute proche, que son rival était prêt à abandonner le combat pour rentrer au pays. Mais, au lieu d'être encouragé par cette victoire en vue, Fry se retrouva « seul, nostalgique et malheureux », comme il l'écrivit à Eileen. Il n'avait pas d'amis et, quand il recevait une lettre d'elle ou un exemplaire du *New York Times*, le mal du pays le submergeait : « J'aimerais pouvoir partir tout de suite, mais comment pourrais-je abandonner tous ces gens ? » De nouveau, il vacille. Comme si, maintenant qu'Allen semblait prêt à partir, la victoire n'était plus aussi désirable pour Fry. Il essaya même, sans succès, de convaincre Charles Joy de prendre son poste.

Peut-être plus enclin à partir qu'à rester, Fry se rendit au consulat américain, un matin de début février, pour faire renouveler son passeport. Dans le bureau du vice-consul, il fut choqué d'apprendre que le renouvellement était impossible sauf si Fry acceptait de partir immédiatement. Apparemment, l'ambassade, qui le considérait d'un œil glacial, avait ordonné au consul de Marseille de rejeter la demande de renouvellement de Fry. Paranoïaque, ce dernier écrivit à Eileen qu'à coup sûr, quand il arriverait

1. Lettre de Varian Fry à Eileen Fry, 9 février 1941.

à New York, son passeport lui serait confisqué et jamais rendu. Il se sentait accablé. Désormais, il n'était plus qu'un Américain sans papiers dans une France en guerre. En quoi était-il différent de ses protégés ?

Même Allen se mit à compatir. « L'animosité de l'ambassade et du consulat envers Varian est due à 80 % à la nature de son travail plutôt qu'à ses méthodes ou sa personnalité, écrivit Allen à son épouse, et la confiscation de son passeport crée un terrible précédent. » À cette période, les deux hommes eurent une longue discussion concernant l'avenir du Centre, et Allen accepta de partir. Fry sortait vainqueur de leur bras de fer, mais la victoire était douce-amère car, dans son esprit, il avait gagné une chose pour laquelle il n'aurait jamais dû avoir à se battre.

Allen quitta définitivement Marseille à la fin de l'hiver et se rendit en France occupée, où les Allemands l'arrêtèrent pour avoir franchi la ligne de démarcation sans autorisation[1]. Bien qu'heureux de voir le Centre redevenir ce qu'il était, Fry écrit dans ses mémoires qu'il se sentait « mal à l'aise de savoir qu'un membre de [leur] groupe est entre les mains des Allemands ». À Eileen, cependant, il avoua des sentiments différents : « N'est-ce pas parfait, ce qui est arrivé à mon *successeur* ? Quel imbécile ! »

> « Secrètement, j'étais plutôt content : c'était une fin parfaite pour un idiot vantard et fanfaron, de donner aux observateurs la satisfaction morale de voir quelqu'un récolter sa juste récompense. »

### *Deux martyrs : Breitscheid et Hilferding*

Rudolf Breitscheid et Rudolf Hilferding se trouvaient en résidence forcée à Arles depuis leur arrestation par la Sûreté

1. À la fin de l'été, Allen fut échangé contre un journaliste allemand.

en septembre. Auparavant, Breitscheid, Mme Breitscheid, Hilferding et Erika Bierman (secrétaire de Breitscheid et fille de l'ancien chancelier du Reich Hermann Müller) avaient vécu à Marseille. Rosa Hilferding était restée à Paris. Breitscheid et Hilferding avaient toujours été une priorité pour Fry, non seulement parce qu'ils figuraient sur la liste des personnes recherchées par la Gestapo, mais aussi parce qu'aucun d'eux ne se sentait réellement en danger.

À l'automne 1940, Breitscheid et Hilferding possédaient non seulement des visas d'urgence pour visiteurs américains, mais aussi des visas de transit espagnols et portugais. Pourtant, ils s'obstinaient à ne pas vouloir franchir illégalement la frontière franco-espagnole. « Ils se considéraient comme des personnes de réputation internationale qui seraient reconnues en Espagne », notent Fry et Bedrich « Fritz » Heine (anciennement secrétaire des deux hommes) dans un rapport détaillé sur ces deux anciens dirigeants du Reichstag. Ils refusaient de se déguiser et considéraient que s'évader illégalement était « incompatible avec leur stature d'hommes d'État ». Exaspérés, Fry et Heine écrivent : « N'ont-ils pas encore compris ? Nous n'avons pas *choisi* volontairement de recourir à une méthode illégale, elle nous a été imposée par ces nazis sans foi ni loi ! » Mais Breitscheid et Hilferding maintenaient que Hitler « n'oserait jamais les extrader ». Pour Fry, cette attitude « après huit ans de terreur nazie » était tout simplement incompréhensible.

Après leur placement en résidence forcée, ils se hasardèrent bien à quelques tentatives d'évasion mais, comparés aux efforts produits par les autres réfugiés, Breitscheid et Hilferding paraissaient assez détendus. Fry attendit. À la fin de janvier 1941, les deux anciens chefs d'État, sur la base d'informations qu'ils avaient eux-mêmes obtenues, demandèrent à la police de Vichy s'il était possible d'obtenir des visas de sortie français. Au commissariat d'Arles, on leur avait assuré que cette requête ne les mettrait pas en danger. De fait, Vichy approuva les visas de sortie, et les deux couples décidèrent de s'embarquer en février sur le *Wyoming* pour partir en Martinique. Mais, en apprenant que le navire ne proposait plus de cabines et qu'ils seraient logés dans un dortoir entre deux ponts, les Breitscheid annulèrent, préférant attendre un autre bateau. Hilferding, pour une fois, ne se rangea pas à leur avis et maintint sa réservation pour le 4 février.

Selon Walter Mehring, qui était également recherché par les Allemands pour être déporté, Breitscheid tenta de convaincre Hilferding de changer d'avis et d'attendre un bateau plus confortable. Mais il était vraiment trop tard : le 31 janvier, ils apprirent que leurs visas de sortie avaient été annulés. Aucun des policiers ne put leur fournir d'explication. Breitscheid et Hilferding avaient seulement été informés des « ordres de Vichy » par un officier de police d'Arles, qui est « resté aussi aimable qu'avant et leur a assuré à plusieurs reprises qu'ils étaient sous sa protection personnelle et qu'ils n'avaient rien à craindre. Il répéta que, même en cas de l'occupation de la zone libre par les Allemands, ils seraient pris en charge et placés en sécurité. Il leur donna sa parole d'honneur ».

Pendant ce temps, Fry apprenait que les listes d'extradition nazies étaient plus que des rumeurs : « Je suis convaincu de l'authenticité des listes. Je les ai étudiées très attentivement et j'ai constaté qu'aucune des personnes qui y figurent n'a jamais reçu légalement un visa de sortie. » Les personnes recensées sur les listes étaient traquées par la Gestapo. « Plusieurs de celles dont les noms figuraient sur les listes dès le mois de février 1941 ont été déportées par la suite. »

Parmi ces noms figuraient ceux de Breitscheid et d'Hilferding. Mme Breitscheid se rappelle que le 8 février, peu avant 23 heures, des coups violents furent frappés à la porte des Breitscheid. Breitscheid reçut l'ordre de rassembler « immédiatement quelques objets de première nécessité », et sa femme de rester à la maison, alors qu'elle insistait pour accompagner son mari. Breitscheid prépara sa valise, donna son argent à sa femme, et le couple descendit dans le hall de l'hôtel pour attendre Hilferding, qui lui aussi avait été prié de faire ses bagages. Hilferding les rejoignit et ils marchèrent jusqu'au poste de police du quartier, où les attendaient un certain nombre d'officiels. Une heure plus tard environ, des voitures arrivèrent, portant des plaques d'immatriculation de Paris. C'étaient des véhicules de la Sûreté. Un officiel de la Sûreté leur annonça qu'il ne connaissait aucun détail de leur situation et, interrogé pour savoir si les deux hommes devaient être livrés aux Allemands, il répondit : « En aucun cas. »

Hilferding et les Breitscheid furent transportés à Vichy. En route, Breitscheid perdit toute envie de résister : « Mon mari disait qu'il n'y avait plus d'espoir, tout bien considéré, écrira plus tard Mme Breitscheid. Le seul objectif était désormais que Vichy abdique face aux Allemands. Mais il s'accrochait encore à l'espoir que Vichy ne pouvait pas tomber aussi bas… »

À Vichy, la Sûreté plaça Breitscheid et Hilferding en garde à vue, tandis que Mme Breitscheid était envoyée dans un hôtel. Elle y passa le reste de la journée, tentant en vain de voir son mari, puis alla demander une aide d'urgence à l'ambassade américaine. « Mais nous étions dimanche soir, à 20 heures passées, et sur place il n'y avait que deux domestiques. Ils m'ont simplement donné un bloc de papier sur lequel j'ai pu écrire les faits les plus importants. »

Le lendemain se déroula à peu près de la même façon. Désespérée, Mme Breitscheid retourna à l'ambassade américaine mais, cette fois, ne vit qu'un seul fonctionnaire. « Il m'a expliqué que, d'après le secrétaire de l'ambassade, on ne pouvait malheureusement rien faire. Les Allemands avaient le droit de mandater l'extradition de mon mari. Les Français n'avaient pas d'autre choix qu'accéder à leur demande. Et, comme il l'a souligné, cela signifiait la mort pour les deux hommes. »

Les deux anciens hommes d'État allemands furent très mal traités par la Sûreté. Isolés, dépouillés de leurs effets personnels et de tout ce qui aurait pu leur permettre de se suicider, ils dormaient sur de la paille et n'avaient le droit ni de se laver, ni de se raser. « À 19 heures, Breitscheid et Hilferding apprirent qu'ils allaient être extradés. La nouvelle les a stupéfiés, mais ils l'ont reçue avec beaucoup de courage. Le gouvernement allemand avait demandé leur extradition le 17 décembre 1940 et, depuis cette date, cette demande avait été réitérée à trois reprises. »

Mme Breitscheid fut autorisée à voir son mari à 5 heures le lundi 10 février. Elle put échanger quelques mots avec lui et fut rassurée de le trouver si courageux. À 11 heures, elle vit deux voitures s'arrêter devant le siège de la Sûreté. Son mari installé dans l'une et Hilferding dans l'autre, ils furent conduits jusqu'à Moulins et remis aux forces d'occupation allemandes.

Ce même 10 février, Fry était à son bureau et apprit la nouvelle. L'après-midi, il reçut la visite de l'avocat antinazi Alfred Apfel, que Fry avait rencontré pour la première fois à Berlin en 1935. Les deux hommes discutèrent de la probabilité que Breitscheid et Hilferding soient remis à la Gestapo et liquidés, puis s'interrogèrent : qui allait être le prochain ?

> « Une ombre passe sur son visage et je le vois pâlir : […] "Je crois que je vais avoir une attaque", articule-t-il. Je me lève d'un bond et le rattrape juste avant qu'il ne tombe par terre. Une demi-heure plus tard, il est mort[1]. »

---

1. Varian Fry, *Livrer sur demande… Quand les artistes, les dissidents et les juifs fuyaient les nazis (Marseille, 1940-1941)*, Agone, 2008.

Après son arrestation, Rosa Hilferding apprit que son mari s'était suicidé, mais elle n'était pas sûre des circonstances exactes. Quelques mois plus tard, elle écrivit à Fry pour obtenir des informations. « Vous imaginez sans peine ce que cela signifierait pour moi si j'apprenais que mon mari s'est suicidé peu après son extradition, car je ne peux supporter l'idée de ses souffrances pendant des semaines et des mois. » Fry ne pouvait cependant pas l'aider. La date de la mort de Hilferding et la façon dont il avait mis fin à ses jours ne furent connues que bien plus tard : il s'était suicidé dans sa cellule de la prison de la Santé, peu de temps après y avoir été transféré par les Allemands. Des années plus tard, Fry écrivit à propos de Hilferding : « J'étais en France à l'époque et j'ai essayé jusqu'au tout dernier moment de sauver la vie de cet homme. »

Breitscheid a été déporté en Allemagne et a passé trois ans dans les camps de concentration. Il était détenu à Buchenwald quand, le 24 août 1944, la 8e US Air Force a effectué un raid pour bombarder une usine d'armement, une fabrique de radio et les bureaux des SS au camp de concentration. Des décennies après la guerre, Fry, qui avait entendu que Breitscheid était mort pendant cette attaque aérienne, a essayé d'en obtenir la confirmation auprès de l'Air Force. On lui a répondu que, ce jour-là, les cibles avaient été atteintes avec succès mais que certaines bombes avaient « touché des zones adjacentes », notamment plusieurs baraquements de prisonniers : deux avaient été détruits, trois éventrés et deux autres gravement endommagées. Environ trois cent soixante prisonniers étaient morts pendant ce bombardement ; il est probable que Breitscheid se trouvait parmi eux.

Plusieurs années après sa mort, une place de Berlin située autour de la Kaiser-Wilhelm-Gedächtniskirche (église du Souvenir) fut rebaptisée « Breitscheid-Platz », en hommage à Rudolf Breitscheid.

# 9

## Renouveau printanier

> *« Fin 1940, il était évident que notre travail avait porté ses fruits. L'aide et la sympathie universelles pour nos efforts prouvaient que nous étions sur la bonne voie. »*
>
> *Danny Bénédite*

À présent que Jay Allen était rentré aux États-Unis, Fry régnait de nouveau sur le Centre et commençait à regretter ses nombreuses querelles avec l'ERC. « Je ne me serais jamais plaint s'ils avaient pris la peine de m'expliquer quelles difficultés ils traversaient », écrit-il à Eileen. Fry avait quitté l'Amérique « avant que l'obtention de visas de visiteurs devienne aussi difficile, quand on parlait encore de *visas de danger* qui impliquait qu'ils étaient accordés *rapidement* ». Il ne comprit jamais vraiment que, dans les mois qui avaient suivi son départ, la politique du gouvernement avait changé si radicalement que chaque visa d'urgence nécessitait de nombreuses heures de travail et d'efforts de la part du bureau new-yorkais de l'ERC. Eileen, qui avait eu l'occasion de travailler pour l'ERC, expliqua à Fry qu'il ne comprenait vraiment pas grand-chose aux décisions du département d'État. « Ce qu'ils cherchent avant tout, c'est à stopper l'arrivée de réfugiés et apaiser par tous les moyens les nazis. » Et d'ajouter : « Le blocage des visas entraîne des retards ahurissants. »

À Marseille, le travail avançait mieux que jamais. Aucun des protégés de Fry n'avait été arrêté depuis longtemps et les États-Unis avaient rouvert leurs quotas d'immigration. « Jusqu'à janvier, remarqua Bénédite, seuls les clients français, russes, belges, hollandais, italiens ou espagnols pouvaient obtenir des visas d'émigration, mais ensuite, les visas ont commencé à être émis pour les Allemands, les Autrichiens et les Polonais, soit 95 % de nos protégés[1]. »

Cependant, bientôt, Fry reçut un message inquiétant de sa femme. D'après Clarence Pickett, au département d'État, Eleanor Roosevelt commençait à se demander si Fry devait continuer son action en France ou revenir au pays. D'après les informations transmises à Pickett par « un de [leurs] hommes au consulat de Marseille », le retour en Amérique semblait préférable car « Fry risquait d'être déçu par ce qu'il pourrait encore accomplir en France ».

En désaccord complet avec cette analyse, Fry décida de ne pas s'y attarder, préférant informer le département d'État que certains consulats n'obéissaient pas à ses directives. Ainsi, précisait Fry, les consulats américains à Lyon et à Nice annonçaient à tout le monde que les quotas d'immigration étaient clos, alors que ce n'était pas le cas. Il en donnait comme preuve les visas distribués au même moment par le consul américain à Marseille dans le cadre des quotas allemands et autrichiens ; à l'inverse, le consul à Lyon, qui avait un quota de trente Allemands et Autrichiens et aurait pu émettre trente visas américains, n'en distribuait plus aucun. Sans doute, ironisait Fry, était-il trop occupé à préparer des colis de linge et d'argenterie. Quand Fry apprit que le consulat à Lyon avait fermé les quotas allemands et autrichiens sous prétexte

1. Les quotas américains d'immigration pour ces dernières nationalités sont néanmoins restés très bas en 1941 et jusqu'à la fin de la guerre.

qu'il travaillait en sous-effectif, il insista pour qu'Ingrid Warburg de l'ERC fasse pression sur le département d'État. Il devait imposer rapidement des changements au sein de ce consulat et s'assurer que les fonctionnaires américains qui y travaillaient émettaient bien le nombre de visas autorisé. Il en profita pour demander au département d'État de produire davantage de visas.

Quand Warburg contacta le département d'État, Avra M. Warren, chef de la division des visas, lui répondit par un mensonge : « Il n'y a aucun retard dans l'attribution de visas aux Allemands éligibles qui en font la demande, et éventuellement une légère attente pour les ressortissants polonais. » Aucune mention n'était faite des visas pour les Autrichiens. En avril, le département d'État finit par reconnaître un problème dans le fonctionnement du consulat de Lyon, qui nécessitait des ajustements. « Certaines décisions administratives ont été prises qui permettent d'ores et déjà d'améliorer l'efficacité du travail dans ce bureau. »

Quand il ne parvenait pas à obtenir de visas américains pour ses protégés, Fry se tournait souvent vers le consulat brésilien qui lui en fournissait – mais brusquement, ils devinrent là aussi difficiles à obtenir. Les Brésiliens les refusaient aux réfugiés désirant s'en servir uniquement pour se rendre aux États-Unis. Toutefois, si le gouvernement américain lui en faisait la demande, le consul était prêt à discuter de ces restrictions avec ses supérieurs à Rio. Mais malgré ses efforts répétés, Fry ne parvint pas à pousser le département d'État à intervenir pour débloquer la situation brésilienne. D'après Avra M. Warren, la politique des États-Unis sur ce sujet était la suivante : « Les ambassades américaines ne peuvent pas intervenir auprès des représentants d'un autre pays concernant le souhait de ressortissants étrangers d'obtenir des visas pour entrer dans ledit pays. »

Et le département d'État n'était pas davantage prêt à modifier son règlement concernant la rédaction d'interminables *curriculum vitæ* exigés de la part des candidats au visa. Selon Warren, ces biographies se révélaient indispensables pour s'assurer que « les candidats répondent bien aux critères fixés par [les] lois sur l'immigration et [avaient] un motif légitime de venir aux États-Unis ». Le département d'État, dans sa paranoïa de voir des membres de la Cinquième Colonne déferler sur le pays, prétendait qu'une liste circonstanciée des actions d'un réfugié permettait d'éclairer son positionnement politique, mais aussi d'éliminer les réfugiés qui se révéleraient incapables de gagner leur vie une fois installés aux États-Unis. Fry considérait ces prétextes comme ridicules puisque ces biographies parlaient d'actions passées, non de possibilités futures. De fait, il voyait juste, car nombre de réfugiés au parcours prestigieux n'atteignirent pas, dans leur vie américaine, le même niveau d'excellence qu'en Europe. Ainsi, Hans Sahl, romancier et poète respecté en Allemagne, vécut presque inconnu en Amérique pendant cinquante ans. C'est seulement à son retour dans son pays natal, des décennies plus tard, qu'il renoua avec le succès et remporta le prix Goethe. Un autre écrivain célèbre, Heinrich Mann, aux romans remarquables, passa ses dix années de vie d'émigré comme scénariste au chômage, réduit à survivre grâce à la générosité de son frère, avant de mourir en 1950. L'ERC partageait l'avis du département d'État et insistait pour que Fry complète le dossier de chacun de ses protégés avec « des biographies détaillées, des attestations morales et des références ».

Soudain, fin janvier 1941, sans que rien l'eût laissé pressentir, la France recommença à émettre des visas de sortie. Selon Fry, « la Gestapo et les autres organisations de police secrète ayant passé en revue les listes de réfugiés politiques et intellectuels [par le biais de la commission

Kundt], ils savent à présent qui ils veulent et qui ils vont autoriser à passer entre les mailles du filet ».

Par conséquent, les visas d'urgence pour visiteurs émis par les États-Unis étaient de nouveau viables, ce qui amena Fry à agrandir une fois de plus son équipe. Jacques Weisslitz, un Alsacien, et Paul Schmierer, un médecin autrichien interdit de pratiquer en France à cause des lois antijuives, entrèrent dans le cercle intime de Fry en devenant les principaux responsables des entretiens avec les réfugiés. Karel Sternberg, agent indépendant pour l'International Relief Association, faisait aussi partie des nouvelles recrues. Il s'installa à un bureau entre Schmierer et Weisslitz pour travailler sur ses propres dossiers de réfugiés.

Pour certains, la disponibilité de visas de sortie français était synonyme d'espoir. Un protégé, Ernst Langendorf, obtint tous les visas nécessaires – américain, français, espagnol et portugais – et parvint à émigrer en toute légalité. Phénomène d'autant plus improbable qu'il avait déjà été interné au Vernet et au camp des Milles.

À vrai dire, en refusant d'émettre des visas, Vichy s'était toujours mis en contradiction avec sa propre politique, qui visait à se libérer des juifs et des étrangers. Malgré l'antisémitisme français – institutionnel et populaire – assumé avant, pendant et après 1940 et 1941, Vichy s'était trop appuyé sur sa bureaucratie pour se débarrasser des juifs et des étrangers. Comme l'écrit Robert Paxton, « les formalités exigées par Vichy représentaient un obstacle au moins aussi redoutable que les autres » pour empêcher les réfugiés de quitter la France. Ceux, pour la plupart juifs, qui tentaient alors d'émigrer, se heurtaient à un véritable cauchemar bureaucratique. Paxton précise :

> « Le processus de rassemblement de documents pouvait être bloqué à tout moment. Comme un très grand nombre de juifs étrangers étaient apatrides ou venaient

de pays considérés comme belligérants, les préfectures ne pouvaient délivrer de visas de sortie sans consulter le ministère de l'Intérieur à Vichy. [...] L'acheminement des dossiers d'un service à l'autre ralentissait encore le rythme. [...] De telles dispositions ne pouvaient, à la vérité, qu'aboutir à l'obstruction administrative et aux complaisances les plus entières pour les tendances antisémites ou les mesures arbitraires. »

Malgré les efforts de Fry – qu'il accompagne lui-même les réfugiés ou qu'il supervise leurs tentatives d'évasion – les échecs se multipliaient. Ainsi, trois de ses protégés les plus menacés, Georg Bernhard, Arthur Wolff et Berthold Jacob, étaient recherchés par les Allemands. Impossible, pour eux et leurs épouses, de voyager sous leur véritable nom – demander les documents nécessaires aurait attiré l'attention des autorités. Dans le pire des cas, ces demandes aboutissaient directement à des arrestations et à des morts. Bernhard portait le n° 3 sur la liste d'extradition remise par la Gestapo au gouvernement français ; Wolff, l'un des premiers à avoir perdu sa citoyenneté allemande, était l'avocat antifasciste envoyé en résidence forcée avec Breitscheid et Hilferding. Son évasion était quasiment impossible à organiser par la montagne, car une jambe paralysée l'obligeait à marcher avec des béquilles. Le troisième homme, Jacob, un journaliste pacifiste, était un antinazi déclaré bien avant l'accession de Hitler au pouvoir.

Fin février, Fry trouva des cachettes aux trois hommes et à leurs épouses. « Le temps que je leur trouve un moyen de s'évader, M. et Mme Wolff vont habiter dans la chambre derrière les cartons d'emballage qui avait été prévue pour Breitscheid et Hilferding. » Puis il leur fournit des visas de transit portugais et espagnols obtenus grâce à un contact de Gemähling, « un type du Vieux-Port » qui prétendait acheter des papiers aux employés du consulat.

(Quand Lisa Fittko s'aperçut que ces papiers étaient contrefaits, elle quitta sa cachette de Banyuls-sur-Mer pour se rendre à Marseille et mettre en garde Fry : avec ce genre de faux grossiers, ses protégés étaient sûrs de se faire arrêter.) Gemähling avait un autre contact, un homme de la pègre qui s'engagea à faire passer la frontière aux Wolff et aux Bernhard dans un véhicule diplomatique sans doute « emprunté » à un membre du consulat d'Espagne à Vichy.

Wolff redoutant de voyager en train par crainte d'être repéré à cause de ses béquilles, Fry l'emmena dans une autre voiture, une « limousine de gangster également acquise *via* le réseau marseillais de Gemähling », et le conduisit jusqu'aux Baux-de-Provence, un village construit au Moyen Âge sur un sommet des Alpilles. De là, les Wolff voyageraient en train jusqu'à Tarascon. Pendant ce temps, Gemähling mettrait les Bernhard dans un train ralliant Marseille à Tarascon. La voiture diplomatique récupérerait les deux couples dans une ville voisine, Ax-les-Thermes, et leur ferait passer la frontière.

Quand les Wolff arrivèrent aux Baux, Fry passa son temps à essayer de rassurer l'avocat, très nerveux. Puis il retourna à Marseille. Quelques jours plus tard, il apprit que la voiture diplomatique n'avait jamais existé. Par conséquent, l'unique possibilité pour les Wolff et les Bernhard avait été de traverser les Pyrénées à pied pour se rendre en Espagne. Stupéfait, Fry parcourut le rapport décrivant leur périple de dix heures – devant l'impossibilité d'escalader un col enneigé à 1 700 mètres d'altitude, surtout pour Wolff, tous étaient redescendus vers Toulouse.

C'est Marcel Verzeanu qui leur avait trouvé un nouvel itinéraire de fuite. Son contact, un certain Garcia, membre de la résistance espagnole, garantissait que, grâce à l'expertise acquise dans le maniement des armes pendant la guerre d'Espagne, lui et ses camarades pouvaient faire passer clandestinement les Bernhard et les Wolff. Quant au voyage de Toulouse à Lisbonne, il se déroulerait « presque entièrement en voiture, y compris pour passer les frontières ». Garcia avait ajouté que, si nécessaire, ses hommes pourraient porter à bout de bras Arthur Wolff. L'arrangement paraissait idéal, et Fry confia les Wolff et les Bernhard au résistant espagnol. Malheureusement, cette expédition échoua également car, en fin de compte, les hommes n'étaient pas assez nombreux pour transporter Wolff. Les Bernhard parvinrent à rallier la frontière espagnole par leurs propres moyens mais, devant les difficultés rencontrées pour la franchir, ils préférèrent rebrousser chemin et rentrer en France. Fry les envoya alors chez les Fittko. Ces derniers, rompus depuis un certain temps aux expéditions clandestines, avaient développé leurs propres méthodes. Avec l'aide d'un groupe de résistants dont ils avaient déjà pu tester la fiabilité, ils réussirent à acheminer les Bernhard jusqu'à Lisbonne. (Fry avait hésité à confier plus tôt les Wolff et les Bernhard aux Fittko, car il ne les croyait pas physiquement capables de traverser la frontière à pied.)

Verzeanu et Bénédite allèrent voir Garcia pour lui demander les raisons de l'échec de l'évasion des Wolff. Pour les deux jeunes lieutenants de Fry, ce déplacement allait être le début d'un désastre. Leur guide leur fit prendre un mauvais chemin, et ils tombèrent nez à nez avec des gardes-frontières français.

Coincés d'un côté par des fusils, de l'autre par des barrières, Verzeanu et Bénédite eurent droit à une fouille et un interrogatoire, avant d'être finalement relâchés. D'après Verzeanu, les gardes, qui aimaient la France, durent les prendre pour deux jeunes patriotes en route pour aller se battre avec les Britanniques, et décidèrent de les laisser repartir.

Les Wolff, bien sûr, étaient toujours en France. Ils y restèrent quelque temps encore et vécurent ce que

Verzeanu décrit comme « une véritable odyssée avec ses épreuves, ses crises de nerfs, ses menaces de suicide, ses changements de planque incessants, de Toulouse à Lyon, de Lyon à Aix-les-Bains… ». Fry remit leur sort difficile entre les mains de Verzeanu. Ce dernier les conduisit chez les Fittko au début du mois de mars pour voir si, par miracle, ils pouvaient trouver une solution au couple comme ils l'avaient fait pour les Bernhard. Les Fittko pensèrent d'abord à transporter Wolff à dos de mule sur les sentiers montagneux, ou bien en canot pneumatique autour du cap vers l'Espagne. Mais aucun scénario ne fonctionnait. Finalement, Verzeanu réussit à obtenir des passeports danois, des visas d'immigration cubains et même des visas de sortie français. Cette fois, les Wolff réussirent à s'enfuir. De Lisbonne, ils rallièrent Cuba sur un navire espagnol, le *Magallanes*.

Désormais, sur les trois protégés de Fry recherchés par la police, il ne restait plus en France que le couple Jacob. Fry leur acheta des visas vénézuéliens sous de faux noms, puis persuada un de ses contacts dans les Services secrets britanniques d'acheter pour eux des visas de transit portugais et espagnols. Eux aussi se rendirent chez les Fittko[1], qui trouvèrent le moyen de les faire passer en Espagne. Quand les Jacob essayèrent d'entrer au Portugal, ils furent arrêtés à la frontière et envoyés en prison à Madrid. Fry apprit la nouvelle de leur arrestation et demanda aux unitariens de « remuer ciel et terre » pour les aider. Les unitariens réussirent à persuader « un homme d'affaires espagnol influent de les faire sortir de prison et de les conduire au Portugal dans sa limousine – sans visas ».

1. Les Fittko cessèrent leur travail de passeurs peu de temps après avoir aidé les Bernhard et les Jacob. Ils émigrèrent à Cuba à l'automne 1941, où Hans mourut. Par la suite, Lisa partit s'installer aux États-Unis.

À Lisbonne, les Jacob vécurent pendant des mois dans la clandestinité, attendant des visas pour l'étranger qui n'arrivèrent jamais.

Fry avait toujours été convaincu qu'un réfugié était en sécurité une fois arrivé au Portugal. Les événements qui suivirent allaient faire voler en éclats cette certitude. Un soir, Berthold Jacob rentrait à son hôtel lisboète après être allé se renseigner sur son visa américain en cours au siège de l'Unitarian. Et il disparut. Sa femme ne le revit plus jamais, et n'eut plus jamais de ses nouvelles.

Même si certains papiers d'identité étaient peu utiles aux réfugiés les plus menacés comme Bernhard et Jacob, d'autres, tels qu'André Breton, auraient pu en bénéficier pour émigrer. Encore fallait-il qu'ils puissent en obtenir. Quand le gouvernement français se mit à produire de nouveau des visas de sortie, toute l'organisation de Fry fut bouleversée. Une nuit de février, alors qu'il s'était réinstallé à Air-Bel, Fry annonça à Breton et à Serge que le transport par bateau de Marseille à la Martinique – plus rapide, moins cher et plus direct qu'un trajet par l'Espagne et le Portugal – serait bientôt possible. La Martinique étant française, cette unique escale entre Marseille et New York ne nécessiterait pas de papiers supplémentaires.

Au début du printemps 1941, Fry avait beaucoup à faire : comme toujours, obtenir des documents pour ses protégés, réserver des bateaux, payer leur traversée et continuer à réclamer des visas. Ce printemps-là, quelques réfugiés parvinrent même à s'enfuir en train, ayant tous les documents requis. H. W. Katz se rappelle qu'il détenait des papiers militaires français ainsi qu'un visa américain, ce qui lui a permis de franchir la frontière en grande pompe, avec femme et enfant. « Lena Fischman fera en sorte que vous voyagiez en wagon-lit d'ici à Madrid puis à Lisbonne », avait annoncé Fry à Katz. Il demanda au journaliste d'emmener un autre couple de réfugiés, Siegfried Kracauer et sa femme et, en raison de leur âge, de les faire passer pour ses parents. Katz accepta et partit avec les Kracauer le 1er mars 1941, permettant ainsi au Centre de retirer de ses listes celui que Fry décrivait à sa femme comme « l'un de [leurs] parasites les plus anciens et les plus inamovibles, Siegfried Kracauer ». À Madrid, ils auraient rencontré Kaplan, le célèbre porteur roux, qui les aurait aidés à obtenir des billets pour le train de nuit vers Lisbonne. De là, ils s'embarquèrent le 1er avril pour l'Amérique sur le *Gwine*, avec quelque deux cents autres réfugiés.

Mais les Katz et les Kracauer étaient d'heureuses exceptions. L'ERC informa Fry que « les demandes de visas d'immigration pour les personnes n'entrant pas dans la catégorie de l'Emerescue[1] [ceux de la liste originale de Fry] doivent être accompagnées de références, non pas de personnalités publiques, mais de gens prêts à fournir des *affidavits*, etc. ». Les visas d'immigration étaient désormais très étroitement encadrés : chaque demande devait passer par l'ERC et Washington, « accompagnée d'une biographie complète, d'une attestation morale et de références ».

Tous les formulaires demandés finirent tant bien que mal par être remplis et, en mars et avril, une procession régulière de voyageurs fatigués quitta Marseille à bord de navires qui, selon Fry, ressemblaient à de vrais bateaux de sauvetage. Si la traversée était accessible à ceux qui avaient les moyens, Fry payait pour ses protégés sans ressources. Mehring fut l'un des premiers protégés à emprunter cet itinéraire – des dizaines d'autres suivront.

Les éditeurs Kurt et Helen Wolff[2] faisaient partie de la liste initiale de Fry et, bien qu'ils aient sollicité son aide

1. Pour Emergency Rescue.
2. Les Wolff portaient les nos 1472-1473 sur la liste de Fry.

à plusieurs reprises, ils comptèrent parmi ses clients les plus autonomes. Kurt et Helen s'étaient rencontrés en Allemagne et avaient pris la décision de partir peu après la prise de pouvoir de Hitler. Kurt avait publié beaucoup d'écrivains d'avant-garde – de gauche et classés comme « dégénérés » –, juifs pour la plupart. Helen était catholique et Kurt à moitié juif. Ils s'étaient mariés en France en 1933 et avaient vécu à Nice. Quand la guerre avait éclaté, ils avaient envoyé leur fils dans un couvent, un lieu qu'ils croyaient sûr. Tous deux connurent ensuite des périodes d'internement.

Comme tous les autres, ils finirent par gagner le sud de la France. Un Américain accepta de les parrainer et d'attester de leur fiabilité. Quant à Fry, il les aida à obtenir leurs documents de sortie. Wolff put récupérer des lingots d'or qu'il avait réussi à sauver et qu'un ami français avait gardés pour lui. À la banque, il put les échanger contre des dollars, la devise la plus précieuse à cette époque, grâce auxquels il paya le transport pour lui et sa famille de Marseille à Lisbonne, puis de Lisbonne aux États-Unis. Les Wolff embarquèrent à la mi-mars sur le *Serpa Pinto*. Après une escale imprévue de trois jours aux Bermudes, durant laquelle les six cent quarante passagers du navire furent interrogés et leurs bagages fouillés, le paquebot fut autorisé à repartir et put accoster à Staten Island, le 30 mars 1941.

Max Ophüls, qui avait contacté Fry pour la première fois en septembre, avait connu un certain succès en Allemagne comme metteur en scène de théâtre et débutait dans le cinéma. Réfugié en France après la prise de pouvoir des nazis, en 1933, il avait continué de tourner des films acclamés par la critique. Devenu célèbre et ayant obtenu la nationalité française, il avait produit des émissions de radio antinazies pour le ministère de la Propagande au début de la guerre. À l'automne 1940, lui, sa femme,

Hilde, et son fils, Hans Marcel, se retrouvèrent « en grave danger immédiat ». En décembre, les efforts du Centre et de l'ERC permirent de recueillir des *affidavits*, tandis que le Comité de New York tentait de faciliter l'obtention pour les Ophüls de visas d'urgence pour visiteurs. En mars, la famille avait récupéré ses visas mais, si le couple avait bien reçu ses billets de bateau, leur fils, Hans Marcel, n'avait pas encore le sien. Un ami des Ophüls écrivit à l'ERC : « Max m'a demandé de réunir les fonds nécessaires pour acheter le billet de son fils, âgé de quatorze ans. »

Tous ces efforts aboutirent et, au printemps, la famille Ophüls fit partie des réfugiés ayant pris le bateau vers la liberté. Près de trente ans plus tard Marcel Ophüls réalisera *Le Chagrin et la Pitié*, documentaire monumental qui dépeint la France de Vichy telle qu'elle était. Comme l'analyse le journaliste Ian Buruma, « la France de Vichy n'a pas constitué une tentative courageuse et patriotique de protéger les intérêts français menacés par la bête nazie. Au contraire, la collaboration, l'antisémitisme et l'idéologie fasciste étaient au cœur de son entreprise ».

En raison de l'intensification des efforts de guerre de l'Allemagne au début de l'été 1940, les points de départ en Europe occidentale se réduisaient à Lisbonne et aux ports britanniques. Si certains réfugiés sont partis en bateau depuis l'Espagne ou *via* Casablanca, la grande majorité de l'émigration s'est déroulée à partir de Lisbonne. Mais les listes d'attente sur les bateaux quittant le port de Lisbonne pouvant s'élever à un an, de nombreux protégés de Fry préférèrent quitter l'Europe *via* la Martinique. Au point, écrit Bénédite, « qu'il en vint bientôt à la considérer comme la principale filière d'évasion pour les candidats au départ ayant tous leurs papiers. En tout, quelques centaines de réfugiés purent profiter de cette filière avant sa fermeture à la fin du mois de mai ».

Le 18 février, quinze protégés s'embarquèrent pour la Martinique. Ravi, Fry écrivit à sa femme: « On peut dire que le rideau s'est levé... » Toutefois, ces départs marquaient la fin de sa magnifique amitié avec les surréalistes, car nombre d'entre eux prévoyaient de quitter Marseille par bateau, le Centre ayant payé leur traversée.

Le mardi 25 mars, Fry se rendit au quai où se trouvait amarré le *Capitaine Paul-Lemerle*, un cargo reconverti, pour saluer quelques-uns de ses protégés préférés: les Breton, Victor Serge, Wifredo Lam et Helena Benitez. Heureusement pour Fry, dont la bourse était considérablement plus maigre que celle de Peggy Guggenheim, l'héritière avait acheté des billets pour les Breton. « Elle a payé le voyage, s'est occupée de nous et nous a donné de l'argent jusqu'à ce qu'André trouve du travail à New York », se souvient Jacqueline Breton. Mais c'est Fry qui avait organisé l'émigration des Breton, comme le confirme Aube Breton Elléouët, cinq ans à l'époque: « Mon père m'a toujours dit [...] que nous devions beaucoup à Varian Fry. Il avait une immense admiration et une immense estime pour lui[1]. »

Ce jour-là, Fry dit également adieu à Dyno Loewenstein[2], à bord avec sa mère. Loewenstein et ses parents, des sociaux-démocrates actifs, avaient fui l'Allemagne en 1933 et vécu à Paris jusqu'à la mort de son père en 1939. Après la chute de la France, Loewenstein avait été prestataire dans l'armée française, avant de travailler pour Fry à Marseille pendant une courte période. Au moment de se séparer de son jeune ami, jamais Fry n'aurait pu imaginer que, quelques mois plus tard, Loewenstein serait de retour en Europe en tant qu'agent de l'US Office of Strategic Services. (L'OSS était l'agence de collecte de

1. Entretien avec Aube Breton Elléouët, 12 novembre 1998.
2. Loewenstein était le n° 804 sur la liste de Fry.

renseignements des États-Unis pendant la Seconde Guerre mondiale.) « À cette époque, se rappelle sa veuve, Tilde, Dyno avait un tempérament très aventureux. Il aimait l'idée de pouvoir sauver les réfugiés des nazis en les exfiltrant[1]. » Pendant la guerre, Loewenstein travaillerait sous couverture en Italie et en Yougoslavie, et participerait au sauvetage du maire de Vienne.

Le départ de Victor Serge avait été conquis de haute lutte. Auparavant, il s'était vu refuser l'aide de l'ERC à New York, et Fry avait dû se battre contre les objections de ceux qui, au sein du Comité, refusaient que leurs ressources soient dépensées pour cet écrivain révolutionnaire. Et puis, Serge et son fils avaient brusquement obtenu des visas de transit par la Martinique et purent librement quitter la France. Pendant la traversée – avec au moins quarante camarades politiques –, Serge fut assailli de sentiments mêlés à l'idée de quitter l'Europe pour un avenir incertain. Il écrit dans ses mémoires :

> « Je pars sans joie. J'eusse mille fois préféré demeurer si c'était possible : [...] cette Europe, avec [...] ses pays envahis, sa France effondrée, comme on y tient ! »

Malgré tout ce qu'il avait vécu, il parvenait à rester optimiste :

> « J'aperçois ceci, mais ceci est tout à fait essentiel. Que nous ne sommes pas tellement des vaincus. Nous ne sommes vaincus que dans l'immédiat. »

Le moment privilégié des adieux de Fry à ses amis surréalistes à bord du *Capitaine Paul-Lemerle* fut malheureusement gâché par des gardes virulents armés de pistolets, qui maintenaient séparés les passagers et leurs visiteurs. Finalement, le bateau quitta le port, transportant

1. Entretien avec Tilde Loewenstein, 14 décembre 1998.

les surréalistes et quelque trois cents autres personnes. Helena Benitez écrivit qu'appuyée à la balustrade du bateau, elle avait regardé l'Europe s'éloigner, jetant à la mer des roses rouges, une par une. Fry suivit du regard le bateau jusqu'à ce qu'il disparaisse au loin,

Une semaine plus tard, il était de nouveau sur le quai, cette fois pour dire adieu aux Masson à bord du *Carimare*. Pendant l'hiver, le Centre avait soutenu André Masson et sa famille, et Fry les avait souvent vus quand ils venaient de leur maison de Montredon pour jouer et faire la fête à Air-Bel. Pour obtenir un visa américain, il avait travaillé en collaboration avec Alfred Barr qui considérait Masson – dont les tableaux ornaient les collections et les musées du monde entier – comme « l'un des peintres français les plus distingués de sa génération. […] S'il est en danger, c'est à cause de la nature même de sa peinture, que Hitler et ses serviles partisans en France considèrent comme trop radicale ».

Quelques mois plus tôt, en janvier, les visas américains pour les Masson étaient arrivés ainsi que des visas de transit portugais. À la suggestion de Fry, l'artiste s'était rendu au consulat portugais afin de les récupérer – mais on lui expliqua qu'il faisait erreur : il n'y en avait aucun à son nom. Fry avait alors demandé à l'Hicem et à l'Unitarian Service Committee de Lisbonne d'aider « le célèbre peintre André Masson ». Lequel finit par obtenir tous ses papiers, ainsi que les billets de la traversée pour sa famille, payés généreusement par un mécène américain.

À l'approche de la date d'embarquement, Fry dut aider Masson à affronter des sentiments contradictoires. L'artiste aimait son pays, mais les combats de la Première Guerre mondiale l'avaient laissé épuisé et il n'avait plus aucune énergie pour se battre ou s'engager dans la Résistance. Réticent à quitter la France, Masson s'y savait néanmoins obligé, car sa femme, Rose, était juive. Lorsqu'il avait entendu à la radio l'annonce des lois raciales du gouvernement de Vichy, il avait littéralement vomi. Quand le bateau emportant les Masson largua enfin les amarres, Fry, soulagé, put envoyer un télégramme à New York : « Breton et Masson en route vers Martinique. »

Son plaisir de savoir ses amis surréalistes en train de naviguer aurait été diminué si Fry avait su ce qu'il en était vraiment pour les passagers. Sur les navires semblables à des vaisseaux de bagnards s'entassaient des dizaines de réfugiés, dans un espace conçu pour accueillir seulement quelques personnes. Martica Sawin décrit « une cale sombre, sans aération, transformée en dortoir improvisé avec des ballots de paille sur des échafaudages. [...] Sur le pont, les installations sanitaires communes, elles aussi grossièrement improvisées et qui dégagèrent bientôt une puanteur nauséabonde ». Pendant la traversée du *Carimare*, Masson garderait une attitude détachée, même lorsque sa femme tombera malade et que ses deux fils feront les quatre cents coups à travers tout le navire.

Fry connaissait également peu de choses sur les conditions de vie dans les camps de réfugiés de Martinique. Il fut choqué en découvrant que les Breton y étaient internés et demanda plus tard à Bénédite : « Vous saviez qu'André, Jacqueline et Aube ont été internés dans un camp pendant tout le temps qu'ils étaient en Martinique ? » De fait, plusieurs de ses protégés avaient été internés à Fort-de-France, certains pendant des mois. Le camp, une ancienne léproserie, était encore pire que le bateau : nourriture abjecte et conditions de couchage terribles. Parmi les réfugiés, les juifs ont particulièrement souffert des insultes des gardes. Enfin, les Breton et les Masson ont été libérés, et sont arrivés à New York le 18 décembre 1941.

Les artistes moins connus ne trouvant pas de parrains aux États-Unis, Fry ne put guère les aider. Ainsi ne put-il organiser l'évasion du metteur en scène Sylvain Itkine et des artistes Hans Bellmer[1], Victor Brauner et Jacques Hérold. Itkine, qui s'était produit à Air-Bel avec sa troupe de comédiens d'extrême gauche, n'a jamais pu s'échapper : il a été livré aux nazis par les autorités françaises locales et envoyé à la mort. Bellmer, dont le père très strict a peut-être été membre du parti nazi, est connu pour ses poupées-fétiches, à la manière d'Oskar Kokoschka. Un an plus tôt, il avait été interné au camp des Milles en compagnie de Max Ernst, et tous deux avaient travaillé la « décalcomanie », une technique de peinture née avec le surréaliste Oscar Dominguez[2]. Bellmer n'a pas fui la France et a survécu à la guerre. Brauner et Hérold, tous deux juifs roumains, ont eux aussi traversé la guerre – Hérold souffrant pendant « quatre années d'angoisse et de pauvreté », et Brauner cachant sa judéité dans les Alpes-de-Haute-Provence. (Brauner, dont les sujets des peintures sont généralement borgnes de l'œil gauche, a perdu le sien en se battant avec Dominguez[3].)

À cette époque, il était aussi possible d'obtenir des visas pour le Mexique, et Fry s'assura que Benjamin Péret et Remedios Varo puissent en obtenir. (Le couple ne fuira cependant pas la France avant un certain temps. En octobre 1941, après que Fry eut quitté la France, un échange frénétique de télégrammes documente les négociations entreprises avec Peggy Guggenheim et Helena Rubenstein pour payer le voyage à Péret et Varo. « MME GUGGENHEIM POURRAIT AIDER PÉRET – IL EST TRÈS SURRÉALISTE. » Finalement, un arrangement fut trouvé,

1. Jean Bellmer, n° 82 sur la liste de Fry, était peut-être Hans Bellmer.
2. Peintre espagnol et fréquent visiteur d'Air-Bel. Resté en France pendant la guerre, il s'est suicidé en 1957.
3. Fry devait emporter des œuvres de Brauner et d'Hérold aux États-Unis pour susciter de l'intérêt et leur attirer des partisans. La tentative se révéla infructueuse.

permettant à Péret et Varo de quitter Casablanca le 20 novembre 1941 à bord du *Serpa Pinto*.

Alors que les derniers surréalistes se passaient de la protection de Fry et s'échappaient ou partaient se cacher, il reçut un message de Jacqueline Breton qui venait juste d'arriver à New York : « L'Amérique est vraiment l'arbre de Noël du monde. » Fry était ravi : les principaux surréalistes – Ernst, Masson et Breton – étaient en sécurité.

Fry s'occupa ensuite du cas de Marc Chagall et de sa femme, Bella[1]. Le peintre russe figurait sur sa liste initiale, mais avait jusqu'à présent ignoré toutes les demandes de Fry lui suggérant d'abandonner son atelier de Gordes pour venir s'installer à Marseille. Mais il ne se rendait pas compte du danger qu'il courait et ne voyait pas pourquoi il aurait dû quitter la France. Artiste moderniste réputé, Chagall était exposé dans de nombreux musées allemands mais, désormais, ses tableaux étaient brûlés par les nazis. Le peintre, lui, avait vécu tant d'années en France qu'il n'avait aucune crainte d'être arrêté.

Ignorant la répression consécutive à l'adoption du Statut des juifs et persuadé que l'Amérique était un désert culturel, Chagall demanda à Fry, lors de leur première rencontre : « Il y a des vaches en Amérique ? » À quoi Fry avait répondu que non seulement il y avait des vaches et des paysages champêtres, mais aussi une communauté artistique qui adorerait Chagall. L'artiste et sa femme, juive également, lui promirent qu'ils allaient réfléchir à ce projet d'émigration. Mais même si les Chagall ne manifestaient aucune inquiétude, Fry ne pouvait s'empêcher d'être anxieux, car le champ d'action des juifs sous Vichy était de plus en plus restreint.

À la fin de l'année 1940, une poignée de juifs furent autorisés à rester dans l'armée, mais uniquement comme

1. Marc et Bella Chagall étaient les n^os^ 210 et 211 sur la liste de Fry.

professeurs ou « spécialistes » divers. Dans le même temps, en quelques mois, les juifs français furent chassés de la fonction publique et de l'enseignement. Et au printemps 1941, en vertu des lois antisémites votées par Vichy, Chagall perdit sa citoyenneté. Le couple déménagea fin mars pour prendre une chambre à l'Hôtel moderne, à Marseille. Ils étaient enfin arrivés à la conclusion que la France n'était plus un pays sûr pour eux. À peine furent-ils installés dans leur chambre qu'une voiture de police se gara devant l'hôtel, et des officiers de Vichy en jaillirent pour arrêter le célèbre artiste. Pendant que son mari était emmené en prison, Bella Chagall téléphona à Fry. Elle lui raconta l'arrestation et, désespérée, le supplia de les aider. Fry contacta aussitôt la préfecture et annonça à l'officier en charge : « Vous savez que M. Chagall est l'un des plus grands artistes vivants au monde ? Si, par hasard, la nouvelle de son arrestation était divulguée à la presse, le monde entier serait choqué, la situation serait extrêmement embarrassante pour Vichy et vous serez sans doute sévèrement sanctionné. » Si l'artiste n'était pas immédiatement libéré, Fry menaçait d'alerter le *New York Times*. Une demi-heure plus tard, Chagall était libre et reconduit à son hôtel. Mme Chagall, soulagée, appela Fry pour le remercier.

Début avril, Vichy signa un accord avec l'Allemagne pour renvoyer dans leur pays *tous* les émigrés allemands et autrichiens. Les arrestations de juifs étrangers continuaient et, si les juifs d'origine française bénéficiaient encore d'une certaine latitude, ce fut de courte durée. Le sort des juifs en France, qu'ils soient nés à l'étranger ou sur le sol français, sera horriblement clarifié lors d'une réunion du 4 avril entre les représentants de Vichy et de l'Allemagne à Paris, comme le rappellent les historiens Michael Marrus et Robert Paxton :

> « Les Allemands pensaient maintenant à débarrasser complètement l'Europe des juifs au moyen de solutions

définitives » et, bientôt, « le programme antijuif de Vichy prit un nouvel essor. [...] Une nouvelle législation restreignit l'accès des juifs aux professions libérales et aux activités intellectuelles [...]. Il y eut pire : le gouvernement prit désormais part à une entreprise visant à dépouiller les juifs de leurs biens en zone non occupée ».

Les Chagall avaient attendu trop longtemps pour tenter d'émigrer : on leur refusa un visa de sortie, comme à tous les autres. La fille de Chagall, Ida, se rendit à Vichy une dizaine de fois pour plaider leur cause, sans succès. Fry et le Centre étaient tout aussi impuissants. Comme le remarquait Fry, « nous pouvons intervenir pour défendre des ressortissants étrangers, mais nous n'avons aucun poids dans une affaire qui oppose un Français à son gouvernement[1] ». Sauf s'ils trouvaient une solution par eux-mêmes, les Chagall semblaient condamnés à rester en France jusqu'à la fin de la guerre. Fry avait déjà payé pour leur traversée – des places assurées à bord d'un bateau étaient des garanties cruciales pour assurer l'émigration – et signé un *affidavit* où il se portait garant de la moralité et de l'indépendance financière de Chagall. Quand les visas d'urgence américains arrivèrent enfin pour le peintre et sa femme, le couple était impatient d'émigrer. Les Chagall traversèrent clandestinement la frontière franco-espagnole le 7 mai 1941 mais, avant de se séparer, Chagall offrit à son ami un cadeau d'adieu, le dessin d'une « dame chèvre enveloppée dans une fourrure et tenant un violon », ainsi que Fry le décrit à Eileen. Les Chagall arrivèrent à Lisbonne le 11 mai et, quelque temps plus tard, embarquèrent pour New York. Ils y arrivèrent le 23 juin.

Fry avait demandé à Eileen de les attendre à la descente du bateau. « Peux-tu prendre soin des Chagall quand ils

1. Chagall n'était pourtant plus français, sa citoyenneté obtenue par naturalisation ayant été annulée.

arriveront ? Nous sommes devenus de grands amis, et j'ai promis à Chagall que tu l'aiderais à trouver un logement. Ses goûts sont très simples : tout ce qu'il veut, c'est une petite maison avec une grande pièce où il pourra travailler. Il n'a pas d'exigence stupide comme une cuisine moderne, une salle de bains, une exposition plein nord ou je ne sais quelle bêtise. Mais il a une sainte horreur de New York et veut en partir aussi vite que possible, et dans un endroit tranquille. »

En avril, Fry recommanda à l'écrivain Hans Sahl – l'un de ses premiers protégés, qui travaillait désormais au Centre depuis des mois – de préparer son évasion par la mer, car Marseille était devenue trop dangereuse pour lui[1]. Sahl, porteur d'un tout nouveau passeport danois falsifié par l'un des associés de Fry, acheminait clandestinement des informations clés pour Fry, notamment une liste des personnes qui devaient leur être livrées établie par les Allemands à l'hôtel Splendide. Après avoir été aidé par Kaplan en Espagne, Sahl arriva à Lisbonne. Il se souvient : « J'arrivai au printemps au Portugal, avec dans mes bagages des tubes de dentifrice et des boîtes de cirage remplis de notes secrètes. Les amandiers étaient déjà en fleur et, dans les cafés, des piles de gâteaux nappés de crème fouettée m'attendaient – ainsi que mon visa, qui était enfin arrivé de Washington. »

À présent, les bateaux étaient presque l'unique moyen de s'enfuir. Fry paya la traversée d'une dizaine de réfugiés, à qui il distribuait des billets vierges. Tout à coup, pour son plus grand plaisir, le consulat américain, sans raison apparente, devint plus coopératif. Les retards d'obtention

1. Sahl est parti pour les États-Unis à bord du *SS Guinée*, un vapeur portugais, en compagnie des Marcu et de leur fille. D'autres protégés de Fry se trouvaient à bord, comme Georges Ascher (n° 52). Le bateau accosta à New York le 11 avril 1941.

des visas s'amenuisèrent, les entretiens nécessaires purent s'organiser bien plus en amont, permettant aux réfugiés de partir par le premier navire disponible. Fry restait toutefois gêné par le refus des compagnies maritimes de révéler les dates de départ suffisamment à l'avance, laissant peu de temps aux réfugiés pour se préparer. Ceux qui n'avaient pas les papiers nécessaires se retrouvaient parfois contraints de les obtenir en très peu de temps. Dans certains cas, Fry réussissait à obtenir le visa américain d'un réfugié seulement une ou deux heures avant que son bateau largue les amarres – et il lui remettait ses billets au moment de l'embarquement.

Pour être la seule alternative à ce stade, les navires n'en restaient pas moins un moyen de transport dangereux. Gemähling se souvient : « C'était extrêmement risqué d'envoyer nos réfugiés sur des bateaux, et ce genre de périple était réservé aux personnes en très bonne santé. Il fallait être jeune et vigoureux pour naviguer l'estomac vide… » Déjà affamés, les réfugiés voyageaient en effet sur des bateaux transportant très peu de vivres.

Fry avait aussi faim que ses protégés. « La famine ne va pas tarder, ici », écrit-il à Eileen, en lui demandant d'envoyer de la nourriture. « Cela fait plusieurs jours que nous n'avons plus de pain, et pratiquement pas de viande : juste des topinambours cuits dans de l'eau salée. Ce n'est pas suffisant, nous commençons à présenter des signes de malnutrition, comme tout le monde. » La faim le rendait morose. « La moitié du temps, je suis de mauvaise humeur et, après avoir reçu vingt réfugiés grognons, je me mets à aboyer sur le vingt-sixième comme un chien à qui on a mordu la patte. »

Un matin, Fry reçut un rapport alarmant faisant état de patrouilles policières au large :

> « La côte est étroitement surveillée par des patrouilles, des avions et des gardes-côtes. Il y a des policiers à cheval,

à pied, et les voies d'accès aux ports et aux plages sont surveillées. Nous ne pouvons pas compter sur les autorités, même si elles sont amicales ; elles ont peur de leur propre ombre. »

Les bateaux continuaient d'être le meilleur moyen d'exfiltrer les réfugiés mais, persuadé que Vichy finirait par fermer les routes maritimes, Fry se mit à travailler sur de nouveaux itinéraires d'évasion. Il était aidé dans sa tâche par deux activistes italiens, Emilio Lussu et le lieutenant-colonel Randolfo Pacciardi. Depuis qu'il avait compris que les opposants politiques à Hitler étaient les réfugiés les plus menacés, Fry avait inclus des antifascistes italiens dans son équipe. Lussu, un réfugié politique spécialiste de l'évasion, travaillait avec Fry depuis l'automne précédent. Fry avait financé le passage clandestin d'antifascistes italiens en Afrique du Nord. Pacciardi, qui avait dirigé la brigade Garibaldi contre Franco pendant la guerre d'Espagne, était le chef des républicains italiens en exil.

Fry, les deux Italiens et certains de ses collaborateurs estimaient que l'Afrique du Nord était une filière d'évasion à considérer. Il exfiltrait déjà les prisonniers britanniques par cette voie depuis un certain temps : depuis Marseille, ils se rendaient à Oran ou Alger, puis à Lisbonne *via* Casablanca ou Gibraltar. Puisqu'ils traversaient des territoires français, Fry pensait qu'il serait plus aisé de négocier pour ses protégés. Mais ce fut le contraire, et Marcel Verzeanu se rappelle que la filière était en réalité « beaucoup plus difficile [qu'ils l'avaient] d'abord imaginé ». Avec l'appui de Pacciardi, plusieurs réfugiés purent partir en Afrique du Nord, avec le projet de rejoindre Lisbonne ou Gibraltar. Quand un groupe fut arrêté à Oran, peu après son arrivée, Fry soupçonna une fuite dans son opération. Verzeanu résume : « Au moment du départ, des vedettes de police ont brusquement surgi et après, c'était chacun pour soi et Dieu pour tous. » Deux hommes avaient réussi à s'échapper, deux autres s'étaient fait prendre. Verzeanu soupçonnait les gaullistes d'avoir trahi Fry en collaborant avec la police française. Malgré cela, les autorités n'avaient toujours pas de preuve concrète contre Fry, qui ne fut donc pas arrêté. Il fit parvenir d'importantes sommes d'argent en Afrique du Nord pour payer la libération des réfugiés emprisonnés – sans résultat. Les deux hommes furent finalement libérés, indépendamment de l'intervention de Fry. Ce dernier finit par renoncer à la filière d'évasion nord-africaine, la jugeant trop incertaine.

Bien que Garcia ait échoué à faire évader les Bernhard et les Wolff, Lussu parvint à convaincre Fry de faire de nouveau appel à ses services. Cette fois, Garcia réussit à mener à bien plusieurs exfiltrations. Il accompagna plusieurs protégés au Portugal, y compris Lussu lui-même. Cet itinéraire vers l'Espagne finira par être baptisé « la Route de Garcia ».

Bien après que Vichy commence à arrêter les juifs étrangers, un autre Statut des juifs fut adopté, le 2 juin. Cette loi définissait qui était juif, et concernait aussi les citoyens français de naissance. Une personne ayant trois grands-parents juifs était nécessairement juive, même si elle s'était convertie à une autre religion. Dorénavant, les juifs français devaient dresser la liste de leurs biens, et certaines professions leur étaient interdites. Les contrôles et les patrouilles aux frontières allaient s'intensifier, la police serait mieux organisée et les lois, de plus en plus iniques, strictement appliquées. Devant ce durcissement de la situation, la motivation de Fry redoublait.

Pourtant, un nouvel accord entre la France et l'Espagne avait de quoi le décourager : tous les voyageurs traversant la frontière devaient désormais présenter toute une série de papiers en règle, y compris le visa espagnol, le visa douanier à l'entrée en Espagne, l'autorisation de la Banque de France d'exporter des dollars, le sceau de sortie français et l'*Extrada en España* (visa de transit espagnol) des postes-frontières. L'Espagne intensifiait ses patrouilles de police. Même pendant le trajet en train, d'ordinaire tranquille, de Port-Bou à Barcelone, des officiers procédaient à des fouilles minutieuses.

Comme le remarque Bénédite, les visas ne pouvaient plus être obtenus qu'à la chaîne : l'obtention de l'un dépendait de la délivrance d'un autre. Les règles étaient irréalistes, avec des délais impossibles à respecter ou l'obligation de détenir les documents d'un gouvernement pour recevoir des documents d'un autre. À cela s'ajoutaient divers dangers que Fry s'efforçait de toujours garder à l'esprit : ainsi, il ne demandait presque jamais de visas de transit espagnols pour les protégés les plus recherchés par la Gestapo. Il réussit à obtenir que le consulat panaméen tamponne les passeports de certains réfugiés, à condition qu'ils s'engagent à « ne jamais mettre les pieds au Panama ». Il put aussi se procurer des passeports danois et tchèques, qu'un faussaire retouchait par la suite.

Fry attendait depuis longtemps le renouvellement de son propre passeport. Le courrier qu'il reçut du consul américain William Peck indiquait clairement que le département d'État lui était toujours hostile. « J'ai le regret de vous informer que je viens de recevoir un télégramme du département d'État m'informant que votre passeport ne peut être validé que pour un retour immédiat aux États-Unis. »

De l'autre côté de l'Atlantique, Eileen continuait son lobbying acharné pour défendre son mari. Elle contacta Mme Roosevelt, le juge de la Cour suprême Felix Frankfurter ainsi que d'autres sommités. Alfred Barr prit aussi la défense de Fry : il prit contact avec Archibald MacLeish, directeur de la Bibliothèque du Congrès, dans l'espoir que ce dernier puisse influencer Adolf Berle, du département d'État. Dans une lettre, Barr lui expliquait que Fry accomplissait « un travail véritablement héroïque et qu'il serait extrêmement dommageable de le voir rentrer au pays dès maintenant ». Il demandait à MacLeish d'obtenir d'Adolf Berle une clarification sur la position du département d'État concernant Fry. Même Frank Kingdon, directeur de l'ERC, qui n'était plus un grand ami de Fry, demanda à Berle de renouveler son passeport – demande qui lui fut refusée.

Pendant ce temps, Fry continuait d'aller dire adieu à ses protégés qui, un par un, prenaient le large pour la liberté. Il était sur le quai le 6 mai quand Erhardt Konopka[1] et quatre-vingts autres réfugiés politiques embarquèrent sur le *Winnipeg*, un cargo français à destination de la Martinique. Mais, quand deux officiers de la Commission germano-italienne de la Wehrmacht se mirent à discuter avec le capitaine du navire, Fry sentit un frisson le parcourir. Horrifié, il vit bientôt plusieurs personnes débarquées du navire, qui partit peu après.

Konopka était un réfugié politique protestant. En 1923, il avait rejoint un syndicat ouvrier ainsi que divers mouvements de jeunesse pour s'opposer activement aux nazis. Après 1937, il avait poursuivi son combat contre les nazis depuis la Hollande, avant de rallier la France. Il s'était engagé dans la Légion étrangère puis avait vécu un temps à Montauban, avant de rencontrer Fry qui avait demandé au vice-consul Standish d'aider Konopka à obtenir un visa d'urgence américain. Il l'avait reçu quelques instants seulement avant d'embarquer sur le *Winnipeg*.

Selon un rapport de Konopka détaillant les conditions de vie à bord du navire bondé, sur les sept cent cinquante passagers, trois cents étaient des réfugiés allemands et autrichiens, quarante des soldats français et trente des officiers de la marine française. Les soldats français, les

1. N° 604 sur la liste de Fry.

officiers de marine et certains membres de l'équipage affichaient des sympathies proallemandes et se montraient souvent grossiers envers les réfugiés. La nourriture était insuffisante et les passagers dormaient entassés dans des espaces mal ventilés. Ces bateaux n'étaient pas destinés à embarquer autant de passagers. Ruth Sender Stern, qui avait voyagé sur un navire similaire, le *Mont-Viso*, raconte : « Une compagnie fruitière française a décidé de se faire de l'argent, alors elle a installé des paillasses dans la cale de son bateau et s'est mise à prendre des réfugiés. »

Quand la mer était agitée, il n'était pas rare que des passagers tombent et se cassent le bras. Quand le bateau faisait escale, seuls les officiers français étaient autorisés à débarquer. À l'une d'elles, dans le port de Casablanca, des réfugiés apprirent que la ville « était truffée de soldats allemands en civil ».

Dans la nuit du 26 mai, alors qu'il n'était plus qu'à deux heures de la Martinique, le *Winnipeg* reçut l'ordre de s'arrêter. Selon Konopka, des soldats hollandais armés montèrent à bord, firent prisonniers l'équipage et les officiers français et les regroupèrent sous surveillance dans une partie du bateau. Brusquement, le *Winnipeg* était devenu un navire hollandais ! Konopka raconte dans son rapport : « Les Hollandais nous avaient attendus pendant trois jours et trois nuits (et nous les remercions d'avoir été si patients !). » Le *Winnipeg* mit le cap sur le sud. À bord, les passagers terrorisés restèrent éveillés toute la nuit, dans le fracas assourdissant des avions qui vrombissaient au-dessus d'eux et des alarmes qui retentissaient. Lorsque le cargo fit escale à Trinidad, les protégés allemands et autrichiens de Fry purent débarquer et furent conduits dans un camp. « Là, la nourriture nous fut servie en grandes quantités. Pour la première fois, nous avions du beurre. [...] Le camp était équipé d'une salle d'eau avec vingt douches et des toilettes. Nous avions même du savon... » Devant un tel confort, les réfugiés se montrèrent reconnaissants, mais se rendirent vite compte que les habitants de Trinidad les prenaient pour des nazis. Ce malentendu fut dissipé quand le commandant du camp annonça que Konopka et les autres passagers étaient des réfugiés. Il connaissait aussi le travail effectué par Fry et l'ERC. « Il nous a demandé si nous étions des réfugiés politiques, écrit Konopka. Quand j'ai répondu par l'affirmative, en ajoutant que la plupart des réfugiés étaient aussi membres de syndicats, il s'est montré ravi : lui aussi était syndiqué. Il m'a serré la main et nous a souhaité bonne chance pour la suite[1]. »

Quatre jours après le départ du *Winnipeg*, le *Mont-Viso* quitta Marseille avec une nouvelle cargaison de réfugiés. Parmi eux se trouvaient Ruth Sender Stern et ses parents, qui expérimenteront le même genre de péripéties que Konopka. Leur bateau fut lui aussi intercepté. « Nous sommes restés sept semaines à Casablanca, sans quitter le bateau, puis nous avons été internés dans un camp au Maroc. » (Ses parents ayant de la famille aux États-Unis, Stern supposait qu'elle avait probablement payé la traversée pour eux, puis fait en sorte qu'ils puissent rejoindre les États-Unis depuis le Maroc. Ils arrivèrent à New York à la fin du mois d'août.)

Fry était persuadé que ses protégés arrivés à bon port étaient désormais en sécurité, aussi ne pensait-il plus du tout à eux. Son esprit était occupé par ses problèmes avec la police de Vichy. Ses agents accordaient un peu trop d'attention à ses bureaux du boulevard Garibaldi,

1. Konopka et les passagers du *Winnipeg* se trouvaient encore dans un camp à Trinidad quand ils apprirent que l'*Evangeline* devait partir pour New York le 5 juin. « D'innombrables télégrammes et billets arrivèrent » pour payer la traversée et, aux petites heures du 5 juin, les réfugiés purent monter à bord. Ils arrivèrent sains et saufs en Amérique huit jours plus tard.

ils fouinaient, espionnaient, arrêtaient certains des réfugiés… L'un après l'autre, ses protégés se voyaient sommés de quitter Marseille, quand ils n'étaient pas directement internés ou envoyés en résidence forcée. Il y avait aussi des disparitions inexpliquées. Fry multiplia les requêtes pour modifier l'action de la police, obtenir la libération de certains prisonniers, plaider l'indulgence pour les personnes arrêtées qui étaient munies de visas et prêtes à partir. Toutes ces démarches échouèrent.

Le prochain départ de bateau prévu était le 10 mai. Fry se retrouva assiégé quotidiennement par des réfugiés qui voulaient embarquer sur le *Wyoming*, certains avec des billets et d'autres sans. Danny Bénédite se rappelle : « Ils réclamaient des conseils et des faveurs souvent impossibles à accorder. Ceux qui étaient sûrs de partir venaient tout de même au bureau pour être rassurés ou simplement demander ce qu'ils pouvaient emporter dans leurs bagages. » La traversée du *Wyoming* se déroula sans incident. Parmi ses passagers se trouvaient de nombreux protégés de Fry, dont le médecin Alfred Adler et sa femme, Martha, le médecin et écrivain Richard Berczeller ainsi que sa famille, et l'ingénieur chimiste et inventeur Otto Reitlinger[1].

Eileen, qui essayait toujours d'obtenir le renouvellement du passeport de son mari, demanda à la journaliste Dorothy Thompson d'intercéder en sa faveur auprès

1. Alfred Adler était le n° 12, Richard Berczeller le n° 90 (et les membres de sa famille les n$^{os}$ 88, 89, 91 et 1664) sur la liste de Fry. Reitlinger, n° 1094, avait travaillé pour le gouvernement américain dans les années 1940 et inventé une série de carburants liquides appelés « Otto Fuels », utilisés entre autres pour propulser les torpilles. Il a reçu de nombreux prix et distinctions, dont le Distinguished Civilian Service Award (1963). On estime que son invention a permis aux États-Unis d'économiser environ 100 millions de dollars en carburant pendant la Seconde Guerre mondiale.

d'Eleanor Roosevelt. Mais Mme Roosevelt avait apparemment du mal à accepter certaines informations qu'elle avait entendues à propos de Fry et, le 13 mai 1941, elle écrivit à Eileen : « Mlle Thompson m'a transmis votre message et je suis au regret de vous dire que je ne peux rien faire pour votre mari. J'estime qu'il devrait rentrer en Amérique car le gouvernement n'est pas en mesure de soutenir certaines de ses actions. Je suis certaine qu'ils lui fourniront un passeport pour son retour, même si cela implique de lui trouver un remplaçant. »

Quand Eileen rapporta la teneur de cette lettre à Fry, il éprouva le besoin impérieux de continuer même si, sans passeport, il ne pouvait plus voyager hors de France. Il ne se résoudrait à partir qu'à l'arrivée d'un successeur compétent. En attendant, toujours dévoué aux hommes, femmes et enfants qui avaient besoin de son aide, il forma un comité de patronage réunissant des citoyens français influents qui acceptaient de prêter leur nom à son organisation. Ainsi sa légitimité était-elle garantie auprès du gouvernement de Vichy. Ce comité comprenait trois membres du Conseil national, le président de la Croix-Rouge française et le président en exercice de la Commission départementale des Bouches-du-Rhône. S'y ajoutaient les écrivains André Gide et Jean Giraudoux, les artistes Henri Matisse et Aristide Maillol, et le violoncelliste Pablo Casals.

Pourtant, le soutien de ce groupe de citoyens français prestigieux n'empêchait pas la police de continuer à harceler Fry. Il était sous surveillance constante, ainsi que son associé le plus proche, Danny Bénédite. Une des missions de Bénédite était de changer l'or en argent liquide – pour le compte d'un protégé, Arthur Wolff, qui ne pouvait pas se charger de lourds lingots pendant son évasion, il avait ainsi changé 1 100 dollars en or contre 3 000 dollars en billets. Chaque fois que des réfugiés confiaient de l'or au Centre pour obtenir du papier-monnaie, les transactions étaient effectuées par un intermédiaire – généralement Dimitru, le collaborateur pittoresque amené par Hirschman. Ils étaient satisfaits de son travail car, comme le précise Bénédite, « il a toujours été très correct avec nous, il nous accordait un taux de change préférentiel et se débrouillait toujours pour nous éviter des ennuis ». Ces échanges se poursuivirent de mars à mai, jusqu'à ce qu'un « regrettable incident » se produise. Un matin de mai, Fry avait annoncé à Bénédite qu'il avait un besoin urgent de changer une grande quantité d'or en liquide. Le 18 mai, Bénédite contacta Dimitru qui, en quelques jours, trouva un acheteur pour l'or. Bénédite proposa une livraison en deux lots et, après avoir remis sans problème les premiers 2000 dollars en or à son intermédiaire, il partit chercher le reste de l'argent. Mais, en retournant à l'hôtel de Dimitru, il croisa ce dernier dans la rue, un endroit plutôt inhabituel pour lui. Bénédite lui serra la main et Dimitru lui glissa : « Vous feriez mieux de ne pas entrer tout de suite. Il se passe quelque chose de bizarre, ici. Revenez plus tard. » Bénédite repartit – et, quelques minutes plus tard, se retrouva cerné par des policiers qui se mirent à le fouiller. Ils trouvèrent l'or et l'arrêtèrent sur-le-champ. Une fois en prison, Bénédite leur expliqua qu'il avait agi seul :

> « J'ai dit que j'avais reçu les 2000 dollars en question d'un client reconnaissant qui partait pour l'Espagne et que, pour le Comité, je voulais les changer à un taux plus intéressant que celui de la Banque de France. Mais j'agissais de mon propre chef, sans avoir consulté M. Fry ni aucun autre membre du Comité. »

Comme Fry et Bénédite le découvrirent plus tard, Dimitru était un informateur pour Vichy. Plus troublant encore, il travaillait aussi pour le compte de la Gestapo.

Fry écrira plus tard à Hirschman : « Marseille était une telle masse confuse d'alliances de toutes sortes – les gangsters avec la police, la police avec la Gestapo, la Gestapo avec les gangsters – que je ne savais jamais si je parlais à un ami ou à un ennemi. » Fry envoya Gemähling récupérer les 2 000 dollars en or de Dimitru mais, évidemment, l'espion prétendit que l'or avait été volé. À l'évidence, Dimitru avait piégé Bénédite non seulement pour le dénoncer aux autorités, mais aussi pour lui voler son argent. Fry ne chercha pas à riposter : il ne voulait pas risquer d'autres arrestations.

En revanche, il demanda au consul américain de l'aider à libérer Bénédite. Dans ses mémoires, il raconte : « J'ai dû toucher une corde sensible, car il fait une chose extraordinaire : il se rend à la douane et annonce que Danny étant employé par une organisation caritative américaine, le consulat suivait de près cette affaire. » Grâce à l'intervention du consul, Bénédite passa rapidement devant un juge qui accepta de le libérer sous caution jusqu'au procès. Accompagné de Gemähling et de Théo Bénédite, Fry alla chercher son ami à sa sortie de prison. Bénédite apparut, « sale et pas lavé, l'air très maigre et pâle. [...] Je ne peux m'empêcher de pleurer. Je me sens complètement idiot, mais c'est plus fort que moi ». Bénédite était la personne avec qui Fry partageait sa vie quotidienne autant que son travail. « Nous faisions presque tout ensemble, à part dormir. Je n'avais probablement jamais vécu à ce point en osmose avec quelqu'un. »

Au moment de l'arrestation de Bénédite, leur meilleur ami au consulat, Hiram « Harry » Bingham [1], fut remplacé

1. Bingham ne s'est jamais remis de sa rétrogradation et de sa réaffectation à des postes de plus en plus obscurs. Il a fini par démissionner et prendre sa retraite dans sa maison familiale du Connecticut. « Il faisait ce qu'il estimait être juste. La fin abrupte de sa carrière et

à cause du travail qu'il avait effectué pour sauver des réfugiés et coopérer avec Fry. Le nouveau vice-consul était antiétranger, antijuif et anti-Fry. Dans ses mémoires, Fry résume son caractère : « Il paraît éprouver un malin plaisir à prendre des décisions arbitraires et à refuser le plus de visas possible. » Quand Fry lui parla de Largo Caballero, qui avait été arrêté en décembre, le vice-consul répondit : « Du moment qu'il a des opinions politiques, on n'en veut pas. On ne veut pas d'agitateurs aux États-Unis. On en a déjà trop. »

Plus que jamais, les réfugiés ressentaient la peur, le découragement et le désespoir de tous les immigrés marseillais. Et soudain, tout parut s'effondrer d'un coup. Fin juin, l'Amérique cessa d'émettre des visas, et quand elle recommença les règles s'étaient complexifiées, ralentissant le processus. Lorsque, un mois plus tard, le programme américain de visas d'urgence pour visiteurs s'acheva, 3 268 visas d'urgence avaient été autorisés mais seulement 1 236 avaient été effectivement accordés. Le flux d'émigrés vers les États-Unis se réduisit peu à peu, jusqu'à devenir infime. Il resterait à ce niveau tout au long de la guerre.

### *Vers la paix dans le monde : Berthold Jacob*

Le journaliste Berthold Jacob constitue l'un des cas les plus difficiles de Fry. Pacifiste et activiste de longue date, il fut assassiné par les nazis peu avant la fin de la

---

la désapprobation des siens étaient en quelque sorte sa punition pour avoir osé écouter sa conscience. Le 26 avril 1941, par un télégramme du secrétaire d'État Cordell Hull au consul américain à Marseille, Harry est relevé de ses fonctions. Le message stipule sans ambages : "Ce transfert n'est fait ni à sa demande ni pour lui agréer." À compter de cette date, Hiram Bingham se verra systématiquement refuser diverses promotions au sein du Foreign Service. »

guerre. De son vrai nom Bruno Salomon[1], Jacob s'est tout de suite opposé au fascisme, au nazisme et à Hitler. En 1933, il s'enfuit d'Allemagne pour gagner la Suisse, où il signa dans la presse des articles décrivant le réarmement de l'Allemagne, en violation totale du traité de Versailles. Cette dénonciation publique de l'Allemagne nazie lui valut, en 1935, d'être kidnappé par la Gestapo qui le jeta dans une prison allemande. C'était le premier cas connu d'un enlèvement par la Gestapo dans un pays étranger, et la Suisse réagit aussitôt, plaidant avec véhémence pour le retour de Jacob. Préférant ne pas attirer l'attention sur l'Allemagne en plein réarmement, Hitler accepta de renvoyer Jacob en Suisse – même s'il était fou de rage contre les agents incompétents de la Gestapo, incapables de kidnapper discrètement…

Jacob revint en Suisse le 18 septembre 1935, mais la Gestapo l'avait averti qu'elle retenait son père, un Berlinois, pour s'assurer de son « bon comportement ». Jacob émigra ensuite en France, où il continua son combat pour la paix. Interné au camp du Vernet au moment de la défaite, il parvient à s'échapper et part à Marseille avec sa femme. C'est là qu'il fait la connaissance de Fry. Après des mois de tentatives angoissantes, ce dernier parvient enfin à faire sortir clandestinement le couple de France, et accompagne les Jacob jusqu'à Lisbonne. Là, il est persuadé qu'ils ne courent plus aucun risque.

Plus tard, alors qu'il se trouvait lui-même à Lisbonne dans l'attente d'un bateau pour New York, Fry apprit que Jacob avait disparu. Il écrivit immédiatement à Bénédite : « Rollin [nom de code de Jacob] a été arrêté l'autre jour. Nous sommes sans nouvelles de lui, on a essayé de le contacter par l'intermédiaire de l'avocat… Nous sommes

1. Bruno Salomon était le n° 1157 et sa femme, Doris, le n° 1158 sur la liste de Fry.

très inquiets, car il n'a nulle part où aller, et il a peut-être été renvoyé chez lui. » *Chez lui* signifiant, bien sûr, en Allemagne.

Fry mit tout en œuvre pour essayer de découvrir où se trouvait Jacob. Et quand il apprit qu'effectivement, Jacob avait été renvoyé en Allemagne, lui et d'autres travailleurs humanitaires pour réfugiés continuèrent à chercher d'autres informations concluantes. Plusieurs mois plus tard, Fry apprit que le Commissaire aux Questions sur les Réfugiés à Londres avait été prié de « faire quelque chose pour Rollin ». Charles Joy avait demandé à sir Samuel Hoare, un vieil ami commun avec Fry alors en poste à Lisbonne, qu'il intervienne. Hoare avait protesté : il ne pouvait pas s'impliquer, car Rollin était un sujet allemand. La rectification fut rapide : « Rollin n'est pas un sujet allemand, c'est un juif. » Au bout d'un certain temps, Joy, Fry et les autres n'eurent pas d'autre choix que de se rendre à l'évidence : Jacob avait été renvoyé en Allemagne depuis longtemps, même si personne n'en avait la certitude absolue. La certitude arriverait longtemps après.

Des années plus tard, tandis qu'il cherchait de vieux amis de sa vie marseillaise pour mettre à jour ses archives, Fry se renseigna sur le sort de Berthold Jacob. Il apprit ainsi qu'il était mort dans un hôpital de Berlin. Le profil de Jacob, non seulement pacifiste mais aussi espion, laissait Fry sceptique quant à la possibilité que les Allemands aient pu le laisser mourir à l'hôpital. Fry reprit son enquête pour essayer de découvrir la vérité.

Le sort de Mme Jacob l'intriguait aussi. Avait-elle trouvé refuge dans une nation libre ? Il était peu probable qu'elle ait émigré en Amérique car le couple avait longtemps essayé d'obtenir des visas américains, en vain. Dans une lettre d'avril 1967, il écrit :

> « Amère ironie : le gouvernement des États-Unis refusant un visa à un homme parce qu'il a travaillé comme

espion contre la Reichswehr – et ce, quelques semaines seulement avant Pearl Harbor ! Ou peut-être lui ont-ils refusé un visa à cause de ses engagements pacifistes ? On ne le saura jamais. Ce qu'on sait, c'est qu'ils ne lui ont jamais accordé de visa alors que d'autres les obtenaient assez rapidement. Pourtant, comme eux, il avait tous les papiers nécessaires. »

À la fin de son enquête, Fry découvrit que, même si la police portugaise se prétendait préoccupée de la sécurité de Jacob et le suppliait de ne jamais sortir dans les rues pendant la journée, c'était bien elle qui l'avait arrêté. Elle l'avait ensuite remis à la police internationale espagnole, qui l'avait transféré à la prison Model avant de le livrer aux forces de sécurité de la Reichswehr. Les nazis avaient enfermé Jacob au centre de détention du Siège de la police d'Alexanderplatz, à Berlin. Il y resta emprisonné un certain temps, survivant dans des conditions terribles. Atteint de tuberculose, il était régulièrement torturé et volontairement affamé.

Le 5 janvier 1943, les Allemands arrêtèrent le père de Jacob, David Salomon, soixante-dix-sept ans, et le détinrent brièvement dans la même prison. Salomon fut ensuite envoyé à Auschwitz, où il fut gazé le 18 décembre 1943. Pourtant, Berthold Jacob trouva les ressources pour survivre. Le 19 février 1944, pesant moins de trente-huit kilos, il fut transféré à l'Hôpital juif de Berlin. (Le dernier médecin juif de l'hôpital était apparemment un agent de la Gestapo. Il s'est suicidé après la Libération.)

Jacob y mourut sept jours après son admission, le 26 février, d'une « insuffisance cardiaque ». Il repose dans le cimetière de Berlin-Weissensee. « Ce grand pacifiste, en révélant la machine de guerre de Hitler, a essayé d'ouvrir les yeux du monde et d'empêcher la Seconde Guerre mondiale. »

# 10

## La fin de l'aventure

> « *Cher Danny,*
> [...] *J'ai laissé mon cœur en France, je suppose.* »
>
> *Varian Fry*

Par une journée chaude et ensoleillée de juin, Fry fut convoqué au consulat américain par Hugh Fullerton. Après une poignée de main plutôt fraîche, Fullerton annonça de but en blanc à Fry qu'il devait quitter la France toutes affaires cessantes. Rabâchant l'histoire habituelle, Fullerton lui expliqua que le département d'État lui avait donné instruction de ne pas renouveler son passeport tant que Fry n'accepterait pas de rentrer aux États-Unis. Mais le consul ajoutait une nouvelle menace : Vichy aussi faisait pression pour qu'il se débarrasse de Fry et, s'il refusait de quitter la France de son plein gré, la police allait procéder à son arrestation et à son expulsion. Fullerton reconnut que, s'il avait promis au chef de la police, Maurice de Rodellec du Porzic, de faire suivre l'information à Fry, il l'avait aussi prévenu qu'elle risquait de ne pas l'impressionner.

Au moment où Fry se levait pour partir, Fullerton lui demanda : « Pourquoi y a-t-il tous ces juifs dans votre équipe ? » Surpris, Fry lui répondit que la moitié seulement de ses collègues étaient juifs.

« C'est une erreur, d'en avoir autant. Quand Pétain est arrivé au pouvoir, le département d'État a retiré tous les juifs qui travaillaient dans notre ambassade et notre consulat en France. Il n'en reste plus qu'un, je crois… un employé de bureau à l'ambassade. »

Fry sortit de l'ambassade et se mit en route vers le boulevard Garibaldi en marchant à pas lents. Il aurait dû s'attendre aux préjugés de Fullerton, mais ce n'était pas le cas. Son compatriote lui semblait aussi impitoyable et antisémite que Vichy et les Allemands.

Et les préjugés de Fullerton s'étaient répandus dans tous les services du consulat. Fry se souviendrait toujours de leurs effets sur L…, un de ses protégés. L… était né avant la Première Guerre mondiale en Haute-Silésie, alors une région de l'Allemagne. Quand il avait fait une demande de visa américain, L… avait expliqué à un vice-consul qu'il était allemand. Sur ses papiers, il était cependant spécifié que sa région natale avait été absorbée par la Pologne. Le vice-consul l'accusa de faire une fausse déclaration dans un Bureau consulaire américain. À cause de cela, il allait refuser sa demande de visa. « De plus, je vais m'assurer que vous ne puissiez jamais en obtenir. Vous êtes né en Pologne et vous le savez. » Fry notera : « En me racontant cette histoire, L… était en larmes. Le pire, c'est que ses enfants aussi sont obligés de rester en France, maintenant. Et Dieu sait ce qui va leur arriver… »

Après avoir entendu que Du Porzic le menaçait d'une arrestation imminente, Fry écrivit à New York pour demander à Kingdon d'intercéder en sa faveur. Dans une tentative désespérée de se raccommoder avec le président de l'ERC, il accusait Fullerton d'être « la cause principale de [ses] malentendus avec l'ambassade et le département d'État ». Fry se considérait comme un pion dans le jeu diplomatique auquel se livraient les États-Unis, l'Allemagne et la France. Les officiels de Vichy ne cessaient de

« propager de vagues rumeurs le menaçant d'une arrestation imminente », ce qui compliquait son travail. Mais il ne prenait pas cette menace réellement au sérieux en raison de sa nationalité : arrêter un Américain risquait de déclencher trop de publicité négative.

Enfin, concluait Fry dans sa lettre, ne pas le soutenir revenait à coopérer avec l'Allemagne. Les États-Unis devaient rendre son expulsion de France « aussi difficile et embarrassante que possible » pour Vichy. Il en profitait pour contredire une remarque de Fullerton sur le danger qui pesait sur lui : « Je ne suis pas inquiet pour ma sécurité. Et ne vois strictement aucun inconvénient au fait de résister aux pressions des autorités françaises. »

Chez lui comme au Centre, Fry subissait désormais le harcèlement de la surveillance policière. Son téléphone était sur écoute, comme il l'écrit dans ses mémoires : « Un jour, je décroche le téléphone et compose un numéro. Quand je l'obtiens, j'entends un bruit régulier, clic, clic, clic, dans le récepteur. » La police débarquait souvent à Air-Bel, à la recherche de documents subversifs. Fry restait ferme sur ses mensonges, espérait toujours cacher la réelle nature de son activité. Il écrivit à Du Porzic qu'il était en France pour représenter d'éminents Américains tels que John D. Rockefeller Jr., Henry Luce, Marshall Field, Edward M. Warburg et Edsel Ford. Du reste, ajoutait-il, le comité qui l'avait missionné à Marseille était constitué de sommités dans tous les domaines, notamment Albert Einstein et Dorothy Thompson, « la journaliste américaine la plus célèbre de notre temps ». Le ton déférent qu'il employait avec Du Porzic indique bien qu'il essayait d'entrer dans ses bonnes grâces : « Je serais très honoré que vous m'accordiez une entrevue, si vous désirez obtenir davantage d'informations sur mon Comité. Je reste à votre disposition. Veuillez agréer, Monsieur le commissaire, l'expression de ma très haute estime. » Ce courrier allait se révéler une erreur car, dès réception, le chef de la police convoqua immédiatement Fry. Ses jours à Marseille étaient comptés.

Fin juin, la fidèle et loyale Mary Jayne Gold partit, emportant avec elle des messages secrets roulés dans des préservatifs ou insérés dans des tubes de dentifrices et de crème hydratante. Arrivée à Lisbonne, elle les remit à Donald Darling, du Renseignement britannique, puis embarqua à bord du clipper qui faisait la traversée jusqu'à New York. Là-bas, elle rencontre enfin Eileen Fry et les deux femmes devinrent rapidement amies.

Au Centre, c'était désormais vingt-quatre personnes qui travaillaient sous les ordres de Fry. Il était très occupé par ses démarches auprès de la police de Vichy pour obtenir la libération de certains prisonniers politiques, notamment ceux qui détenaient les visas nécessaires pour émigrer. Non seulement Vichy ignorait ses requêtes, mais la police arrêtait davantage de protégés de Fry, certains la veille de leur départ. Ils étaient ensuite envoyés en résidence forcée ou dans des camps de concentration, ou encore dans des bataillons de travaux forcés.

La joie que Fry avait éprouvée un mois plus tôt, devant les bateaux qui emmenaient ses protégés, disparut quand il apprit la nouvelle de l'interception du *Winnipeg* ou que les Français avaient ordonné au *Mont-Viso* et au *Wyoming* de revenir à Casablanca, où tous les passagers furent internés dans un camp. Il passa les mois de juin et juillet à essayer de les faire libérer, envoyant des courriers aux officiels ou des représentants porteurs d'argent dans les ports lointains où les réfugiés étaient retenus prisonniers. Il gardait le contact avec certains protégés dans les camps de concentration et maintenait ouverts les canaux de communication avec l'Hicem. Il envoya aussi des agents à la recherche de nouveaux itinéraires pour reprendre les évasions interrompues *via* Lisbonne, Cadix, Séville ou

Casablanca. Ses efforts fiévreux pour sauver ces individus devenaient frénétiques quand il recevait des communiqués de passagers terrifiés qui, s'imaginant abandonnés, réclamaient d'être prioritaires pour les prochains départs.

Confronté à ses propres problèmes et à ceux de ses protégés, Fry demanda de nouveau à des personnalités américaines de réclamer son maintien en France. Burns Chalmers, secrétaire à l'Éducation de l'American Friends Service Committee et ami d'Eileen, pensait que « le travail important de Varian Fry se justifie par lui-même », et il tenta d'en convaincre le sous-secrétaire d'État Sumner Welles. Sans succès. Le président de la New School, Alvin Johnson, exhorta à son tour le département d'État à soutenir Fry :

> « Son travail est une épine dans le pied des pires éléments pronazis à Vichy. Néanmoins, il semble recevoir moins que ce qu'il est en droit d'attendre de la part de certains de nos fonctionnaires du Foreign Service à Vichy. Si les choses ne s'améliorent pas rapidement, M. Fry risque de devoir rentrer, abandonnant, entre autres, les protégés qui nous intéressent et dont l'évasion dans notre pays serait un coup rude pour Hitler – et un bienfait pour notre nation. »

Même un pédagogue aussi éminent que Johnson échoua à influencer le secrétaire d'État adjoint Berle, qui répondit avec les éléments de langage habituels du département d'État : « Fry doit rentrer en Amérique dès que possible. Je ne serais pas étonné de découvrir qu'il court un risque considérable de se faire arrêter. »

Ignorant les inquiétudes le concernant, Fry avait des affaires plus urgentes à régler. L'évasion par bateau, si prometteuse au début du printemps, avait rapidement tourné court. Vichy annula tous les départs de bateaux et Fry retourna à sa première méthode : faire passer les réfugiés par les Pyrénées en suivant la Route Garcia.

À cette époque, les visas étaient encore plus difficiles à obtenir. Victor Serge remarque :

« Les gens pourvus d'argent et politiquement passifs ont obtenu les visas avec plus de facilité, en général ; beaucoup de combattants antifascistes ne les ont pas obtenus du tout… Les visas de presque tous les pays des Amériques se vendaient couramment à des prix plus ou moins élevés ; et les fonctionnaires de Vichy vendaient les visas de sortie. »

Les États-Unis adoptèrent une nouvelle réglementation sur les visas, dont les contours avaient été esquissés dès le mois d'avril. En vertu d'une mesure défendue par Breckinridge Long, les États-Unis allaient désormais « centraliser le contrôle des visas au sein du département d'État où une Division des visas élargie s'occupera du traitement initial des demandes d'immigration ». Cette réglementation entrerait en vigueur le 1er juillet 1941. Mais avant cette date, le département d'État cessa d'émettre des visas pour une grande catégorie de réfugiés. Le 5 juin, des instructions envoyées aux bureaux diplomatique et consulaire stipulaient de ne pas fournir de visas aux candidats ayant des parents vivant dans des territoires sous contrôle de l'Allemagne, de l'Italie ou de la Russie.

Tout au long de l'année que Fry avait passée à Marseille, la politique américaine avait dissuadé les réfugiés susceptibles de mettre en danger la sécurité nationale d'émigrer aux États-Unis. La loi que Long avait réussi à faire passer venait d'officialiser cette politique. Ces nouvelles restrictions, très sévères, sonnaient quasiment le glas des espoirs d'émigration aux États-Unis de presque tous les protégés de Fry. Les candidats aux visas furent informés de l'annulation de leur demande – y compris les réfugiés détenteurs d'une approbation consulaire provisoire n'ayant pas encore reçu leur visa officiel. Ils devaient recommencer tout le processus administratif, avec de nouveaux formulaires et de nouvelles exigences. Quant aux réfugiés qui avaient déposé une nouvelle demande et l'avaient vu approuver, ils devaient désormais obtenir leurs visas auprès de consulats à l'étranger habilités, selon la loi américaine, à refuser de les leur fournir. Par conséquent, nombre de personnes fuyant le nazisme et sur le point de quitter l'Europe se virent refouler à la suite de ce changement de doctrine.

Face à cette nouvelle loi, Fry se sentait impuissant mais il parvint tout de même à calmer ses protégés paniqués. Plus de deux cents réfugiés ayant passé des mois à rassembler leurs papiers et dont les dossiers étaient complets, à un document près, devaient maintenant faire des demandes de visas pour d'autres pays. Seule une poignée de ceux à qui on avait promis des visas put finalement les obtenir. La plupart des autres durent renoncer à tout projet d'émigration.

À cette époque, le dilemme constant auquel Fry était confronté – quelles personnes fallait-il aider ? – allait devenir plus critique, car Fry savait que la majorité des réfugiés ne s'échapperaient pas. Il était hanté par les destins fragiles des personnes qu'il n'avait pas réussi à aider ; tant d'hommes, tant de femmes et d'enfants avaient simplement disparu, sans qu'il sache ce qu'ils étaient devenus. Parmi ces réfugiés, Charlotte Thormann[1], qui était recherchée par la Gestapo à cause des opinions politiques de son mari. Opposant de premier plan au nazisme et secrétaire politique d'un ancien fonctionnaire du Reich, Werner Thormann avait émigré en 1933 à Paris où il avait trouvé un emploi au Service d'information français. À la défaite de la France, il avait réussi à obtenir un passeport sous un faux nom et à s'enfuir pour New York – mais avait dû laisser sa femme et ses deux fils. Charlotte et son fils cadet avaient vécu cachés tandis que

1. Charlotte Thormann portait le n° 1676 sur la liste de Fry.

l'aîné servait dans l'armée française. Depuis New York, Werner, que la radio allemande pronazis décrivait comme « le pire traître à la nation », avait supplié Fry d'aider sa famille, précisant que son épouse avait déjà subi six interrogatoires par la Gestapo. Fry, qui s'efforçait d'obtenir des visas depuis avril, y parvint finalement mais les Thormann ne pouvaient pas les récupérer, car leur voyage par bateau n'était pas confirmé. Werner, qui vivait de la générosité de ses amis en Amérique, dut implorer l'ERC de payer les billets pour sa femme et ses enfants. Cette opération était capitale car les consulats ne remettaient les visas qu'après confirmation du paiement de la traversée. Quelques mois plus tard, Charlotte Thormann et ses fils purent enfin recevoir leurs visas, et quittèrent Lisbonne le 17 novembre 1941.

Bien que, dorénavant, l'émigration soit quasiment impossible, Fry remporta tout de même quelques succès de dernière minute. Après avoir retrouvé la trace du pianiste Erich Itor-Kahn dans un camp d'internement, Fry réussit à le faire évader. Mais le musicien n'était pas au bout de ses peines car, malgré les efforts de Fry, lui et son épouse, Frida, ne purent pas obtenir de visas américains, ses parents habitant la zone occupée. Le 21 juillet, un jour seulement avant que son bateau n'appareille, le couple se rendit une fois de plus au consulat pour s'enquérir de son visa. Cette fois, la secrétaire du consul leur fit remarquer que, le pianiste n'étant pas en contact avec ses parents, personne ne pouvait savoir s'ils étaient encore en vie. « Le consul estima que le raisonnement se tenait, et il a ajouté les visas à nos passeports », se rappelle Frida Itor-Kahn. Documents en main, ils se précipitèrent au port, juste à temps pour attraper leur bateau. Ils arrivèrent à New York le 5 août 1941.

À présent, Fry s'occupait surtout d'aider les réfugiés dont il savait qu'ils resteraient bloqués en France, pris au piège. Il demanda à Bénédite de l'aider à mettre au point des arrangements pour préparer ses protégés à un séjour prolongé en France, quelles que soient les désillusions qu'ils auraient à affronter ou leurs difficultés à gagner leur vie. Ils n'avaient plus le choix : ils devaient subvenir à leurs besoins, sans quoi ils risquaient d'être envoyés dans des camps. Ensemble, Fry et Bénédite mirent au point des projets qui permettaient aux réfugiés de gagner un revenu dans des domaines comme la petite industrie légère ou l'agriculture. L'entreprise la plus connue était une coopérative de pâtes de fruits, Croque-Fruits. Bénédite craignait que les réfugiés allemands aient du mal à travailler en usine ou dans une ferme, car beaucoup en étaient à leur troisième ou quatrième émigration, et exerçaient des professions intellectuelles désormais interdites aux étrangers, surtout aux juifs. Ils menaient la vie de créatures traquées, dormaient dans des hôtels minables, étaient constamment sous la menace de la police. Bénédite n'était pas du tout certain qu'ils accepteraient le travail qu'on allait leur proposer.

Le 4 juillet – un vendredi –, Fry et son équipe célébrèrent la fête nationale américaine. Il eut droit à une carte portant le message : « Pour notre président Varian M. Fry. Son équipe est heureuse de partager avec lui une véritable fête nationale, car ceux qui ont aujourd'hui deux pays mais ont tout perdu ont placé tous leur espoir en vous. »

Ces paroles encourageantes et cette camaraderie faisaient du bien à Fry, dont l'humeur était alors morose : au moment où son activité était presque totalement inefficace, son couple semblait lui aussi se désintégrer. Depuis quelques mois, sa correspondance avec Eileen s'était considérablement raréfiée. Il écrivait seulement s'il avait du temps à perdre, ce qui n'était pas souvent le cas. Début juillet, il reçut une lettre qui mettait fin à un long silence de part et d'autre. Il s'agissait d'une réponse à un précédent courrier où Fry racontait à sa femme les manœuvres de déstabilisation imaginées par des « provocateurs » qui tentaient de le piéger. Il recevait depuis quelque temps la visite « de filles et de garçons [...] mais, inutile de le dire, je ne touche ni aux unes ni aux autres ».

Eileen lui expliquait qu'elle avait déjà entendu des rumeurs selon lesquelles il serait « tombé dans un piège aux implications morales ». Ces histoires bizarres lui étaient parvenues de façon déformée et étaient « plus troublantes » que toute explication qu'il aurait pu donner. Elle était bouleversée par ces récits étranges, ainsi que par le « silence de cinq semaines » de son mari. Elle lui reprochait aussi de lui avoir fait part de son dégoût de New York. « Pourquoi ne pas rester en France, puisque tu t'y plais tant ? Une démocratie, c'est trop bien pour toi. » Eileen avait souffert de leur absence prolongée de communication, et elle l'implorait de ne pas attendre cinq semaines de plus pour lui répondre. De toute façon, ajoutait-elle, ses lettres n'avaient « pas vraiment le don d'apaiser des sentiments blessés ou de dissiper des soupçons ».

Une autre lettre pénible attendait également Fry, qu'il dut aller chercher au consulat des mains de Hugh Fullerton, ce qui rendait la situation encore plus désagréable. Elle était signée Kingdon, qui lui ordonnait de façon catégorique de rentrer en Amérique. Après les efforts déployés par Fry pour que des personnalités plaident sa cause auprès de l'ERC, le coup était terrible.

Fry décida d'abandonner la partie. Puisque le Comité, Vichy et le département d'État martelaient le même message, il n'avait pas d'autre choix que de se retirer le plus vite possible. Ce qui ne l'empêcha pas d'envoyer à Kingdon une lettre désespérée, dans le ton du conflit qui les opposait depuis un an. Si seulement Kingdon avait dit au département d'État que Fry devait rester en poste, il aurait pu rester indéfiniment au Centre. Mais il était persuadé que c'était seulement maintenant, avec le lâchage de ses « amis » de l'ERC, que le département d'État et Vichy allaient le forcer à partir. Malgré le rejet du Comité, Fry restait convaincu qu'il serait autorisé à travailler avec l'ERC à son retour aux États-Unis : « Je peux vous être très utile, pour votre travail à New York. J'attends avec une grande impatience de vous revoir, vous et vos collaborateurs. » Son attitude n'avait plus rien de rationnel.

Fry reçut bientôt une convocation de Du Porzic, « le gentleman breton aux particules à rallonge ». De commissaire de police, il avait été promu chef de toutes les polices de Marseille et des Bouches-du-Rhône. Fry arriva au rendez-vous à l'heure dite, mais Du Porzic le fit attendre. Quand, après un long moment, il fut enfin autorisé à entrer dans son bureau, les premiers mots qu'il entendit furent : « Vous avez causé beaucoup de soucis à mon vieil ami le consul général des États-Unis. » Du Porzic répéta alors que Fry devait quitter la France et, après quelques tergiversations, ce dernier finit par accepter de partir – dès qu'un successeur serait arrivé, très probablement à la mi-août.

Au moment de se séparer, Fry demanda à Du Porzic : « Dites-moi, franchement, pourquoi vous acharnez-vous sur moi ? » La réponse fut immédiate : « Parce que vous protégez les juifs et les antinazis. »

Secoué par ce face-à-face avec un vrai fasciste, Fry retourna au Centre en songeant aux paroles de Du Porzic : « Dans la France nouvelle, nous n'avons pas besoin de preuves. Au temps de la République, on croyait qu'il valait mieux laisser une centaine de criminels en liberté qu'arrêter un innocent. Ça, c'est fini. Nous croyons qu'il vaut mieux arrêter cent innocents que laisser un seul criminel s'échapper. »

La situation de Fry avait brutalement empiré. Il sentait qu'il devait s'enfuir sur-le-champ, quitter la ville, éviter la police. Un ou deux jours après son entrevue avec Du Porzic, Fry vit son passeport renouvelé par le consulat américain, « validé pour un mois, bon pour voyager à l'Ouest seulement, et portant déjà les visas de transit portugais et espagnol ainsi que le visa de sortie français ». Il fit ses valises, prit le train à Marseille puis alla passer dix jours sur la Côte d'Azur, s'octroyant un intermède touristique de Sanary-sur-Mer à Saint-Tropez en passant par Cannes, Nice et Monte-Carlo. Ses collègues venaient de temps en temps le consulter – cependant, le travail et les responsabilités incombaient de plus en plus à Bénédite et Gemähling, car Fry voulait à tout prix éviter Marseille.

Il mit aussi à profit ce congé pour écrire à son épouse. Dans une tentative pour sauver son couple, il lui expliqua qu'il était déprimé mais qu'il l'aimait et qu'il était son « chien fidèle et dévoué, malgré quelques erreurs occasionnelles ». Il l'implorait de lui accorder une seconde chance : « Je t'en prie, donne-moi encore quelques semaines avant de décider si tu me quittes. » À son retour, il lui promettait « d'arranger les choses. Je suis sûr que tout va rentrer dans l'ordre, malgré l'année écoulée ».

Aux premières heures du vendredi 8 août, Fry retourna à Marseille pour passer en revue les affaires du Centre avec Bénédite et son équipe. Le soir même, pourtant, il partait pour Vichy, où il tenta une dernière fois d'inciter les responsables américains à « dire un mot en sa faveur » à Du Porzic, afin qu'il renonce à ses menaces d'expulsion. Mais l'ambassade américaine refusa d'accéder à sa requête. Plus tard, Fry écrira que son propre pays avait refusé de l'aider car les fonctionnaires américains, eux aussi, désapprouvaient le fait qu'il ait « protégé des juifs et des antinazis ».

*Sans issue : Ylla*

Après avoir déménagé son bureau de la rue Grignan au boulevard Garibaldi, Fry s'était mis à la recherche d'un photographe pour documenter les événements hors du commun qui se produisaient autour de lui. Il fit appel à Camilla Koffler[1], qui travaillait sous le nom d'Ylla. Originaire d'Autriche, elle avait passé son enfance en Hongrie, en Roumanie et en Yougoslavie. Elle avait étudié la sculpture dans un pensionnat, puis à l'université de Belgrade. En 1931, elle s'était rendue à Paris où, après avoir appris la photographie, elle décida d'abandonner la sculpture. Sa première exposition de photos fut un triomphe et, au milieu des années 1930, elle ouvrit un studio spécialisé en portraits d'animaux. Trois séries de photos animalières furent éditées et 1938 vit la publication de son ouvrage *Animal Language*, avec un texte signé Julian Huxley. La même année, elle déposa une demande de visa américain au consulat américain de Paris. Ylla et Huxley étaient sur le point de collaborer à nouveau au moment où la France capitula devant l'Allemagne. Ylla, qui était juive, partit se réfugier à Montauban et y vécut cachée.

Lorsqu'elle entendit parler d'un comité à Marseille qui aidait les réfugiés à quitter le pays, elle contacta des amis new-yorkais et leur demanda de prendre contact avec cet organisme en son nom, afin qu'elle puisse obtenir un visa d'urgence pour visiteur. Ses amis s'y attelèrent et rassemblèrent les documents requis pour sa demande de visa. Ylla se savait recherchée par la Gestapo et se trouvait, comme l'écrivit à l'ERC le bibliothécaire du Museum of Modern Art, « en danger immédiat d'être envoyée en camp de concentration, non seulement pour avoir exprimé des

1. N° 695 sur la liste de Fry.

idées antifascistes mais aussi parce qu'elle [était] juive et n'a[vait] pas de passeport[1] ».

Dans une autre lettre à ses amis, Ylla faisait part de son désespoir : « L'incertitude et l'angoisse générales, les problèmes financiers sur tous les plans, tout cela est très déprimant. Et la situation paraît sans issue… La tristesse est pire qu'avant. » À cause de la guerre, elle n'arrivait plus à subvenir à ses besoins. « Dans ma profession comme dans mille autres, il n'y a aucune possibilité de travailler ici, surtout pour une étrangère, comme moi. »

Fry et Ylla se rencontrèrent pour discuter à la fois de son visa et des photos dont il avait besoin. Ils essayèrent de s'entendre sur un prix équitable, Fry demandant à la photographe de faire un effort et Ylla invoquant des coûts de tirage élevés. Ils parvinrent rapidement à un accord. « Je vais faire ce que je peux pour vous arranger, dit-elle à Fry. Après tout, c'est bien naturel. Pour beaucoup de gens, le comité que vous dirigez est l'un des rares espoirs à l'heure actuelle. »

Ylla fit le portrait d'André et Jacqueline Breton dans le jardin d'Air-Bel, et prit aussi en photo Jacqueline à la fenêtre de leur chambre – un portrait que Fry garda avec lui après le départ des Breton. En février, elle photographia aussi Fry et ses collègues dans le bureau du boulevard Garibaldi (toutes ces photos se trouvent à l'heure actuelle au MoMA).

Inquiète de n'avoir toujours pas reçu de visa pour les États-Unis, elle contacta de nouveau ses amis. Elle avait entendu dire qu'« il [fallait] attendre environ neuf ans pour un nouveau visa d'immigration » et craignait que sa demande de visa ordinaire soit annulée si elle recevait son visa d'urgence. Malgré tout, elle tentait de rester optimiste,

1. Lettre de Beaumont Newhall à l'Emergency Rescue Committee, 31 décembre 1940.

même dans ses moments d'abattement : « Même si, logiquement, on s'attend toujours au pire, on garde dans son cœur l'espoir que le pire n'arrivera pas. »

Fry réussit à décrocher une commande pour elle : il recommanda Ylla à Richard Allen, de la Croix-Rouge américaine, en proposant « cette jeune et talentueuse photographe » pour réaliser un reportage sur le navire de la Croix-Rouge qui devait débarquer à Marseille avec une cargaison de farine, d'eau et autres denrées alimentaires pour la population affamée. Allen accepta mais la préfecture interdit à Ylla de photographier « la distribution de marchandises (nourriture) acheminées par bateau ».

En avril, Fry conseilla à la jeune femme de se rendre sans tarder au consulat américain : « Apportez tous les documents en votre possession. Il est possible que le visa puisse vous être accordé. » Il paya sa traversée à bord du *Winnipeg*, mais apprit à la dernière minute qu'on avait oublié d'ajouter son nom à la liste des passagers. Fry écrivit au vice-consul Standish : « Vous avez déjà reçu Mlle Koffler, et vous lui avez demandé de revenir pour récupérer son visa dès qu'elle aurait réglé les formalités relatives à son voyage. » Il lui demanda de régler « les dernières formalités pour son visa » afin qu'elle puisse embarquer. Était-ce le ton déférent de son courrier, ou bien le télégramme de soutien à Ylla envoyé par U. S. Camera, une société qui promettait de l'embaucher ? Le visa fut accordé et, quand le *Winnipeg* prit la mer le 6 mai, Ylla se trouvait à bord.

Ylla restera à jamais reconnaissante à Fry et à son organisation. Dès son arrivée aux États-Unis en juin 1941, elle tente de rendre les 7 000 francs qu'il lui avait donnés en envoyant un chèque au Centre. Cinq ans plus tard, sa lettre et son chèque lui furent retournés. Elle fit alors don de cette somme à l'International Rescue Committee. Au milieu des années 1940, son studio sur West 51st Street à Manhattan se trouvait à trois blocs seulement de l'appartement de Fry. Ils se croisaient régulièrement et, à la grande joie de Fry, elle vint un jour chez lui pour photographier ses chiens, Clovis et Mme Clovis.

Entre 1944 et 1954, Ylla a publié dix livres dont plusieurs sont considérés comme des classiques de la littérature pour enfants, notamment *Le Petit Lion* et *Deux Petits Ours*. En 1954, elle et sa mère ont été victimes d'un accident d'avion au large de Martha's Vineyard. L'avion s'est abîmé en mer, et Ylla s'est efforcée de nager en maintenant le visage de sa mère hors de l'eau, jusqu'à ce que, à bout de forces, elle finisse par lâcher prise. Sa mère se noya et Ylla put être secourue. Un an plus tard, en Inde, alors qu'elle photographiait une course de chars à bœufs, elle tomba du petit camion où elle était installée. D'après son filleul, Pryor Dodge, un violent choc à la tête l'a plongée dans le coma. Elle est morte peu de temps après, le 30 mars 1955. Depuis, ses photos ont fait l'objet de neuf publications, et se trouvent dans les collections des musées du monde entier.

# 11

# Expulsion

> *« J'ai toujours comparé ce que nous faisions pour les réfugiés en France à cette obligation qu'ont les soldats de toujours ramener leurs blessés des zones de combat. Certains peuvent mourir, ou rester infirmes à vie. D'autres s'en remettront et seront de meilleurs soldats grâce à leur expérience. Mais on doit les ramener* tous. *Du moins, essayer.* »
>
> *Albert Hirschman*

Pour Fry, c'était le début du plus long voyage qu'il accomplirait seul en France. De Vichy, il descendit vers Sanary-sur-Mer où il retrouva une amie d'Air-Bel, Consuelo de Saint Exupéry ; tout en sillonnant la Côte d'Azur, il rendit aussi visite à des écrivains et des artistes, notamment Matisse et Gide. Les lettres qu'il écrit à Eileen pendant ce périple sont remplies de plaintes et d'amertume. Il lui fit part d'un nouveau problème : la police faisait courir la rumeur qu'il était communiste, « et j'ai beau dire le contraire, rien n'y fait ». Pour Fry, cette calomnie trouvait sa source dans le fait qu'il avait vécu avec Victor Serge, connu pour ses positions trotskistes. « J'ai fait une grave erreur en partageant le même toit que Serge. »

Au cours de ses déambulations, Fry commença à comprendre le sentiment d'être *apatride*. Comme il l'avait fait tout au long de son existence, il réagit à ce déferlement d'émotion en critiquant et en ridiculisant l'autorité qui l'avait rejeté. « Le poids de la stupidité américaine est trop énorme pour la supporter. J'espère que mon successeur s'en tirera mieux que moi. De nos jours, la France n'est pas un pays pour quelqu'un qu'on suspecte, même à tort, d'être communiste. » Il tirait une certaine fierté, cependant, de s'imaginer en fuyard recherché par la police : il décrivait ses dernières semaines en France comme « une période épuisante pour les nerfs mais tellement excitante », qui le voyait « sillonner le pays avec l'impression que la police [était] à [ses] trousses. [...] C'est vraiment électrisant ».

Le 19 août, il était à Cannes, logeait au Majestic et buvait beaucoup. Dans une lettre à Eileen, il décrit son ébriété comme « le Septième Ciel », avant d'énumérer tous les alcools bus en une journée. Le total est impressionnant. « J'ai bien peur d'avoir viré alcoolique », plaisante-t-il. Quand il sera de retour à New York, il proposera à Eileen de « toujours servir du vin aux repas car quand [il] boi[t], [il n'a] plus du tout besoin de prendre [ses] médicaments ». (Fry deviendrait plus tard un consommateur de somnifères et de stimulants, mais aucun de ceux qui l'ont connu à Marseille n'a jamais mentionné qu'il en faisait usage à l'époque.)

À la demande expresse de Fry, Bénédite le retrouva à Cannes et ils voyagèrent ensemble quelque temps. Fry lui proposa d'essayer d'obtenir des *affidavits* pour lui ainsi que pour Gemähling, ses deux plus proches collègues, afin qu'ils puissent déposer une demande de visas américains. « Nous avons décliné son offre, se rappelle Gemähling. Ni moi ni Danny n'avions envie de partir, à cette époque. Nous étions déjà en train de préparer notre entrée dans la Résistance[1]. » À Nice, Fry fut arrêté pour avoir pris

1. Entretien avec Jean Gemähling, 20 mars 1998.

en photo les vitrines brisées de plusieurs magasins et un panneau interdisant l'entrée du siège de la Légion des volontaires français « aux juifs non combattants ». Aucune charge n'étant retenue contre lui, il fut vite relâché. Les deux amis repartirent ensuite pour Monaco, où Fry constata avec joie : « On sent qu'on n'est plus en France, la propagande de Vichy est complètement absente. »

Puis Bénédite décida de retourner au Centre et Fry poursuivit sa route, déjeunant un jour à Toulouse, rencontrant un autre jour à Saint-Tropez le peintre André Dunoyer de Segonzac[1], puis explorant les villages autour de Saint-Paul-de-Vence.

Vint enfin le moment où Fry allait devoir affronter ce qui l'attendait à Marseille. Il y retourna le mardi 26 août, alla directement chez lui et se prépara à quitter sa chère France. Il fit ses bagages, écrivit quelques lettres et, le lendemain matin, se rendit au bureau pour faire le point avec son équipe sur le fonctionnement du Centre après son départ.

Quand arriva le vendredi, Fry put commencer à se détendre. Il passait des coups de fil, se promenait en ville et recevait des visiteurs, mais la police le laissait tranquille. Peu avant 13 heures, cependant, deux inspecteurs en civil se présentèrent boulevard Garibaldi et, voyant Karel Sternberg, lui demandèrent s'il était Varian Fry. « J'avais le même âge que lui et je ne devais pas avoir l'air français, j'imagine. » Les policiers montèrent à l'étage et trouvèrent Fry dans la réserve.

---

1. Segonzac fut soupçonné de collaboration mais Bénédite, qui sera décoré comme héros de la Résistance, l'a blanchi. Lors d'un dîner avec Fry le 7 avril 1965, il lui dira : « Segonzac n'était pas ce qu'on pourrait appeler un collaborationniste. Certes, son comportement pendant l'Occupation n'a pas été particulièrement héroïque – par exemple, il n'a jamais pris le maquis. En même temps, il avait déjà soixante ans… »

« Quand il a vu la police, il est resté assez calme, raconte Gemähling. Il n'avait aucune raison d'avoir peur. Il savait qu'il était recherché, même s'il ne s'attendait pas à les voir ce matin-là. » Les inspecteurs étaient « gênés mais polis », ils l'emmenèrent au rez-de-chaussée puis dans la rue où une voiture les attendait. Ils l'informèrent qu'il serait détenu à l'hôtel de police jusqu'à ce qu'on le transporte à la frontière. Fry n'était pas officiellement en état d'arrestation car il n'était accusé d'aucun crime mais il allait être expulsé de France contre sa volonté. « Quand il s'est rendu compte que l'ERC n'allait pas envoyer de remplaçant et qu'il a vu les policiers, il a compris qu'il ne pouvait plus rien faire. Il n'avait pas peur, il était juste désolé de laisser le travail inachevé. »

La voiture s'éloigna avec, à son bord, Fry et sa secrétaire, Lucie Heymann, que les policiers avaient autorisée à l'accompagner. Une fois à destination, Heymann a donné à son patron la nourriture et les journaux qu'elle avait pensé à prendre, puis rentra au Centre. Là, elle téléphone à un policier, Roger Homo, pour le supplier de faire libérer Fry. Il lui répondit qu'il n'avait aucune latitude pour agir puis se mit à spéculer sur Fry : « Soit il est fou, soit c'est un saint, soit c'est un agent bolchevique antinazi. » À quoi Heymann répliqua qu'il était « peut-être un saint, certainement un peu fou, mais absolument pas bolchevique ».

Pendant ce temps, Bénédite était parti à Vichy pour essayer d'empêcher l'expulsion de son ami et Verzeanu, accompagné de Paul Schmierer, s'entretenait avec M. Fleury, de la Sûreté nationale, pour essayer de savoir ce que Vichy réservait à Fry. Fleury paraissait angoissé et leur expliqua que Fry avait été arrêté sur ordre direct de Du Porzic. Il n'aurait droit à aucune visite, mais Fleury accepta de lui remettre les vivres que Verzeanu et Schmierer avaient apportés.

Un peu plus tard le même jour, un officiel de l'équipe de Du Porzic expliqua à Heymann : « M. Fry s'est mal comporté envers la France [...] en se livrant à des actions clandestines. » Heymann le défendit, mettant son attitude sur le compte de « son désir de protéger les malheureux persécutés par le gouvernement ». Cette nuit-là, Fry dormit allongé sur la table de la grande salle de la Brigade des rafles et, au matin, il reçut la visite de Heymann et de Vala Schmierer – l'épouse de Paul –, venues donner à leur collègue « souriant et mal rasé » des couvertures et de quoi manger.

Fry fut informé qu'il n'était pas *expulsé* – ce qui aurait signifié qu'il ne pouvait jamais revenir – mais *refoulé*. Il serait escorté jusqu'à la frontière espagnole « dès que possible ».

Cet après-midi-là, son escorte se présenta à lui : c'était un inspecteur nommé Garandel, qui le ramena d'abord au Centre. Là, Fry vit Bénédite qui venait de rentrer de Vichy, dépité : personne ne s'était montré sensible au sort de son ami. Garandel conduisit ensuite Fry chez lui, et lui donna une heure pour préparer ses bagages. Quand Fry lui fit remarquer qu'il n'avait ni visa de transit, ni visa de sortie, ni argent, Garandel lui assura que tous ces détails seraient réglés à la frontière. Dans la soirée, Fry et son équipe – les Bénédite, Gemähling, Verzeanu, les Schmierer, Heymann et Weisslitz – partagèrent un dîner d'adieu sous l'œil vigilant de Garandel.

Après le dîner, Fry et ses collègues montèrent dans un train à destination de la frontière espagnole, dans un wagon spécialement réservé à la Sûreté nationale. Heymann remercia Garandel de lui avoir permis, à elle et aux autres, de « rendre le départ de M. Fry digne de l'honneur qui lui était dû après la courageuse campagne qu'il venait de mener en France ». Le groupe arriva à Narbonne à 1 heure du matin le dimanche 31 août, au milieu d'une fête commémorant la fondation de la Légion de Pétain. Heymann décrit la scène comme « exaltante », surtout lorsqu'elle a « aperçu un monument où brûlait la flamme relayée depuis l'Arc de triomphe et gardée par des soldats de la Légion ». Fry, quant à lui, voyait dans la flamme un symbole fasciste dans la pure veine de Goebbels.

Tous passèrent la nuit à Narbonne. Au matin, l'excitation de la veille avait disparu, les visages étaient mornes et sombres. Ils montèrent dans le train pour Cerbère, mais Fry se vit refuser de franchir la frontière – comme il l'avait craint, puisqu'il n'avait pas de visa de transit espagnol. Ils retournèrent à Perpignan où Garandel permit à Fry de s'installer à l'hôtel, malgré les instructions de ses supérieurs demandant de mettre l'Américain « au frigo ». Une partie du personnel retourna à Marseille, l'autre resta auprès de Fry. Il en profita pour récapituler avec ses collègues les nouvelles modalités de fonctionnement du Centre. Gemähling en serait le directeur, car il n'avait jamais eu de démêlés avec la police. Bénédite gérerait les opérations clandestines et Verzeanu continuerait de chercher de nouvelles filières d'évasion. Fry avait créé l'organisation, il en avait été l'inspiration et le moteur mais, même sans lui, le Centre continuerait d'exister.

Fry et ses amis passèrent « [quelques] journées mi-heureuses, mi-tristes » à Perpignan, en attendant que la police de Vichy obtienne les papiers manquants. Pendant la semaine, presque tous les membres du personnel du Centre vinrent lui dire au revoir. Chaque jour, ils partageaient un repas et quelques verres, la plupart du temps sans surveillance car, comme l'écrit Fry à Hirschman, « ce Garandel s'arrangeait pour nous laisser tranquilles presque tout le temps ». Fry ira jusqu'à parler du policier comme d'un « gars sympa, un type très digne » qui ne voulait pas être confondu avec les fascistes. « Nous autres, Français, nous ne sommes pas des barbares », lui avait-il déclaré. Lorsque ce sympathique officier apprit que la Commission économique allemande se réunissait à Perpignan, il se comporta même davantage comme le protecteur et le garde du corps de Fry que comme le policier charger d'empêcher son évasion.

Quelques jours suffirent pour qu'arrivent les papiers dont Fry avait besoin. Le matin du samedi 6 septembre 1941, il put donc faire ses adieux à ses amis à la gare de Cerbère. Il remarqua au passage que l'ambassadeur américain à Vichy, l'amiral William Leahy[1], se trouvait dans la même gare. Leahy, écrit Mary Jayne Gold, était l'homme qui avait eu « ce geste d'amitié spécial envers le gouvernement de Vichy en refusant de renouveler le passeport de Fry ». Ses collègues demandèrent aussitôt à Fry d'aller parler avec Leahy, mais il refusa, « pensant que, dans ces circonstances, il risquait de l'embarrasser ». Fry et Leahy passèrent donc le guichet des douanes sans se saluer. Puis Fry monta dans le train, se pencha par la vitre et adressa un signe de la main aux visages familiers qui le regardaient depuis le quai. Ils avaient travaillé si étroitement ensemble, lutté contre une menace si effroyable. Les liens d'amour et de loyauté qui s'étaient tissés entre eux dureraient toute une vie.

À mesure que les chers visages s'estompaient au loin, Fry se ressaisit. Installés dans le même wagon, lui et Leahy continuaient de s'ignorer. Fry lisait ou regardait par la vitre « le paysage catalan luisant ». Au moment de la correspondance à Port-Bou pour le train de Barcelone, il se trouva de nouveau sur le quai en compagnie de Leahy, de nouveau ils passèrent la douane sans se dire un mot ni manifester qu'ils se connaissaient. « J'étais très fier d'être capable de garder mon self-control », écrit Fry. Dans le train pour Barcelone, ils étaient de nouveau assis dans le même wagon.

Au poste-frontière, Fry trouva les gardes tellement détendus qu'il regretta de ne pas avoir pris avec lui les

1. C'est à Leahy qu'on doit la célèbre phrase, prononcée en 1943 : « La bombe [atomique] n'explosera jamais. »

rapports et autres documents dont il avait besoin à New York. Personne ne fouilla sa mallette, quant aux autres bagages ils firent l'objet d'un examen superficiel. La police espagnole nota les titres de ses livres pour s'assurer qu'il n'importait pas d'ouvrages de propagande, mais le laissa tranquille. À Barcelone, il laissa déposa ses bagages dans sa chambre à l'hôtel España puis descendit se promener dans les rues. Il trouva la ville laissée intacte par la guerre, au point d'en être choqué. Il écrit à Bénédite : « Toutes les nuits, Barcelone n'a aucune gêne à laisser ses réverbères allumés ; Barcelone danse, Barcelone boit son café avec du lait et du sucre et mange des gâteaux entre les repas. »

Pour Fry, l'aventure se terminait sur une note douce-amère. S'il appréciait de ne plus être harcelé, il souffrait profondément de ce qu'il décrit comme une mélancolie nostalgique. Installé dans sa chambre d'hôtel avec, pour la première fois depuis un an, assez de temps pour lui, il se mit à écrire de longues lettres méditatives à Eileen et à Bénédite. Il se sentait « misérablement déprimé », obsédé par les « visages des milliers de réfugiés [qu'il avait] fait sortir de France et des milliers d'autres [qu'il avait] dû laisser derrière[1] ». Tout lui manquait : le bureau et le personnel du Centre, Air-Bel, les voyages de fin de semaine avec des amis dans les beaux villages du sud de la France. Et, plus que tout, son ami Danny. « Je me sens déjà à des centaines de kilomètres de toi et j'en suis triste[2]. »

> « Nous nous sommes tenus côte à côte, yeux rivés sur le même objectif. L'année qui vient de s'écouler a tissé autour de nous des liens que même la violence de la guerre ne saurait rompre. »

1. Varian Fry, *Livrer sur demande…, op. cit.*
2. Lettre de Fry à Bénédite, 8 septembre 1941.

Fry était si déprimé qu'il commença même à se reprocher ses mauvaises relations avec l'ambassade américaine. Trop submergé par le travail, jusque dans les plus petits détails, il avait ignoré les représentants du gouvernement auxquels, en tant que directeur d'une organisation américaine, il aurait dû prêter attention. Il s'en voulait de ne pas avoir été plus sociable, de meilleure compagnie, de ne pas avoir rendu davantage de visites de courtoisie. Son comportement à Marseille lui semblait discutable, il se décrivait comme un gratte-papier aimant travailler dans un bureau car dépourvu de bonnes manières, trop timide et mal à l'aise en société. Il critiquait même sa décision de se mettre au travail dès son arrivée en France sans se rendre d'abord à Vichy pour se « présenter à l'ambassade et demander leur bénédiction aux officiels. On m'a raconté qu'ils s'étaient sentis offensés que je ne l'aie pas fait ».

Naturellement, il était facile de s'accabler. Quand le Fry plein d'assurance du Centre américain de secours se retrouvait dépouillé de sa mission, il se laissait submerger par le doute. Un autre ingrédient du triste brouet qui mijotait dans l'esprit de Fry était son couple en perte de vitesse. Au début de l'automne 1941, lui et Eileen avaient repris leur habitude de se disputer et échangeaient des lettres tantôt pleines de sarcasmes, tantôt vibrantes d'amour. Une lettre de Fry évoquait très précisément leurs problèmes :

> « Il suffit que tu lises le chapitre “Les femmes et le mariage” dans *Les Observations de M. Dooley*[1] et tu trouveras l'explication détaillée de nos divergences et de nos difficultés. Le premier, le dernier et l'unique amour d'un

1. Dooley est un personnage de barman irlandais de Chicago inventé par le journaliste et humoriste américain Finley Peter Dunne. Ses chroniques, pleines d'un bon sens bourru et piquant, ont fait l'objet de nombreuses publications entre 1893 et 1926.

homme est son travail, qui commence à interférer dans sa vie de couple deux semaines après la fin de la lune de miel. La femme, elle, est romantique, toujours en demande de manifestations extérieures de l'affection de son mari. Or, l'homme est un animal pragmatique, pas du tout un romantique : une fois marié, il considère sa femme et l'affection qu'il lui porte comme acquis. Ce qui occupe toutes ses pensées, c'est son travail. »

Eileen explosa. « Est-ce que tu trouves les remarques de M. Dooley sur la politique et l'art aussi pertinentes que ses considérations sur les femmes et sur le mariage ? Mais peut-être es-tu plus versé dans ces domaines, et par conséquent moins impressionné par ce genre de banalités ? » Ses remarques piquantes étaient une façon de rappeler à son mari qu'il avait beau être un héros en France, sous le toit conjugal elle restait plus âgée, plus sage et plus sarcastique que lui. Toutefois, Eileen était elle-même pétrie de fragilités, et sa lettre s'achève sur une note plus douce : « Je pense que je t'aime toujours, malgré tout ce que tu fais et dis pour me faire trembler ! Mais je le saurai pour de bon quand tu seras à la maison depuis une semaine. Et toi ? » Dans une lettre plus ancienne, elle admettait être « assez effrayée » et demandait à Fry : « Comment penses-tu que ce sera, quand nous serons de nouveau ensemble ? »

Fry répondit qu'il l'aimait et voulait qu'ils restent mari et femme. Il l'implorait de faire preuve de compréhension et d'empathie, car quitter Marseille le rendait terriblement malheureux. « Nous sommes le 7 septembre 1941, et me voilà de nouveau à Barcelone pour la quatrième et – peut-être – dernière fois de ma vie. » (Un an auparavant, il s'y était rendu pour saluer Franz et Alma Werfel.) « Ensuite, je pars à Lisbonne et plus loin encore, et j'ignore si je reverrai un jour ma France bien-aimée. En tout cas, sûrement pas tant que cette guerre durera. Pardonne-moi donc si je suis triste, aujourd'hui. » Et il poursuit :

« Pas seulement triste de quitter des images et des bruits familiers. Triste également – surtout, même – à cause de cette terrible déception, inévitable après une année aussi intense et aussi mouvementée. Car je viens d'arriver au terme des douze mois les plus incroyables que j'aie jamais vécus. En quittant New York le 4 août 1940, je n'avais aucune idée de ce qui m'attendait. Même une fois à Marseille, pendant les premiers jours et les premières semaines, j'étais loin de mesurer la nature véritable de la situation dans laquelle je m'étais embarqué. Aujourd'hui, je crois que je comprends mieux que quiconque ce qui arrive à la France – et, pourtant, je ne sais toujours pas vraiment ce qui m'est arrivé. Ce que je sais, c'est que j'ai vécu cette année avec beaucoup plus d'intensité que toutes les précédentes, et que cette expérience m'a changé en profondeur. Je ne serai jamais plus tout à fait l'homme qui t'a embrassée puis a traversé la passerelle pour monter à bord du clipper. Car les expériences que j'aurais pu vivre en dix, quinze voire vingt ans ont été comprimées en une seule année. Parfois, j'ai l'impression d'avoir vécu toute une vie (et une vie à laquelle rien ne me permettait de prétendre) depuis que j'ai descendu pour la première fois l'escalier monumental de la gare Saint-Charles à Marseille.

« Depuis ce jour, j'ai vécu des aventures – il n'y a pas d'autre mot que ce beau mot de l'ère victorienne – dont je n'aurais jamais pu rêver. J'ai appris à vivre avec les gens, à travailler avec eux. J'ai développé ou puisé au fond de moi des ressources que j'ignorais posséder : la débrouillardise, l'imagination, le courage. Et, contre vents et marées, j'ai mené un combat dont je pense pouvoir être fier jusqu'à la fin de mes jours, même s'il s'achève sur une défaite. Quand je considère l'année qui vient de s'écouler, ce qui m'impressionne le plus, c'est la façon dont j'ai *grandi*. Il y a treize mois de cela, j'ai été transplanté dans un pot dont j'ai plus d'une fois craint qu'il soit trop grand pour moi – mais je ne suis pas mort. Je crois même être arrivé à l'occuper presque entièrement. Pas totalement, mais presque. Au moins, je ne suis pas mort du choc ou de l'aveu de mes propres insuffisances. En être conscient m'a donné une nouvelle qualité dont j'avais besoin, je crois : la confiance en moi. Je ne sais pas si ce changement te plaira ou pas. Je penche plutôt pour la seconde hypothèse. Mais il est appelé à durer. C'est la trace indélébile qu'une année passée à mener ma propre petite guerre a laissée en moi. »

Fry se rendit à Lisbonne où il descendit à l'hôtel Tivoli. Le 1er octobre, en se rendant aux bureaux de la Pan American Airways pour faire inscrire son nom sur la liste d'attente pour le clipper du 18 octobre, il apprit que son billet aller-retour, acheté avec optimisme plus d'un an auparavant, n'était plus valable. Il dut envoyer un télégramme à l'ERC pour demander les 525 dollars de son billet de retour. Contraint d'attendre six semaines sur place avant de pouvoir s'envoler pour New York, Fry mit ce temps à profit pour améliorer l'itinéraire clandestin de Marseille au Portugal. Il savait bien que la plupart des réfugiés encore à Marseille ne pourraient pas s'échapper et finiraient internés dans des camps, ou pire. Anticipant le jour où Vichy poserait des cadenas aux portes du Centre, Fry espérait que, même sans bureau, ses amis pourraient continuer le travail.

Pendant son séjour à Lisbonne, il s'occupa aussi d'organiser l'exfiltration de ses protégés qui attendaient toujours, bloqués en Afrique du Nord. L'Hicem envoya un bateau de sauvetage pour New York depuis Lisbonne avec escales à Casablanca, La Havane et Veracruz. Fry s'efforça d'y faire embarquer ses réfugiés. Avant qu'il appareille, un ancien collègue de Fry, Emilio Lussu, lui apprit qu'il était impossible de voyager de Casablanca à New York sans visa de sortie français. Fry transmet aussitôt l'information à Bénédite et Verzeanu : « Tout notre plan tombe à l'eau. »

Verzeanu, qui se trouvait alors à Lisbonne, se rappelle avoir travaillé sur le problème « avec Fry pendant un certain temps, puis l'Unitarian Service Committee pour aider les réfugiés qui attendaient toujours de partir pour les États-Unis ». Parmi eux, le sculpteur Bernard Reder[1] se présenta un jour à l'hôtel de Fry « dans un état lamentable, à la fois physiquement et nerveusement[2] », et se mit à lui raconter une histoire abracadabrante à propos de son loyal collègue Paul Schmierer. D'après Reder, Schmierer l'avait forcé à faire passer clandestinement un document subversif que Reder avait naïvement placé juste au-dessus de ses affaires. Le document avait rapidement été trouvé par la police à la frontière. Fry avait du mal à croire Reder, « hystérique de nature et pratiquement fou après cet incident », et se renseigna auprès du Centre. Schmierer nia cette histoire : les papiers qu'il avait donnés à Reder étaient sans importance et certainement pas subversifs. Dans ce cas, lui demanda Fry, pourquoi les avoir confiés à un réfugié qui passait la frontière ? À cette question, il ne reçut jamais de réponse satisfaisante.

S'il appréciait le Portugal, avec sa nourriture et son vin en abondance, Fry constatait chaque jour que le pays tombait un peu plus sous influence allemande. Les Espagnols se voyaient refuser l'asile sauf s'ils détenaient un passeport franquiste en règle, et la rumeur voulait que les Portugais aient livré aux nazis, sans procès, un réfugié politique allemand. Même les citoyens américains connaissaient des difficultés, et ne pouvaient obtenir de visas de transit – sauf dans des cas exceptionnels. En France, les représentants d'organisations d'aide religieuses américaines – des confrères plus traditionnels de Fry – furent arrêtés, ou échappèrent de peu à une arrestation.

1. N° 1807 sur la liste de Fry.
2. Lettre de Varian Fry à Danny Bénédite, 30 septembre 1941.

Fry rapporte à Bénédite que Donald Lowrie, représentant du YMCA, « a échappé, à quelques minutes près, aux policiers venus l'interpeller », et que Robert Dexter, de l'Unitarian Service Committee, n'a pu obtenir de visa français en raison de ses liens avérés avec les Britanniques. Quant à Charles Joy, de l'USC, « il était sur le point de se faire arrêter quand il a quitté la France ».

En Amérique, la presse affirmait que l'ambassadeur Leahy avait escorté Fry hors de France. Un journal de New York proclamait à sa une : « Leahy emmène Fry avec lui en Espagne ». Les officiels américains soupçonnaient Fry d'être la source de cette fausse histoire, ce qui accentuait sa disgrâce auprès du gouvernement. Le département d'État ne voulait pas qu'on imagine qu'un ambassadeur américain avait pu aider Fry le Renégat. Fry se plaint à Eileen de la situation : « Si quelque chose de désagréable se produit, si l'ambassade est accusée de nourrir des sympathies pour les victimes de l'oppression nazie, de prêter une oreille bienveillante aux plaintes d'un juif ou d'essayer de protéger la vie d'un compatriote accusé d'antinazisme, c'est toujours sur ce fameux Fry que ça retombe ! » Il critiquait les diplomates comme Leahy qui refusaient d'admettre que les nazis étaient « en guerre contre la religion », et il fustigeait de nouveau le département d'État pour son traitement inhumain des réfugiés.

Au moment de rentrer aux États-Unis, Fry se prenait à regretter les débuts de sa mission, « ces jours bénis où nous apprenions juste notre travail et où nous commencions à faire connaissance les uns avec les autres. [...] C'était comme le début d'un trimestre à l'internat », comme il le confiait à Bénédite. S'il avait fini par décrocher son diplôme, il n'était pas du tout heureux « d'avoir quitté ce monde ».

Un matin, dans un café lisboète, Fry se mit à réfléchir à ses nouvelles occupations une fois de retour à New York.

Eileen avait évoqué plusieurs scénarios: faire une tournée de collecte de fonds pour l'ERC, comme l'avait suggéré Harold Oram; écrire un livre sur son expérience en France, qu'un éditeur était prêt à publier; ou bien prendre le poste de directeur de l'International Coordinating Council, une nouvelle organisation fondée par Karl Frank et Ingrid Warburg. Mais Fry voulait continuer de travailler pour les réfugiés, « une activité qui m'absorbe entièrement », dit-il à sa femme. Comme s'il refusait le fait que l'ERC l'ait rejeté, il souhaitait encore travailler pour le Comité. Pour commencer, il voulait « corriger beaucoup de malentendus, améliorer l'organisation (qui, de loin, semble encore pleine de défauts) et assurer la liaison entre New York et Lisbonne et New York et Marseille ». Eileen et d'autres personnes avaient beau lui rappeler qu'il risquait de ne pas être le bienvenu au Comité, Fry semblait ne pas vouloir en tenir compte.

Dans une lettre à Bénédite, il expliquait qu'en lui prédominait le sentiment d'échec en songeant aux réfugiés qu'il n'avait pas pu aider. Et il regrettait de s'être mis à dos le département d'État: sans cela, il aurait pu rester à Marseille plus longtemps et sauver davantage de gens. Ses pensées s'attardaient sur ceux qu'il avait laissés derrière lui, ces protégés « démoralisés, réclamant des choses impossibles », ceux « qui avaient un besoin urgent d'émigrer », et ces hommes et femmes au destin tragique qu'il n'avait pas pu aider et qui avaient fini par le haïr. Il se souvenait des amis et des ennemis, des fascistes et des antisémites, des suicidés, des déportés. Avec le recul, il se rendait compte à quel point les réfugiés étaient « démoralisés, nerveux voire hystériques, et pas du tout prêts à courir les risques que nous exigions d'eux ». Novices dans les actions clandestines, Fry et son équipe avaient commis nombre d'erreurs. Bénédite le confirme: « Nous étions trop confiants, trop naïfs même » quand il s'agissait de choisir des intermédiaires, « nous avons fini par nous laisser prendre au jeu ». Ils n'avaient pas toujours choisi leurs agents à bon escient.

Fry se sentait responsable « des milliers de personnes qui [n'avaient] pas pu être sauvées » mais rejetait aussi la faute sur le gouvernement américain et le département d'État, coupables d'avoir fait obstruction à son action. Sur les cinquante mille réfugiés qui, selon sa propre estimation, l'avaient contacté pendant ses treize mois en France, Fry avait réussi à en exfiltrer environ deux mille. En arrivant en France, en août 1940, il était parfaitement conscient de la barbarie des nazis et, après ce que lui avait dit Putzi Hanfstaengl en 1935, il avait un certain pressentiment de la solution finale mise en œuvre par Hitler. Toute sa vie, Fry se rappellerait que tous ses efforts n'avaient pas suffi, et que beaucoup des réfugiés qu'il n'avait pas réussi à aider étaient morts aux mains des nazis.

À la fin du mois d'octobre, il renouvela son passeport. « L'homme chargé des passeports américains est la créature la plus soignée et la plus exquise que j'aie jamais vu porter un caleçon », note-t-il plaisamment. Quand il réserva son billet pour New York, il se rappela qu'Eileen lui avait parlé d'un dîner de gala pour collecter des fonds, prévu le 4 novembre, en l'honneur de son vieil ennemi, Jay Allen. D'après Eileen, si Fry n'était pas rentré d'ici là, Allen avait prévu de lui dédier cette soirée en déclarant : « Ce dîner ne devrait pas être pour moi, mais pour VMF [Varian Mackey Fry[1]]. » Mais Fry se sentait bien loin de New York et des galas de collecte de fonds. Dans ses lettres à Bénédite, un seul sujet revient : son désir de rester en Europe. Il ne veut pas rentrer chez lui. « À choisir, je préfère le black-out, et j'échangerais volontiers un bombardement de temps en temps contre ce qui m'attend

1. Lettre d'Eileen Fry à Varian Fry, 22 septembre 1941.

en Amérique. Pourtant, je dois rentrer… Je dois renouer avec l'impitoyable géométrie de New York[1].» À mesure qu'approche la fin de l'aventure, ses émotions se colorent des souvenirs et de sa nostalgie de Marseille et d'Air-Bel:

> «J'ai laissé mon cœur en France, je suppose. Quelque part entre Les Baux-de-Provence et la villa Air-Bel, au clair de lune et par une fraîche nuit d'hiver. Un jour, pourtant, je reviendrai en France. Alors, nous irons par les collines et les vallées bras dessus, bras dessous, en chantant les chansons et en buvant les vins de ton beau, de ton incomparable pays. En attendant, Danny, au revoir. J'aime la France, et je t'aime.»

Le samedi 1er novembre, alors que sa lettre quittait Lisbonne pour Marseille, Fry grimpait à bord du clipper et s'envolait pour New York. À l'autre bout de sa traversée l'attendaient Eileen, la stabilité et tout ce qui lui était familier.

### *L'envol et l'arrivée: Jacques Lipchtiz*

> «*Je sentais avec acuité que toutes sortes de calamités allaient s'abattre sur le monde* […] *et c'est ce que j'ai traduit dans certaines de mes sculptures.* […] *Ainsi, par exemple, David et Goliath, en 1933, l'année de l'accès au pouvoir de Hitler. Mon grand Goliath a une croix gammée sur le torse, et le petit David l'étrangle.* […] *Des gens ont ri en voyant cette œuvre, m'ont demandé comment je pouvais imaginer que le petit "David" allait triompher de Goliath.* […] *Je leur ai répondu: c'est une prière. Un vœu. J'espère que ça va se passer comme ça.*»
>
> Jacques Lipchitz

1. Lettre de Varian Fry à Danny Bénédite, 31 octobre 1941.

Jacques Lipchitz, de son vrai nom Chaim Jacob Lipchitz, est né le 22 août 1891 dans un village russe aujourd'hui rattaché à la Lituanie. Après des études d'ingénieur, il a émigré en France à l'âge de dix-huit ans pour se consacrer à l'art. Il a fini par devenir un sculpteur extrêmement puissant et original, qui a contribué à poser les bases de la grammaire fondamentale de l'art moderne avant de chercher à la dépasser. De 1912 à 1913, il revint en Russie pour servir brièvement dans l'Armée impériale, puis retourna à Paris où, influencé par Picasso et Braque, il créa ses premières sculptures cubistes.

En 1939, quand les Allemands écrasèrent les petites nations européennes en route vers la France, Lipchitz comprit qu'il était en danger : il était juif et son art correspondait à ce que les nazis qualifiaient d'art dégénéré – que Vichy, plus tard, interdirait car considéré comme antifasciste. Pourtant, il décida de rester à Paris, même après les premiers bombardements allemands visant la banlieue. Ces événements le terrifiaient au point qu'il avouera « n'avoir même plus le désir d'agir, ni l'énergie de combattre ». Comme s'il était « sous l'influence de ce dieu allemand du Valhalla [...], une petite créature bossue pas vraiment puissante mais qui parvient à vider l'esprit de son ennemi, de sorte qu'il ne peut plus bouger ».

Ce sont ses amis qui durent forcer le sculpteur à quitter Paris : « Allons, Jacques, Hitler arrivera d'un jour à l'autre. On quitte Paris, et on ne part pas sans toi. » Lipchitz sortit alors de son état de stupeur et, le lendemain soir, quand ses amis vinrent le chercher ainsi que sa femme, la poétesse russe Berthe Kitrosser, il confia la clé de leur appartement à un voisin. Puis, ils s'en allèrent. Lipchitz emporta seulement deux de ses sculptures et une minuscule boîte qu'il tenait d'un ami médecin. Quelques jours auparavant, Lipchitz avait demandé à cet ami du poison mais l'homme avait refusé. « Je soigne les gens, je ne les aide pas à mourir. » Il avait alors posé cette boîte sur son bureau en disant : « Si j'acceptais de vous aider, ce que je refuse, voilà ce que je vous donnerais. » Puis, sous prétexte qu'un patient venait d'arriver, il était sorti de son bureau, laissant le sculpteur glisser la boîte dans sa poche. « J'étais certain que j'allais mourir, et je voulais m'en charger moi-même. »

Lipchitz, ses amis et son épouse quittèrent donc Paris et se mirent en route pour Vichy, où ils devaient voir d'autres amis, avant de reprendre leur route vers une autre ville. Ils y louèrent des chambres, et Lipchitz se mit aussitôt à dessiner. Mais quand son frère arriva et l'avertit – « les Allemands sont derrière nous, ils arrivent ! » –, tout le monde repartit rapidement. Ils roulaient en direction de l'Espagne, et Lipchitz se rappelle que les Allemands les talonnaient. « Un soir, alors que nous traversions un village au Pays basque, un de mes amis était fatigué et voulait s'arrêter. Ma femme a dit : "Il est seulement minuit, on peut encore rouler une ou deux heures." C'est ce qu'on a fait. La même nuit, ce village a été occupé par les Allemands. On était vraiment juste devant eux. »

À cet instant, Lipchitz dit à sa femme : « Prenons les pilules. » Mais elle répondit : « Pas encore. » En approchant de la frontière espagnole, ils se heurtèrent au « mur des Pyrénées », provoquant le désespoir de l'artiste. « Je me suis senti un peu découragé. » Son ami parvint à obtenir, auprès d'un organisme gouvernemental, quelques documents qui leur permettaient d'entrer en Espagne. Ils reprirent la route mais commencèrent à remarquer que d'autres voitures de réfugiés, surmontées de matelas pour se protéger des bombardements repartaient dans la direction inverse. « Ils n'allaient pas dans le même sens que nous, ça nous a intrigués. » Bientôt, Lipchitz et ses amis apprirent que la France et l'Allemagne avaient signé l'armistice et que la France se retrouvait divisée en deux zones. Quant à la frontière espagnole, elle était fermée depuis le matin. La voiture fit donc demi-tour. À son bord, Lipchitz était « triste, très triste que Paris soit tombé ». Il se rappelle avoir pensé que « la ville allait rester endormie quelque temps. Mais je n'ai jamais douté de la victoire finale des Alliés. Il me semblait impossible que Hitler conquière le monde ». La sculpture qu'il commença à l'époque, *Bénédiction,* était un hommage à Paris. « Comme une berceuse que j'aurais chantée à cette ville. J'ai commencé à gratter, racler, et la forme est apparue : une harpiste. Ma statue bénissait Paris devenu prisonnier, qui allait s'endormir mais se réveillerait un jour. »

Après un long trajet, le groupe arriva à Toulouse. Lipchitz et sa femme louèrent un atelier et Lipchitz entra en contact avec des marchands d'art pour leur vendre certains dessins. « Je n'avais plus un sou. À Toulouse, j'ai réalisé quelques portraits d'amis, et j'ai vendu beaucoup de dessins. Jusqu'au jour où j'ai reçu un courrier de l'American Rescue Committee. »

C'était Fry qui voulait savoir ce que le Centre pouvait faire pour les Lipchitz, et l'assurait qu'il était prêt à faire tout ce qu'il pouvait pour les aider. Persuadé qu'il allait bientôt être capturé – « les gens se faisaient arrêter dans la rue, les juifs étaient arrêtés puis envoyés dans des camps de concentration » –, Lipchitz demanda à Fry d'envoyer ses derniers dessins au Museum of Modern Art. Fry lui répondit qu'on lui avait assigné la mission d'aider les Lipchitz et que l'artiste pouvait être certain que non seulement ses dessins, mais aussi lui et son épouse, allaient partir en Amérique.

Des années plus tard, Lipchitz reconnut qu'il se faisait une drôle d'image de l'Amérique. Il imaginait un pays désert, peuplé seulement d'arbres et de gratte-ciel. Se sentant incapable de vivre dans un tel environnement, Lipchitz expliqua à Fry qu'il n'avait nulle intention de partir. « Je serai incapable de vivre là-bas. Je mourrai, là-bas. Autant mourir ici. »

« Il était inquiet à l'idée de tout devoir recommencer de zéro, se rappelle sa fille, Lolya. Il ne connaissait personne ; il ne parlait même pas anglais[1]. » Mais Fry n'allait pas baisser les bras : il proposa au sculpteur de venir à Marseille avec Berthe pour qu'ils fassent connaissance et discutent du problème. Lipchitz accepta et, dès que Fry le reçut au Centre, il l'exhorta à émigrer. « Il m'a dit : "Tout ce que vous avez à faire, c'est passer un examen médical et on vous préparera un passeport puis on vous enverra en Amérique." C'était comme un rêve. Tout allait si vite, ça semblait presque impossible ! Et c'était fait avec une telle gentillesse, une telle générosité… » D'après Loyla Lipchitz, Fry fit en sorte qu'ils puissent aller chercher leurs visas d'urgence au consulat américain.

Mais, bien qu'en possession de visas, Lipchitz n'était toujours pas prêt à émigrer et le couple rentra à Toulouse. Juste avant qu'ils quittent Marseille, Fry leur rappela : « Dès que vous vous sentez prêts, revenez me voir. On vous fera partir aux États-Unis. » Mais, de retour chez lui, Lipchitz fut repris par ses vieux doutes et il refusa de bouger. Six mois plus tard, Fry le recontacta. « J'ai reçu une lettre très sévère de Varian Fry, cet homme merveilleux. Il m'expliquait que, si on ne partait pas tout de suite, nos visas n'allaient plus être valables. Les gens meurent d'envie d'émigrer en Amérique, et vous avez un visa, alors faites-le ! »

---

1. Entretien avec Lolya Lipchitz, 29 février 2000.

Les amis de Lipchitz vinrent le voir dans son atelier. « Ils m'ont pour ainsi dire flanqué à la porte ! » Ils lui expliquèrent qu'il avait une occasion en or et qu'il devait la saisir, sans quoi il risquait de mourir. « Hitler va venir, il va occuper toute la France et tu seras arrêté ! » Lipchitz finit par se rendre à leurs raisons. Il monta dans un train pour Marseille.

Outre les supplications de Fry, Lipchitz fut influencé par les signes envoyés à l'époque par l'Amérique, selon sa fille. « La Croix-Rouge américaine livrait de la farine à la France. Il y avait des écriteaux décorés de drapeaux américains qui disaient : “Au peuple de France de la part du peuple d'Amérique.” Tout cela indiquait à mon père que les Américains étaient des gens bien. »

Plus tard, Lipchitz expliqua que c'était surtout l'obstination de Fry qui l'avait sauvé. « D'une certaine façon, c'est à lui que je dois d'être toujours en vie. Je ne voulais pas quitter la France. Mais ses lettres si sévères et si lucides m'ont aidé à le faire. Et quand ma décision a été prise, quelle aide il m'a apportée ! »

L'affection entre les deux hommes était réciproque. Fry écrivit à Eileen : « Lipchitz est le meilleur de tous. Poli, intelligent et extraordinairement reconnaissant. » Le 16 mai 1941, Fry remit aux Lipchitz de l'argent et des billets de train pour Barcelone et Lisbonne. Ils restèrent quelques semaines dans la capitale portugaise, où leur argent leur permit de louer une chambre et de manger dans une cantine organisée par une association juive. Ils embarquèrent pour l'Amérique à bord du *Nyassa.* « J'ai été malade comme un chien, jusqu'à l'arrivée au port de New York. Je ne l'oublierai jamais. Nous étions tous sur le pont, il y avait une légère bruine, et soudain le panorama de Manhattan est apparu. Je suis incapable d'expliquer le sentiment qui m'a envahi. J'avais l'impression d'être revenu du royaume des morts. C'est une sensation inoubliable et indescriptible. »

Juste avant d'émigrer, Lipchitz avait réalisé *L'Envol*, l'une des deux sculptures qui traversèrent l'Atlantique avec lui. En juin 1941, une fois en Amérique, il avait sculpté *L'Arrivée*. Dans le contexte de la vague migratoire de réfugiés, sans doute n'aura-t-il jamais conçu deux œuvres aussi importantes.

*Seconde partie*

# Après Marseille

## 12

## Le retour

*« … chaque fois que je retourne aux États-Unis, j'ai l'impression de vivre dans un film en noir et blanc. Dès que je traverse la frontière* […], *les couleurs reviennent.* »

Mike Eden dans *Marjorie Morningstar*, de Herman Wouk

Le 2 novembre 1941, quand Fry s'extirpa de l'énorme carlingue du clipper *Dixie* et franchit la passerelle pour retrouver les bras aimants de son épouse, Eileen vit immédiatement combien son mari avait changé. Ces derniers mois, ils avaient eu des discussions sur leur couple, Fry l'avait prévenue qu'il était différent et Eileen lui avait fait part de ses peurs : « Parfois, je me demande si tu reviendras un jour et si oui, est-ce que tu pourras supporter la monotonie de notre vie ? » À présent qu'il était de retour, ce n'était pas la monotonie qu'il redoutait ; il éprouvait surtout une aversion pour son ancien rôle de « petit garçon » d'Eileen. Il ne voulait plus être rudoyé ni materné. Il quitta l'aéroport en donnant le bras à son épouse et ils retournèrent ensemble à l'appartement du 56 Irving Place, bien décidés à essayer cette nouvelle vie.

Deux jours plus tard, Fry était l'invité d'honneur d'un dîner de levée de fonds organisé par Alvin Johnson et Frank Kingdon. Plusieurs centaines de personnes étaient conviées à écouter un discours d'Eleanor Roosevelt. Quand cette dernière annula, Fry remarqua, amusé, qu'elle avait sans doute été mise en garde par le département d'État de ne surtout pas être vue en compagnie de « ce Fry ».

Peu de temps après son arrivée à New York, Fry poussa les portes du siège de l'Emergency Rescue Committee, sur la 42e Rue. Il s'imaginait encore qu'il aurait droit à un accueil chaleureux. Mais Kingdon et ses collègues le saluèrent d'un air prudent. Fry le réaliste savait que Kingdon n'avait que faire de lui, mais Fry l'idéaliste espérait qu'il pourrait en être autrement, maintenant que les deux hommes se retrouvaient face à face. Il n'en fut rien. Et, si Fry chercha à faire croire qu'il n'était pas venu récolter des lauriers, il fut profondément blessé de ne pas être accueilli comme un héros par les membres de l'ERC.

Trois semaines seulement après son retour, Fry découvrit combien Kingdon, son assistante, Ingrid Warburg, le trésorier, David Seiferheld, et le collecteur de fonds, Harold Oram, lui étaient hostiles, quand il lui fut interdit de prendre la parole au nom de l'ERC ou de se présenter comme l'un de ses représentants. Kingdon écrivit que Fry avait fait preuve « d'un comportement qui rend[ait] inenvisageable toute collaboration future avec le Comité ». En outre, le département d'État refusait d'attribuer des visas aux clients de l'ERC si Fry était associé au Comité. La réponse initiale de Fry à l'ultimatum du département d'État était de le contester, mais Kingdon insista sur le fait qu'il était tout simplement impossible de s'opposer au département d'État. Fry avait du mal à accepter la tournure prise par les événements. À Marseille, il n'avait cessé de s'opposer à l'ennemi, de le manipuler, de se jouer de lui en usant de subterfuges et en défiant l'autorité. Et voilà que dans son propre pays, où contester l'autorité était un droit constitutionnel, Kingdon semblait craindre de s'opposer aux directives gouvernementales. « Dois-je comprendre, en lisant votre lettre, que je ne suis plus autorisé à poursuivre mes contributions directes ou ma collaboration avec l'ERC ? » En réalité, Fry avait bien l'intention de poursuivre le travail du Comité, en dépit de l'animosité de Kingdon à son égard – en grande partie parce qu'il avait besoin de l'ERC comme garant afin de lever des fonds pour les réfugiés et travailler sur les cas les plus urgents et importants.

Quelques jours après cet échange, Kingdon demanda à Fry de prendre un congé d'un mois. Fry accusa le département d'État, qui lui en « voulait à mort », d'être responsable de cette mise à pied, continuant de s'illusionner sur la possibilité que l'ERC reviendrait vers lui. Mais dans une lettre à Bénédite, il se montrait plus lucide : « Kingdon ne veut plus entendre parler de moi dans les affaires du Comité. »

Un mois plus tard, le Japon attaquait la base navale américaine de Pearl Harbor et les États-Unis se voyaient catapultés dans la guerre. Cette attaque sournoise ajoutait au sentiment de désolation éprouvé par Fry à l'approche de Noël.

« New York me déprime énormément, écrit-il. Quelle expérience extraordinaire d'arriver ici depuis Lisbonne en une nuit et de découvrir que mes compatriotes commencent à peine à prendre conscience de la menace qui plane au-dessus de nous tous. »

Fry et Eileen ne réussissaient pas à ressouder leur couple. Les altercations qui avaient éclaté dans leurs échanges épistolaires reprenaient. Morose, Fry se confia à Bénédite : « En cette période de fêtes, nous faisons la guerre sur deux fronts, contre des ennemis redoutables et sans scrupule. Que restera-t-il du monde que nous connaissons quand tout cela sera fini ? »

Kingdon annonça la fusion de l'ERC avec l'International Relief Association (IRA) pour former l'International

Rescue and Relief Committee[1]. Fry s'évertua à stopper la fusion, insistant de façon significative : « *Nous* allons gagner. » Mais il suffit que Kingdon menace de démissionner si les membres du conseil d'administration se ralliaient à Fry pour qu'ils la valident. Fry avait perdu. Plus tard, quand Karel Sternberg arriva à New York, il fut chaleureusement accueilli au sein de l'IRRC. Fry garda ses problèmes pour lui et ne se plaignit jamais du traitement que lui avait réservé l'organisation.

La perte de l'ERC comme socle de son action et les violentes disputes avec Eileen pesaient lourdement sur Fry, même s'il prenait sur lui pour ne pas perdre courage et détermination. Il trouva un poste de rédacteur en chef adjoint du magazine progressiste *The New Republic*, mais ce travail ne pouvait pas remplacer ce qu'il avait perdu. Il avait parcouru le monde, sauvé des vies humaines, vécu des aventures ; il s'était joué des fascistes allemands, des tyrans français et d'Américains autoritaires. La guerre avait fait de lui un chef et à présent, de retour chez lui, il était en quête d'autre chose qu'un travail banal et une vie routinière. Quelque chose qui pourrait le faire vibrer, l'amener à se surpasser, comme lorsqu'il vivait à Marseille. Pour Fry commença alors le combat qui l'occuperait tout le reste de son existence.

---

1. L'IRRC deviendra l'International Rescue Committee, la plus grande agence non confessionnelle d'aide aux réfugiés dans le monde. Karel Sternberg restera à sa tête pendant des années. Reynold Levy, président de l'IRC de 1997 à 2002, déclara : « Nous considérons Varian Fry comme l'un de nos pères fondateurs. Son caractère fondamentalement héroïque résonne encore dans les actions actuelles de l'IRC. Il a soutenu des changements de politique aux États-Unis et en Europe et a élargi son propre champ d'action. Le tempérament et l'attitude de Varian Fry sont encore des références pour nos équipes. »

Désormais, il ne pouvait plus compter que sur le Centre, mais il demanda tout de même à Bénédite de retirer son nom de l'en-tête de l'organisme. « Exerce l'autorité qui te revient de droit, à présent, car tu n'es plus mon adjoint. Tu occupes ma place pour de bon. Dès lors, c'est absurde de garder mon nom. Pour certaines personnes, ça reviendrait à agiter une cape rouge devant un taureau – pourquoi réveiller inutilement des hostilités ? Enterrez-moi discrètement et dignement, toi et toute l'équipe. Je sais que je continuerai à vivre dans vos cœurs, et vous dans le mien. »

Dans les mois qui suivirent le départ de Fry, le Centre, sous la direction de Bénédite, permit à des centaines de réfugiés de s'échapper. Parmi eux, Benjamin Péret, un vieil ami de Fry, le sculpteur Bernard Reder et la claveciniste Wanda Landowska « qui devait donner une série de concerts aux États-Unis et que nous avons été heureux de pouvoir aider », écrit Bénédite.

Puis Bénédite informa Fry que Gemähling avait été arrêté, trahi par un agent double. Dans un café, cet homme avait tenté de lui vendre des renseignements militaires sur la défense de Marseille. Il avait décliné la proposition mais l'homme avait glissé des papiers compromettants dans la poche de Gemähling, avant de s'enfuir. « Je lui ai couru après, se souvient Gemähling, mais deux policiers assis à l'extérieur m'ont sauté dessus et ont tout de suite pris l'enveloppe dans ma poche. J'ai compris que c'était un traquenard. » Il sera enfermé au secret à la prison militaire de Marseille pendant plus de quatre mois. Inquiet pour son jeune ami, Fry tenta sans succès d'obtenir que l'IRRC lui porte secours. Il supplia même Antoine de Saint Exupéry (alors à New York, et dont l'épouse Consuelo avait séduit Gemähling lorsqu'ils vivaient à Air-Bel) d'user de son influence. Gemähling finit par s'échapper sans l'aide de personne et passa le reste de la guerre dans la Résistance.

Fry, lui, continuait d'apporter son aide aux réfugiés, mais sans l'appui de New York son action restait limitée. Dans les nombreuses lettres envoyées à Bénédite, il exprime son désarroi autant dans sa vie personnelle que dans son travail auprès des réfugiés. Rongé par un sentiment d'échec, il écrit aussi à Théo Bénédite et lui annonce qu'il n'est pas plus diplomate qu'avant et qu'il lui est toujours aussi difficile de s'entendre avec ses semblables.

Danny Bénédite lui manque de plus en plus, comme l'affection et le respect de ses autres collègues. « Plus que jamais, je sens que mon cœur est à Marseille, lui écrit-il. Je pense constamment à toi et aux autres, à chaque heure du jour je me demande ce que vous pouvez bien être en train de faire, et je voudrais pouvoir être avec vous. » Il continuait à prétendre que son éviction de l'ERC était le résultat de la jalousie éprouvée par Kingdon à son encontre. Mais, constatant que personne au sein du Comité n'avait essayé de le réintégrer, il finit par reconnaître qu'il était désavoué par l'ensemble du Comité, comme il l'avait été en Europe. Ce rejet le stupéfiait.

Juste après le Nouvel An 1942, comme s'il cherchait du réconfort auprès de ses amis de Marseille, il se rendit avec Eileen dans le bel atelier des Breton à Greenwich Village. Là, raconte-t-il dans une lettre à Bénédite, ils jouèrent à des jeux surréalistes en compagnie de Consuelo de Saint Exupéry, « coiffée d'un chapeau fantastique semblable à un oiseau tropical », et de Leonora Carrington – ancien amour d'Ernst – avec son nouveau mari. « À propos de mariage, reprend Fry, Max a épousé Peggy Guggenheim ! » Il décrit aussi Breton comme « un poisson sorti de l'eau », à cause de qui les jeux semblaient avoir perdu beaucoup de leur magie.

Au printemps 1942, les différends opposant Fry aux personnes en position d'autorité ruinèrent ses chances d'obtenir un poste gouvernemental, qui aurait pourtant pu mettre fin à son sentiment croissant de frustration. Une fois de plus, il affichait une ambivalence envers le gouvernement : certaines décisions politiques le rendaient furieux mais il manifestait aussi de l'admiration pour certains chefs, comme Roosevelt. Il avait postulé à l'Office of Coordinator of Information (bureau du coordinateur de l'Information), pensant que l'expérience et l'expertise qu'il avait acquises en France ne pouvaient pas manquer d'être utiles à son pays. Les officiels qui avaient examiné sa candidature semblaient partager cet avis : ils estimaient que Fry était « sans doute le seul expert américain qualifié concernant les moyens de faire circuler les gens sur le continent européen malgré les réglementations en vigueur ». Malheureusement, ils avaient demandé son opinion à l'ancien trésorier de l'ERC, David Seiferheld, qui avait décrit Fry, selon un fonctionnaire du département d'État, comme « très intelligent mais aussi très instable et incontrôlable ». Seiferheld ajoutait que Fry avait « réussi à exaspérer les fonctionnaires américains et à sérieusement embarrasser l'ERC ». En même temps, il reconnaissait : « Fry est parvenu à aider un nombre considérable de personnes à s'échapper, tout en maintenant son activité et sa couverture plus longtemps que prévu. » En conclusion de son rapport, Seiferheld suggérait que ses interlocuteurs s'adressent à un autre candidat pour le poste.

Toujours à la recherche de travail, Fry s'adressa en mai à l'Office of Facts and Figures (bureau des Statistiques). Il était en train d'écrire un livre mais il ne voyait aucun inconvénient à le mettre entre parenthèses s'il pouvait se montrer « utile pour gagner la guerre ». En l'absence de réponse positive, il se tourna en décembre vers l'Office of Foreign Relief and Rehabilitation (bureau de Secours et de Reconstruction à l'étranger). « Si je peux contribuer à votre action, je suis toujours prêt à interrompre mon activité actuelle pour répondre à l'appel du gouvernement. » Son offre de services resta, elle aussi, ignorée.

Fry constatait que la guerre avait changé son pays. « Quand je suis rentré, l'Amérique proclamait encore un isolationnisme préoccupant, mais je pense que ça a changé. Tous ceux qui pensaient qu'on pouvait rester tranquillement chez soi à défendre nos côtes tombent de haut. Pour la première fois, je crois, beaucoup de gens prennent conscience d'une chose : nous ne pouvons pas vivre repliés sur nous-mêmes. »

Pour autant, personne ne semblait se soucier des réfugiés. Le nombre de visas émis par les États-Unis continuait de diminuer. « Le département d'État distribue à une vitesse record ses visas aux princes italiens et consorts, mais ceux des réfugiés restent bloqués pendant des mois », écrit Fry, désespéré par la « stupidité, cruauté, indifférence et brutalité bureaucratiques ». Conscient que peu de gens éprouvaient la même empathie que lui envers les réfugiés, il eut la preuve de l'inefficacité du gouvernement quand son ancienne secrétaire, Lena Fischman, se rendit au service des Visas à Washington. Elle lui raconta qu'en allant plaider en personne la cause des réfugiés, elle avait vu des dossiers vieux de plusieurs mois traîner encore de service en service. « Les employés se plaignent d'être surchargés de travail, et je veux bien les croire. Pourtant, aucun ne songe à rater l'heure du déjeuner et leurs bureaux ferment à 16 heures. Pendant ce temps, les réfugiés attendent en Europe, terrorisés, et meurent de faim. » Ce récit confirmait ce que Fry soupçonnait depuis longtemps : « Les gens de Washington passent leur journée dans de grands bureaux à traiter de la paperasse. Ça peut être ennuyeux, c'est vrai. Mais rien de tout cela ne leur arrache le cœur, ne torture leur âme comme un tissu qu'on tordrait jusqu'à entendre les fibres se déchirer. »

Maintenant, il lui fallait devenir son propre ERC. Il demanda à Walter Mehring, devenu scénariste à Hollywood : « Connaissez-vous des gens qui pourraient donner de l'argent ? » Fry espérait envoyer des fonds au Centre ou à d'autres groupes encore actifs en France pour qu'ils versent « quelques allocations pour aider les réfugiés à survivre et leur éviter les camps de concentration ».

En février 1942, l'obtention de visas était devenue une affaire de réseau et de relations. Seuls les réfugiés célèbres ayant des amis américains influents avaient une chance d'y arriver. Même les dossiers soutenus par le Museum of Modern Art étaient en attente, mais Fry n'abandonnait pas l'espoir qu'un jour, Marcel Duchamp et Jean Arp[1] parviendraient à émigrer. Il écrit à Bénédite :

> « Peut-être pourrions-nous contacter Archibald MacLeish. Peut-être que le procureur général, Francis Biddle, s'intéressera à leur cas. Peut-être que Mme Rockefeller parlera à son fils, Nelson, et peut-être que Nelson Rockefeller en parlera à Sumner Welles. D'une manière ou d'une autre, la chose se fera. »

Bénédite lui répondit que le nombre de visas délivrés avait beau s'amenuiser chaque jour, le consulat était toujours « rempli de gens qui attendaient ». Il disait aussi craindre que les réfugiés qui n'arriveraient jamais à partir – « nos orphelins », comme il les appelait – « finissent dans un asile d'aliénés ».

En 1942, le gouvernement américain censurait le courrier de Fry, surveillait ses activités, et ouvrit un dossier du FBI sur lui. Toujours sans passeport, Fry abandonna son idée éphémère de devenir correspondent étranger à Alger. « Même si je pouvais obtenir qu'un journal m'envoie

1. Duchamp parviendra à quitter la France au printemps de cette même année.

là-bas, je crains que le département d'État ne me refuse un passeport. Ils ne m'aiment pas du tout. » Son ami Roger Baldwin, directeur de l'American Civil Liberties Union, lui expliqua qu'il pouvait sûrement porter plainte contre le département d'État pour atteinte aux libertés civiles, puisqu'il refusait de renouveler son passeport. Au lieu de cela, Fry continua d'attaquer le Département pour sa politique concernant les visas et son refus de prendre position face au massacre des juifs d'Europe.

S'efforçant constamment d'influencer les décisions politiques américaines, Fry présenta au secrétaire d'État adjoint Long un argumentaire circonstancié sur le traitement des civils français internés dans des camps. Selon lui, la Convention de Genève, qui encadre le traitement humanitaire des prisonniers de guerre, devait également s'appliquer aux détenus civils. Il citait le projet de Convention de Tokio (*sic*), initié en 1935 par le Comité international de la Croix-Rouge, stipulant que « les gouvernements ennemis doivent accorder aux internés civils les mêmes avantages que la Convention de Genève ». Long rejeta son argumentation minutieuse, et les États-Unis poursuivirent leur politique de non-intervention vis-à-vis des conditions de détention des civils dans les camps français.

Fry tenta ensuite d'envoyer de la nourriture à ses amis en France et « aux réfugiés antifascistes et juifs dans les camps de concentration français », comme il l'explique dans une lettre au président de la Croix-Rouge américaine. Toujours créatif, il leva en outre des fonds pour la France libre, le gouvernement français en exil de Charles de Gaulle, et demanda une autorisation pour faire parvenir de l'argent à ses amis en zone non occupée. Tous ces efforts échouèrent.

Dans les années qui suivirent son retour à New York, Fry entretint des relations avec de nombreux réfugiés et leurs familles. Il expliquera à Bénédite : « Si j'ai été constant dans mon dévouement envers les réfugiés, c'est que je crois très profondément en certains principes, non parce que j'ai une affection particulière pour l'un ou l'autre d'entre eux. » Ses requêtes urgentes et quotidiennes étaient, en quelque sorte, une façon de compenser son éviction du Comité.

Pendant que Fry se consacrait à ce travail solitaire, le gouvernement américain se laissait gagner par une paranoïa croissante et voyait l'Amérique infiltrée par les Cinquième et Sixième Colonnes. Bientôt, une enquête fut lancée sur les organisations d'aide aux réfugiés, dont celle de Fry. Le « Rapport sur divers organismes et individus engagés dans les activités migratoires de réfugiés[1] » soulevait la question des accointances entre ces structures et l'espionnage nazi ou le communisme. « Ces opérations d'accueil de réfugiés représentent un grand danger, dans la mesure où les personnes qui en sont responsables ignorent quel type de réfugiés politiques ou sans ressources elles contribuent à amener dans l'hémisphère occidental – voire ne s'en soucient absolument pas, comme c'est souvent le cas. » Le rapport ajoutait que les personnes travaillant pour ces organisations étaient généralement « manipulatrices, menteuses et absolument pas fiables ».

La censure du courrier avait commencé après l'entrée en guerre des États-Unis. D'après plusieurs courriers interceptés, les Services de renseignement américains étaient convaincus que l'Allemagne avait utilisé les canaux migratoires de réfugiés « pour infiltrer l'Amérique ». Le rapport affirmait que « les nazis acceptaient de laisser certains juifs venir vivre aux États-Unis à condition que ces derniers

1. *Report on Various Organizations and Individuals Engaged in Refugee Migration Activities, August 8, 1942*, National Archives, Department of State Division of Communications and Records.

acceptent d'espionner pour eux ou de collaborer avec des agents nazis». Il relevait aussi que «le Comité de secours d'urgence fonctionne toujours plus ou moins indépendant sous son propre nom» et désignait Fry comme l'un de ses principaux membres. Signe de sa tonalité antisémite, le rapport désignait le juif «générique» sous le nom de *Joe Schmaltz* et son frère *Isadore Schmaltz.*

Le rapport indiquait que l'IRRC était «la plaque tournante de l'activité communiste dans cet hémisphère [...], le phare qui guide un ensemble d'organisations composées de celles qui ont déjà été nommées ainsi que de l'UNITARIAN COMMITTEE, de l'AMERICAN FRIENDS SERVICE COMMITTEE et du CENTRE AMÉRICAIN DE SECOURS». Il précisait même que le personnel du Centre était impliqué «dans un projet de révolution nationale en France».

Fry prévient Bénédite qu'il n'a pas reçu les documents de propagande et pense qu'ils ont été confisqués par la censure. Il suggère donc qu'on les lui fasse parvenir par l'intermédiaire d'un des prochains groupes de réfugiés.

Il est fort probable que ces «documents de propagande» se soient limités à des compilations d'articles de presse que Fry demandait à Charles Wolff pour être tenu au courant des événements en Europe.

Plus encore que Fry, les réfugiés qu'il avait sauvés faisaient l'objet d'une intense surveillance par le gouvernement américain, «préoccupé par les risques d'une infiltration nazie ou la crainte que l'Allemagne puisse chercher à établir un gouvernement prosoviétique», comme l'explique un journaliste du *New York Times.* Franz Werfel et Lion Feuchtwanger étaient ainsi espionnés par l'Office of Strategic Services (OSS), le FBI, le service d'Immigration et de Naturalisation, et le département d'État. L'ironie de la situation est frappante, quand on sait quels efforts immenses ces hommes ont dû déployer pour s'échapper vers l'Amérique, terre de liberté. Après la mort de Werfel, son dossier a continué d'être alimenté pendant neuf ans. Feuchtwanger, lui, a eu droit à un dossier de quelque mille pages, et il était en train de mourir d'un cancer quand, en 1958, des agents de l'Immigration l'ont interrogé sans ménagements, avant que l'écrivain se voie refuser la citoyenneté américaine.

Ignorant tout de cette situation, Fry a continué de mener une relation ambivalente avec le gouvernement. Rencontrant John C. Hughes, de l'OSS, le 1er juillet 1942, il va ainsi essayer de lui vendre les rapports de Wolff. Fry ne pouvait plus se permettre de payer Wolff 60 dollars par mois, peut-être les Services secrets américains seraient-ils intéressés ? La réponse fut positive. « Allen Dulles et moi sommes décidés à donner le feu vert à Fry et à prendre en charge tous les frais », écrivait Hughes. Deux mois plus tard, l'OSS décida pourtant que les informations contenues dans ces rapports ne valaient pas la dépense et l'accord fut annulé.

Non content de rester en contact avec un certain nombre d'anciens protégés, Fry essayait aussi de découvrir ce qu'étaient devenus les autres. Il apprit ainsi que beaucoup avaient connu un sort terrible : Misczyslav Bortenstein[1], un général polonais dont le visa de transit américain était arrivé trop tard pour pouvoir le sauver, ou les sociaux-démocrates autrichiens Hermann Bieber et sa femme ainsi que Karl Brodek, dont les visas d'urgence américains n'étaient plus valides et dont le renouvellement avait été empêché par la bureaucratie. Tous ces gens avaient été déportés.

Bill Freier, le faussaire de Fry, lui raconta que, pendant sa détention au camp du Vernet, il avait reçu une permission de vingt-quatre heures pour aller épouser Mina, mais

1. N° 144 sur la liste de Fry.

qu'elle lui avait été refusée pour la naissance de son enfant car ça n'était pas « un cas important ». Freier implora Fry de l'aider à obtenir des visas pour sa famille.

Rien n'était plus important pour Fry – ni son travail dans la presse, ni son couple – que d'aider les réfugiés. Par exemple, en leur cherchant un emploi car, pendant cette période, beaucoup d'émigrés avaient du mal à gagner leur vie aux États-Unis. C'était le cas d'un ancien collègue de Fry, Heinz Ernst « Oppie » Oppenheimer, le trésorier des débuts du Centre. Ingénieur de production en Allemagne, Oppie cherchait toujours un moyen de se rendre utile aux États-Unis mais n'avait rien trouvé jusqu'alors. Dyno Loewenstein, un Allemand qui avait travaillé au Centre pendant une courte période, subvenait à ses besoins et à ceux de sa mère avec 78 dollars par mois, pas assez pour vivre décemment à New York. L'artiste Charlotte Brand n'avait, elle non plus, ni métier, ni argent.

Autrefois romancier primé, biographe et critique littéraire en chef d'un grand journal, Hans Natonek était venu à New York avec l'aide de Fry mais, depuis le début de 1941, il était obligé de vivre avec une allocation hebdomadaire dérisoire fournie par le National Refugee Service. Incapable de mettre à profit ses talents d'écrivain ou d'exercer un emploi de professeur car son anglais n'était pas parfait, il demanda à Fry une lettre de recommandation pour postuler à l'Office of War Information. « Je traverse une période très difficile en ce moment. Je fais une formation de machiniste car je dois absolument essayer de gagner ma vie mais je vais avoir cinquante ans et, après une vie consacrée à la littérature et à la politique, je doute d'être aussi bon en tant que machiniste qu'en tant qu'écrivain – et c'est un euphémisme. » Fry contacta la National Broadcasting Company pour essayer de placer son ami, mais s'entendit répondre que le gouvernement s'opposait à « employer tout autre citoyen que les citoyens américains dans la préparation de ses émissions sur ondes courtes, ou toute autre émission ».

Incapable d'aider les réfugiés en Amérique, Fry continuait de s'occuper des gens pris au piège en France. À titre privé, lui et Eileen entreprirent d'en soutenir quelques-uns financièrement grâce à leur salaire. Il demanda à la nouvelle secrétaire du Centre, Anna Gruss, de verser à sa protégée, Rachel Schmetterling[1], non plus 100 francs mais 220 francs hebdomadaires. « N'oubliez pas de me facturer tout cela, précise-t-il. Cela ne peut pas être facturé au Comité car ces réfugiés ne sont en aucun cas le genre de personnes que le Comité a pour mission d'aider. » Autrement dit, des intellectuels. Quand Fry apprit que Moritz, le mari de Rachel, avait été interné, il annonça à Gruss qu'il enverrait jusqu'à 10 000 francs pour obtenir sa libération. « Dites-moi combien vous allez dépenser et je ferai en sorte que vous récupéreriez la somme. » Huit mois plus tard, malheureusement, Moritz Schmetterling fut déporté en Allemagne. C'est à Fry qu'il revint d'annoncer la nouvelle au fils Schmetterling, alors aux États-Unis. Ce dernier s'enquit désespérément de sa mère. « Si elle n'est pas partie à l'Est, écrit Fry à Anna Gruss, il voudrait que les 50 dollars mis de côté pour son père soient donnés à Rachel. » Et Fry conclut sa lettre par : « Tristement vôtre… »

En avril 1942, Fry conseilla à une femme qui allait être auditionnée par le département d'État afin d'obtenir un visa pour son ancien mari, E. A. Rheinhardt[2], de s'abstenir de faire allusion à ses sympathies communistes ou d'éviter les termes tels que « antinazi » et « antifasciste ». La plupart des membres du Comité des demandes de visa considéraient en effet ces expressions comme

1. N° 1208 sur la liste de Fry.
2. N° 997 sur la liste de Fry.

synonymes de « communistes ». À la place, Fry proposait à Mme Rheinhardt de parler de « démocrate » et de présenter son époux comme un « réfugié politique du nazisme ». Enfin, s'il était juif, elle ne devait pas y faire référence, en raison de l'antisémitisme qui régnait au sein du comité interdépartemental.

En juin, Fry avoua à Bénédite : « Je voudrais me battre avec le monde entier ! Je m'en arracherais les cheveux par poignées... » Malgré ses « interventions répétées » pour sauver Bill Freier, il n'avait pas réussi à obtenir de visa pour lui. « J'ai protesté, hurlé, écrit des lettres, passé des coups de fil, je me suis même rendu au bureau pour faire de grands discours, mais ça n'a rien changé ! » Quand Fry apprit que Freier avait été envoyé dans le dernier convoi en partance du Vernet pour l'Est, il fut dévasté. Pendant des années, il serait persuadé que son faussaire était mort. Après plusieurs décennies, il finit par découvrir que Freier avait miraculeusement survécu à Auschwitz.

Au début de l'été, Fry reçut la nouvelle qu'il avait tant redoutée : le Centre américain de secours avait été perquisitionné et était définitivement fermé. À l'aube du 2 juin, des agents de la Sûreté nationale s'étaient présentés avec un mandat pour fouiller non seulement les bureaux mais aussi les domiciles des personnes liées au Centre. Bénédite avait tenté de leur expliquer que personne n'y exerçait d'activités subversives – mais en pure perte. Il avait été arrêté avec d'autres membres de l'équipe ainsi que les réfugiés qui avaient eu le malheur de se trouver là. La police avait confisqué sept machines à écrire et tous les dossiers du Centre. Au siège de la Sûreté, le personnel et les réfugiés avaient été interrogés pendant des heures pour déterminer leurs liens avec le Parti communiste. Finalement, ils avaient été libérés mais la Sûreté a gardé les dossiers, le siège du Centre avait été scellé. Leur activité venait de prendre fin.

L'ambassade américaine à Vichy mena une enquête sur la fermeture du Centre et transmit ses conclusions au département d'État. Le secrétaire d'État adjoint Berle transmit à Kingdon une copie du rapport de l'ambassade, mais Kingdon ne prit pas la peine d'en informer Fry. Courant juin, Berle et Kingdon eurent des échanges soutenus. Berle concédait que « l'équipe de Kingdon » avait fait « un travail très utile en sauvant des réfugiés qui, sans cela, ne seraient jamais sortis de France ». Le travail de cette organisation avait été « très constructif » – même si « Varian Fry, son représentant certes bien intentionné, n'avait pas vraiment fait preuve de discrétion ». Aussi Berle demanda-t-il au département d'État de continuer à financer son activité. Il recommandait « d'essayer tant que faire se peut d'aider le personnel du Centre. Ils peuvent sans doute sauver encore quelques pauvres diables avant que le rideau tombe ».

Fry et Bénédite ignoraient tout de cette correspondance et imaginaient le pire : l'ambassade avait convenu avec la Sûreté que le Centre était un repaire de communistes. Fry contacta une connaissance au département d'État pour en avoir le cœur net, et apprit la nouvelle : puisque ce n'était plus lui mais Kingdon qui représentait le Centre, Berle avait décidé de soutenir son action. Mais c'était trop tard. Fry avait placé sa confiance dans d'autres agences toujours actives en France, espérant qu'elles accepteraient de ne plus seulement soutenir des vies mais aussi d'en sauver.

Dans les quatre mois qui suivirent la perquisition, Bénédite et d'autres employés du Centre continuèrent, même sans bureaux, d'aider les réfugiés les plus en danger. En octobre, Bénédite écrivit à l'organisation à New York pour l'informer que les arrestations de la Sûreté avaient donné lieu à un procès et à plusieurs condamnations. Au cours de ce procès, « le Centre américain de secours a été disséqué, pour aboutir à la conclusion qu'il s'agissait d'un centre de liaison avec les ennemis du régime de Vichy». Des peines sévères de travaux forcés à perpétuité avaient été infligées aux membres du personnel, et à Karel Sternberg par contumace. Bénédite avait officiellement cessé toute opération, et transmis les dossiers en cours au Service social d'aide aux émigrants. Malheureusement, il ne restait plus beaucoup de personnes à aider car «bon nombre de clients [avaient] été envoyés en Allemagne». Ceux qui restaient faisaient tout pour se cacher de la police.

Un mois plus tard, le 8 novembre 1942, les troupes américaines et britanniques débarquaient en Afrique du Nord, occasionnant la rupture des relations diplomatiques entre Vichy et les États-Unis. Un rapport de Bénédite, écrit juste avant la descente de la Sûreté, précisait que, depuis le départ de Fry, près de trois cents réfugiés étaient parvenus à s'échapper. Bénédite estimait à mille cinq cents le nombre total de réfugiés ayant pu quitter la France «pour le Nouveau Monde» grâce à Fry et à son personnel.

Bénédite écrivit une lettre d'adieu au Comité avant de prendre le maquis pour rejoindre la Résistance. «Nous avons poursuivi le travail aussi longtemps qu'il était humainement possible de le faire», explique-t-il, et il ajoute que le matériel saisi par la Sûreté en juin ne serait pas restitué. En conséquence, et à quelques exceptions près, les milliers de dossiers accumulés par le Centre – emplis de lettres de requête, d'interminables biographies et d'innombrables demandes de visas – seront perdus à jamais.

# 13

## Livrer sur demande

> « *Voici l'histoire de l'expérience la plus intense de ma vie. On m'a expliqué qu'il était trop tôt pour la raconter. Ou que je ne pourrai jamais la raconter. Mais je crois que je peux en parler aujourd'hui, et surtout : je crois que c'est mon devoir.* »
>
> *Varian Fry, avant-propos inédit de* Livrer sur demande *(1945)*

Malgré la fermeture du Centre et l'éviction de Fry de l'ERC, ce qu'il avait accompli n'était pas totalement ignoré. En novembre 1942, il fut convié à rejoindre le comité de parrainage du Common Council for American Unity, qui honorait lors d'un dîner de gala vingt-huit émigrés ayant reçu un prix Nobel, parmi lesquels Otto Meyerhof, le père de Walter. En décembre, une productrice de radio de Philadelphie, Isabella Manning Houston, réalisa un documentaire sur Fry (« Monsieur X ») et sa « filière clandestine ».

> « La Gestapo n'a pas mis longtemps à s'apercevoir que ses victimes prenaient le large. Qui était responsable ? Peut-être ce Centre américain de Secours ? *Placez-les sur écoute, ouvrez leur courrier, surveillez le chef !* Mais "le chef", avec un sourire, m'explique : "Ils se croyaient tellement intelligents ! Ils avaient juste oublié que le gendarme qui

patrouillait dans le quartier était français, avant d'être aux ordres de Vichy. Le jour où les nazis ont perquisitionné mon bureau, il est allé à ma rencontre dans la rue et m'a prévenu : 'Attention à ce que vous dites au téléphone' !" »

Après avoir entendu cette émission, le président de la Laundry Worker's International Union demanda que Fry soit nominé pour le prix Nobel de la paix 1942 en tant que « plus grand bienfaiteur de l'humanité » au cours de cette période.

Près de douze mois après l'entrée en guerre des États-Unis, Fry continuait à essayer de faire changer la politique de visas du département d'État. « Au cours de ces terribles derniers mois, écrit-il, de nombreux réfugiés ont pu échapper à la déportation grâce à un visa valide des États-Unis. » Selon lui, la moindre des choses serait que l'Amérique empêche la déportation des réfugiés vers l'Allemagne en facilitant l'obtention de visas. « La question de savoir ce que Vichy fera si l'Amérique décide d'accueillir d'autres réfugiés ne doit pas empêcher l'Amérique de décider par elle-même de leur offrir l'asile. » Fry contestait la « clause de charge publique » invoquée par le département d'État, qui excluait les personnes présentant un risque de devenir dépendantes financièrement du gouvernement. De la même façon, il recommandait d'abandonner la règle refusant des personnes ayant un casier judiciaire si ce casier était dû à des « crimes » antinazis ou antifascistes.

Fry n'était certainement pas le seul à avoir des désaccords avec le département d'État. En septembre 1942, estimant que les agences de secours humanitaires indépendantes n'étaient pas fiables, surtout en temps de guerre, le département d'État annonça que la Croix-Rouge américaine allait désormais s'occuper seule des opérations de secours privées en France. Malgré l'activité intense de l'Unitarian Service Committee en Europe à l'époque, Long prétextait la rupture des relations entre les États-Unis et Vichy pour refuser aux unitariens la poursuite de leur mission.

En 1942, Fry entama un livre relatant son expérience en France, mais l'écriture lui posait des difficultés. Il n'avait pas tenu de journal à l'époque car il aurait pu être utilisé contre ses protégés, or sa mémoire était loin d'être parfaite. Fry souffrait également du syndrome de la page blanche. Selon lui, son esprit obsessionnel l'empêchait de faire le tri entre les faits importants et les faits secondaires. Au bout d'un an, il avait rédigé une grande partie de son travail mais, à bout de forces, il mit de côté son manuscrit. Sa difficulté à le terminer venait probablement d'une dépression.

> « C'est une chose de se dire que, même pendant une guerre comme celle-ci, on doit toujours écrire les livres et en lire. C'en est une autre de réussir à atteindre le degré de concentration nécessaire pour faire un bon travail. Je trouve cela presque impossible, car je suis incapable de me sortir de l'esprit les événements terribles qui se déroulent en ce moment dans le Pacifique Sud-Ouest et sur le front russe. »

Fry et Eileen finirent par divorcer en 1942. Comme Fry l'explique à son ami Gemähling, « après des années de querelles et de réconciliations », leur relation « était devenue invivable ». Au début, Fry parla d'une décision prise conjointement, mais affirmera par la suite que c'était *lui* qui avait quitté Eileen car il ne supportait plus son tempérament autoritaire. À Bénédite, il avoua ne pas « baigner dans un bonheur extatique » mais se sentir « moins malheureux dans [sa] garçonnière » qu'il avait pu l'être auparavant. Les deux ex-époux restèrent malgré tout en bons termes, et continuèrent de se voir souvent.

Comme pour renouer en quelque sorte avec sa vie marseillaise, Fry voulait devenir officier des Forces armées américaines basées en France. Une tentative pour rejoindre l'OSS avait échoué. « L'OSS n'a pas voulu de moi, mais j'ai quand même eu droit à un interrogatoire complet sur nos filières clandestines, raconte-t-il à Marcel Verzeanu. Comme ils n'ont pas l'intention de faire sortir des réfugiés d'Europe, j'en ai conclu qu'ils veulent utiliser nos itinéraires pour faire passer leurs agents. » En attendant d'avoir des nouvelles de l'armée, Fry devint responsable de quartier contre les raids aériens. Il patrouillait dans les rues près de son appartement d'East $49^{th}$ Street.

À la fin de l'année, il commença à prendre du recul par rapport à son travail pour les réfugiés. Tout en restant émotionnellement connecté à cette année intense à Marseille, qu'il vivait et revivait en pensée, il s'occupait de futilités comme s'offrir des costumes parfaitement coupés et des souliers sur mesure, et dresser la liste des amis à qui il avait prêté des livres. Il était à bout de souffle, séparé de sa femme, frustré par son travail. « Ici, je suis perdu, confie-t-il à Bénédite. Eileen dit que je suis obsédé par Marseille. C'est peut-être bien le cas. »

Pour surmonter son sentiment d'exil, Fry écrit plusieurs articles sur son activité en France et sur le mouvement clandestin français. Mais rien n'y fait. « Le massacre des juifs se poursuit sans relâche. Le rythme s'accélère même régulièrement, écrit-il à un ancien protégé. Et nous nous contentons de déplorer ces événements horribles sans prendre aucune décision concrète pour les arrêter. C'est criminel. » En décembre 1942, *The New Republic* publia son article le plus important : « Le massacre des juifs en Europe : histoire de l'assassinat le plus terrifiant de l'histoire de l'humanité ». Fry y révèle que des informations sur l'extermination de masse des juifs ont été acheminées clandestinement aux États-Unis, et que des responsables américains avaient connaissance de l'Holocauste à venir.

« Selon un rapport adressé au président par les dirigeants de groupes juifs américains, près de 2 millions de juifs européens ont déjà été massacrés depuis le début de la guerre, et il est prévu que les 5 millions restants qui vivent sous contrôle nazi soient anéantis dès que les blonds bouchers de Hitler pourront parvenir jusqu'à eux. Sur les 275 000 juifs qui vivaient en Allemagne et en Autriche au début de la guerre, il n'en reste plus que 52 000 à 55 000. Les 170 000 juifs de Tchécoslovaquie ne sont plus que 35 000. Pour la Pologne où le programme nazi a été mis en œuvre très rapidement, les chiffres sont incertains. On comptait 3 300 000 juifs en Pologne au début de la guerre, mais quelque 500 000 ont fui en Russie, ce qui en laisse environ 2 800 000. Au début de l'été 1942, ce nombre était déjà tombé à 2 200 000 et, depuis lors, déportations et massacres n'ont cessé de s'intensifier. Dans le ghetto de Varsovie, où vivaient autrefois 550 000 juifs, il en reste aujourd'hui moins de 50 000. Dans la ville de Riga, en Lettonie, 8 000 juifs ont été exécutés en une seule nuit. Une semaine plus tard, 16 000 autres ont été conduits dans une forêt, contraints à se déshabiller et abattus à la mitrailleuse. Ce n'est pas seulement l'Europe centrale et orientale qui est "purifiée" ou rendue "*Judenrein*[1]", comme les nazis se plaisent à le dire. Les Pays-Bas ont déjà livré 60 000 de leurs 180 000 juifs. Sur les 85 000 juifs qui vivaient autrefois en Belgique, il n'en reste plus aujourd'hui que 8 000 ; quant à la France, sur plus de 340 000 juifs, plus de 65 000 ont été déportés. La Norvège elle-même a commencé à acheminer ses citoyens juifs vers l'est, en direction des abattoirs nazis et des geôles où ils mourront de faim. »

1. Littéralement, « lavée de tout juif ».

Malheureusement, comme en 1935 quand Fry avait dénoncé dans le *New York Times* le plan d'extermination de Hitler, cet article reçut très peu d'écho.

Mais il n'abandonnait jamais. Sa capacité d'action semblait infinie. En 1943, il aida ainsi à organiser la Conférence américaine du travail sur les affaires internationales, qui étudiait les questions politiques et économiques pour le mouvement ouvrier américain. Fry devint directeur exécutif et rédacteur en chef de sa publication trimestrielle. Il fut aussi engagé à temps partiel comme rédacteur en chef de *Common Sense*, un mensuel libéral.

Début 1943, il reçut enfin des nouvelles de l'armée. D'un geste nerveux, il déchira l'enveloppe pour découvrir qu'il avait été classé « 4F » en raison d'un ulcère d'origine psychologique. Fry savait qu'il souffrait d'un ulcère duodénal, mais n'avait pas imaginé que cela l'empêcherait de servir.

Pour faire face à l'ulcère ainsi qu'à son angoisse de la page blanche, Fry décida d'entreprendre une psychanalyse. Un ancien protégé, le Dr André Glaz, lui proposa une « analyse didactique » effectuée en français. Annette Fry se rappelle : « Varian connaissait si bien Freud que le docteur a fini par travailler avec lui comme avec un médecin diplômé. » (Deux ans plus tard, les symptômes de son ulcère s'atténuèrent et Fry eut l'impression de « recommencer [sa] vie avec une nouvelle personnalité ».)

Pendant toute la durée de la guerre, Fry ne laissa jamais passer une occasion de placer une attaque contre le gouvernement, tout spécialement contre le département d'État. Mais il pouvait aussi lui arriver de s'entendre avec ses membres. En mai 1944, Fry, l'éditeur Victor Ridder et le journaliste Walter Ridder, son fils, furent reçus par le secrétaire d'État adjoint Adolf Berle à qui ils souhaitaient présenter un projet d'organisation. Composée de sociaux-démocrates allemands et de dirigeants syndicaux américains, elle visait à promouvoir les principes de la démocratie en Allemagne. Berle répondit à Fry et à ses associés que le département d'État ne voyait aucune objection à l'existence d'un tel organisme. « Le gouvernement respecte la liberté d'expression et la liberté de réunion dans ce pays, tant qu'elle est compatible avec la conduite de la guerre. »

Dans le courant de l'été 1944, Fry retravailla son manuscrit sur son expérience marseillaise. Il prit une chambre à l'Elk Lodge, dans les Adirondacks, et c'est là qu'en quelques semaines seulement, il parvint à y mettre le point final. Le livre, écrit-il à Victor Serge, « vous rappellera ces jours d'attente à Marseille et ce contraste bizarre entre les événements dont nous étions témoins et le contexte dans lequel ils se produisaient ».

La dédicace du livre prouve assez qu'il ne tenait aucune rancœur envers Kingdon ni d'autres personnes de l'ERC :

> « Pour Anna Caples et Paul Hagen, qui ont été à l'origine de cette action ; pour Frank Kingdon, qui lui a apporté son soutien ; pour Ingrid Warburg et Harold Oram, qui l'ont rendue possible ; et pour tous ceux qui en Suisse, en France, en Espagne, au Portugal et en Afrique, avec abnégation et parfois au péril de leur vie, l'ont menée à bien. »

Fry montra son manuscrit terminé à Robert Linscott, éditeur chez Houghton Mifflin, qui décida de le publier.

En attendant cette publication, Fry continuait à se faire du souci pour ses amis restés en France. Juste avant Noël 1944, il reçut enfin des nouvelles de Gemähling et de Bénédite. Pendant deux ans, il avait espéré que ses collègues du Centre survivraient miraculeusement à la guerre, tout en se laissant aller aux tourments d'imaginer ce qu'il pouvait leur arriver. À certains moments, avouera-t-il à Gemähling, il « osait à peine espérer » qu'ils étaient en vie. « Comme si je craignais qu'un espoir trop profond, trop intense, réduise à néant les chances que mon vœu se réalise. […] Si je croyais en un dieu, je dirais : merci mon Dieu, que vous soyez tous les deux en vie et en bonne santé. Comme je ne crois pas en un dieu, je ne peux pas le remercier, mais je peux tout de même être fou de joie. »

Mais Fry pleurait aussi deux autres collègues marseillais, Jacques Weisslitz – qui réalisait des entretiens avec les réfugiés du Centre – et Charles Wolff, tous deux assassinés. Wolff avait passé deux ans à servir de messager entre la résistance française et la résistance espagnole. Sous la torture, un de ses collègues avait livré son nom et Wolff avait été arrêté par la Milice française en août 1944. Il était mort sous les coups de ses bourreaux.

Jacques Weisslitz et sa femme étaient des Français juifs qui s'étaient vus refuser un visa américain. En 1942, Fry avait suggéré aux Weisslitz d'attendre six mois, puis de faire appel. Il n'avait plus eu aucune nouvelle pendant deux ans, jusqu'à un télégramme de Danny Bénédite reçu fin novembre 1944 : « Jacques déporté en Allemagne ». Fry espérait que cet expert en taille de diamants avait été déporté pour travailler. Dans son télégramme de réponse, il demanda : « Déporté comme travailleur ou comme juif ? » Bénédite précisa : « Jacques et sa femme ont été déportés parce qu'ils sont juifs. »

Fry tenta en vain de comprendre pourquoi le couple n'avait pu obtenir de visas. Il découvrit que les Weisslitz avaient fait l'objet d'une enquête approfondie du FBI et du département d'État. Après leur déportation, plus personne n'entendit parler d'eux.

En avril 1945, lorsque Random House[1] publia *Livrer sur demande*, l'International Rescue and Relief Committee

1. Où Robert Linscott avait été recruté, emportant le manuscrit de Fry avec lui.

célébra l'événement en organisant un cocktail de lancement. À cette occasion, Frank Kingdon monopolisa l'attention de l'auditoire en annonçant sa retraite. « La publication de notre histoire met un terme à la première phase du travail de l'Emergency Rescue Committee », déclara-t-il, ajoutant qu'il démissionnait de son poste de directeur de l'IRRC.

Quant au livre lui-même, les premières réactions vinrent des protégés de Fry. L'auteur Hermann Kesten écrivit à Fry qu'il était « non seulement une âme noble mais aussi un écrivain de talent. L'existence d'êtres comme vous, de véritables êtres humains, justifie qu'on ose survivre au cataclysme d'une ou deux guerres mondiales, et que l'on soit encore capable de se réjouir d'appartenir à cette soi-disant race humaine[1] ». Kesten restait malgré tout amer envers le département d'État, « ces gens qui ont aidé à tuer car ils n'étaient pas prêts à sauver leurs semblables en danger de mort ». Konrad Heiden et Lion Feuchtwanger écrivirent à Fry des lettres enthousiastes et élogieuses. Pour Charlotte Feibel, une autre ancienne protégée, *Livrer sur demande* ravivait les souvenirs de l'action de Fry « qui [lui] avait redonné le goût de vivre après une année de désespoir, de chagrin, d'angoisse, de gâchis ».

Dans la presse, les critiques furent plutôt bonnes. *Brentano's Book Parade* qualifia le livre de « récit d'aventure authentique, narré avec verve, humour et un réel talent pour brosser des portraits ». Mais, pour Fry, le commentaire le plus important sera formulé par Russell Maloney qui, dans le *New York Times*, décrivait l'auteur du livre comme « un homme bon qui ajoute au bonheur du monde ».

1. Lettre d'Hermann Kesten à Varian Fry, 28 avril 1945.

L'un des objectifs de Fry, en écrivant son livre, était de révéler le rôle du département d'État dans le refus d'accueillir des réfugiés aux États-Unis. Si le message passa auprès de quelques lecteurs, *Livrer sur demande* connut des ventes décevantes et resta sans effet sur l'opinion que les Américains se faisaient du département d'État, de la guerre, des réfugiés et des juifs. Le critique de *Journal*, une gazette de Providence, Rhode Island, alla jusqu'à accuser Fry d'avoir « violé les lois de la France et des États-Unis par son activité clandestine ». Soucieux de clarifier les choses, Fry répondit : « Certes, mes tentatives pour sauver la vie de réfugiés pris au piège en France ont parfois enfreint les lois du gouvernement de Vichy mais jamais celles des États-Unis. »

À quoi le critique répliqua : « Si ses subterfuges ont embarrassé le gouvernement américain, nui à nos relations avec la France et amené nos gouvernants à faire pression sur M. Fry pour qu'il y mette un terme, M. Fry a sans doute raison quand il dit qu'il n'a violé aucune loi américaine. Sur ce point, mon compte rendu contient probablement une erreur, même s'il faudrait un avocat pour déterminer la position exacte de M. Fry. Ce qui est certain, c'est que, par ses manigances, des réfugiés ont réussi à entrer sur le sol américain alors qu'ils n'auraient jamais pu y arriver par des méthodes ordinaires et légales. »

Pour Fry, cette dernière phrase validait l'aspect le plus important de son travail : il avait obligé les États-Unis à accueillir des réfugiés qu'ils n'auraient pas accueillis autrement, des gens que les nazis auraient sûrement fini par assassiner. Et, bien qu'il ait utilisé des « subterfuges » et des méthodes douteuses pour parvenir à ses fins, il n'avait pas enfreint la loi américaine. Reste que cette façon de voir les choses n'était pas partagée par tout le monde et, après la publication de *Livrer sur demande*, le département d'État manifesta une fois de plus sa colère envers Fry.

« Apparemment, j'ai commis un acte impardonnable : dire la vérité sur eux. »

Durant cette période, le positionnement idéologique de Fry connut un changement assez radical : se détournant des idéaux de gauche de sa jeunesse, il se mit à adopter une philosophie plus conservatrice. Avant Marseille, il avait une sensibilité de gauche *mainstream*, avec « une certaine neutralité nourrie par une solide formation protestante et une éducation humaniste[1] », comme l'analyse l'historien Laurent Jeanpierre. « L'éducation qu'il avait reçue à l'école comme à la maison le confortait dans son respect des valeurs occidentales, de la tradition et de la culture humaniste. » Mais, après Marseille, il avait changé. Sa proximité avec Bénédite, son activité au sein d'un réseau clandestin et sa connaissance intime des luttes antifascistes s'étaient conjuguées pour lui apprendre la méfiance et la ruse.

Quand, après la guerre, deux écoles libérales ont émergé, l'une antifasciste et l'autre antisoviétique, Fry a opté pour le courant antisoviétique. Fry et d'autres anticommunistes firent scission du Parti libéral américain, au prétexte que « le Parti libéral américain [était] devenu communiste », et donnèrent naissance au Parti libéral. Ce nouveau penchant conservateur amena Fry, farouchement opposé à l'Union soviétique et au Parti communiste, à rompre avec bon nombre de ses amis.

Méprisant toute personne tenant des propos positifs sur la Russie soviétique, Fry se rangeait dorénavant du côté des anticommunistes fanatiques et haineux, à l'instar de la Commission des activités antiaméricaines de la Chambre des représentants et du sénateur Joseph McCarthy. Pour autant, Fry ne soutiendra ni ne tolérera jamais ces extrémistes, et les auditions de la commission McCarthy le mettaient hors de lui.

1. Entretien avec Laurent Jeanpierre, 21 mars 1999.

Ce nouveau conservatisme créa des complications dans sa vie professionnelle. Jusqu'en mars 1945, Fry collaborait à la rédaction de *The New Republic*, même s'il était depuis longtemps en désaccord avec la ligne du magazine. Après la publication d'un éditorial réprimandant les États-Unis et la Grande-Bretagne pour leurs abus de pouvoir mais gardant le silence sur « les abus de pouvoir nettement plus flagrants » de l'Union soviétique, Fry eut sa réaction habituelle : il claqua la porte avec fracas. « Franchement, ça me file la nausée. Je suppose que je ne suis qu'un simple Américain qui n'a pas encore l'habitude d'avaler sans broncher des couleuvres – en l'occurrence, la façon dont Moscou arrange tel ou tel événement. Après avoir lu votre éditorial, j'ai eu envie de vomir[1]. » Il refusa que son nom soit plus longtemps associé au magazine.

Après ce coup d'éclat, Fry resta toujours en froid avec l'establishment libéral. Samuel Sillen, journaliste du *New Leader*, accusa la Conférence américaine du travail sur les affaires internationales, que Fry avait contribué à créer en 1943, d'être « une coalition de sociaux-démocrates antisoviétiques et des dirigeants les plus réactionnaires de l'AFL ». Fry et d'autres personnes partageant les mêmes idées avaient uni leurs forces à celles des sociaux-démocrates « dans un effort pour écraser l'Union soviétique et le mouvement antifasciste ». Peu de temps après cet article, alors que Fry était en tournée promotionnelle pour son livre, le bureau organisant ses conférences le laissa tomber. Personne ne voulait entendre son message – que les États-Unis devraient tôt ou tard entrer en guerre avec la Russie.

Mais, comme sa personnalité, le positionnement politique de Fry n'a jamais été simple et ne se prêtait pas aux étiquettes. Tout en ayant critiqué son gouvernement dans de nombreux domaines, il restait « extrêmement patriote »,

1. Lettre de Varian Fry à Bruce Bliven, 30 mars 1945.

« aimait l'Amérique » et n'a jamais reproché à son pays « de ne pas avoir reconnu ses efforts », comme le précise Annette Riley Fry. « Il reprochait juste au département d'État d'être une bande de baudruches hypocrites. » Fry respectait Roosevelt et, à la mort du président, il envoya une lettre de condoléances à sa veuve. « M. Roosevelt est le seul candidat à la présidence pour lequel j'aie jamais voté. [...] Nous devrons, bien sûr, apprendre à nous passer d'un tel homme, mais ce sera très difficile. » Fry en profitait pour remercier Eleanor Roosevelt d'avoir contribué à sauver des réfugiés, et il lui envoya un exemplaire de son livre. Au département d'État, le nom de Fry continuait d'être source de moqueries. Dans un mémo, un fonctionnaire écrivait avec mépris : « Incidemment, si vous avez un peu de temps pour une lecture de détente, vous serez intéressé par le livre de Fry, *Livrer sur demande*, qui vient d'être publié par Random House... »

En août 1945, Fry s'engagea de nouveau auprès des réfugiés, non pas en France cette fois mais dans le nord de l'État de New York. Un millier d'entre eux, juifs pour la plupart, avaient pu entrer aux États-Unis, mais pour être immédiatement placés derrière les grilles de Fort Ontario, un camp situé à Oswego, près de la frontière canadienne. Ils n'avaient le droit ni de recevoir de visites, ni de quitter le camp. Par ailleurs, on les avait informés qu'ils avaient peu de chances d'obtenir un visa d'immigration américain. Craignant que ces personnes ne soient déportées, Fry demanda instamment au procureur général des États-Unis de trouver un moyen de « permettre aux réfugiés [...] internés à Fort Ontario d'obtenir des visas d'immigration pour entrer légalement aux États-Unis ».

Fry restait aussi en contact avec certains amis de l'époque de Marseille, et les ragots allaient bon train. Breton et sa femme s'étaient séparés, Jacqueline vivait désormais avec Roberto Matta, « un peintre sud-américain plutôt beau garçon (et moitié plus jeune qu'André) », écrit-il à Bénédite. Max Ernst avait quitté Peggy Guggenheim pour une étudiante, « la jeune femme la plus naïve que j'aie jamais vue ». Consuelo de Saint Exupéry ne savait toujours pas ce qui était arrivé à son mari, possiblement « abattu au-dessus de la France l'été [précédent] – mais ni son avion ni son corps n'[avaient] été retrouvés ». Hirschman et Verzeanu avaient rejoint les rangs de l'US Army, et étaient basés en Italie. Fry voyait parfois Mary Jayne Gold et Miriam Davenport, qui vivaient à présent à New York et avaient beaucoup mûri depuis les folles années de leur jeunesse.

Plus de deux ans après sa séparation d'avec Eileen, Fry vivait toujours en célibataire – avec Clovis et « l'impatiente Mme Clovis » en guise de colocataires. S'il se satisfaisait de vivre avec ses chiens, ses livres et ses photos, il lui arrivait tout de même de se sentir seul, parfois : « Les bouteilles vides s'alignent sur les étagères de ma petite cuisine, et pas une n'a été ouverte sans que je te porte un toast, écrit-il à Bénédite. Aucun compagnon de boisson ne saurait les apprécier comme toi, ni chanter les chansons qui vont avec. »

Cette vie solitaire donnait au moins à Fry le temps de s'adonner à divers hobbies : ses postes de rédacteur à *Common Sense* et au *Journal of International Affairs* de l'American Federation of Labor lui assuraient un bon salaire, environ 15 000 dollars par an. Il devint membre de la Gourmet Society et se mit à collectionner les souliers et costumes sur mesure. Comme, en général, il trouvait toujours quelque chose à redire aux articles finis, il se lançait dans d'interminables bras de fer avec les cordonniers et les tailleurs.

Peu importe, au fond, qu'il s'agisse d'un cordonnier ou du département d'État : à ce stade de sa vie, Fry paraissait possédé par une pulsion vindicative qui l'amenait à s'en prendre à tout le monde, petit ou grand. Mais, s'il dépensait de plus en plus d'argent, ses principales sources de revenus commencèrent bientôt à se tarir. Au début de l'année 1946, les deux magazines qui l'employaient durent fermer pour raisons financières. Fry avait bien signé en janvier un contrat avec *The Saturday Review* mais il devint vite clair qu'une fois de plus, il était incapable d'accepter les critiques de ses supérieurs. En mai, le magazine lui rendit poliment sa liberté. Fry soumit ensuite ses idées à *Collier's*, au *Chicago Daily News*, au *Coronet* ainsi qu'à d'autres publications, sans succès. Pendant l'été, il occupa deux semaines durant le poste de rédacteur en chef du *Tomorrow Magazine* jusqu'à ce qu'il se dispute avec sa patronne. « Même si nous y mettions du nôtre, vous et moi ne tomberions *jamais* d'accord sur les principes fondamentaux », lui écrivit Eileen J. Garrett, qui lui demanda de démissionner. Non content de refuser, il exigea bien plus que l'indemnité de départ de deux semaines proposée, et finit par conseiller la directrice de publication sur la façon de diriger son magazine – ce qui laisse deviner pour quelles raisons son passage a été si bref : « Votre magazine a toujours eu la réputation d'être très mal conçu. Si vous voulez vraiment le sortir de la catégorie des publications non professionnelles, engagez un rédacteur en chef en qui vous pouvez avoir confiance et laissez-le faire. »

Au fil des ans, l'engagement politique de Fry s'atténua. Membre du conseil d'administration de la Ligue internationale des droits de l'homme à partir de 1945, il s'y intéressait de moins en moins. Il avait même perdu le contact avec ses réfugiés, ne recevait pratiquement plus aucune nouvelle d'eux. « Je me demande si vous mesurez à quel point votre lettre annuelle compte pour moi ? demande-t-il à un correspondant. De toutes les personnes que j'ai aidées en France, vous êtes le seul à m'écrire chaque année, à la date anniversaire de votre arrivée aux États-Unis. »

Comme l'écriture et le journalisme en free lance ne fonctionnaient plus et que Fry se trouvait sans revenus, il décida en 1946 de se lancer dans une aventure commerciale. Grâce à des prêts d'Eileen et d'un ami de Marseille, Max Ascoli, il acheta Cinemart International, un petit studio d'enregistrement et une société de production centrée sur les films éducatifs et les publicités pour la télévision. S'il arriva à maîtriser rapidement les aspects techniques de l'enregistrement sonore et de la production, son efficacité sur le plan commercial était bien moindre.

Seul mais désireux de retomber amoureux puis de se marier, Fry commença à organiser des cocktails le vendredi après-midi pour rencontrer des femmes. Jim Hess, un camarade de Harvard, se souvient : « Il m'a invité, ainsi que d'autres amis, à condition que nous amenions une femme différente chaque fois, car il voulait faire des rencontres. »

Fry était resté très proche de son ex-femme. Lorsqu'on lui avait diagnostiqué un cancer du sein, il prit soin d'elle et resta auprès d'elle jusqu'à la fin. Eileen, qui travaillait pour Albert Einstein au Comité d'urgence des scientifiques atomistes de Princeton, avait trop longtemps ignoré ses symptômes : quand la maladie avait été détectée, il était trop tard pour envisager un traitement. Même après que les métastases eurent envahi ses poumons, « elle avait l'habitude de se tenir devant une fenêtre grande ouverte, aspirant de grandes goulées d'air malgré ce qu'elle appelait "sa grippe", se rappelle Miriam Davenport. En réalité, elle voulait mourir. Quelque temps plus tôt, elle avait déjà envisagé le suicide ». Davenport, qui travaillait pour Eileen à Princeton, pensait qu'elle ne s'était jamais remise de sa rupture avec Fry.

La maladie d'Eileen lui valut un message sympathique quoique confus de la part d'Einstein : « Je suis vraiment désolé que vous ayez à souffrir si durement. Vous êtes trop désintéressée pour ce monde, quelqu'un devrait vous protéger. Je vous souhaite de tout cœur de retrouver bientôt la santé et de retenir cette leçon que le diable vous a donnée. » Vers la fin, Eileen fut admise à l'hôpital et Fry lui faisait la lecture tous les jours, jusqu'à sa mort le 12 mai 1948. Dans son hommage à Eileen, Einstein déclara que sa mort laissait aux personnes qui lui survivaient « un souvenir heureux, et cette influence intangible mais prégnante que laisse derrière elle une personne dotée de qualités aussi rares ».

Pour Fry, la disparition d'Eileen et la fin de son engagement dans les causes politiques signifièrent une sorte de mort. Bien qu'il ait rejoint le conseil d'administration de l'American Civil Liberties Union en 1946 et continué de siéger à la Ligue internationale des droits de l'homme, ses relations avec les autres membres du conseil se faisaient de plus en plus acerbes. À la fin de la décennie, Fry connut au moins un changement heureux dans sa vie : au cours de l'hiver 1948, il fit la connaissance d'une femme brillante, séduisante et drôle. Annette Riley, de seize ans sa cadette, était un antidote à sa tristesse. C'est avec elle que Fry allait fonder une famille et passer les deux décennies suivantes, les dernières années de sa vie.

# 14

## Les dernières années

> *« J'ai mené une belle vie. En 1950, j'ai épousé une jeune femme charmante, très belle, et nous avons eu trois merveilleux enfants. »*
>
> *Varian Fry*

Dès leur première rencontre, Annette Riley se sentit attirée par Varian Fry. « On avait l'impression qu'un enfant terrible au tempérament imprévisible vivait en lui, prêt à surgir à tout moment. » Il lui rappelait son père, Woodbridge Riley, le doyen « acerbe et érudit » du département de Philosophie de Vassar College, un homme « qui n'avait guère de patience pour les imbéciles ». Fry intriguait Annette, notamment parce qu'il semblait n'en faire qu'à sa tête, sans craindre les reproches. « Et puis il était drôle… et il m'adorait[1]. »

Annette avait grandi dans un milieu aisé. Sa famille habitait près du campus de Vassar, à Poughkeepsie (État de New York), où, dès l'âge de quatre ans, elle était devenue « la mascotte de la promotion 1928 ». Elle avait perdu son père à neuf ans, et sa mère, Laura Troth Riley, était repartie vivre à Philadelphie avec ses enfants.

---

1. Toutes les citations d'Annette Riley Fry figurant dans ce chapitre proviennent de nombreuses interviews accordées à l'auteur entre le 16 février 1998 et le 3 juin 2000.

Naturellement, si Fry amusait la jeune Annette autant qu'il l'étourdissait par son comportement, sa façon d'ignorer les conventions sociales pouvait parfois le desservir. Le jour où Annette amena ce bel homme au domicile familial pour le présenter à sa famille – il avait quarante-trois ans et elle vingt-sept –, Mme Riley lui avait servi sa spécialité : du poulet à la crème avec du riz. Fry avait décrété le riz trop cuit et offert à sa future belle-mère ses conseils pour mieux le réussir. Il se comportait toujours « comme si sa façon de faire était la seule bonne » – et parvenait d'ordinaire à en convaincre Annette. « Pendant nos dix-sept années de mariage, je l'ai toujours perçu comme Dieu. » Quand, par la suite, elle s'aperçut que ce n'était pas toujours le cas, elle se mit à reproduire ce que sa mère faisait avec son père, « en retournant voir les gens pour essayer d'arranger la situation ».

Fry « rêvait de se marier et d'avoir des enfants », et même une maison de campagne noyée sous les rosiers. Si, plus tard, Annette se fit la réflexion que « Fry était trop âgé et trop excentrique pour [elle] », cette idée ne l'effleura pas une seconde le jour de leur mariage, le 11 novembre 1950. « Il rêvait de gagner beaucoup d'argent » et se voyait volontiers en *gentleman-farmer*. Mais, dans les premières années de leur mariage, il dut se démener pour que Cinemart dégage les profits qui lui permettraient d'atteindre cet objectif.

Car Cinemart n'offrait pas au couple la qualité de vie à laquelle Fry aspirait. L'entreprise connut même un coup dur à l'automne 1951, quand l'US Army-Navy-Air Force Personnel Security Board interdit à Cinemart de participer à un appel d'offres gouvernemental pour réaliser des films pédagogiques destinés aux recrues. Ce revers serait dû à une fausse information – sans doute tirée de son dossier du FBI – selon laquelle Fry était membre du Parti communiste depuis 1937 et « nourrissait des amitiés étroites avec les membres du Parti communiste ».

L'accusation était risible, compte tenu de l'anticommunisme virulent de Fry, mais ses conséquences sur ses affaires étaient bien réelles. Fry se plaignit énergiquement à J. Edgar Hoover, le directeur du FBI, lui assurant qu'il était et avait toujours été opposé au communisme, mais Hoover refusait d'attribuer les déboires de Fry avec le gouvernement à une fausse information fournie par ses services. Fry finit par demander à des personnalités reconnues – notamment le socialiste Norman Thomas, plusieurs fois candidat à la Maison Blanche, et Roger Baldwin, président de l'ACLU[1] – d'écrire des lettres pour le défendre. « Varian a finalement reçu l'autorisation de concourir à l'appel d'offres de l'US Army », se rappelle Annette, mais Cinemart ne décrocha pas le marché et continua à perdre de l'argent.

Fry n'avait pas les compétences nécessaires en vente et en marketing. Il n'était pas non plus très doué – contrairement à ce qu'il avait montré à Marseille – pour recruter ses collaborateurs. « Il avait une vision assez naïve des gens… Il était persuadé que tous avaient à cœur de défendre ses intérêts *à lui.* » Par conséquent, ses employés faisaient rarement l'affaire. En 1952, Fry engagea un associé qui, voyant la mauvaise santé de l'entreprise, lui proposa de la racheter. Fry refusa « car il s'était brusquement mis à détester cet associé ». L'aventure Cinemart s'acheva sur une faillite.

La parenthèse de l'entrepreneuriat refermée, Fry revint à son activité de journaliste free lance : il écrivait des brochures et autres documents promotionnels pour le compte de sociétés du palmarès Fortune 500[2],

1. Pour *American Civil Liberties Union* (Union américaine pour les libertés civiles).
2. Classement des cinq cents premières compagnies américaines réalisé chaque année par le magazine *Fortune.*

et ses revenus substantiels lui permirent de subvenir à ses besoins pendant dix ans. Il écrivait aussi pour des magazines, proposait sa plume pour des mémoires d'étudiants en fin de cursus. Surtout, il débuta une longue collaboration avec Coca-Cola Export. D'abord comme directeur éditorial pour le bureau de New York puis, « par consentement mutuel », comme auteur free lance. Travailler en free lance était un bon compromis pour Fry. Il était incapable de travailler en équipe « s'il n'était pas capitaine de l'équipe ». Tout au plus pouvait-il demander à Annette de se documenter pour lui ou de participer à l'écriture des documents pour Coca-Cola.

C'est à cette époque que deux enfants virent le jour : Thomas Varian, le 4 janvier 1952, et Sylvia Woodbridge (qui finirait par choisir le nom de Varian), le 6 mai 1953. Annette étant employée comme assistante de Fry, ils engagèrent une nourrice à plein temps.

Pour compléter ses revenus, Fry prit également un poste de professeur, et découvrit combien l'enseignement lui plaisait. « Il adorait pontifier, commente sa femme, mais c'était un merveilleux pédagogue ». À compter de 1952, il donna des cours d'écriture créative dans le département d'Éducation pour adultes du City College. L'enseignement et l'écriture lui convenaient bien car ils lui donnaient un sentiment d'autonomie. En somme, pendant ces années 1950, Fry semblait avoir trouvé le bon équilibre dans sa vie.

Au début du printemps 1951, lors d'une soirée à Westport, Connecticut, les Fry, la romancière Mary McCarthy et d'autres convives eurent une discussion à propos de l'enquête du Congrès menée sur un journaliste du *New Yorker*, A. J. Liebling, soupçonné de sympathies communistes. L'assistance était scandalisée mais Fry, qui « aimait bien provoquer ses amis de gauche », ne partageait pas leur avis. Au contraire, raisonna-t-il, non seulement

Liebling mais aussi tous les journalistes du *New Yorker* « devraient faire l'objet d'une enquête sur leurs liens avec leurs compagnons de route »... La conversation se fit houleuse, tempérée par des bons mots et des rires. Fry surprit ses amis en leur avouant « son plaisir à avoir fait l'objet d'une enquête de l'Army Personnel Security Board à l'époque où il demandait des autorisations pour produire un film documentaire ».

Peu de temps après, les Fry croisèrent Mary McCarthy lors d'une conférence. « Elle n'était pas du genre à être gênée, se rappelle Annette, mais je crois que ça l'a déstabilisée de nous voir cet après-midi-là. Il faut dire qu'elle était sur le point de prendre la parole – et qu'elle avait prévu quelques remarques très critiques sur Varian... » Dans sa conférence comme dans un recueil d'essais intitulé *À contre-courant*, McCarthy qualifie en effet Fry de « semi-intellectuel ». Une étiquette qu'Annette trouvait amusante, et elle comme ses amis n'hésitaient pas à taquiner Fry à ce sujet. « Varian, qui lui aussi semblait ignorer ce qu'est la gêne, était au fond assez penaud du portrait que Mary avait brossé de lui. » Il finit par en rire.

En 1953, alors que Fry siégeait au conseil international de l'ACLU depuis sept ans, sa position farouchement anticommuniste commença à créer un malaise parmi ses collègues. Pour Fry, le Parti communiste n'était « pas un parti politique mais, d'abord et avant tout, un complot », et il était furieux que des membres du conseil de l'ACLU refusent de l'admettre. Ce qui ne l'empêchait pas de prendre au sérieux son rôle au sein de l'ACLU et d'être présent à presque toutes les réunions. Quand son mandat arriva à son terme, en octobre 1956, Fry vécut très mal de devoir être remplacé. Il se plaignit de ne pas avoir été prévenu de la date d'expiration de sa mission, ou qu'on ne lui eût pas demandé s'il souhaitait se représenter. Dans le même temps, fidèle à lui-même, il envoya au conseil d'administration quelques suggestions pour améliorer le processus de vote – avant de céder gracieusement son siège. « Il est peu de chose dans ce monde que je regrette aussi profondément que de devoir quitter la compagnie des hommes et des femmes qui forment le conseil d'administration de l'ACLU. Et pas seulement parce que nulle cause n'est plus chère à mon cœur que la cause de la liberté. Tant pis pour le cliché mais je n'ai jamais perdu de vue quel immense et rare privilège m'a permis de fréquenter de tels hommes, de telles femmes, et de confronter – de m'y essayer tout du moins – mon intelligence à la leur[1]. »

En 1955, des souvenirs de Marseille affluèrent d'un coup lorsque Fry vint en aide à Margot Wolff, une ancienne réfugiée qui réclamait un dédommagement financier à l'Allemagne nazie – sans doute l'une des premières procédures judiciaires de ce genre. À la demande de Wolff, Fry rédigea une déposition pour évoquer les conséquences du principe de « livrer sur demande » sur les réfugiés menacés. Il expliquait que son agence à Marseille avait permis à un ancien député du Reichstag, Walter Oettinghaus, de s'échapper. Wolff étant une proche collaboratrice du député, « sa sécurité personnelle était menacée non seulement par association mais aussi parce que, Mlle Wolff étant juive, son arrestation par la Gestapo aurait irrémédiablement abouti à son internement dans un camp d'extermination ». Pour étayer ses dires, il citait l'exemple de Jacques Weisslitz et de son épouse. « S'ils avaient pu trouver un endroit où se cacher avant l'occupation totale de la France, ils seraient peut-être en vie aujourd'hui. Si Mlle Wolff ne s'était pas cachée, elle serait peut-être morte aujourd'hui. »

Pendant les années 1950, Marseille semblait loin de Fry, mais cette expérience, comme son amour pour la

1. Lettre de Varian Fry à Walter Frank, 8 janvier 1956.

France, ne l'ont jamais quitté. Il aurait aimé s'établir en France. « Peu de choses pourraient me faire plus plaisir que travailler avec vous à Paris, écrivait-il fin 1955 à un cadre de Coca-Cola en poste dans la capitale. Ou alors travailler pour Coca-Cola dans ma ville préférée au monde : Marseille. Que pourrais-je faire pour que ce rêve se réalise ? »

À la même époque, Fry entra au conseil d'administration de l'American China Policy Association, une organisation à tendance conservatrice. Annette était horrifiée mais son mari « s'amusait comme un petit fou. Varian n'aimait rien tant que la confrontation, les frictions. Il adorait agacer les gens ».

Désormais père de famille, Fry voulait devenir *gentleman-farmer*. Il annonça à sa femme que « New York le déprimait et qu'il finirait par se tirer une balle s'il devait continuer à y vivre ». Il voulait aussi proposer à son père de vivre avec eux. Sa mère était morte en 1951 et Fry craignait que son père se sente seul. Contre l'avis d'Annette, il fit l'acquisition d'une énorme maison de douze pièces sur Olmestead Lane à Ridgefield, Connecticut, que sa femme surnomma bientôt « la Folie de Fry ». À l'automne 1956, toute la famille s'y installa, rejointe par le père de Varian et la mère d'Annette. (Arthur Fry et Laura Riley ne partagèrent qu'un an la vie du couple.)

Avoir une maison de campagne correspondait à l'image que Fry avait de lui-même : il adorait observer les oiseaux, jardiner et aller aux champignons. Il se lança même dans l'élevage de canards. L'immense jardin fleuri était complété par un potager, et Fry passait des heures à soigner ses roses, sa principale passion. Kerstin Brown, une amie de la famille, se souvient : « Fry pouvait être incroyablement maniaque… Par exemple, une fois thé récolté, combien de minutes attendre avant de le jeter dans l'eau bouillante ? Il pouvait vous rendre fou, avec ça… »

À Ridgefield, toute la famille vivait bien au-dessus de ses moyens mais Arthur Fry payait le loyer et, chaque fois que les finances commençaient à coincer, Fry n'hésitait pas à lui emprunter de l'argent. Annette tapait à la machine les notes et les brouillons de Fry pour ses travaux d'écriture mais, au fil du temps, elle se mit à tout rédiger elle-même. Son mari renouait avec d'anciennes passions comme les langues mortes qu'il avait étudiées à Harvard. « Je lui disais : on a ce travail à rendre, et il me répondait : Il faut bien que je me repose un peu. »

Bientôt, la vie de famille à Ridgefield devint aussi compliquée qu'à New York. Annette se rappelle son mari, plein d'esprit et d'humour mais aussi capable de changements d'humeur qui l'effrayaient. Cette peur la dissuadait de discuter avec lui. « Je sentais qu'il y avait une violence en lui. »

« Je crois que la mort de son père l'a vraiment déboussolé. » Arthur est mort le 3 avril 1958 et, d'après un voisin, Fry était tellement choqué que, pendant plusieurs jours, il a interdit à l'entreprise de pompes funèbres de venir chercher le corps[1]. Cet événement l'amena à réfléchir sur sa propre mortalité, il écrivit même sa propre notice nécrologique. Âgé de cinquante ans à la mort de son père, Fry se mit à ressasser pendant des mois « et son comportement devint encore plus bizarre ». Le 1er juillet 1958, la naissance d'un troisième enfant, James, lui redonna un peu d'allant, mais la disparition d'Arthur allait marquer une décennie de tempêtes émotionnelles provoquées autant par des incidents factuels que par les humeurs de plus en plus mercuriales de Fry.

Si le manque de reconnaissance pour son action auprès des réfugiés ne l'avait jamais perturbé, le début des années 1960 vit Fry « revenir à ses expériences de la guerre,

1. Un détail dont Annette Fry n'a aucun souvenir.

en quête d'une reconnaissance qu'il estimait mériter». Son tempérament redevint obsessionnel, comme pendant sa jeunesse, avant son travail psychanalytique. Selon Annette, leur mariage s'apparentait désormais à un tour de montagnes russes – et «pouvait parfois être incroyablement horrible». D'un autre côté, Fry restait spirituel, toujours prêt à rire et à plaisanter. Kerstin Brown se souvient ainsi qu'«il s'amusait à aboyer comme un chien», pour déstabiliser et faire rire les gens. «Fry pouvait aussi se montrer caustique, ou grivois, ou excentrique...»

Mais ces plaisanteries n'empêchaient pas la vie de famille d'être de plus en plus compliquée, à mesure que la personnalité de Fry se désintégrait. Il cessa d'écrire pour ses clients habituels, sauf Coca-Cola, et revint à ses premières amours, la culture classique et l'enseignement. Annette le soutint dans ce choix car elle sentait qu'il n'était jamais aussi heureux que devant des étudiants. Et, quand il était d'humeur aimante, il savait aussi se montrer expressif et généreux avec elle. Ainsi, chaque année, il lui offrait un petit bijou de chez Tiffany's. Pour leur dixième anniversaire de mariage, le 11 novembre 1960, une carte accompagnait le bijou: «Ma chérie, je viens de passer les dix meilleures années de ma vie – et de tellement loin que c'est presque infini. J'ai aimé chacune d'elles, et je t'aime pour me les avoir fait vivre.»

En 1960, Fry enseignait le latin et le grec ancien à la Ridgedfield High School, il était professeur de latin et de français suppléant à la Wilton High School et continuait d'animer des ateliers d'écriture créative au City College. Après une nouvelle altercation avec son employeur, il perdit son dernier client, Coca-Cola, et avec lui «une source de revenus très lucrative». En 1962, l'enseignement seul ne suffisant pas à couvrir les frais engendrés par la maison d'Olmstead Lane, les Fry furent obligés de déménager dans une maison plus petite et moins coûteuse. Il n'était plus «le maître du château».

Au printemps 1963, Fry se vit distinguer lors du dîner de gala du trentième anniversaire de l'International Rescue Committee. Lui et onze autres récipiendaires furent salués pour « leur contribution à la cause de la liberté depuis la fondation du Comité en 1933 ». Jacques Lipchitz remit à son ami une médaille de l'IRC avec la mention : « À Varian Fry, notre gratitude pour sa défense de la liberté – 1933-1963. » Quelques jours plus tard, Fry reçut une lettre d'un ancien protégé, Hans Sahl, qui était ravi d'apprendre l'honneur rendu à son ami car il le croyait mort. « Imagine un peu ma joie : Varian en vie ! »

Cette année-là, Fry suivit une formation à la Fairfield University afin d'obtenir un certificat d'aptitude à l'enseignement du Connecticut, tout en terminant son cursus d'étudiant en histoire à la Columbia University et en enseignant le latin pendant quelques mois à la Greenwich Academy. Il travaillait aussi à un ouvrage sur la guerre de Troie – qui ne fut jamais publié en raison des inévitables « divergences de vues » avec son éditeur.

Chaque fois que son existence semblait trouver un point d'équilibre, Fry découvrait un moyen de le rompre. À Greenwich, après avoir appris qu'un autre professeur avait communiqué les questions d'un examen à ses étudiants, il envoya une lettre furieuse de trois pages à la doyenne de l'université. Pour les autres professeurs, il s'agissait là d'une pratique courante, mais Fry considérait « qu'il s'agissait de tricherie, et il faisait preuve d'une morale inflexible à ce sujet ». À la fin du semestre, il ne fut pas réengagé.

Avant de partir, Fry eut une influence positive sur deux collègues. Quand il apprit qu'une jeune collègue, Joan Austin, avait du mal à résister au besoin de fumer, il lui parla du cancer d'Eileen et lui expliqua qu'elle devait « vraiment arrêter ». Austin avait suivi son conseil. « Je me suis souvent demandé si les paroles de M. Fry ne m'ont pas sauvé la vie », se rappelle-t-elle. Elle se souvient aussi d'une autre enseignante dont la foi chrétienne l'empêchait de voir un médecin, malgré un grave problème de santé. Fry avait été choqué de l'apprendre et « s'était mis à faire des recherches dans les écrits de Mary Baker Eddy[1], jusqu'à trouver une phrase semblant indiquer que, dans ce cas précis, chercher de l'aide auprès d'un professionnel de santé n'entrait pas en violation des préceptes de la Science chrétienne ». Il en parla à sa collègue et la convainquit d'aller consulter. Austin, qui ignorait tout du passé de Fry, le vit un jour donner à la bibliothécaire de la fac, « d'un air assez timide », un livre qu'il avait écrit. « Je pensais que c'était un de ces manuels de latin ennuyeux à mourir et je ne l'ai jamais interrogé à ce sujet, ni pris la peine de le lire. Comme je le regrette, aujourd'hui ! J'aurais tellement aimé l'entendre parler de ses expériences, ou comprendre comment cet homme avait pu prendre la bonne décision à une époque où tant d'autres détournaient le regard. Il était loin de ressembler à un héros, et pourtant... sa volonté de se battre pour ses convictions et d'aider les autres sautait aux yeux. »

Un quart de siècle après Marseille, une occasion se présenta à Fry qui allait lui permettre de renouer avec l'époque la plus gratifiante de sa vie. « Il voulait gagner plus d'argent en faisant quelque chose qu'il estimait digne de ses talents, raconte Annette. C'est ainsi qu'il conçut un projet destiné à l'IRC. » Son idée – un projet de souscription pour le Comité – l'excitait comme rien ne l'avait autant excité depuis des années Malgré les perspectives qu'elle ouvrait, elle faillit aussi le détruire.

1. Mary Baker Eddy (1821-1910) est la fondatrice du Mouvement de la Science chrétienne.

« Je pensais tenir une assez bonne idée. Il s'agissait de demander à Lipchitz et à neuf ou dix autres "grands hommes" du monde des arts – disons Chagall, Max Ernst, Henry Moore, Miró, Picasso – de réaliser chacun une lithographie sur le thème d'Énée fuyant Troie – le modèle classique du réfugié. »

L'IRC et Fry trouvèrent un accord fin 1963. Il devait trouver les artistes et leur acheter une lithographie pour un projet destiné à « commémorer la mémoire des victimes des nazis, vingt-cinq ans [auparavant] ». L'IRC lèverait ensuite des fonds pour publier ces œuvres sous forme de portfolio. Charles Sternberg – ou Karel, au temps de Marseille –, le directeur exécutif de l'IRC, considérait Fry comme l'homme de la situation. Et pour Fry, cette mission était l'occasion de revoir sa France bien-aimée et de reprendre contact avec les gens de Marseille. Sternberg se rappelle « combien il était impatient. Il voyait vraiment ça comme un retour sur le champ de bataille ».

Fry signa son contrat le 16 janvier 1964. Il stipulait que toutes les dépenses de voyages seraient prises en charge par l'IRC et que Fry toucherait un à-valoir, décompté de sa commission de 10 % sur les ventes du portfolio. Le projet serait supervisé par Sternberg et un autre vieil ami, Joseph Buttinger. Fry discuta du thème du portfolio avec Lipchitz, le seul de ses protégés dont il était resté proche. Lipchitz trouvait parfaite la définition que T. S. Eliot donne d'Énée : « La personne déplacée originelle ».

Ce projet signifiait que Fry allait, une fois de plus, occuper une place centrale dans un projet important lié à l'aide aux réfugiés. Les débuts étaient prometteurs, puisque Lipchitz fit don d'une lithographie d'une valeur de 15 000 dollars. Les premiers mois, Fry retrouva sa personnalité habituelle. Il contacta d'anciens protégés : Ernst, Masson, Chagall et d'autres à qui il n'avait pas parlé depuis des années.

Pendant ce temps, Annette aussi cherchait du travail. Au printemps 1964, tandis que son mari se préparait avec enthousiasme à partir pour l'Europe, elle se fit recruter par le Democratic Committee – avec lequel elle avait déjà eu l'occasion de collaborer – et engagea une gouvernante pour s'occuper des enfants pendant la semaine.

Quelques jours seulement après la signature du contrat, Fry se plaignit à son ancien collègue Marcel Verzeanu de son manque de visibilité financière : « Ta vie ressemble tellement à la mienne – à ceci près que tu as la sécurité, et pas moi. Je travaille toujours en solo, et ne peux compter sur aucune pension ou retraite. » Quoi qu'il en soit, il passa l'automne et le début de l'hiver 1964 en Europe, s'efforçant d'engager dans son projet des artistes réticents. Pour diverses raisons, il ne parvint pas à convaincre Picasso, Chagall et Ernst. Les fonds s'épuisant, il finit par rentrer aux États-Unis peu avant Noël.

« Varian est rentré plein d'enthousiasme pour tout », mais l'enthousiasme retomba quand Annette lui annonça que son travail pour le Democratic Committee était terminé et qu'ils n'avaient plus les moyens de vivre à Ridgefield. Elle lui proposa de revenir vivre à New York, où elle pourrait trouver un emploi, et il se laissa convaincre. En janvier 1965, elle trouva un appartement à Manhattan, dans l'Upper West Side, et organisa leur déménagement. Fry repartit en Europe. Là, comme s'il venait de comprendre ce qui lui arrivait, il se mit à envoyer « des lettres hystériques » à sa femme. Annette lui avait tendu un piège, écrivait-il, et « il mourrait s'il était obligé de vivre à New York ».

Fry finit par capituler quand un ami de la famille laissa entendre que la santé mentale d'Annette en dépendait. Elle s'installa donc dans l'appartement new-yorkais avec ses deux plus jeunes enfants, Sylvia et Jimmy. Tom, l'aîné, fut autorisé à vivre chez des amis à Ridgefield, le temps de finir son année au lycée. C'était un élève très populaire, avec d'excellents résultats. « Il était brillant et les filles l'adoraient », précise Annette.

Fry continuait de recevoir des réponses frustrantes des artistes qu'il contactait. L'une des raisons possibles de leur refus pouvait provenir de leurs sympathies communistes. Ainsi, Picasso avait adhéré au Parti communiste en 1944, auquel il resterait loyal jusqu'à la fin de sa longue vie. Bien que Fry leur ait sauvé la vie vingt-cinq ans plus tôt, certains de ces artistes avaient peut-être eu du mal à s'associer à Fry, connu pour son conservatisme et son anticommunisme.

En janvier, Fry rencontre Rose, la femme d'André Masson, qui « se rappelait avec gratitude leur fuite à tous deux en Martinique puis en Amérique grâce à des visas d'urgence fournis par l'IRC ». Mais d'autres artistes rejetèrent sa proposition, dont Jean Dubuffet et Jean Arp. « Fry est déprimé, écrivit Sternberg. Il paraît affolé et veut être rassuré sur le fait qu'il a bien *rempli son contrat.* » Il se sentait « rejeté » par Picasso, et notait : « Personne ne me rappelle jamais. »

« Pour être tout à fait sincère, écrit-il à son ami, Lipchitz, ce projet pourrait bien finir par me ruiner. Il traîne en longueur et je n'ai plus aucune source de revenus. » Ruiné, il demanda des fonds supplémentaires à Sternberg mais ce dernier se contenta de lui conseiller de retourner à New York.

Puis Sternberg écrivit à Fry que Denise Restout, l'assistante de longue date de la claveciniste Wanda Landowska, venait d'annuler un concert de levée de fonds de l'IRC en hommage à la musicienne. Il avait besoin de clarifier un point : le Centre de Fry avait-il apporté son aide à Landowska ? Fry lui répondit qu'elle figurait sur la liste des aides financières, et qu'elle avait reçu pendant des mois l'argent de l'ERC. Après la guerre, chaque fois qu'elle le voyait à la sortie d'un de ses concerts, « elle abandonnait la foule de ses admirateurs pour venir [le] saluer ». Fry était catégorique : c'est grâce au Centre que Landowska avait pu obtenir un visa d'urgence et une place à bord d'un navire pour la Martinique ; il avait sans doute « graissé la patte de la bonne personne pour qu'elle monte à bord ».

Bien que sans revenus, Fry resta en Europe et, en mars 1965, Miró, Ernst, Masson, Giacometti et Kokoschka s'étaient « sincèrement engagés » à lui remettre leur lithographie. Au printemps, il fut question d'honorer Fry pour son héroïsme en temps de guerre et l'IRC avança même la possibilité de soumettre son nom pour obtenir la Légion d'honneur en France. Un certain Dr Henry Cooper, de la Taft School, écrivit également à l'IRC pour annoncer que l'établissement envisageait de lui décerner sa Médaille du Mérite (aucun de ces projets ne se concrétisa).

Fry rentra d'Europe en avril. Il vécut un temps avec Tom à Ridgefield puis se rendit à l'évidence : New York était l'unique solution pratique à ses problèmes financiers. Après avoir mis la maison en location, il partit avec Tom rejoindre la famille dans l'appartement de l'Upper West Side. Annette travaillait pour Howard Samuels, candidat démocrate au poste de gouverneur. En juillet, Fry signa dans le *New Leader* un article pour célébrer le vingt-cinquième anniversaire de l'Emergency Rescue Committee.

Dans les vingt années qui avaient suivi son expérience marseillaise, les émotions de Fry étaient toujours restées assez stables – hormis les querelles avec ses employeurs et son besoin obsessionnel d'avoir raison. Sans doute sa vie de famille y avait-elle contribué. Mais, après des mois loin de son épouse et de ses enfants et deux ans passés à essayer de convaincre des artistes récalcitrants ou peu intéressés de lui donner des œuvres, la désintégration de sa personnalité, déjà amorcée à la mort de son père, s'accéléra. Il se trouvait sous-estimé et la frustration engendrée par la réalisation du portfolio amplifiait son amertume. Ce projet, dont les prémices lui avaient apporté une grande satisfaction, le rendait à présent malheureux.

Au fil du temps, son désarroi s'aggravait. Même si la plupart des artistes se montraient cordiaux et si certains, comme Lipchitz, Masson et Lam, avaient promis des lithographies, d'autres, comme Chagall ou Ernst, repoussaient encore et encore ses sollicitations. Comment osaient-ils, alors qu'il leur avait sauvé la vie ? Insistant jusqu'à en être intrusif, il continuait à se « cogner la tête contre les murs pour obtenir qu'ils se dépêchent de faire ce qu'il attendait d'eux. Cette histoire le troublait et le décevait profondément ».

Picasso continuait à lui résister, malgré une lettre où Lipchitz décrivait Fry comme « un héros légendaire, qui a sauvé la vie de tous ces artistes… ». Quand Fry faillit renoncer, Lipchitz lui apporta ses encouragements : « Je vois bien que vous perdez pied… Prenez soin de vous, c'est inutile de vous tourmenter ainsi. » Quatre mois plus tard, devant la mauvaise volonté de Picasso, Lipchitz dut de nouveau remonter le moral de son ami, de plus en plus découragé : « Le plus important, c'est de ne pas baisser les bras ! »

À l'automne 1965, Fry réclama que Sternberg le renvoie en Europe. Il s'avouait « extraordinairement frustré » et voulait repartir pour « gagner un peu d'argent après l'énorme quantité de temps [qu'il avait] investie dans ce projet ». Mais Sternberg lui répondit par la négative, et Fry dut rester à New York.

Les déceptions s'enchaînaient. André Breton refusa de participer au projet pour des raisons qui demeurent obscures. Compte tenu de leur proximité à l'époque de la villa Air-Bel, cette attitude peina grandement Fry. Il écrivit au poète, qui ne prit même pas la peine de lui répondre. En septembre, il se plaint à une correspondante que « Chagall, ce rat, n'a rien fait ni rien promis ». Ernst non plus ne donnait pas suite. En septembre 1965, un seul artiste avait réalisé et imprimé une lithographie : Jacques Lipchitz[1].

Fry devenait « de plus en plus agité, irascible, irrationnel ». Il passait ses journées à travailler au projet tout en faisant une fixation sur l'appartement et les enfants. « Quand je rentrais le soir de mon travail, il me déballait tout ce qui n'allait pas à la maison », se rappelle Annette. Et il l'accusait d'élever les enfants dans une ville aussi polluée que New York. « À ce stade, la folie le guettait. Il disait des phrases comme : "Tu ne sais pas que l'air pollué peut tuer nos enfants ? Les obliger à vivre à New York, c'est comme les poignarder pendant leur sommeil." »

Après une dispute de trop, Annette prit Sylvia, quitta New York et alla voir une amie. À son retour, Fry lui dit : « Si tu recommences, je t'attaque en justice pour avoir fait sortir ma fille de l'État sans mon accord. » Mais son agressivité s'évanouissait aussi subitement qu'elle était apparue. « Alors, il redevenait adorable, joyeux, et nous passions de bons moments. » Quand il se calmait, Fry passait beaucoup de temps avec ses enfants, qu'il aimait profondément. En janvier, il emmena Jimmy, âgé de sept ans, visiter pour la

1. *Flight*, portfolio regroupant des œuvres originales de douze artistes, vit finalement le jour. Il était vendu 18 000 dollars au profit de l'IRC. Cinq de ces lithographies avaient été obtenues par Fry, et quatre des artistes – Chagall, Lam, Masson et Lipchitz – ne lui devaient rien moins que la vie. La brochure de l'IRC précise : « Série de onze lithographies et une sérigraphie originales d'Eugene Berman, Alexander Calder, Marc Chagall, Adolph Gottlieb, Wifredo Lam, Jacques Lipchitz, André Masson, Joan Miró, Robert Motherwell, Édouard Pignon, Maria Helena Vieira da Silva et Fritz Wotruba. International Rescue Committee, New York, 1971. Chaque tirage, à l'exception de l'œuvre de Chagall, est signé par l'artiste. »

première fois le Museum of Modern Art – une sortie qui se termina autour d'une glace à la sauce au chocolat.

Au printemps 1966, Fry donnait des cours de latin et d'histoire dans une école épiscopalienne mais rencontrait les habituels problèmes avec la direction de l'établissement. Il avait fait chanter en classe le *Rag du Vatican*, une chanson parodique qui se moquait de la génuflexion. Et il refusait de corriger les examens de fin d'année de ses élèves s'il n'était pas payé pour des heures supplémentaires. Quand la direction refusa, Fry intenta une action en justice. L'année suivante, son contrat ne fut pas renouvelé.

À l'été 1966, plus d'un an après son précédent séjour, il repartit une nouvelle fois en Europe, déterminé à mettre un terme au projet du portfolio. À Gordes, chez les Chagall où Fry avait été invité à séjourner par la fille du peintre, il retrouva avec joie son vieux collègue Jean Gemähling. Heureux de ces retrouvailles, les deux amis passèrent deux semaines ensemble, « comme si notre amitié était restée intacte » se souvient l'ancien collègue de l'ERC. Fry tomba malade et devint très agité, mais Gemähling attribua ce changement d'humeur à un coup de soleil.

Pendant ce temps, à New York, le couple Fry se désagrégeait. Annette prit le temps de réfléchir aux derniers reproches que son mari lui avait faits avant de s'envoler pour l'Europe. Elle décida qu'elle ne pouvait plus supporter cette vie et écrivit à Fry pour lui proposer qu'ils se séparent.

Fry se trouvait à Cannes, où il devait voir Picasso. Il vivait avec un jeune étudiant allemand, Momme Thomsen, qui lui tenait compagnie et lui servait de chauffeur. À cette époque, la santé de Fry commençait à flancher : il souffrait de migraines, d'hypertension artérielle et d'une sensibilité pathologique à la lumière. Le 14 septembre, Thomsen trouva son attitude si préoccupante qu'il appela un médecin – Fry fut emmené en urgence à l'hôpital, où il eut une crise cardiaque. Accablé de se sentir si malade, Fry trouva tout de même une occasion de se réjouir quand le médecin refusa de croire qu'il était américain, tant son français était parfait. Fry demanda à Annette de rapporter les propos du médecin à ses enfants – « c'est l'une des expériences les plus réjouissantes de ma vie, qui a été plutôt chiche en expériences réjouissantes, ces derniers temps ». Et d'ajouter : « J'imagine que je t'écris tout ça pour que tu le lises aux enfants – ils auront au moins une raison d'être fiers de leur père ! Dieu sait qu'ils n'en ont pas eu tant que ça… » Et il termine sa lettre sur un conseil : « Dis bien aux enfants que la réalité ne fait jamais mal. C'est d'être protégé de la réalité qui vous marque à vie. Regarde, avec moi ! »

Le lendemain, il recevait la lettre où Annette lui annonçait son désir de divorcer. Il devint hystérique. Il raconte à Max Ernst : « Mon premier réflexe a été de me jeter par le balcon pour mettre fin à ce cauchemar. Mais le suicide est une preuve de lâcheté et aurait sans doute traumatisé mes enfants bien plus que la décision de leur mère. » Il préféra une autre réaction : depuis son lit d'hôpital, il envoya une copie de la lettre d'Annette à toutes leurs connaissances. « Il l'a envoyée à tout le monde : Verzeanu, Miriam Davenport, même à notre assurance maladie ! *Rayez cette traîtresse de votre liste !* » La plupart des gens étaient trop gênés pour répondre. Seul Lipchitz fit remarquer à Fry : « Je crois que c'est une mauvaise idée de laver votre linge sale en public. » Annette se rappelle que Tom et Sylvia aussi reçurent ce courrier. Ils avaient treize et quatorze ans. « Je les ai trouvés assis dans la cuisine, ils m'ont tendu la lettre de leur père en disant : *On ne veut pas de ça.* »

Annette s'était attendue à une réaction aussi extrême, car elle expliquait dans sa lettre de rupture : « J'ai vraiment peur en t'écrivant car je ne sais pas comment tu vas réagir. » À l'époque, Fry était sous médication. La liste interminable de ses traitements incluait du Valium (un tranquillisant), de l'Elavil (un antidépresseur), du Nembutol et du Doriden (des somnifères). À sa colère contre Annette s'ajoutaient sa peur de perdre les enfants, son sentiment de solitude et ses problèmes financiers. Sternberg lui avança une petite somme en liquide et lui prit une place à bord du *Queen Mary* pour rentrer aux États-Unis le 24 novembre. Avant que le bateau appareille, Fry demanda à une amie de contacter Annette pour voir si elle accepterait « qu'il revienne à l'appartement. À l'évidence, il espérait pouvoir recommencer à vivre avec nous ».

C'est un homme calme et assagi qui débarqua à New York. Malgré sa demande de séparation, Annette accepta que la vie de couple reprenne pendant un certain temps. Chacun fit des efforts, mais leur couple était trop fragile et vacillant pour tenir la distance. En décembre, Fry signa un contrat avec Scholastic Books pour réécrire *Livrer sur demande* à destination d'un jeune public. Son éditeur lui demandait de « développer chaque chapitre pour qu'il se termine avec du suspens », afin de plaire à de jeunes lecteurs. Mais Fry eut le plus grand mal à réviser son texte. « Je viens de commencer à écrire mon nouveau livre, et ça n'est vraiment pas simple. »

Sans doute sa santé chancelante était-elle en partie responsable de ses difficultés. Il pensait avoir une angine de poitrine, « cette douleur consécutive à une thrombose coronaire ». Fry écrivit que les docteurs attribuaient sa maladie à l'hypertension « résultant d'un travail trop éreintant accompli dans un délai trop court ». Il était à présent virtuellement « cloué au lit » par une bursite. Il n'en était pas moins décidé à terminer le projet du portfolio et continuait d'implorer les artistes, sans grand succès. Écœuré, il résume : « J'ai débuté à travailler activement sur ce projet en septembre 1964. Nous sommes en février 1967, et à quoi mes efforts ont abouti jusqu'à présent ? Des lithos signées Lipchitz, Masson et Miró, et une épreuve lithographique de Max Ernst. » Fatigué de subir la procrastination de Chagall, Fry l'appelait « ce vieux charlatan [1] ».

À la mi-mars, Fry apprit sa nomination à l'ordre de chevalier de la Légion d'honneur pour son activité de sauvetage pendant la Seconde Guerre mondiale. « Enfin, une décoration ! s'exclame-t-il, ravi, en attribuant cette nomination à André Malraux. C'est grâce à moi qu'il a pu communiquer librement avec le général de Gaulle en 1941, quand Malraux était en France et de Gaulle à Londres. » Fry reçut le précieux insigne au Consulat français de New York, le 12 avril 1967. À la cérémonie étaient présents Mary Jayne Gold, qu'il voyait chaque fois qu'elle passait à New York, ainsi qu'Albert Hirschman et son épouse. À l'issue de la cérémonie, le Conseiller culturel avait organisé une « grande fête avec beaucoup de bouteilles d'un excellent champagne » mais, pour Fry, « les fêtes qu'organisait Mary Jayne étaient encore plus réussies ! ».

Il était fier que ses enfants puissent le voir ainsi honoré :

> « Mes deux garçons se tenaient droit comme des sentinelles et, à la fin de la cérémonie, ma fille a couru vers moi pour me sauter dans les bras. Elle a chuchoté à mon oreille : "Oh papa, je suis si fière de toi, c'est presque insoutenable !" et a éclaté en sanglots contre mon épaule. Mes deux garçons se sont alors approchés et m'ont serré la main d'un air solennel. »

---

1. Ernst ne réalisa pas de lithographie pour le portfolio. Chagall ne signa pas la sienne. Charles Sternberg se rappelle un article pointant que « la générosité de Chagall se doublait d'une avarice inutile. Ce genre de mélange n'est pas inhabituel mais, dans le cas de Chagall, il semble quelque peu excessif. »

Selon Annette, Fry devenait de plus en plus agité, « et il s'entendait de plus en plus mal avec les gens ». Il se lança dans une activité épistolaire frénétique et tomba même amoureux d'une de ses correspondantes, une doctoresse de la Nouvelle-Angleterre à laquelle il écrivit pendant des mois. Il se mit à raconter à tout le monde qu'il était amoureux et qu'il allait se séparer d'Annette. « Nous devons divorcer, hélas. Il n'y a plus rien entre nous que de la tension. »

« C'était une femme médecin, résume Annette, et je crois qu'il cherchait quelqu'un pour s'occuper de lui car il était obsédé par son état de santé. » Elle apprit cette liaison à distance de la bouche de son mari, en juin 1967. D'après lui, cette femme était tout le contraire d'Annette. « Toi tu es une ménagère de banlieue. Elle, c'est une femme sophistiquée, cultivée, pleine de vie et d'enthousiasme. » Il demanda le divorce. Les avocats rédigèrent un accord de séparation, pourtant Annette et Fry continuèrent à vivre ensemble. (À plusieurs reprises, il rendit visite à sa nouvelle conquête mais leur relation ne prit jamais vraiment forme.)

Fry informa son agent Josephine Rogers que la réécriture de *Livrer sur demande* piétinait : « Je n'ai pas trouvé le moyen de raconter cette histoire incroyablement compliquée de façon à la fois claire et distrayante. Il y a des centaines de personnages, c'est pire que *Guerre et Paix* ! »

En juillet, il demanda du renfort à un ami, Caleb Gray, car Fry devait prendre un poste de professeur de latin à la Joel Barlow High School de Redding, Connecticut, à l'automne, ce qui lui laisserait peu de temps pour ses travaux d'écriture. Pour la moitié de l'avance, soit environ 1 800 dollars, Gray accepta de « débroussailler » le texte[1].

1. La version révisée du livre parut en 1968 sous le titre *Assignement: Rescue* (« Mission : Sauvetage »).

Les quelques semaines qui suivirent furent relativement tranquilles pour Fry et sa famille, juste troublées par quelques accès de paranoïa – comme lorsque Fry essaya de convaincre les siens qu'ils se faisaient empoisonner par des vapeurs de méthane sortant des canalisations. Le mercredi 23 août, il se fit admettre au New York University Medical Center au prétexte qu'il souffrait « d'étranges migraines, de vertiges soudains, de bruits de voix et de sifflements dans les oreilles ». Pendant l'examen, les médecins ne trouvèrent aucune trace d'infarctus, pas plus qu'ils ne réussirent à poser de diagnostic concernant les symptômes qu'il leur avait décrits. Deux semaines plus tard, leur cause deviendrait tragiquement évidente.

Fry entendait toujours divorcer. Le dimanche 27 août, Annette prit un avion pour El Paso, Texas, et obtint dès le lendemain un certificat de divorce mexicain à Ciudad Juárez. De retour à New York, elle rendit visite à Fry à l'hôpital et s'aperçut qu'il n'était plus « cette personne maniaque et glaciale que j'avais vue tout l'été. Il me demanda gentiment comment j'allais, puis m'avoua qu'il était très déprimé ». Un peu plus tard, le même jour, il téléphona à Annette pour lui demander s'il pouvait venir passer quelques jours au domicile familial. Annette accepta et, le 30 août, Fry était de retour à l'appartement. L'homme agité s'était brusquement métamorphosé en mari et père attentifs et responsables. Il prit tout de suite en main les affaires de la famille : le lendemain, il mit le petit Jimmy, neuf ans, dans un train pour Norwalk où il allait passer quelque temps chez des amis ; Sylvia, de son côté, partit à Provincetown pour le week-end ; et le samedi, Fry partit avec Tom, âgé de quinze ans, qui devait l'aider à déménager des affaires dans une maison d'Easton qu'il venait de louer à la sculptrice Louise Bourgeois et à son mari Robert Goldwater. C'est là que Fry avait prévu de s'installer quand il commencerait ses cours à la Joel Barlow High School.

Laissant Tom rejoindre des amis, Fry rentra à New York le dimanche soir et se retrouva seul avec Annette. Ils eurent une longue discussion, main dans la main. Fry pleura beaucoup, elle essaya de le réconforter. Le lendemain, il se sentait « désespéré à l'idée qu'il ne la verrait bientôt plus ». Ils allèrent faire des courses pour la maison d'Easton et, de nouveau, parlèrent pendant plusieurs heures. « Comment est-ce qu'on en est arrivés là ? », demandait-il d'une voix triste. Au moment de se dire adieu, ils étaient tous les deux au bord des larmes. Fry finit par partir, et prendre la route pour le Connecticut. En arrivant à la maison d'Easton, il découvrit que le fils de Louise Bourgeois avait retiré les affaires de la chambre qu'il comptait utiliser pour les mettre dans une chambre plus petite. Déjà fragilisé, Fry réagit très mal à ce changement.

Les mardi 5 et mercredi 6 septembre, Fry participa aux journées d'accueil des professeurs à la Joel Barlow High School, et commença ses cours le jeudi et le vendredi. Le vendredi soir, il dîna avec Kerstin Brown. « Il était terriblement déprimé, se souvient-elle, mais sa façon de s'apitoyer sur son sort était si théâtrale que l'ensemble était à la fois drôle et triste. » Le samedi matin, il téléphona à Annette. « Il était tellement mélancolique » qu'elle lui proposa de passer le week-end à New York. « Pars maintenant, reste avec nous ce week-end. On dînera tous ensemble. » Quand elle lui ouvrit la porte de l'appartement, il lui tomba dans les bras en sanglotant. Ils discutèrent des « malentendus de l'année écoulée » et Fry passa du temps avec ses enfants, « avec toute la douceur et la tendresse dont il était capable ». Quand vint le dimanche soir, Annette l'aida à charger sa voiture. Elle était heureuse : ils avaient prévu d'aller voir un opéra de Mozart le week-end suivant et, maintenant que Fry paraissait redevenu raisonnable, la perspective de renouer leur relation semblait même envisageable.

Le lundi 11 septembre serait le troisième et dernier jour où Fry donnerait cours. Ce soir-là, sa dernière conversation eut lieu avec Marcel Verzeanu, son ancien collègue de Marseille. Fry lui téléphone pour vérifier quelques détails concernant son livre. « Il m'a raconté qu'il se plaisait beaucoup à son nouveau poste d'enseignant, cela lui permettait de rester proche de sa famille ce qui lui faisait très plaisir… Sa voix était assurée, pleine d'optimisme. »

Lorsque Fry ne se présenta pas au lycée le mercredi, la secrétaire du lycée appela Annette, qui téléphone aussitôt à la police du Connecticut. Elle donna l'adresse de la maison d'Eaton et demanda qu'une patrouille aille voir s'il y avait un problème. Les policiers trouvèrent Varian Fry sur son lit. Il était mort, étendu parmi des morceaux de papier remplis de notes, de détails et de souvenirs de son expérience singulière à Marseille. Ses jours glorieux l'avaient accompagné jusqu'au moment de sa mort, comme ils avaient vécu dans son cœur depuis toutes ces années.

# Épilogue

*« Chère Mary Jayne,*
*Varian est mort la nuit dernière, paisiblement. Pouvez-vous prévenir Danny et les autres ?*

*Je vous embrasse,*
*Annette. »*

La notice nécrologique de Fry parue dans le *New York Times* rappelait qu'il avait « aidé les intellectuels européens à échapper aux nazis. Son groupe a permis à Lipchitz, Chagall, Werfel et bien d'autres de fuir la France occupée ». Celle du journal de sa ville natale, *The Ridgefield Press*, le décrivait comme « un écrivain et un professeur ». Le mercredi 8 novembre 1967, deux mois après sa mort d'une hémorragie cérébrale, la famille, les amis et d'anciens protégés de Fry se retrouvèrent lors d'une cérémonie commémorative pour lui rendre hommage en se remémorant l'homme et son action.

« D'une certaine façon, dit Jacques Lipchitz, je lui dois la vie. » Lipchitz n'avait pas voulu émigrer mais Fry l'avait « tout de même aidé à le faire. Je pleure la disparition de cet homme merveilleux, un peu perdu dans notre monde si difficile ». Des lettres arrivèrent d'anciens collègues de Marseille. « Fry était une créature des plus rares : un Homme Bon », écrivit Miriam Davenport. Danny Bénédite envoya une lettre à Tom, Sylvia et Jim dans laquelle il décrivait la résistance héroïque de leur père, avant l'apparition des mouvements de Résistance.

« Il est arrivé en France à une époque de chaos terrible, de dépression extrême et, chez les réfugiés qu'il venait aider, de panique et de terreur. Au milieu d'un océan de lâcheté, de compromissions et de trahisons, il a su rester lucide et énergique grâce à une intégrité chevillée au corps mais aussi à son sens de l'humour. Un autre homme que votre père aurait capitulé devant les pressions exercées par les autorités américaines qui le considéraient comme un élément gênant, les premières persécutions policières, les premières menaces contre sa vie. Fry est resté en France jusqu'au tout dernier moment possible. Il répétait que, tant qu'il restait un dossier de réfugié à sauver, sa mission n'était pas terminée. »

Après la mort de son époux, Annette Fry garda le deuil de cet homme énigmatique et difficile qu'elle avait aimé. « La chose la plus triste et la plus bouleversante dans la mort de Varian, c'est qu'il avait tellement changé, les deux dernières semaines… Soudain, il s'était arraché à cette vie de souffrance bizarre qu'il avait menée pendant tout l'été. » Attribuant peut-être son décès au mélange d'alcool et de médicaments, elle refusait d'envisager l'hypothèse du suicide, même s'il y faisait allusion de temps en temps depuis plusieurs années. Selon le médecin légiste, la cause de sa mort était un « accident vasculaire cérébral » qui cadrait avec les migraines et les vertiges qu'il éprouvait depuis quelques mois.

Pendant les dernières années de sa vie, quand le syndrome maniacodépressif n'était pas encore un diagnostic banal, personne n'avait mis de nom sur le mal dont Fry souffrait. « Il passait toujours par des hauts et des bas, se rappelle Annette. Il pouvait déborder d'amour pour ses enfants et passer beaucoup de temps avec eux, les aider à faire leurs devoirs et je ne sais quoi d'autre… » Mais, à d'autres moments, il lui arrivait de menacer Tom et Sylvia, les deux aînés, de les frapper. La mort de leur père a porté un coup terrible aux trois enfants, car ils n'avaient pas encore eu le temps d'affiner leurs sentiments pour lui. « Sylvia l'adorait mais sa façon de la traiter pouvait la mettre très en colère. Qu'il meure à ce moment-là, c'était la pire chose qui pouvait arriver. »

Se souvenir avec amour de quelqu'un qui vous a fait du mal n'est pas chose facile. La mort brutale de Fry, après des années de comportements irrationnels, a provoqué toutes sortes de problèmes au sein de la famille. Déprimé par la disparition de son père, Tom s'est réfugié dans la drogue pour devenir accro à l'héroïne, et c'est Sylvia qui a annoncé à sa mère : « Tom se shoote. » Mal préparée à être veuve à quarante-trois ans et unique soutien d'une famille de trois enfants, Annette refusa d'abord de croire sa fille, jusqu'au jour où elle découvrit le matériel de Tom. Ce dernier abandonna ses études à la Bronx High School of Science, suivit un moment le programme de désintoxication de Rockefeller et finit par « s'enfuir » en Californie. Il se mit à boire. De retour à New York en juin 1974, il tomba d'un mur sur Riverside Drive et se heurta violemment le crâne. Comme il était seul à ce moment-là, personne ne put expliquer à sa mère les circonstances de cet accident. Il resta dans le coma jusqu'à sa mort le 11 septembre. Il avait vingt-deux ans.

Par-delà ces tragédies, Annette garde aujourd'hui de son époux le souvenir d'un homme attentionné, tendre et souvent drôle qui, certes, « était rongé par toutes sortes de névroses » mais dont la douceur retrouvée peu avant sa mort l'émeut toujours. « Il était horrifié de ce qu'il avait fait. Il s'était mis à dos ses enfants et m'avait forcée à divorcer. Parfois, je me dis qu'il est mort parce que son cœur était brisé. »

Le cœur de Varian Fry avait reçu bien des coups et s'était bien souvent brisé, depuis son article prémonitoire – quoique largement ignoré – de 1935 où il annonçait aux

Américains que les juifs d'Europe étaient sur le point d'être anéantis. Son action extraordinaire en France était à la fois gratifiante et douloureuse pour lui. Après la guerre, il aurait souhaité recevoir des excuses du département d'État. Ces excuses ont fini par arriver, mais cinquante ans plus tard, avec toute une série d'honneurs hélas bien trop tardifs. Fry reçut le titre de citoyen d'honneur d'Israël pour avoir sauvé des juifs pendant l'Holocauste. En 1991, l'U. S. Holocaust Memorial Council lui a décerné l'Eisenhower Liberation Medal. Deux ans plus tard, le musée de l'U. S. Holocaust Memorial Council lui a rendu hommage avec son exposition inaugurale : « Mission : Sauvetage. L'histoire de Varian Fry et de l'*Emergency Rescue Committee* ».

En 1996, Fry a été le premier Américain parmi les seize mille hommes et femmes d'exception qui sauvèrent des juifs pendant la Seconde Guerre mondiale à recevoir le titre de Juste parmi les nations à Yad Vashem, le mémorial de la Shoah en Israël. Mordecai Paldiel, directeur du département des Justes, déclara à cette occasion : « Quand nous décidons d'honorer la mémoire d'un homme tel que lui, nous nous demandons toujours combien de personnes, à sa place, seraient allées aussi loin. Fry était différent de la plupart des autres Justes Gentils[1] en ce que son pays n'avait jamais connu l'occupation allemande. »

Lors de la cérémonie à Yad Vashem, Warren Christopher, alors secrétaire d'État des États-Unis, présenta ses excuses pour la façon dont le département d'État avait traité Varian Fry[2]. « Nous sommes ici pour

1. « Gentils » au sens de « goys », non-juifs.
2. La déclassification de documents datant de la Seconde Guerre mondiale a permis à des chercheurs de découvrir qu'en 1940-1941, l'année où Fry était à Marseille, le département d'État était parfaitement au courant ce que le Troisième Reich préparait. Le 16 octobre

rendre hommage à Varian Fry, un homme remarquable et un Américain remarquable. Malheureusement, tout au long de son existence, ses actions héroïques n'ont pas reçu le soutien qu'elles méritaient de la part du gouvernement américain et, je regrette de le dire, du département d'État. »

Le 104ᵉ Congrès américain (1995-1997) et la New York State Assembly ont eux aussi salué la mémoire de Varian Fry pour « sa contribution et ses efforts dans l'aide à ses semblables ».

Enfin, on doit à Walter Meyerhof, professeur émérite de physique à Stanford, d'avoir créé la Varian Fry Foundation/IRC, une initiative de l'International Rescue Committee pour mieux faire connaître la vie, l'action et l'héritage de Fry. « J'éprouve de la tristesse en songeant que cet homme est mort sans avoir eu la reconnaissance qui lui revenait. C'est pour honorer ma dette envers lui que j'honore sa mémoire. »

Au terme de son existence, le jeune héros idéaliste qui risquait sa vie pour d'autres à Marseille était devenu, selon la formule de Jacques Lipchitz, « un cheval de course obligé de traîner un chariot chargé de pierres ». Mais ça n'est pas grave : Varian Fry a vécu dans le souvenir de son triomphe, lorsqu'il menait une lutte sans merci contre le Mal le plus terrible du XXᵉ siècle.

---

1940, le vice-consul américain Paul H. Dutko déclara ainsi : « Le Troisième Reich tue les gens qu'il juge inutiles. » En juillet 1941, le secrétaire d'État adjoint Berle informa le secrétaire d'État Hull des rapports de l'ambassade de Berlin selon lesquels « des juifs sont envoyés dans des camps de concentration anonymes en Pologne ».

# Bibliographie indicative

## En français


Bénédite Daniel, *Un chemin vers la liberté sous l'Occupation. Du comité Varian Fry au débarquement en Méditerranée Marseille-Provence, 1940-1944*, Éditions du Félin, 2017.

Costa-Prades Bernadette, *La Liste de Varian Fry (août 1940-septembre 1941) : le sauvetage des artistes et intellectuels par le premier Juste américain*, Albin Michel, 2020.

Duranton-Crabol Anne-Marie, *Alvin Johnson et Varian Fry. Au secours des artistes européens, 1933-1945*, Michel Houdiard éditeur, 2002.

Feuchtwanger Lion, *Le Diable en France*, Jean-Cyrille Godefroy, 1985 ; Belfond, 2010 ; Le Livre de poche, 2022.

Fittko Lisa, *Solidarité interdite. Ma fuite à travers l'Europe (1933-1940)*, Samsa, 2022.

Fittko Lisa, *Le Chemin Walter Benjamin. Souvenirs, 1940-1941* (précédé de « Le présent du passé »), Seuil, 2020.

Fry Varian, *« Livrer sur demande ». Quand les artistes, les dissidents et les juifs fuyaient les nazis (Marseille, 1940-1941)*, Agone, 2018.

Fry Varian, *La Liste noire*, Plon, 1999.

Gold Mary Jayne, *Marseille année 40*, Phébus, 2006.

Grandjonc Jacques, *Varian Fry. Mission américaine de sauvetage des intellectuels*, Actes Sud, 1999.

Guyot Alain, Pollin Diana, *Villa Air-Bel, 1940-1942. Un phalanstère d'artistes*, Éditions de La Villette, ENSA Marseille, 2013.

KOESTLER Arthur, *La Lie de la terre,* Calmann-Lévy, 2013.

LEYDET Bruno, *Villa Air-Bel,* Vanloo, 2015.

LOYER Emmanuelle, *Paris à New York, Intellectuels et artistes français en exil, 1940-1947*, Grasset, 2005.

MARRUS Michaël R., PAXTON Robert O., *Vichy et les Juifs*, Calmann-Lévy, 2015.

PARISIS Jean-Louis, *Une ville en fuite. Marseille, 1940-1942*, Éditions de l'Aube, 1998.

SERGE Victor, *Mémoires d'un révolutionnaire et autres écrits politiques, 1908-1947*, Robert Laffont, 2001.

SOLET Bertrand, *Varian Fry : sauver la culture*, Oskar, 2014.

TREMBLAY Michel (éd.), *Varian Fry et les candidats à l'exil. Marseille, 1940-1941. Arp, Bellmer, Brauner, Breton, Bryen, Chagall*, Actes Sud, 1999.

## En anglais

ANDERSON Mark M. (éd.), *Hitler's Exiles: Personal Stories of the Flight from Nazi Germany to America*, The New Press, 1998.

BARRON Stephanie, ECKMANN Sabine, *Exiles & Emigrés, The Flight of European Artists from Hitler*, catalogue du Los Angeles Museum of Art, 1997.

BENJAMIN Walter, ARENDT Hannah (éd.), *Illuminations*, Harcourt, Brace & World, 1968.

BLOCK Gay, DRUCKER Malka, *Rescuers: Portraits of Moral Courage in the Holocaust*, Holmes & Meier Publishers, Inc., 1992.

CHESTER Eric Thomas, *Covert Network: Progressives, the International Rescue Committee and the CIA*, M. E. Sharpe, 1995.

COLLECTIF, *A Book of Tribute to Varian Fry,* U.S. Holocaust Memorial Council, 1991.

DAWIDOWICZ Lucy, *The War Against the Jews, 1933-1945*, Bantam, 1991.

DAWSON Mark, *Flight: Refugees and the Quest for Freedom: The History of the International Rescue Committee, 1933-1993*, IRC, 1993.

FEINGOLD Henry, *The Politics of Rescue: The Roosevelt Administration and the Holocaust, 1938-1945*, Rutgers University Press, 1970.

FERMI Lauran, *Illustrious Immigrants: The Intellectual Migration from Europe, 1930-1941*, University of Chicago Press, 1968.

FRY Annette R., *The Orphan Trains*, New Discovery Books, 1994.

FRY Varian, *The Peace That Failed: How Europe Sowed the Seeds of War*, New York Foreign Policy Association, 1939.

GARDINER Muriel, *Code Name « Mary », Memoirs of an American Woman in the Austrian Underground*, Yale University Press, 1983.

HEILBUT Anthony, *Exiled in Paradise: German Refugee Artists and Intellectuals in America from the 1930s to the Present*, Viking Press, 1983.

HIRSCHMAN Albert O., *A Propensity to Self-Subversion*, Harvard University Press, 1995.

LEVENSTEIN Aron, *Escape to Freedom: The Story of the International Rescue Committee*, Greenwood Press, 1983.

RYAN Donna, *The Holocaust & the Jews of Marseille: The Enforcement of Anti Semitic Policies in Vichy France*, University of Illinois Press, 1996.

STEPHAN Alexander, « *Communazis* »*: FBI Surveillance of German Emigré Writers*, Yale University Press, 2000.

WYMAN David S., *Paper Walls: America and the Refugee Crisis, 1938-1941*, Pantheon Books, 1985.

WYMAN David S., *The Abandonment of the Jews*, Pantheon Books, 1984.

# Index

## Table

*Seconde partie*
## Après Marseille

## Remerciements

L'histoire de Varian Fry est tellement immense par son ampleur que je n'aurais jamais pu la raconter sans l'aide considérable de nombreuses personnes aussi talentueuses que généreuses. Ma reconnaissance va à la traductrice Maria Barnett et aux sauveteurs Esther Ratner, Amy Raff et Maria Waller. Les versions antérieures de mon manuscrit ont été lues avec attention par Anita Kassof, conservatrice de l'exposition originale « Varian Fry » organisée à l'U.S. Holocaust Memorial Museum, mais aussi par le professeur Albert Hirschman, ancien collègue de Fry, et par mon ami Jed Horne, rédacteur en chef du *Times-Picayune*.

Je suis infiniment reconnaissante à la John F. Kennedy Library de m'avoir accordé la bourse de recherche Abba P. Schwartz en 1999.

Walter Meyerhof, président de la Fondation Varian Fry, m'a permis d'obtenir des informations détaillées et d'innombrables contacts : je le remercie ici.

Ma dette envers Annette Fry est immense : cette femme généreuse et pleine d'entrain m'a fait le cadeau de précieux entretiens, s'est rendue à Harvard et à Columbia à ma demande, et m'a donné accès à ses notes, ses photos et ses souvenirs.

Ma gratitude va aussi à tous ceux qui m'ont aidée dans la traduction de documents, la recherche d'informations, la transcription d'interviews ainsi que d'autres aspects de mon travail : Fernande Angiel, Sarah Beaver,

Malcolm Collins, Chantal Deravin-Jayet, Bill Epstein, Judith Fischetti, Joanne Jaworski, Donna Kaplan, le rabbin Jonathan Kliegler, Susan Mesina-Bromberg, Erica Pagerey, Diana Pollin, Robyn Pollins, Michelle Rawl, Judith Reichler, Bonnie Sgarro, les bibliothécaires du M. E. Grenander Department of Special Collections and Archives à la SUNY Albany, les équipes de la Rare Book and Manuscript Library de l'université de Columbia, de l'International Rescue Committee, des New York Radical Debutantes. Sans oublier Dominique Troiano, Dennis Ambrose et la fabuleuse équipe éditoriale de Random House.

La famille et les amis de Fry ont eu la gentillesse de répondre à mes interminables questions, tout comme les historiens et les personnes familières de certains aspects de son parcours : Joan Austin, Stephanie Barron, Bruce Bassett, William Bingham, Arthur Brenner, Kerstin Brown, la regrettée Linette Burton, John Crowley, Pryor Dodge, Virginia Dortsch, Charles Ebel, Carolyn Goodman Eisner, Sarah Farmer, Robert Fishback, James Fry, Jim Hess, Laurent Jeanpierre, Richard Kaplan, Arnold Kramish, Walter Langlois, Reynold Levy, Susan W. Morgenstein, Jay Parini, Kate Bandfer Ransihoff, Jack Sanders, Pierre Sauvage, Martica Sawin, Sonya Turitz Schopick, Sylvia Fry Severino, John Spalek, Nancy Stern, Richard Venus, Teri Wehn-Damisch, Michelle Weston, David Wyman et Constanze Zahn.

Je suis profondément reconnaissante aux hommes et femmes qui ont accepté de me raconter leur expérience de la guerre, y compris ceux trop jeunes pour s'en souvenir, qui l'ont apprise de leurs parents : Martha Adler, Christine Reitlinger Angiel, Helene Bénédite, Peter Bénédite, Peter Berczeller, Frances Berczeller, Victor Bers, Claire Ehrmann, Aube Breton Elléouët, Margaret Enoch, John Ettinger, Sophie Freud, Lucy Frucht, Delphine

Herold-Wright, Stéphane Hessel, Michael Kaufman, Elizabeth Koenig, Gys Landsberger, Franz Leichter, Henry Leichter, Lolya Lipchitz, Elizabeth Wittlin Lipton, Tilde Loewenstein, Fern Malkine, Eva Marcu, Margrit Osner, Jeff Sippil, Ruth Sender Stern, Charles (Karel) Sternberg, Kurt Sonnenfeld, Robert Stowe et Dina Vierny.

Je dois beaucoup aux extraordinaires collègues du Centre américain de Fry qui ont partagé avec moi leurs souvenirs et leurs impressions : la regrettée Miriam Davenport Ebel, Charles Fawcett, Jean Gemähling, le professeur Hirschman, Justus Rosenberg, feu Bil Spira (Bill Freier) et le Dr Marcel Verzeanu.

Je remercie mon agent littéraire, Elizabeth Kaplan, qui a cru en ce livre dès les prémices, et qui, comme toujours, m'a prodigué ses conseils avec cœur. Et je ne saurais trop remercier mon éditeur, Bob Loomis, dont les connaissances et les compétences critiques et éditoriales m'ont guidée.

C'est ma fille, Sunshine Flint, qui la première a attiré mon attention sur Varian Fry. Pour cela, ainsi que pour son amour et son soutien, je lui suis éternellement reconnaissante. Enfin, merci surtout à mon mari, Chris Collins, pour son amour, ses encouragements et les heures interminables passées à travailler sur ce livre : je ne pourrai jamais te remercier assez.

À la mémoire de Penny Lebow.

*Cet ouvrage a été composé par*
*Soft Office à Eybens (Isère)*

*Impression réalisée par*
NORMANDIE ROTO IMPRESSION S.A.S.
*à Lonrai (Orne)*

*en avril 2023*
*pour le compte des Éditions de l'Archipel*
*département éditorial de la S.A.S. Écriture-Communication*

*Imprimé en France*
N° d'impression : 2300899
Dépôt légal : mai 2023

#lisez! engagé
www.lisez.com
Pour plus d'information :
Imprimé sur du papier issu de forêts gérées durablement.